U0557049

经以院士
题词简丰

贺教育部

红外文向项目

……

李蕴林
癸卯初冬

教育部哲学社会科学研究重大课题攻关项目

华侨华人在中国软实力建设中的作用研究

RESERCH ON EFFECTS OF OVERSEAS CHINESE IN CHINESE SOFT POWER BUILDING

黄 平 等著

经济科学出版社
Economic Science Press

图书在版编目（CIP）数据

华侨华人在中国软实力建设中的作用研究/黄平等著.
—北京：经济科学出版社，2015.10
教育部哲学社会科学研究重大课题攻关项目
ISBN 978-7-5141-5910-3

Ⅰ.①华… Ⅱ.①黄… Ⅲ.①华侨-作用-综合国力-研究-中国②华人-作用-综合国力-研究-中国 Ⅳ.①D6

中国版本图书馆 CIP 数据核字（2015）第 245723 号

责任编辑：刘　莎
责任校对：郑淑艳
责任印制：邱　天

华侨华人在中国软实力建设中的作用研究
黄　平　等著

经济科学出版社出版、发行　新华书店经销
社址：北京市海淀区阜成路甲 28 号　邮编：100142
总编部电话：010-88191217　发行部电话：010-88191522
网址：www.esp.com.cn
电子邮件：esp@esp.com.cn
天猫网店：经济科学出版社旗舰店
网址：http://jjkxcbs.tmall.com
北京季蜂印刷有限公司印装
787×1092　16 开　22.25 印张　430000 字
2015 年 10 月第 1 版　2015 年 10 月第 1 次印刷
ISBN 978-7-5141-5910-3　定价：56.00 元
(图书出现印装问题，本社负责调换。电话：010-88191502)
(版权所有　侵权必究　举报电话：010-88191586
电子邮箱：dbts@esp.com.cn)

课题组主要成员

项目首席专家 黄 平
课题组成员 骆克任 王志章 张禹东
夏春平 丘立本 丘 进
范如松 谢婷婷

编审委员会成员

主　任　孔和平　罗志荣
委　员　郭兆旭　吕　萍　唐俊南　安　远
　　　　　文远怀　张　虹　谢　锐　解　丹
　　　　　刘　茜

总　序

哲学社会科学是人们认识世界、改造世界的重要工具，是推动历史发展和社会进步的重要力量。哲学社会科学的研究能力和成果，是综合国力的重要组成部分，哲学社会科学的发展水平，体现着一个国家和民族的思维能力、精神状态和文明素质。一个民族要屹立于世界民族之林，不能没有哲学社会科学的熏陶和滋养；一个国家要在国际综合国力竞争中赢得优势，不能没有包括哲学社会科学在内的"软实力"的强大和支撑。

近年来，党和国家高度重视哲学社会科学的繁荣发展。江泽民同志多次强调哲学社会科学在建设中国特色社会主义事业中的重要作用，提出哲学社会科学与自然科学"四个同样重要"、"五个高度重视"、"两个不可替代"等重要思想论断。自党的十六大以来，以胡锦涛同志为总书记的党中央始终坚持把哲学社会科学放在十分重要的战略位置，就繁荣发展哲学社会科学做出了一系列重大部署，采取了一系列重大举措。2004年，中共中央下发了《关于进一步繁荣发展哲学社会科学的意见》，明确了新世纪繁荣发展哲学社会科学的指导方针、总体目标和主要任务。党的十七大报告明确指出："繁荣发展哲学社会科学，推进学科体系、学术观点、科研方法创新，鼓励哲学社会科学界为党和人民事业发挥思想库作用，推动我国哲学社会科学优秀成果和优秀人才走向世界。"这是党中央在新的历史时期、新的历史阶段为全面建设小康社会，加快推进社会主义现代化建设，实现中华民族伟大复兴提出的重大战略目标和任务，为进一步繁荣发展哲学社会科学指明了方向，提供了根本保证和强大动力。

高校是我国哲学社会科学事业的主力军。改革开放以来，在党中央的坚强领导下，高校哲学社会科学抓住前所未有的发展机遇，紧紧围绕党和国家工作大局，坚持正确的政治方向，贯彻"双百"方针，以发展为主题，以改革为动力，以理论创新为主导，以方法创新为突破口，发扬理论联系实际学风，弘扬求真务实精神，立足创新、提高质量，高校哲学社会科学事业实现了跨越式发展，呈现空前繁荣的发展局面。广大高校哲学社会科学工作者以饱满的热情积极参与马克思主义理论研究和建设工程，大力推进具有中国特色、中国风格、中国气派的哲学社会科学学科体系和教材体系建设，为推进马克思主义中国化，推动理论创新，服务党和国家的政策决策，为弘扬优秀传统文化，培育民族精神，为培养社会主义合格建设者和可靠接班人，做出了不可磨灭的重要贡献。

自 2003 年始，教育部正式启动了哲学社会科学研究重大课题攻关项目计划。这是教育部促进高校哲学社会科学繁荣发展的一项重大举措，也是教育部实施"高校哲学社会科学繁荣计划"的一项重要内容。重大攻关项目采取招投标的组织方式，按照"公平竞争，择优立项，严格管理，铸造精品"的要求进行，每年评审立项约 40 个项目，每个项目资助 30 万～80 万元。项目研究实行首席专家负责制，鼓励跨学科、跨学校、跨地区的联合研究，鼓励吸收国内外专家共同参加课题组研究工作。几年来，重大攻关项目以解决国家经济建设和社会发展过程中具有前瞻性、战略性、全局性的重大理论和实际问题为主攻方向，以提升为党和政府咨询决策服务能力和推动哲学社会科学发展为战略目标，集合高校优秀研究团队和顶尖人才，团结协作，联合攻关，产出了一批标志性研究成果，壮大了科研人才队伍，有效地提升了高校哲学社会科学整体实力。国务委员刘延东同志为此做出重要批示，指出重大攻关项目有效调动各方面的积极性，产生了一批重要成果，影响广泛，成效显著；要总结经验，再接再厉，紧密服务国家需求，更好地优化资源，突出重点，多出精品，多出人才，为经济社会发展做出新的贡献。这个重要批示，既充分肯定了重大攻关项目取得的优异成绩，又对重大攻关项目提出了明确的指导意见和殷切希望。

作为教育部社科研究项目的重中之重，我们始终秉持以管理创新服务学术创新的理念，坚持科学管理、民主管理、依法管理，切实增强服务意识，不断创新管理模式，健全管理制度，加强对重大攻关项目的选题遴选、评审立项、组织开题、中期检查到最终成果鉴定的全过程管理，逐渐探索并形成一套成熟的、符合学术研究规律的管理办法，努力将重大攻关项目打造成学术精品工程。我们将项目最终成果汇编成"教育部哲学社会科学研究重大课题攻关项目成果文库"统一组织出版。经济科学出版社倾全社之力，精心组织编辑力量，努力铸造出版精品。国学大师季羡林先生欣然题词："经时济世 继往开来——贺教育部重大攻关项目成果出版"；欧阳中石先生题写了"教育部哲学社会科学研究重大课题攻关项目"的书名，充分体现了他们对繁荣发展高校哲学社会科学的深切勉励和由衷期望。

创新是哲学社会科学研究的灵魂，是推动高校哲学社会科学研究不断深化的不竭动力。我们正处在一个伟大的时代，建设有中国特色的哲学社会科学是历史的呼唤，时代的强音，是推进中国特色社会主义事业的迫切要求。我们要不断增强使命感和责任感，立足新实践，适应新要求，始终坚持以马克思主义为指导，深入贯彻落实科学发展观，以构建具有中国特色社会主义哲学社会科学为己任，振奋精神，开拓进取，以改革创新精神，大力推进高校哲学社会科学繁荣发展，为全面建设小康社会，构建社会主义和谐社会，促进社会主义文化大发展大繁荣贡献更大的力量。

教育部社会科学司

前 言

本书内容主要是基于教育部 2010 年重大委托项目"华侨华人在中国软实力建设中的作用研究"（10JZDW008）的研究成果，经过有机整理和编纂而成。第一章"海外华侨华人现状与中国软实力建设的内在关系"主要基于课题总报告（骆克任、谢婷婷）和子课题"全球华侨华人：中国软实力建设中一支不可或缺的力量"（王志章）的研究成果编写；第二章"华侨华人与中国软实力建设研究文献回顾"主要基于子课题"华侨华人与中国软实力建设研究回眸与展望"（王志章、陈晓青、赵贞）和"全球华侨华人：中国软实力建设中一支不可或缺的力量"的相关成果整理而成；第三章"华侨华人与中华文化国际化大发展"主要基于子课题"华侨华人与中华文化国际化大发展"（张禹东、钟大荣）的相关成果整理而成；第四章"海外华文媒体在中国战略转型中的独特作用"主要基于子课题"海外华文媒体在中国战略转型中的独特作用"（夏春平、武慧媛、符永康、蔺安稳）的相关成果整理而成；第五章"华侨华人社会特征及其对中国发展的影响——兼以美国新华侨华人为例"主要基于子课题"华侨华人在中国软实力建设中的推动作用——从传播中华文化、促进中国发展、提升国家形象的角度"（黄平、陈宪奎、黄河、姬虹）的研究成果整理而成；第六章"重要移民输出国的侨务工作及对我国的提示"主要基于子课题"移民输出国开展侨务工作与提升中国软实力的初步考察和思考"（丘立本）的研究成果整理而成；第七章"增强侨务工作为中国软实力服务的能力"主要基于子课题"侨务工作与中国软实力"（范如松）的相关研究成果整理而成；第八章"华侨华人与中国软实力建设的路径构建——兼以集美侨务工作为例"；第九章"侨务公共外交助力中国软实力的提升"主要是依据重大项目专家鉴定修改建议所做的补充研究（谢婷婷、骆克任）。感谢参与课题的各位专家的辛勤付出，课题的研究成果从理论上较全面地论述了海外华侨华人与中国软实力的关系及华侨华人在中国软实力建设中的独特作用，对华侨华人提升国家软实力进行了思考，以至最终汇成了此书。相信在中国大发展的今天，在国际社会密切关注中国国家行为的全球化时代，这类成果一定会越来越丰盛，越来越深刻，共同为国家的发展，中华民族的伟大复兴做出贡献。

摘　要

　　改革开放30多年来，中国经济和社会发生了翻天覆地的变化，已经从一个贫穷落后的国家发展成举世瞩目的现代化大国，经济总量跃居世界排名第二，财政收入突破10万亿元大关，综合国力显著增强，社会更加和谐，国际影响力和话语权大大提高。然而，随着中国的迅速发展，西方大国也愈来愈多地散布"中国威胁论"、"中国责任论"等不和谐声音。因此，在此背景下，中国加快软实力建设被提上议事日程。

　　本书主要内容分为九个部分。第一章"海外华侨华人现状与中国软实力建设的内在关系"以华侨华人为切入点，简要回顾华侨华人的移民历史，统计了华侨华人在全球的分布状况，探析了华侨华人与中国软实力建设的内在关系，为整体研究理清思路。第二章"华侨华人与中国软实力建设研究文献回顾"则通过梳理国内外相关研究，归纳国家软实力的国内外理论成果，进而概括这一群体与中国软实力内在关联层面的重要学术观点，并总结以往分析的不足，预测今后的研究走向，以期为怎样借助华侨华人的特殊身份来提升中国软实力水平提供研究依据，并为丰富华侨华人软实力理论做出有益的探索和贡献。第三章"华侨华人与中华文化国际化大发展"则从中华文化的视角出发，对华侨华人如何加强中华文化在国际上的传播，提升中国软实力进行了探讨。第四章"海外华文媒体在中国战略转型中的独特作用"研究表明，早期海外华文报刊对中国近代报业的产生发挥了重要影响，而纵观整个中国近代社会转型的历程，也可看出海外华文媒体的独特作用。当前，中国正处于以战略转型为主要内容的大变革时代，海外华文媒体不断融入所在地主流舆论平台，形成日益扩大的号召力和影响力，可在构建和谐世界、加快走出去、建设文化强国等战略中发挥更大作用。海外华文媒体与中国大陆建立的稳定合作关系，使其不仅是中国战略转型的呼吁者、支持者，也是直接的参与者，发挥其"参照"和"建言"的独特作用，有助于提升中华文化在国际话语体系中传播的合力和影响力。第五章"华侨华人社会特征及其对中国发展的影响——兼以美国新华侨华人为例"介绍和分析了华人社会在海外移民的漫长过程中，一方面保持了中华民族的基本特征，另一方面也产生了新的特点，诸如：家庭或家族为社会资本的经济模式；孝亲道德哲学为核心的社会文化；勤劳节俭的社会生存方式；重视教育的社会竞争方式。这些鲜明特征是华侨华人社会内在的社会品质，同时对外彰显了中华文化魅力，客观上提升了中国对外的正面影响力。书中还专门对美国新华侨华人做了相关的实证研究。第六章"重要移民输出国的侨务工作及对我国的提示"简要介绍近年来外国政府对侨民问题的一般态度和政策走向，着重考察英国、意大利、爱尔兰、印度、墨西哥和菲律宾等过去和现今移民流量与存量巨大的移民输出国在当今全球化时代对待移民的态度、政策以及借助国际移民提升国家软实力的状况，探索其中某些带规律性的现象，借此扩大侨务视野，拓展侨务思维空间，借鉴国际经验。书中也对当前华侨华人与软实力研究中若干说法提出商榷，主张既要突破传统的观念，又需避免不自觉地陷入霸权主义理论迷局，应以科学态度，花大力气，创建中国对此问题的话语权。第七章"增强侨务工作为中国软实力服务的能力"系统地阐述了华侨华人和侨务工作可以、能够并已经在政治、经济、文化、社会领域为构建、提升中国软实力发挥独特的作用。如何把捍卫国家、民族利益的原则性和争取国家、民族利益最大化的灵活性结合起来，充分展示中国的影响力，增强国家的软实力。第八章"华侨华人与中国软实力建设的路径构建——兼以集美侨务工作为例"在分析研究现状的基础上，提出了华侨华人在建设中国软实力中发挥重要作用的主要路径，并根据调研的地方侨务工作经验，展示了他们发挥华侨华人提升中国软实力作用的机制，以期抛砖引玉，为党和国家做好华侨华人与中国软实力建设工作提供理论支撑、科学依据和决策参考。第九章"侨务公共外交助力中国软实力的提升"则对侨务公共外交的源起以及怎样通过侨务公共外交提升中国软实力进行了初步的探讨,提出了情感导向的侨务公共外交理念,并以华商为华侨华人的代表群体进行了具体剖析。最后对华侨华人在提升中国软实力中的作用研究进行了总结和展望。

Abstract

  For more than 30 years of reform and opening up, China has undergone enormous changes in the economic and social field, growing from a poor and backward country into a modern country. The total economy has entered the world's second top, and revenue has broken through the mark of 10 trillion Yuan. Overall national strength has significantly increased with a more harmonious society, and international influence and discourse power has greatly increased. However, the rapid rise of China has also attracted some discordant voices in the international community such as "China threat theory", "China responsibility". On this background, to speed up the construction of the soft power is put on national schedule.

  This book consists of nine parts. The first chapter, "The Inner-relationship between status quo of overseas Chinese and Chinese soft power", making the overseas Chinese as the starting point, briefly review the history of overseas Chinese, puts up the main path of the overseas Chinese of how to play an important role in building the national soft power on the basis of the analysis of the intrinsic relationship between overseas Chinese and the nation-building of soft power and its research status. The second chapter, "Literature review of overseas Chinese and national soft power building", sums up the research achievements in the review of relevant fields both at home and abroad, then it summarizes some important academic views of the soft power, the deficiencies of previous analysis, and predicts the future research trend so as to provide research basis of how to enhance China's soft power level by using the special identity of overseas Chinese, and to make beneficial exploration and contribution to enriching the theory of the soft power of oversea Chinese. The third chapter, "Overseas Chinese and international development of Chinese culture", taking Chinese culture as its starting point, and studies how overseas Chinese could contribute on the international development of Chinese culture to upgrade national soft power.

The fourth Chapter, "The overseas Chinese newspapers in the transformation of Chinese strategy", shows that overseas Chinese newspapers and periodicals of the early stage had a significant influence on modern China's press industry; and to comprehensively look upon the transformation progress of the China's entire modern society, it is self-evident that the overseas Chinese media had played a unique role. At present, China is in the time of great changes mainly about strategic transformation. In the meanwhile, the overseas Chinese media constantly integrates into the mainstream of local public opinion platform and increased its charisma and impact. Therefore, the overseas Chinese media can play a greater part in the implementation of strategies such as to construct a harmonious world, to accelerate and go out, to construct a cultural power, et al. The steady partnership between the overseas Chinese media and Chinese mainland has made it not only the advocates and supporters for China's strategic transformation, but also the participants. The "object of reference" and "objective statement" function of overseas Chinese media will contribute to the resultant forces and influence of Chinese communication in the international discourse system.

The fifth chapter, "The characteristic of overseas Chinese society and its effects on Chinese development: case of new overseas Chinese in the U.S.", analysis that during the long process of overseas migration, while maintaining the traditional features of Chinese society, the overseas Chinese society has constituted its soft power which includes: an economic model with the family or family concept as its social capital, the social culture with filial obedience philosophy as its core, survival in the society based on hardworking and thrifty, and social competition model based on education. Being the distinctive characteristics and the internal social quality of the overseas Chinese society, this kind of soft power constantly enables the overseas Chinese to adapt themselves to the local communities and the host countries, to adjust the development of modern industrial society and technological times, to make new progress and successes, and to gain their current social recognition and status.

The sixth chapter, "Diaspora policy of migrant sending countries and national soft power development", briefly reviews the general attitude and policy trend of the governments around the world on their people residing abroad, focuses on diasporas engagement and soft power formation and development in migrant sending countries which has huge emigrant flow and stock like Britain, Italy, Ireland, India, Mexico, and Philippines. The main purpose of the author is to expand our thinking space, learn from international experiences, ponder upon certain phenomenon of regularity in transnational migration so as to get a broader perspective for overseas Chinese policy making in the globalized world. As to the current research on overseas Chinese and soft power, this paper suggests that we should break through the outdated traditional ideas, avoid to be unconsciously trapped in hegemony theory, do our best to construct our power of discourse base on scientific research. The seventh chapter, "Enhance the ability of overseas Chinese affairs serve for national soft power", systemically described that the Overseas Chinese and overseas Chinese affairs work have played a special role on constructing and promoting the national soft power of political, economic, cultural, social field. The target of this chapter is to explain how to combine the principle of defending the country and national benefit and the flexibility of obtaining maximum of the country and national's benefit, and then shows Chinese effect completely.

The eighth chapter, "Overseas Chinese and path of national soft power building: case of Jimei's overseas Chinese affairs", puts forward the main path of overseas Chinese come into play on national soft power building, and according to the real experiences of local government's overseas Chinese affairs raise the mechanism of action for overseas Chinese to improve national soft power. The ninth chapter, "Overseas Chinese public diplomacy and national soft power", focus on the formation and development of overseas Chinese public diplomacy and how it can improve national soft power, and put forward an idea of using emotional-directed public diplomacy model to guide the practice with overseas Chinese businessman as target group. Finally, this book explores and prospects the research of overseas Chinese and soft power construction conclusively. So as to provide the party at all levels with a theoretical support and scientific basis and decision-making reference for doing a better work of overseas Chinese affairs.

目 录

第一章 ▶ 海外华侨华人现状与中国软实力建设的内在关系　1

第一节　全球华侨华人概述：历史与现状　1
第二节　华侨华人与建设中国软实力的内在关系探析　15
第三节　华侨华人在建设中国软实力过程中的作用与问题　19

第二章 ▶ 华侨华人与中国软实力建设研究文献回顾　25

第一节　国内外相关研究概述　26
第二节　国内外对华侨华人与中国软实力研究述评　29
第三节　华侨华人与中国软实力研究的发展趋势　48

第三章 ▶ 华侨华人与中华文化国际化大发展　62

第一节　中华文化国际化发展的重要任务、主要优势及存在的问题　63
第二节　海外华侨华人应是中华文化国际化和"走出去"的特殊力量　76
第三节　华文文化产业：促进中华文化国际化发展的新形式　88

第四章 ▶ 海外华文媒体在中国战略转型中的独特作用　96

第一节　历史回顾：海外华文媒体与国内社会变革的密切联系　96
第二节　海外华文媒体在中国战略转型中发挥的作用　104
第三节　更好地发挥海外华文媒体传播我国"软实力"的载体作用　110

第五章 ▶ 华侨华人社会特征及其对中国发展的影响
　　　　　——兼以美国新华侨华人为例　120

第一节　海外华侨华人社会特征彰显了中华文化魅力　121
第二节　华侨华人对中国发展的作用与影响　135

第三节 移民对国家形象的影响
——以美国新华侨华人为例 146

第六章 ▶ 重要移民输出国的侨务工作及对我国的提示 157

第一节 概况与趋势 158
第二节 国别考察 166
第三节 思考、借鉴、商榷 186

第七章 ▶ 增强侨务工作为中国软实力服务的能力 189

第一节 华侨华人对祖（籍）国的认同和支持 189
第二节 中国侨务工作为构建、提升中国软实力做出了独特贡献 198
第三节 增强中国侨务工作在构建和提升中国软实力上的能力 206

第八章 ▶ 华侨华人与中国软实力建设的路径构建
——兼以集美侨务工作为例 216

第一节 华侨华人与建设中国软实力路径构建 217
第二节 挖掘中华文化的核心精神价值，发挥地方侨务的创新能力
——以集美区发扬嘉庚精神推动侨务工作创新为例 227
第三节 对集美侨务工作的建议 254

第九章 ▶ 侨务公共外交助力中国软实力的提升 269

第一节 全球化时代的语言传播规则与公共外交 270
第二节 侨务公共外交的情感内涵 280
第三节 以华商群体为目标案例的公共外交策略 288

附录 294

参考文献 306

后记：总结与展望 329

Contents

Chapter 1 Inner-relationship between status quo of overseas Chinese and Chinese Soft Power   1

1. 1   An introduction of global overseas Chinese: history and status quo   1
1. 2   The inter-relationship between overseas Chinese and Chinese soft power building   15
1. 3   The effects and problems in soft power building process   19

Chapter 2 Literature review of overseas Chinese and soft power building   25

2. 1   Literature review   26
2. 2   Literature on overseas Chinese and Chinese soft power   29
2. 3   Research tendency on overseas Chinese and Chinese soft power   48

Chapter 3 Overseas Chinese and international development of Chinese Culture   62

3. 1   The mission, advantage and problem on international development of Chinese culture   63
3. 2   Overseas Chinese should be special power for Chinese culture international development   76

3.3 Culture industry: a new form promoting Chinese culture more international　88

Chapter 4　Overseas Chinese newspapers in the transformation of Chinese strategy　96

4.1 History review: the close relation of Overseas Chinese newspaper and domestic social reform　96

4.2 The effects of overseas Chinese newspaper on Chinese strategic reform　104

4.3 Improve the carrier function of overseas Chinese newspaper on Chinese soft power diffusion　110

Chapter 5　The characteristic of overseas Chinese society and its effects on Chinese development: case of new overseas Chinese in the U.S.　120

5.1 Overseas Chinese society display the charisma of Chinese culture　121

5.2 The function and influence of overseas Chinese on Chinese development　135

5.3 The influence of migration on national image: case of new overseas Chinese in the U.S.　146

Chapter 6　Diaspora policy of migrant sending countries and national soft power development　157

6.1 Instruction and tendency　158

6.2 National survey　166

6.3 Reflection　186

Chapter 7　Enhance the ability of overseas Chinese affairs serve for national soft power　189

7.1 Overseas Chinese identity and supports for homeland　189

7.2 The unique contribution of overseas Chinese affairs on Chinese soft power building　198

7.3 Strengthen the ability of overseas Chinese affairs on Chinese soft power building　206

**Chapter 8 Overseas Chinese and path of national soft power building:
case of Jimei's overseas Chinese affairs   216**

    8.1   Overseas Chinese and the path of Chinese soft power building   217

    8.2   Focus on the core value of Chinese culture and develop the innovation ability of local government: case of Jimei's overseas Chinese affairs   227

    8.3   Suggestion on Jimei's overseas Chinese affairs   254

Chapter 9 Overseas Chinese public diplomacy and national soft power   269

    9.1   The discursive diffusion rule in the age of globalization and public diplomacy   270

    9.2   The emotional meaning of overseas Chinese public diplomacy   280

    9.3   Strategy of public diplomacy for the target group of overseas Chinese businessman   288

Appendix   294

Bibliography   306

Postscript   329

第一章

海外华侨华人现状与中国软实力建设的内在关系

第一节 全球华侨华人概述：历史与现状

中国是世界人口最多的国家，也是移民输出大国。我们常用"华侨"和"华侨华人"来称呼移居海外的中国人。其实两者含义不同。"华侨"是指定居国外的中国公民，"华侨华人"则是"华侨"和移居国外并加入外国国籍的"华人"的统称。[①] 2011年11月在我国上海举行的"第二届中国侨务论坛"上公布的一项研究成果表明：当今全球旅居国外的华侨华人总数约为5 000万人。如此庞大的中国海外华侨华人，无论是对住在国还是对祖（籍）国，都是一笔巨大的财富。他们既是住在国人民了解中国的窗口，也是中国展示其文化魅力和现代成就的载体。另外，在全球信息、人才、资本快速流动的今天，还有一批求学、务工经商、探亲旅游者也经常游走在不同国家中间，他们通过自己的言行把有关当代中国的各种信息传播到海外，展现出一个正在和平发展的大国形象。为此，英国考文垂大学的阿兰·亨特（Alan Hunter）教授把中国的海外华侨华人同中国在东南亚和非洲的政治存在、中国的大学、中国的语言文学、中国对亚太地区

---

① 该定义采用高狄主编：《毛泽东周恩来刘少奇朱德邓小平陈云著作大辞典》（下卷）中的界定方法，参见：高狄主编：《毛泽东周恩来刘少奇朱德邓小平陈云著作大辞典》（下卷），辽宁人民出版社1991年版。

媒体的影响、中国的旅游和体育、中国的宗教和传统文化，一并归结为中国软实力的存在。①

一、简要历史回顾

我国对外移民的历史源远流长。但始于何时，不同学者说法不一。有学者将华侨华人的历史追溯到了周武王派人赴朝鲜及秦始皇为求长生不老药派徐福到日本；也有学者认为汉武帝时期张骞两次通西域，就有人到达欧洲和西亚等地并在那里居住，算是中国人侨居国外的开始；更多的学者认为唐朝才是华侨史的开端，如唐代末年黄巢起义使许多广东人逃往印度尼西亚的苏门答腊，即出现了最早的华侨。如是，从唐代至今，华侨华人经历了1300多年的发展，大体经历了华侨的产生和华侨社会的形成、华侨出国的高潮时期和华侨社会向华侨华人社会转变时期这三个阶段。②

（一）唐朝至鸦片战争前

唐朝至鸦片战争前的这段时间，是华侨产生到初步形成华侨社会的阶段。虽然我国很早就开始了与世界各国的交往，两汉时期开通的"丝绸之路"就密切了同西亚和欧洲的关系。但直至唐朝时期，统治阶级开始实行更加开放的对外政策，对外交往才出现了前所未有的局面，那时的中国一度成为亚洲的文化中心，许多国家与唐朝有了政治、经济、文化上的交往，不少日本留学生前来唐朝学习，唐朝也派出学生、僧人外出传播和学习，更有少数商人在海外定居从事商业活动。据文献记载，在唐代已有华侨在日本、南洋群岛和西亚等地定居，居住在日本京都的华侨就有五六千人。③

宋元时期由于造船术和指南针的发展，对外交往主要是通过海外贸易进行，其范围也扩大到了非洲国家。对外贸易和海上交通的发展，客观上增加了商人和其他人员出国的机会，这一时期定居海外的华侨人数增多，定居的地区范围也有所扩大。到了明初，为了发展对外关系，弘扬国威，明成祖于1405~1433年间先后七次派郑和下西洋，到达亚非30多个国家和地区。郑和下西洋以后，很多

---

① Alan Hunter. China: Soft Power and Culture Influence. Available at: http://www.Coventry.ac.uk/peacestudy, 2008.
② 王军：《论华侨华人在中国对外开放和外交事务中发挥的独特作用》，外交学院硕士学位论文，2002年。
③ 陈碧笙：《华侨志》（总志），台清海外出版社1956年版，第13页。

中国人到南洋谋生，积极投入南洋的开发和建设之中。① 明代中期至鸦片战争前，华侨人数迅速增加，海外华侨社会在这一期间逐步形成。这些华侨中既有包括出国经商谋生的，也包括大量被欧洲殖民者诱拐的华工。②

（二）鸦片战争后至中华人民共和国成立

鸦片战争后至1949年中华人民共和国成立这百余年间，出现了中国历史上规模最大、散布范围最广、影响最为深远的海外移民浪潮，人数约有1 000万人。③ 移民主要目的地主要在东南亚各国，少数去往大洋洲、美洲、欧洲和非洲等国家，移民主体是广大劳工，也有少数商业性和政治性的移民。究其原因如下。

首先，自鸦片战争之后，中国已完全沦为半殖民地半封建社会，西方各国在经济、政治、军事上的强势入侵，使中国自给自足的自然经济逐步解体，丧失赖以生存的土地的国民越来越多。加之国内统治阶级的腐败和清政府的无能，以及随后的军阀混战导致民不聊生，众多国民不得不背井离乡远渡重洋，异地谋生。还有一批救亡图存的爱国救国人士，怀揣从"师夷长技以制夷"到"师夷长技以自强"的宏图大志漂洋过海，去求学"赛先生"与"德先生"望救国家人民于铁蹄与水火之中。

其次，鸦片战争之后，清政府进一步沦为西方列强统治的工具，对革命进行镇压，旧民主主义革命失败，以梁启超为代表的一批革命的民主志士为了逃避清政府的迫害流亡海外，远走他乡。由于台湾、澎湖的割让，一批不甘心受日本人统治的台湾同胞也被迫逃亡海外，客居异域。

最后，19世纪后期，西方各国逐渐从资本主义向帝国主义过渡，加紧对殖民地进行掠夺，为解决东南亚、美洲、非洲、大洋洲等地劳动力的短缺，殖民者急需大量的廉价劳动力，迫使清政府在1860年的《北京条约》中解除了各种禁令，向外输出大量劳工。殖民者有预谋地贩卖和诱拐大量"契约华工"海外从事苦力，也就形成了后来大量侨居海外的华侨华人。"契约华工"工作在铁路修建、矿山开采、石油勘探开采、种植园等场地，面对着常人无法想象的工作环境，拿着微薄甚至没有的报酬，无数华工骸骨常留异地，他们为住在国原始资本的积累做出了巨大贡献直至付出生命的代价。④

---

① 李安山：《非洲华侨华人社会史资料选辑》，香港社会科学出版社有限公司2006年版，第2~8页。
② 李明欢：《欧洲华侨华人史》，中国华侨出版社2002年版，第286、第239页。
③ 杨澜：《海外华人的"中国认同"故事》，载于《21世纪经济报道》2009年9月28日第11版。
④ 周敏：《美国华人社会的变迁》，上海三联书店2006年版，第3页。

（三）中华人民共和国成立至今

1949年中华人民共和国成立后，旧中国半殖民地半封建社会彻底结束，中国历史从此翻开了新的一页。经过漫长的历史演进，到20世纪50年代初，世界华侨华人约有1 200万~1 300万人。① 但由于内部经济、政治、社会等因素所限，中国人远渡重洋谋生、求学者人数甚少，加之新中国成立之初，不少国家实行反共反华政策，限制了中国居民的出境，向外移民更是天方夜谭。直至20世纪70年代初中国恢复了在联合国的合法席位后，我国居民自由出境或者移民海外才又开始成为可能，但这期间的人数微乎其微。

1978年成为中国历史上最重要的转折点，改革开放翻开了中国融入世界的新页，从此经济、社会加速转型，人们的思想开始突破传统思维，对外经贸、文化交流活动逐步频繁，恢复高考后的大批莘莘学子怀揣梦想纷纷迈出国门走向世界，开启了新中国学界第一次出国求学浪潮。进入20世纪90年代后，除了留学潮继续涌动外，在新经济和知识经济的驱动下，许多有胆识的中国"倒爷"开始走出国门，融入全球商品经济的滚滚洪流之中。留学、经商等几次大的出国浪潮大大改变了海外华侨华人的年龄、知识、来源地版图结构等。2010年6月，中华人民共和国国务院侨务办公室领导在公开场合正式指出："中国海外侨胞超4 500万，绝对数量稳居世界第一。"② 各种数据都说明了，中国的海外华侨华人人数庞大是一个不争的事实。

二、海外华侨华人综合实力的现状分析

华侨华人在海外的综合实力主要包括他们在住在国的经济等方面的硬实力和影响力等方面的软实力。第二次世界大战后，由于相关国家在移民政策上有了根本性的调整，许多海外华侨自愿选择了归化为住在国的国民，使他们实现了从"客人"到"主人"，从"落叶归根"到"落地生根"的转变。③ 半个多世纪以来，华侨华人以其独特的拼搏精神和中华传统文化的魅力为住在国的经济社会发展做出了重要贡献，成为一股极具影响力的经济、政治力量，无不彰显出他们的综合实力。

---

① 庄国土：《世界华侨华人数量和分布的历史变化》，载于《世界历史》2011年第5期，第4~14页。
② 详见国务院侨务办公室网站：《许又声副主任：中国海外侨胞超4 500万，居世界第一》，http://www.gqb.gov.cn/news/2010/0617/19693.shtml。
③ 余天心、贾康：《华侨华人的经济状况与政策建议》，载于《经济纵横》1995年第3期，第15~19页。

第一，华侨华人经济实力雄厚。华侨华人经济实力是外部作用力和内在规定性互动的结果，既是一个历史概念，① 也是一个量化的难题，只能基于各国华侨华人的一些经济活动或是公布的数据来进行推算。但无论怎样，华侨华人的经济实力在世界经济领域具有举足轻重的地位。从目前获得资料来看，华侨华人资本主要集中在印度尼西亚、马来西亚、新加坡、泰国和菲律宾等东南亚五国，华商企业集团和跨国投资发展快速。尽管他们属于少数族裔，仅占该区域总人口的 6%，但其经济实力影响巨大。包括越南在内的上述这些国家，70% 的私人和公司的资本都由华商拥有。② 另外，大量的投资移民也大大改变了华侨华人的人口结构。仅以加拿大为例，在 1998～2007 年间，每年平均就有 33 443 名中国大陆居民通过投资、技术、杰出人士等形式移民到该国。③ 如此庞大的移民人数无疑也增强了华侨华人在世界经济领域的实力。据清华大学陈云教授于 2007 年在第七届中国经济论坛上的分析："全世界华侨华人资本已达到 2 万亿美元。" 虽然较之于发达国家，华侨华人企业的经济实力仍然有较大的差距，尤其是在金融危机之后华商企业集团更是有较大的缩水，但对于住在国的经济发展来说，他们的经济贡献不容忽视。华侨华人经济实力的增强，不仅表现为其资本的增加，更在于他们在就业领域的扩展和对教育的投入，因此华二代、三代平均受教育程度大大高于住在国平均受教育程度，其就业领域也遍及各行各业，尤其近 20 多年来，新移民在信息产业、工商业、房地产业、金融业和食品服务业的拓展更是引人瞩目。由美国华侨华人全国委员会（NCCA）和马里兰大学共同发布的《2011 年全美华侨华人人口动态研究报告》也显示，在美国，华侨华人家庭的收入居于较高水平。另外，华侨华人比较重视华二代、三代的教育问题，不管是从事管理等职业的中高层的"白领"，还是从事厨师、服务员等低收入工作的"蓝领"，他们都把家庭收入的一半以上用于子女教育，希望他们通过努力读书，改变命运。华侨华人家庭对子女教育的投入要高出普通美国人家庭的 17 倍，这使得华侨华人日益成为美国各科技领域的领军族裔。该《报告》还显示，25 岁以上华侨华人拥有大学以上文凭的比例为 51.8%，这是美国平均水平的两倍。④ 正是这种高学历才为成就华侨华人的经济实力奠定了良好基础。

第二，参政热情高，话语力增强。政治地位与经济地位相辅相成。伴随经济

---

① 张学惠：《华侨华人经济实力问题探析》，载于《东南学术》2001 年第 4 期，第 155～166 页。
② Jochen Kleining. *Dispersed Economic Power? Overseas Chinese between Discrimination and Success in Business*. www.kas.de/wf/doc/kas_13288 - 544 - 2 - 30. pdf. pp. 1 - 3.
③ Peter S. Li. *China To Canada: Issues of Supply and Demand of Human Capital*, Canadian International Council. www.opencanada.org/.../Immigrants-from - China-to - Canada... pdf. pp. 1 - 3.
④ 马小宁：《全美华人人口调查：一些鲜为人知的数据》，载于《国际人才交流》2011 年第 3 期，第 6 页。

实力的增强,许多华侨华人也渐渐意识到,只有积极参政才能提高他们在住在国的社会地位,维护自己的经济利益。客观上讲,华侨华人参政意识的增强主要得益于国际情势的变化和中国国际地位的提高。首先是和平发展和国际环境的变化给海外华侨华人参政提供了机会,越来越多的国家解除了对华人参政的限制,使他们参与住在国的政治活动越来越成为可能。其次是中国的和平发展和国际地位的提高使得海外华侨华人得到更好的保护与更多的尊重,[①] 唤醒了越来越多华人参政的热情。仅以 2011 年为例,在美国、加拿大、法国、英国等欧美主流国家华人参政屡创"佳绩"的同时,在意大利、西班牙、阿根廷等华侨华人参政历史较短、基础相对薄弱的国家,华人也开始通过手中的选票发声,参政意识开始苏醒。[②] 在参政的旅途上,全球华人已经交出了骄人的答卷,创造出新的历史,如南美洲圭亚那首任总统钟亚瑟,加拿大女总督伍冰枝,加拿大参议院的陈卓愉、麦鼎雄和利德惠,秘鲁国会议长乔伊伟,澳大利亚国会参议员刘威廉和陈之彬、澳大利亚州议员曾筱龙、黄肇强和何沈慧霞,美国国会参议员邝良友、美国众议院的吴振伟、美国驻华大使骆家辉、美国总统特使和顾问陈香梅、美国前劳工部部长赵小兰和前司法助理部长李亮畴,新加坡前总统王鼎昌、新加坡前总理李光耀以及新加坡现任总理李显龙等,无不是当今世界华人中的杰出代表。

第三,科技实力和人力资本越来越强大。中国人有重视教育的传统,海外华侨华人也不例外,他们对自身和后代的教育投入毫不吝啬,这不仅决定了华侨华人特别是华二代、华三代受到较高层次的教育,也大大提升了海外华侨华人的科技实力。据中国科学技术信息研究所 2008 年发布的《华人科技人才在海外的发展现状分析》表明,海外华人科技人才的总数接近 100 万人。而在美国,华侨华人在美国大学获得终身教授的成功比率约占百分之六七十,远远高于包括美国白人族裔在内其他族裔的平均水平。在近百万海外华人科技人才群体当中,美国、英国、加拿大、澳大利亚、德国、法国、日本七国接收了其中的 90% 以上,仅美国就接收了其中 3/4,这些人才中 90% 以上具有硕士或博士学位,其中大约有 50% 来自中国大陆,1/4 来自中国台湾,1/8 来自中国香港,其余则来自其他国家和地区。[③] 在各类专业领域中,许多杰出的华人科技人才因能力强被委以重任。如在美国 13 所世界著名大学中的系主任、IBM 公司的高级工程师及阿波罗登月工程等,华人科技人都占 1/3;在美国最权威的电脑研究中心,19 名部主

---

① 金荣:《海外华人"参政热"透析》,载于《广西社会主义学院学报》2009 年第 4 期,第 32 ~ 35 页。
② 张丽华:《海外华人参政屡创佳绩》,载于《侨园》2012 年第 3 期,第 17 页。
③ 孙自法:《中国怎样推动华人专才创业?》,载于《人民日报海外版》2008 年 10 月 9 日第 11 版。

任，华人就占 12 名。许多学者把这种现象喻为"华人科学家部落"①，他们已经成为世界科技前沿的一支生力军，在促进全球科学技术发展与世界文明的进步，推动住在国与中国的科技交流合作中彰显出华侨华人的软实力。

第四，海外华文媒体影响力提升。海外华文媒体是中国大陆、香港、台湾、澳门以外，以汉字为传播方式的大众传播媒介，包括报纸、杂志、网络媒体、广播、电视以及各种新兴媒体，下文中"海外华文媒体在中国战略转型中的独特作用"章节就此做出了比较全面的概述：在经历了 19 世纪初至 19 世纪末初始发展的阶段，20 世纪初至 20 世纪 70 年代逐步发展的阶段和 20 世纪 70 年代到现在加速发展三个阶段后，无论是从数量上、种类上，还是从质量和影响力上，全球华文媒体都有了迅速的改观。尤其是由于华文媒体拥有更了解所在地的国情、民众的接受习惯，能够更迅速地重组信息，争取让更多的海外华人以及国际友人了解事实真相等优势，它们在传达中国各种信息，传播中华优秀文化，推动中国走向世界，增进世界对华了解，准确塑造大国形象，促进同世界各国友好发展，联络两岸同胞感情，推动祖国统一，积极引导华人社会，助力和谐侨社发展等各个方面都发挥出重要作用。

第五，华侨华人社团力量不断逐步壮大。海外华人社团是移居海外的华侨和华人以一定的关系为纽带建立起来的社会组织。它们林林总总，数目很多，仅在美国硅谷就有多达数百家的社团组织，如硅谷中国工程师协会、华美协进社、华美半导体协会、硅谷华源科技协会、硅谷科技协会、美国硅谷女性协会、硅谷华人创业协会以及上百家同乡会、同学会、校友会等；在东南亚各国，华侨华人社会团组织更显活力。华侨华人社团组织通过定期或不定期地主办各种文化科技活动，构架起维系乡情、密切乡音的纽带，凝聚了华侨华人智慧，加深了住在国与中国的科技文化交流，提高整个华侨华人社会声誉，无不彰显出华侨华人的整体实力。

三、海外华侨华人社会的基本特点

海外华侨华人社会特点的变化无疑带有时代的烙印和中华民族复兴的历史轨迹。本书第五章"华侨华人与现当代中国对外形象和国家发展道路"中的"华侨华人社会的历史发展、社会基础和特点"部分写道，在海外移民的漫长过程中，华侨华人社会在保持传统中国社会特点的基础上，形成了华侨华人社会软实力主要构成要素，即家庭或家族为社会资本的经济模式；孝亲道德哲学为核心的

---

① 杨丽：《海外华侨华人影响力大幅提升》，载于《人民日报海外版》2009 年 9 月 17 日第 6 版。

社会文化；勤劳节俭的社会生存方式；重视教育的社会竞争方式。这种软实力是华侨华人社会的鲜明特征，是华侨华人社会内在的社会品质，使得华侨华人不断地调适与住在国社会的关系，顺应现代工业社会和科技时代的发展，持续不断获得进步并取得当今的社会地位。国侨办前主任陈玉杰（2003）也曾指出，随着时间的推移，老一代华侨华人在继续发挥重要作用的同时，在当地出生的新生代和新华侨华人的作用日益凸显，他们的经济、科技实力进一步加强，与中国的经济、科技合作交流势头强劲，对华文教育的需求更加迫切。尤其是随着海峡两岸形势的发展，以海峡划线逐渐淡化，以"统""独"划线日趋强化。同时，华侨华人日益融入住在国主流社会，华人参政和争取民族平等权益的自觉性进一步提高，社团联合的趋势进一步强烈。除世界性华侨华人同乡、宗亲社团日益活跃外，"世界华商大会"、"全球反独促统大会"等以经济、科技合作交流为主要内容和以促进中国和平统一为目的的世界性、区域性华侨华人组织和活动越来越多，规模越来越大，影响力越来越强。

第一，分布区域悄然发生变化。传统上，我国华侨华人多聚集在东南亚，据文献记载，1980年以前，该区域的华侨华人人数占世界华侨华人的85%～90%，但至2007～2008年间，这个比例已降为73%左右，① 但在一些国家，其比例依然占据重要地位，其中华人占新加坡300多万总人口的76%，占马来西亚1 800万总人口的34%，占印度尼西亚1.95亿人口的3%；在泰国5 700万总人口中华人有500万～600万；在菲律宾6 200万总人口中华人有60万；在柬埔寨850万总人口中华人有30万；在老挝400万总人口中华人有2.5万；在越南大约有200万华人。② 随着全球经济一体化步伐加快和中国改革开放继续深入，以及中国与相关国家关系的改善，华侨华人不再高度集中在东南亚地区，③ 虽然由于历史和地缘的原因，东南亚地区华侨华人的数量仍然占多数，但是新移民的流向越来越向发达国家和地区迈进，欧洲、北美和大洋洲等成为大部分华侨华人的主要目的地，移民数量呈现出不断增加的趋势（见表1－1）。以美国为例，华盛顿智库移民研究中心根据最新人口普查数据于2011年10月6日推出的研究报告显示，中国是全球赴美移民第二多的国家，现有定居美国但出生于中国大陆、台湾和港澳的第一代移民216.7万，仅次于墨西哥的1 171万。截至2012年3月全美华侨华

---

① 庄国土：《东南亚华侨华人数量的新估算》，载于《厦门大学学报（哲学社会科学版）》2009年第3期，第62～68页。
② Chinese in Southeast Asia – Orientation，http://www.everyculture.com/East – Southeast – Asia/Chinese-in – Southeast – Asia – Orientation. html.
③ 易刚明：《东南亚华侨华人与中国关系》，暨南大学博士论文，2010年。

人及其后代达到401万。①

表1-1 世界各洲华侨华人人口数量与发布

（截至2013年9月16日统计数据）

洲别		华侨华人数量（万人）	占全球华侨华人的百分比（%）
亚洲		3 699.04	74.70
	东南亚	3 508.16	70.84
	东北亚	127.25	2.57
	南亚	16.45	0.33
	西亚	17	0.34
	中亚	30.18	0.61
美洲		815.1	16.46
	北美	573	11.57
	中美	39.6	0.80
	南美	202.5	4.09
欧洲		263.7	5.33
	西欧	136.15	2.75
	中欧	20	0.40
	南欧	51	1.03
	北欧	6	0.12
	东欧	50.55	1.02
大洋洲		95.1	1.92
非洲		79.07	1.60
全球		4 952.01	100.00

注：本表为课题组据最新数据统计，详细数据和来源见本书末附表。

虽然华侨华人的主要流向是发达国家，但近几年来流向非洲等发展中国家的华侨华人数量也与日俱增。据相关数据显示，目前在非洲53个国家中，大约拥有华侨华人75万人，90%左右为新移民，主要是来自浙江、广东和福建等地的华商，其中，南非、毛里求斯、马达加斯加和留尼汪岛是华侨华人是最为集中的国家和地区（见表1-2），约占非洲华侨华人总数的80%以上。

---

① 《移民研究中心报告，中国第一代移民为217万》，http：//www.usqiaobao.com/2011-10/06/content_1061301.htm，2012年8月27日。

第一章 海外华侨华人现状与中国软实力建设的内在关系

表 1-2　　　　非洲主要国家和地区华侨华人分布情况

国家	华侨华人总数		人数	备注
南非	约 300 000	华侨	160 000	①有侨社 60 多个 ②来自广东、台湾、福建三个地区的华侨华人比例分别占总数的 50%、20%、10%
		华人	140 000	
		其中大陆新移民	100 000	
毛里求斯	40 000	华侨	30 000	有毛里求斯华人社团联合会、仁和会馆、书报社、华人妇联、新中国学会、新华学校、华经贸、金狮会、毛华协等侨社 100 多个
		华人	10 000	
		其中大陆新移民	10 000	
马达加斯加	60 000	华侨	10 000	有京城华侨总会、华商总会、中资企业协会、塔马塔夫华侨总会等侨社 30 多个
		华人	50 000	
		其中大陆新移民	10 000	
留尼汪岛	25 000	华侨	800	有福建同乡社团福建会馆等 25 个侨社
		华人	24 200	
		其中大陆新移民	2 000	
尼日利亚	50 000	华侨	4 000	其他身份者包括：长期务工人员、留学生、非法移民者等
		华人	3 000	
		其他身份	43 000	
		其中大陆新移民	2 100	
肯尼亚	4 000	华侨	3 950	有肯尼亚华人华侨联合会暨肯尼亚中国和平统一促进会、肯华联会暨统促会等侨社
		华人	50	
		其中大陆新移民	3 900	
博茨瓦纳	2 700	华侨	2 660	有博茨瓦纳—中国友好协会、马翁侨社 2 个
		华人	40	
		其中大陆新移民	2 600	
莱索托	2 600	华侨	2 500	有莱索托中国和平统一促进会会长、莱索托中华工商联合会等 3 个侨社
		华人	100	
		其中大陆新移民	2 500	

续表

国家	华侨华人总数		人数	备注
埃及	3 000	华侨	2 000	有1个华人华侨协会，2009年成立
		华人	200	
		留学生	800	
		其中大陆新移民	2 000	
纳米比亚	1 200	华侨	200	有纳米比亚中国和平统一促进会荣誉会长、纳米比亚中华工商联合总会2个侨社
		华人	1 000	
		其中大陆新移民	1 000	
塞舌尔	2 000	华侨	90	①有塞舌尔中国和平统一促进会会长社1个②其他身份者包括：长期务工人员、留学生、非法移民者等
		华人	510	
		其他身份者	1 400	
		其中大陆新移民	90	
莫桑比克	500	华侨	488	有莫桑比克华侨协会1个侨社
		华人	12	
		其中大陆新移民	150	
加纳	465	华侨	450	有加纳中国和平统一促进会、加纳中华工商总会和加纳中国企业商会3个侨社
		华人	15	
		其中大陆新移民	260	
坦桑尼亚	500	华侨	490	有坦桑尼亚中资企业承包商会、中华总商会、中非商会、中华总商会浙江商会、福建商会、矿业商会和华人华侨联谊会7个社团
		华人	10	
		其中大陆新移民	340	
津巴布韦	500	华侨	340	有华商会、北方同乡会、湘商会、湖北联谊会4个、侨社1个
		华人	160	
		其中大陆新移民	340	
喀麦隆	450	华侨	446	有喀麦隆华侨华人工商总会、喀麦隆中国和平统一促进会2个侨社
		华人	4	
		其中大陆新移民	430	

续表

国家	华侨华人总数		人数	备注
贝宁	130	华侨	120	尚无侨社
		华人	10	
		其中大陆新移民	130	
佛得角	130	华侨	126	有佛得角华侨华人协会
		华人	4	
		其中大陆新移民	130	
刚果（金）	250	华侨	250	①有刚果（金）中资企业协会 ②侨民主要来自河北省
		华人		
		其中大陆新移民	250	
多哥	130	华侨	123	有多哥华侨华人联谊会1个侨社
		华人	7	
		其中大陆新移民	125	
黎巴嫩	100	华侨	98	①均住在贝鲁特市 ②有黎巴嫩华人华侨联谊会
		华人	2	
		其中大陆新移民	95	

注：上述表中数据除南非为2010年数据外，其他国家为2009年数据。

资料来源：根据 Yoon Jung Park. Chinese Migration in Africa, South African Institute of International Affairs, African perspectives. Global Insights. www. saiia. org. za. 2009；G. Mohan. Chinese Migrants in Africa as New Agents of Development? An Analytical Framework. European Journal of Development Research Special Issue. Vol. 24, No. 1, 2009；Yoon Jung Park. Recent Chinese Migrations to South Africa New Intersections of Race, Class and Ethnicity, Centre for Sociological Research. University of Johannesburg. www. inter-disciplinary. net/ati/diversity/. . . /park%20paper. pdf. 2010；新华网《南非华侨华人概况》（2012年5月31日）、2011年6月4日东莞外事侨务港澳网《非洲华人华侨简况》一文和庄国土《华侨华人分布状况和发展趋势》（《研究与探索》2010年第4期）一文、中国新闻网2010年4月30日《华侨华人移居留尼汪：难忘的沧桑移民史》、福建侨网《南非闽籍华侨华人》（2012-9-29）、［法］多来尼克·迪朗、让·亨顿：《留尼汪华侨史》（见《非洲华侨史资料选辑》第475～426页）等相关数据整理。

第二，职业由单一趋于多元化发展。早期的华侨华人在住在国大多从事与衣、食、住、行等人类基本生活有关的职业，靠出卖自己的劳动力谋生。其中，"菜刀＋剪刀＋理发刀"这"三把刀"是支撑华侨华人的经济基础。进入20世纪尤其是随着新移民人数的增加，广大华侨华人凭借拼搏和勤俭节约的传统，从业范围开始走向多元，他们不再局限于餐饮、商品批发与零售、进口贸易、超级市场等劳动密集型的行业,开始涉足金融、证券、期货、医疗卫生、文化创意、新闻出版及房地产等智力密集型产业,从业人数有了迅速变化,仅在美国硅谷,由华侨华人创办或担任首席执行官的公司约占硅谷公司总数的 1/3。不仅如此,近十年来移居到硅谷的新移民多就职于高科技公司、金融机构、政府部门、计算机网络技术研发、生物制药、新能源开发、视觉传媒行业、文化创意行业和名牌大学。华侨华人在传承创新中华文化中对硅谷做出的巨大贡献和取得的成就,不仅极大地改变了美国社会对华侨华人的"刻板"印象,也大大提升了中国的国际形象。①

第三,留学高层次人才流动性增加,其他类别的新移民数量有增无减。我国实行改革开放以来,无论是前往发达国家还是发展中国家的新移民,其出国动机、教育程度、经济能力、职业结构和定居状况都与老移民有较大不同。依出国目的、途径和职业结构,新移民大体可分为四种类型。第一类移民是留学生。《2011 年出国留学趋势调查报告》显示,从 2008 年开始,我国出国留学人数呈爆炸式增长。2008~2010 年间,每年出国留学人数分别为 17.98 万人、22.93 万人和 28.47 万人,同比增长比例依次为 24.4343%、27.53%、24.16%,2011 年出国留学人数逼近 35 万人。② 这些留学者有的学成回国,有的直接选择留在求学国工作就业,成为永久居民或是归化为公民,尤以美国最为典型。许多学者认为,大批的中国留学新移民定居美国,已经改变了传统华人社区的生态。第二类移民为非熟练劳动力,他们主要以亲属团聚理由申请定居身份,少部分人则选择非法途径前往海外定居。非熟练劳动力移民也主要前往发达国家。第三类为包括投资、驻外商务人员和各类经商者的商务移民。20 世纪 90 年代中期以前,前往发达国家的中国投资移民主要来自港台地区,其中移民加拿大的最多。③ 近几年来,中国大陆的投资移民呈上升趋势。根据各国移民局公布的数据显示,中国通过投资移民海外的人数逐年增加,2010 年获得加拿大、美国、澳大利亚三国移民签证的人数就超过 6 000 人。美国公民及移民服务局(USCIS)的统计数据显示,2009 年,来自中国大陆的投资移民就达到 1 971 人,居全世界之最。④ 另据

---

① 丘进等主编:《华侨华人蓝皮书(2011)》,社会科学文献出版社 2011 年版,第 85 页。
② 《2011 年度我国出国留学人员情况统计》,2012 年 9 月 2 日。http://www.moe.edu.cn/publicfiles/business/htmlfiles/moe/s5987/201202/130328.html。
③ 李魏:《近年来香港移民与加拿大白人社会的矛盾浅析》,载于《华侨华人历史研究》1997 年第 3 期,第 49~56 页。
④ Xinhua. *Wealthy Chinese invest in immigration*. 2012 - 9 - 2. http://www.chinadaily.com.cn/china/2010 - 12/09/content_11677163.htm。

胡润研究机构预测,未来约60%的中国富人将选择移民美国。① 这无疑将改变美国华侨华人的社会结构。第四类移民为劳务输出人员。据相关资料,截止到2007年,大约有400万中国人在境外打工。② 尽管劳务输出人员有别于一般移民,他们当中大部分在合同期满后回国,但也有少部分通过婚姻、创业等形式留居当地,归化为当地国民。20世纪90年代中期以前,中国新移民高度集中于发达国家。近几年来,流向发展中国家的人数日趋增多,尤其是前往东南亚地区、中东和非洲地区。

四、华侨华人面临的主要问题

尽管华侨华人的综合实力有了显著提高,但在全球信息、人才、资本流速加快的今天,尤其是在新移民较多的北美、南美、欧洲、非洲地区,立足未稳的华侨华人面临着许多新情况、新问题,突出表现为:许多人由于语言等原因不能很好地融入当地主流社会;华侨华人社团种类繁杂,目的各异,常常引起相互实力的抵消;由于来源地不同,其价值观、政治观念等存在较大差异,彼此隔阂,摩擦不断。凡此种种,直接影响海外社会对华侨华人社区整体印象。另外,随着中国综合国力的增强,"中国威胁论"等"妖魔化"中国的社会思潮也加大了海外华侨华人在住在国的精神负担和生存压力;中国海外贸易增多、国家对统一和领土领海主权的捍卫也增加国家之间的摩擦,造成了海外华侨华人精神焦虑,特别是生活在摩擦住在国的华侨华人的生命财产安全会随时受到威胁。

出现上述问题的主要原因包括:首先,从客观原因来看,上述地区的住在国对于华侨华人的误解和一些意识形态上的分歧所致。不少国家对外来移民融入当地社会的限制比较多,包括从业、入籍语言考试的要求等也制约了华侨华人的融入。而我国保护海外华侨华人生命财产尚未建立安全预警系统,许多救助工作常常处于被动状态,这无疑也增加了华侨华人心灵的焦虑和不安。其次从主观原因来看,一是新移民常常因存在语言障碍,社交能力不强,文化差异,以及经济基础相对薄弱,致使他们融入当地社会能力有限。二是文化归属感缺失,老一辈的华侨华人客居思想较为明显,多关注物质方面的满足,对当地社会很少顾及,参政愿望也不强烈,对华二代、华三代,父母好的引导作用有限以至于后代参政意

---

① USA Immigration News. *Immigration to the U. S. is a Trend of Rich Chinese*, Monday, November 14, 2011, http://www.migrationexpert.com/visa/us_immigration_news/2011/nov/0/443/immigration_to_the_u.s._is_a_trend_of_rich_chinese.

② 钟和:《400万中国劳工海外打工,建筑工人为挣钱养家》,载于《人民日报海外版》2007年1月19日第6版。

愿也不高。如很多在美国生活的华侨华人都会描述他们渴望的"中产"生活——满意的薪水、城中的公寓、乡间的别墅、每年的度假等，但大多不会奢望能够在美国政坛上留下什么轨迹。从就业取向上看，82.4%的华侨华人在私营部门工作，而在政府部门工作的仅为14.1%。① 三是一些通过出国务工、经商的移民教育水平不高，不太尊重当地风俗习惯，常出现违法犯罪等越轨行为，少数华商的急功近利，盲目追求经济利益而又不注意与环境和社会的融合，最终对整个华侨华人社会的发展带来了负面影响。历史的经验证明，只有华侨华人适应了当地社会的发展，懂得和谐之道，懂得宽容和留有余地之后，他们的发展才有可能更上一个台阶，良好的言行所释放出的软实力也才能真正发挥作用。

第二节　华侨华人与建设中国软实力的内在关系探析

如前所述，华侨华人以其独特的软硬实力赢得了国内外学术界的关注和重视。尽管他们身处海外，身份不同，但一言一行、一举一动都与中国软实力建设有着密切关系。因此，充分认识华侨华人在建设中国软实力中的作用，对构建起新的路径，发挥更好的作用，都具有重要现实意义。

一、华侨华人是中华优秀文化的传播者

中华文化拥有5 000多年的悠久历史，是人类文明的重要组成部分。它以其强调和谐、重视人与人、人与社会之间、人与自然之间协调一致的关系，强调包容万物的博爱精神，讲求"和而不同"气质等，赢得了世界各国的广泛尊重。在建设和谐世界中，华侨华人以其独特的优势在传播优秀中华文化，树立中国良好国际形象，提升中华文化影响力和软实力等方面，培育出了载体多样且又融为一体的中华文化传播体系，搭建起中华文明走向世界的桥梁和平台，发挥着越来越重要的作用。

第一，华侨华人的主体是中华优秀文化的传承者。尽管海外华侨华人远离祖（籍）国，但由于中华文化所蕴含的民族精神、民族品质、民族优良传统等具有传承性，他们在接受异族文化的同时，骨子里丝毫没有懈怠对本民族文化的传承与创新。客观上讲，经过长期的延续和发展和受到各种因素的影响，加上代际和

---

① 王丕屹：《美华人靠"三师"改变未来》，载于《人民日报海外版》2012年4月25日第6版。

各地的差异，华侨华人对住在国的文化也会有不同程度的吸纳和接受，这样必然会导致母体文化在多元文化碰撞融合的过程中有所消解，但中华文化的精神气质却始终根植于中华民族体内，深层次的文化基因会被绵延不断地传承下来。正是这种精神支撑着华侨华人在当地生存和发展，同时它常常转化为一种绵延不绝的文化情结。① 这种情结使得他们无法忘记自己祖（籍）国的文化记忆，自觉成为传承者和创新者。

第二，华侨华人群体品质是中华民族"国品"的投射。人有人品，国有国品，它们都是一个国家、一个民族形象的具体体现。海外华侨华人作为中国品质的锤炼者和打造者，常常会以其生活方式、言行举止让住在国社会来感受中国、认知中国，构建起对中国的初步意象。首先，华侨华人是住在国社会行为主体的一部分，其言行举止比较容易为住在国的民众所认知，同时他们与祖（籍）国有着千丝万缕的联系，更加了解中国，所言所行无不打上中华文化的烙印，如此一来，华侨华人自然就成了外国民众了解中国、了解中国人的重要窗口。其次，华侨华人是住在国经济社会发展的长期推动者、贡献者，许多人在实践中硬实力大幅提升，他们的这种硬实力无不展示出中国人勤劳、勇敢、正直、善良的品质，这种"群体"品质正好是中华民族品质的重要符号，是中国形象的延伸。最后，随着中国国际地位的提高和许多国家政策的调整，华侨华人的经济、政治地位发生巨大变化，与政府机构和政府名流建立起广泛的社会网络，这为他们施加政治影响提供了广阔空间，其所作所为、一言一行都在有意识无意识地传播着中华民族炎黄子孙的良好形象。

二、华侨华人是中国发展模式的践行者

经过 30 多年的改革开放，中国已经走过了西方发达国家用了上百年才走完的路程，形成了独具特色的中国理念、中国道路，备受世界关注，成为世界许多发展中国家效仿的模式。这种模式在于积极参与全球化进程，同时保持自己的特色与自主性；实行渐进式的改革，维护政治社会稳定；以经济发展为核心，追求社会和自然的协调与可持续发展，兼顾效率与公平；走和平发展道路，做负责任的大国。② 中国模式既是中国和平发展的理念和路径，也是对中国和谐和可持续发展的一种阐释。

---

① 陈正良、薛秀霞、何先光：《析海外华侨华人在推动中国软实力形成和发展过程中的作用》，载于《浙江学刊》2009 年第 6 期，第 126~129 页。

② 许梅：《东南亚华人在中国软实力提升中的推动作用与制约因素》，载于《东南亚研究》2010 年第 6 期，第 58~65 页。

海外华侨华人在一定程度上既是文化的承载者，又是祖（籍）国形象的代表。他们或长期或短期居住在国外，或业已归化为定居国国民这一特殊的背景，决定了他们是住在国社会了解中国的一扇窗户、一种途径。他们的一举一动、一言一行不仅仅是在释放个人的信息，而且还是在播散一个民族的信号。正如暨南大学国际关系学院院长曹云华所言，华侨华人是中国海外利益的承载者和开拓者，也是中国软实力的传播者。他们总是通过各种形式向世人展示中国发展道路、中国改革开放取得的成就，传播"和谐世界"先进理念，使中国模式更加深入人心，逐渐为世界尤其是发展中国家所认同。许多社会名流面对中国道路的现实，不得不承认当下中国所取得的成就，如法中协会主席雅克认为，"面对中国的变化，法国今天简直像个中世纪国家了。"埃及学者苏珊在《十月》杂志撰文指出，"30多年的改革开放使中国人越发显示出大国的气度和强烈的自信。"美国迈阿密大学政治学教授德瑞叶承认，"中国已经发展成一个稳定的权力主义国家，未来会有起有落，但不会分裂。"世界对中国刻板印象的这些改变，无不饱含海外华侨华人的言行和传统文化精神。

三、华侨华人是连接中国与全球经济的节点

自1978年以来，海外已有8 000多亿美元进入中国市场，这一成就的取得无不饱含着海外华侨华人的贡献，他们是连接中国与全球经济的节点和强力推手。这是因为：一是他们与祖（籍）国有着千丝万缕的联系，深谙中国文化与经营理念。正是这一特殊群体作用，形成了一个以华侨华人为主体的巨大的商业网络和商业循环体系，使海外资本通过这一网络大步进入中国，中国经济也经由这一网络通达全球，①成为世界经济体系中的重要力量。二是遍及世界的华商凭借了解当地经济政策与法律条文，熟悉当地的风俗习惯和投资模式，以及与当地政府和企业界有着密切的人脉关系等优势，不仅为中国的海外投资争取到更好的机会，而且也大大拓展了中国的海外市场。三是资金回流的牵引作用。经过华商网络，中国引进了大量的海外资本，为经济建设和发展增强了后劲，提升了国家硬实力。四是通过华侨华人的桥梁作用，密切了中国与世界的合作关系，引进了先进理念、先进管理文化等，加速了经济社会的转型。同时他们还担当着公共外交的使命，把中国改革开放的良好形象带向海外，不断增进世界对中国的认识和了解，强化中国软实力。

---

① 陈正良、薛秀霞、何先光：《析海外华侨华人在推动中国软实力形成和发展过程中的作用》，载于《浙江学刊》2009年第6期，第126~129页。

四、华侨华人是中国传统文化的创新者

创新是人类进步的不竭动力和灵魂。文化是人类（种族、民族、社会群体）在历史发展过程中逐渐形成和积累的物质财富和精神财富，也包括行为准则、行为模式和生活方式，而其核心是价值观念。不同人群（族群）的这种传统价值观念，必然会代代相传，它可以被认为是一种"民族文化遗传基因"。今天民族性是文化存在的基础，而时代性是文化发展的动力。① 无疑，在中华民族崛起的今天，作为炎黄子孙重要组成部分的华侨华人，他们与中华民族有着"血浓于水"的联系，对中华民族的归属感和认同感空前强烈，骨子里流淌着中华文化的优良基因。首先，尽管华侨华人无不受到住在国文化的熏陶和影响，但他们始终把中华传统文化基因通过教育、社会行为等融入住在国文化养分之中，使中华民族文化在创新中更具活力和生命力。其次，由于中华文化具有较强的包容性和适应力，加上华侨华人得天独厚的条件，使他们有条件将母体文化植根在住在国现实生活的土壤里，实现文化融合与文化创新。最后，华侨华人在尊重其他民族文化的独立性和价值观的前提下，凭借其强烈的进取精神和深刻的自我批判精神，保持着中国文化的创造性特点。他们通过文化创新，不仅能促进中华民族文化的繁荣，使其焕发生机、历久弥新，也使中华民族的文化内涵更加丰富，充满活力，成为中国软实力构建中的新元素。

五、中华民族的归属与认同是凝聚华侨华人的"磁石"

中华民族具有强大的向心力和凝聚力，无论是居住在本土还是异国他乡，基于对中华文化的认同而产生的民族精神气质像一块巨大的"磁石"把海外5 000万华侨华人与祖（籍）国深深地连接在一起，创造出中华民族的辉煌。回首历史，中华民族的认同与归属无不是凝聚华侨华人参与民族解放运动和社会主义建设的不竭动力。早在辛亥革命时期，孙中山先生成立的兴中会就得到了海外华侨的支持，其成员要占兴中会会员人数的78%；而1912年中华民国成立后，仅在辛亥这一年，南洋华侨就捐助了500万~600万元的巨款；不少侨胞还亲自奔赴战场，为革命献出了宝贵的生命，轰动中外的黄花岗起义，殉难烈士中有1/3以

---

① 王焕芝：《华侨华人文化形成与发展的文化学解析》，载于《八桂侨刊》2007年第3期，第30~35页。

上都是华侨。① 在长达 8 年的抗日战争中,海外华侨华人用各种方式表达着对祖(籍)国的支持,为抗日救国做出重要贡献。② 新中国成立后,海外华侨华人对中国的支持和贡献从未停止。仅新中国成立后 5 年内,华侨回国参加新中国各项建设、求学和归国难侨的人数近 18 万人,1950~1957 年,华侨在国内投资兴办的企业就达 50 多个。③ 改革开放以来,海外华侨华人回祖(籍)国投资年年增长,有力地促进了中国的经济发展,增强了国家硬实力。由此可见,归属与认同已经成为凝聚华侨华人意志的一块巨大"磁石",是他们服务桑梓、感恩祖先的动力。

第三节 华侨华人在建设中国软实力过程中的作用与问题

经过新中国成立尤其是改革开放 30 多年的发展,我国经济、政治、军事、文化等各个方面取得长足发展,硬实力的可见性极大提升了中国在国际上的影响力。尽管如此,中国始终秉承"和平发展"的理念,习近平总书记向世界提出了"中国梦"的构想。这些都在不同层面表达了一个文明古国在实现民族富强、国家兴旺、文化繁荣过程中的开放心态,愿意与国际上所有国家共同发展、共同分享世界的繁荣与发展。毋庸置疑,中国在发展硬实力的同时,软实力发展也取得新进展,而华侨华人以其特殊地位和独特的身份优势在构建中国软实力方面做出了积极贡献,取得了不菲的成就。

一、华侨华人在构建中国软实力过程中取得的成就斐然

第一,促进了中国发展模式在海外的传播。尽管华侨华人身处海外,但他们一直是中华民族复兴的参与者、谏言者、建设者、贡献者,对中国模式有着独特的见解和话语权。首先是海外华商的桥梁纽带作用。众所周知,大多数华侨华人对于住在国的经济、政治环境很是了解,大多又见证了中国改革开放的发展历

---

① 刘启强:《海外华侨对辛亥革命的贡献》,载于《广西社会主义学院学报》2003 年第 2 期,第 41~43 页。
② 曹晋杰、王世谊:《试述海外华侨对抗日战争的贡献》,载于《江苏社会科学》1995 年第 5 期,第 95~99 页。
③ 李敬煊、潜斌:《新中国解决归侨和侨眷粮食安全问题探析》,载于《南洋问题研究》2010 年第 4 期,第 62~69 页。

程，了解中国国情和发展模式的内涵，加上他们对中国政府的管理模式和中国市场环境的了解，已经在中国投资中积累的丰富经验，创新了自己企业发展新模式。华侨华人在商业上取得了巨大成功必将会对住在国的政治、经济以及受众和消费群体产生影响。其次，由于受到中华文化的熏陶和在直接参与中国经济发展中所积累的经验，华侨华人常常会在经营和管理中将中国发展的文化理念植入自己的企业精神之中，带到住在国，产生扩散效应。最后，华商的经营理念、经营模式和管理文化往往带有浓厚的中国模式文化特色，如他们在企业管理中强调"和谐发展"、"以人为本"等，都与中华民族文化价值观不无关系。可以说，今天世界上比较成功的华侨华人创办和经营的企业无不饱含着中华传统优秀文化的基因，他们在践行中华传统文化价值的过程中，把中国发展的新理念带到了世界，让世界更加了解中国。

第二，推动了海外学习汉语的热潮。语言既是一个民族的灵魂所在，又是思维方式的表达，倡导和鼓励海外人士学习汉语言文化，可以帮助了解中国人的思维方式，加强东西方文化的交往，促进文明之间碰撞出人类智慧的火花。随着中国综合国力不断增强，国际地位不断提升，世界各地掀起了学习中国语言，了解中国文化的热潮，世界范围内"汉语热"持续升温，目前全世界 94 个国家和地区开设了 300 多所孔子学院和 300 多所孔子课堂，全球学习汉语的人数已超过 4 000 万人。[①] 另据统计，2011 年，全球新增了 36 所孔子学院，新建了 131 个孔子课堂，学习汉语的人数以 39% 的速度增长，有 8 000 多名教师和志愿者奔赴 100 多个国家教授汉语。各国孔子学院参加汉语考试学生达 11.7 万人次，比 2010 年增长近 2 倍，网络孔子学院实现了 45 个语种版本上线，[②] 汉语言文化的传播大大提升了中国文化软实力，孔子学院的作用固然重要，但庞大的海外华侨华人群体和社团组织的作用不可小觑，他们通过创办中文学校，举办汉语夏令营、出版汉语出版物等形式，为促进汉语言文化传播，推动海外汉语学习，促进信息的双向流动，扩展国人视野，增进海外对中华文化的认识和了解，传播了中国发展道路的新思想、新思维、新方式。仅以海外华文教育最为发达的马来西亚为例，早在 2005 年，全国建有华文小学 1 283 所，在读学生 60 多万人，华文独立中学 60 所，在读学生 6 万多人，还有大专学校 2 所。[③] 进入新世纪后，东南亚、欧洲、美洲、澳洲等地区的华文教育也方兴未艾，华侨华人社团的作用功不可没。

[①] 吴晶：《全球学习汉语人数超过 4 000 万人》，载于《人民日报海外版》2010 年 8 月 20 日第 4 版。
[②] 王文乐：《孔子学院站在世界面前》，载于《神州学人》2012 年第 1 期，第 3～5 页。
[③] 张向前、朱琦环、吕少蓬：《世界华文教育发展趋势及影响研究》，载于《云南师范大学学报》2005 年第 4 期，第 1～8 页。

第三，以文化为媒架起了民间交往的桥梁。海外华侨华人作为中华文化的承载者、传播者、创新者，尽管他们对住在国的文化会有不同程度的认同和融入，但"骨子"里始终流淌着绵延不断的中华传统文化血液。这种延绵不绝的文化情结，使他们永远无法忘却自己的祖籍文化渊源，自觉成为中华传统文化的传承者和传播者。例如，他们以中华民族传统节庆文化，如春节、元宵、端午、中秋以及舞狮、舞龙、赛龙舟等民俗节庆娱乐为媒传播中华民族文化，参与者不再仅仅局限于华侨华人群体，也吸引了许多当地国民的参与，使中国节事文化融入当地经济社会发展之中，展现出活生生的中华传统文化，大大增强了中华文化魅力和吸引力。同时，一些艺术产品，如中国电影、喜剧、杂技、舞蹈、民间艺术品等也借助华侨华人及其社团的桥梁纽带作用逐步走向世界，促进了中国与世界各国的文化交流，传播了中国优秀文化。

第四，借助华文媒体提升了中国"声誉资本"。华侨华人媒体、华侨华人社团和华侨华人学校是海外华侨华人社会的"三宝"，也是中国文化软实力的具体延伸和体现。随着中国综合国力和国际影响力逐年增强，世界各国越来越关注中国取得的伟大成就，但西方社会对中国的"妖魔化"也从未停止，继抛出"中国威胁论"、"中国崩溃论"后又抛出"中国独秀论"、"中国责任论"，要求中国承担更多与其发展水平不相适应的责任与义务。对此，遍布于世界各地的华文媒体，从其诞生的那一天起就担当起促进经济社会发展的重要使命，发挥着重要而且独特的作用。① 华侨华人凭借与中国大陆建立的稳定合作关系，使其不仅是中国战略转型的呼吁者、支持者，也是直接的参与者，发挥其"参照"和"建言"的独特作用。他们其中的大多数客观地向国际社会说明真相，不断消除外界对中国发展的疑虑和误解，塑造中国良好国家形象，提升国际话语体系中华文传播的合力和影响力，在做强"声誉资本"中贡献了力量。

第五，凭借社团组织增强了华侨华人的凝聚力。社团作为制度化的群体形象，其影响力远高于由自由聚集而成的个体所传达的形象。海外华侨华人社团从基于宗乡关系的联谊互助到自觉地将松散的跨国网络制度化、从满足于个人或小群体在异国他乡谋生立足到刻意追求他们在住在国乃至国际大舞台上的群体效应，正在形成合力，不断增进当地民众对中国和中国人民的了解，并在住在国民众中传播开放、和谐、友好的中华文化，凝聚民族意志，达成统一共识等方面，已经展现出良好的政治效应和社会效应。例如，在两岸同胞共同开展"反独促统"的活动中，在积极为祖（籍）国经济社会发展做贡献中，在应对重大灾难实践中，遍及世界各国的华侨华人社团组织释放出旺盛的活力，折射出群体

---

① 颜春龙：《海外华文传媒与华人文化认同研究》，四川大学博士论文，2006年。

行为的魅力。

二、华侨华人在构建中国软实力过程中面临的问题及原因分析

从客观上讲，由于华侨华人分布广、人数多，所处的国家、地区、整体性差异，以及一些客观条件限制和与祖（籍）国联系的有疏有远，致使他们在参与中国软实力建设中还面临一些问题和困惑。另外从中国自身情况来看，由于制度上的安排和工作上的偏差等原因，也会导致华侨华人发挥的作用有限。基于主客体相互间的原因，归纳起来，主要存在以下几个方面的问题。

第一，文化"赤字"现象突出，无法满足华侨华人对祖（籍）国文化了解和传播的需求。文化艺术产品是海外华侨华人了解祖（籍）国历史文化和发展现状的重要工具。但长期以来，我国文化产品数量不多，尤其是"精品"有限，赤字严重，如中国图书进出口贸易逆差大约是 10∶1，出口的图书主要是销往一些亚洲国家和我国港、澳、台地区，相对于欧美的逆差则高达 100∶1 以上。[①] 影视艺术作品亦然。中国出口到国外上映的电影可谓凤毛麟角，而国外利用中国文化元素拍成的电影在中国市场和海外市场上却是票房爆满，《花木兰》、《功夫熊猫》就是最好的例子。面对这种窘况，华侨华人备感茫然，他们常常为找不到针对性很强、译文水平很高的图书和文化艺术产品而遗憾。

第二，中国软实力建设模式单一，海外华文媒体整体实力不强，缺乏针对性。中国软实力建设涉及面宽范围广，手段、工具要求高，但我国一些对外宣传媒体和艺术产品的输出往往不太注意策略，不看对象，常采用国内的一种惯性思维，自上而下的强势宣传和灌输，也很少考虑不同国家和地区受众对象的审美情趣和需求，多凭主观臆断，散兵作战多，模式也缺乏创新，中国软实力建设还没有成为一种文化自觉。同时，国家权威的外文网站也很少。另外海外华文媒体虽然很多，但多拘泥于华侨华人社区，辐射面不宽，市场占有率很低，影响力和影响层面十分有限。

第三，华侨华人优势资源整合不力，群体形象仍未得到彻底改变，"排华论"、"中国威胁论"甚嚣尘上，良好中国形象建设任重道远。由于许多人已经归化为住在国公民，在实践中，国内一些部门不分华侨与华人身份区别，简单地把他们作为宣传祖（籍）国的推手，这种做法不仅适得其反，相反还导致住在国对他们地位和身份动机产生质疑，致使华侨华人社会内部和外部资源整合

[①] 刘锋杰：《为什么会有"文化赤字"》，载于《粤海风》2010 年第 2 期，第 74~76 页。

不力。另外从华侨华人自身的情况来看，不团结、窝里斗等现象依然普遍，群体形象急需改变。

第四，中国软实力建设信息不对称，主观诉求和客观理解存在偏差，使用的手段和策略过于主观意识，致使效果受限。

究其上述问题存在的原因，本书认为主要有以下两个方面。

首先，从外部因素来看，一是中国与华侨华人住在国关系的好坏不仅直接攸关住在国对待华侨华人的态度，也影响华侨华人发挥的作用。二是华侨华人住在国的外部环境也会对中国软实力构建产生或正或负面影响。当今世界正处在大变革、大调整的重要时期，尤其是随着中国的发展，硬实力的增强，西方发达国家对我国存在较大的"误读"，一些对华非友好国家或政治人物总是会制造事端，宣扬"中国威胁论"，歪曲中国的形象。在这种背景下，少数华侨华人经不起蛊惑，也会随波逐流，成为诋毁祖（籍）国形象的棋子。如此一来，他们的一言一行不仅不能发挥在建设中国软实力中的作用，相反还会造成负面影响甚至伤害。三是随着中国和平发展遭到西方大国的质疑和与周边国家在领土领海主权上的挑战，中国与某些国家和地区发生的争论增多，在一定程度上也会影响海外华侨华人在构建中国软实力方面发挥作用。四是华侨华人社团资源整合不力，也会抵消他们在软实力建设中的作用。毫无疑问，华侨华人社团对维护自身权益，传承中华优秀文化，密切与祖（籍）国之间的关系方面有着不可替代的作用，也是中国软实力建设中不可或缺的力量。但由于华侨华人社团成立的背景、目的、政治取向、诉求功能等不一样，致使社团之间力量牵涉分散，凝聚力弱化。五是海外华侨华人各种电子平面媒体发展异彩纷呈，但相比于当地主流媒体的影响力还不强。

其次，从中国软实力建设的主体来看，也存在一些问题。一是虽然国内相关部门认识到华侨华人在构建中国软实力过程中的重要作用，但是对如何最大限度发挥他们的作用还没有建立起良好的机制，缺乏整体性的战略思考。二是缺乏"顶层设计"，长远战略考虑少，短视行为多，没有形成一个长久的、可持续的长效机制。这些短视行为会伤害海外华侨华人的感情，降低认同度和归属感。三是重视精英层面的多，关注广大华侨华人发挥作用的少，导致大多数非精英层面群体的失落感，造成华侨华人内部凝聚力下降。四是比较重视发挥西方发达国家华侨华人作用，未能足够重视非发达国家华侨华人的力量，致使散落在东南亚等其他国家和地区的部分华侨华人的民族认同感、身份认同感有降低趋势，同时在住在国生活没有归属感，在一定层面也助长了"排华论"。五是未能在法律层面上规定华侨华人归国之后的各种权利与义务，阻碍了华侨华人更加走进家乡的步伐。六是随着海外针对华侨华人突发性事件的增多以及可能产生的局部摩擦会牵动每一位华侨华人的切身利益,安全预警的缺失也直接影响他们的心境。七是还未能建立科学、完整的资料数据库,打造起华侨华人与祖(籍)国联系的持久性平台,实现信息畅通对接。八是中华文化传播手段单一,常以国家意志为推动力举办的"文化年"、"交流周"官方性强,缺乏民间交往的多样性,辐射面有限,常常只讲过程、讲形式,直接影响效果,缺乏信息沟通与反馈,出现动机与效果的信息不对称。九是缺乏系统的理论梳理和深入研究,对华侨华人与中国软实力建设从内在关系到外在形式,急需理论构架和路径设计,以便构建起具有中国特色的新兴交叉学科华侨华人学,更好地指导实践。

第二章

华侨华人与中国软实力建设研究文献回顾

新中国成立60多年尤其是改革开放30多年来，中国的综合国力不断增强，国际话语权日渐强大，国际地位显著提高。但我们必须清楚地看到，今天西方流行的"中国威胁论"、"中国崩溃论"、"中国责任论"等社会思潮此起彼伏，不仅直接影响到中国的崛起和中华文化的国际形象，还关系到中华民族的伟大复兴和中国特色社会主义建设的前途。为了消解国际上种种错误思潮，并为中国和平发展营造良好的国际环境，我国在巩固"硬实力"的同时，必须强化"软实力"，通过积极的对外交往手段将具有中国模式、中国风格、中国气派的国家形象传播开来，赢得未来发展的先机。在此背景下，如何发挥华侨华人的作用以提升我国软实力成为热议的焦点，进行二者关系的探讨也显得尤为迫切。

自20世纪90年代以来，"华侨华人"与"软实力"逐渐成为国内外学术界关注的热点，学者们对这两大热点问题始终保持着持续的研究热情，研究层面从较为单一的历史领域研究，转向包括经济、政治、国际关系、民族、文化等在内的多学科跨领域研究，诞生了一大批研究成果。然而，从现有文献成果来看，涉及两者关系的探讨十分贫乏，国内外将这两者结合起来进行的研究更是凤毛麟角。为了填补研究领域的空白，本章在此尝试性进行两者的关系研究，以期为丰富华侨华人软实力理论做出有益的探索和贡献。

第一节 国内外相关研究概述

一、国内外华侨华人研究概述

海外对华侨华人的研究诞生了较为丰富的理论成果,并已建立起较为完整、严密的学术体系,对华侨华人问题的关注达到了较为系统化、科学化、规范化的水平。以"华侨华人在各国的分布"为例,西方大多数国家对华侨华人的数据统计就常常作为该国政策研究的依据与出发点,进而影响一个国家的内政外交举措。由此,华侨华人问题研究已触及所在国国家利益层面的高度。另外,根据国外研究成果对于华侨华人研究进展的分析,海外对华侨华人的研究在20世纪一共经历了四次浪潮,而这四次浪潮均与世界经济和国际政治的发展密切相关。

反观国内,较为系统化的华侨华人研究从清末开始到现在,经历了两百多年的历史,取得了显著的成就,积累了丰硕的研究成果。具体而言,中国学术界对华侨华人研究始于清末,梁启超是当时关注华侨华人问题的主要学者,其著述的《美国华工禁约记》(1644~1911)是清末中国学者第一部涉及美国华人的著作。其后,国内华侨华人研究在数量上逐渐增加,内容上逐渐多元化,并呈现出以下五个特点:一是研究机构不断壮大;二是研究内容日益丰富;三是研究地域逐渐增多;四是研究视角走向多元;五是研究方法持续更新。从宏观角度来说,正如厦门大学的李国良教授所指出的,"我国的华侨华人研究一是开创了中国的华侨华人研究'四多'的局面,即研究机构和研究人员多、研究活动多、研究成果和出版物多、培养的专业人才多;二是呈现出多学科交叉、开放性、互利性、实践性的研究特点。"[1] 而从微观层面来说,中山大学的袁丁教授认为改革开放以来,国内华侨华人研究在领域、深度、广度和规范性方面都有很大改变,不仅在历史研究方面有了很大的扩展,研究地域也延伸到东亚、欧洲、非洲、大洋洲、南美洲等地,研究内容也涵盖政治、经济、社会、文化、宗教信仰等各个层面[2]。总的来说,国内有关华侨华人研究已取得丰硕成果,但受篇幅和本书主题

---

[1] 张坚:《高校、研究机构、侨务部门合作共赢的新举措——桂林市华侨华人研究会2010年学术研讨会会议综述》,载于《八桂侨刊》2010年第3期,第78~80页。

[2] 袁丁:《建国六十年来的华侨华人研究感言》,载于《华侨华人历史研究》2010年第4期,第9~10页。

所限，相关内容在此不再赘述。

二、国内外有关软实力研究概述

作为一个理论体系，软实力是1990年由美国哈佛大学国际事务中心主任约瑟夫·奈（Joseph Nye）提出的。他指出，随着全球化，信息化步伐加快，世界变得更加扁平，国家之间的竞争越来越变现为硬实力（hard power）和软实力（soft power）所构成的综合国力的竞争。硬实力由经济、科技、军事实力等构成，而软实力则是由文化、价值观念、社会制度、发展模式、生活方式、意识形态等吸引力所体现出来。软实力理念的提出给世界提供了一个区别于单纯从硬实力来衡量国家影响力的全新视角和思维方式，从而逐渐引起国外学者的广泛关注，并表现出以下特点。一是广泛认同奈教授所研究的理论体系，认为一个国家的软实力是由其文化的吸引力、政治价值观和公共外交政策所组成。要提升国家软实力，首先有必要对国家软实力的构成要素有个比较清晰的认识。伴随着中国国力的增强，国外兴起了对中国软实力的研究热潮。英国考文垂大学的阿兰·亨特（Alan Hunter）认为中国的软实力存在于：中国的海外华人，中国在东南亚和非洲的政治存在，中国的大学，中国的语言文学，中国对亚太地区的媒体的影响，中国的旅游和体育，中国的宗教和传统文化。[①] 奈认为中国的软实力资源存在于：富有魅力的传统文化，诸如电影、体育、旅游资源等全球流行文化，政治价值观方面的中国发展模式——"北京共识"在亚非拉地区的吸引力以及积极参与多边机制的外交策略。二是研究成果直接服务于国家战略的制定。如美国学者斯凯姆佩里斯（Georgios Skemperis）他以第二次伊拉克战争为实证详细分析了英国、德国、法国所执行的文化政策，提出了政府应该强化国家软实力，而不是一味地使用军事手段；瓦尔德纳（Benita Ferrero - Waldner）则从当代国家体系、执行硬实力还是软实力等不同侧面研究入手，指出欧盟要想在国际上施加影响力，就必须推销软实力和"巧实力（smart power）"。提德曼（Anna Tiedeman）更是明确提出，当今世界，美国需要的不仅仅是推行强权军事政策，而是应该"营销美国印象"（selling the U. S. Image）。又如荷兰学者梅里森（Jan Melissen）、德国学者斯蒂弗顿（Fritz Thyssen Stiftung）、芬兰学者斯塔勒（Pirjo Stahle）、加拿大学者纳马斯瓦雅姆（Reesha Namasivayam）等，从不同侧面研究了软实力在构建国家政策方面的作用。三是以软实力的视角对我国与周边国家之间关系的研

[①] Alan Hunter. China：Soft Power and Culture Influence. 2008. Available at. http：//www. Coventry. ac. uk/peacestudy.

究近年来越来越多。如美国学者霍尔姆斯（James Holmes）从什么样的海洋实力、中国对印度洋的战略利益、中国对印度洋的回应、软实力等几个方面，探讨了中国软实力在印度洋的影响；丹麦学者施密特（Johannes Dreagsbaek Schmidt）、美国学者贾奈利（Roger L. Janelli）、刘易斯（James A. Lewis）、韩国学者任敦姬（Dawnhee Yim）等，都从国家之间关系构建研究了中国软实力尤其文化软实力对周边国家的理解力、作用力、影响力，分析了软实力在维护国家利益，保证国家安全至上的重要作用。

在国内，自从党的十七大把提升中国软实力作为国家发展战略以来，有关软实力建设的研究在理论和实践层面都进入了一个新的发展阶段，形成了比较丰硕的研究成果，并呈现出一些主要特点。

第一，研究主体上，体现出高层次、组织化的特点。国家有关部门、理论刊物、有关学者对软实力的专题研究逐渐增多。国家对于软实力研究的重视程度和支持力度加大，如我国成立了中国软实力发展委员会、国家级"软实力课题"研发机构——北京大学现代中国研究中心、中国软实力建设委员会、中国软实力研究中心等机构对软实力的相关问题进行研究。通过相关资料查询，短短几年，我国专门研究"软实力"的专著、译著等已达40本，而中国知网显示，截止到2010年，以软实力为题的学术文章多达1 636篇。

第二，研究方法上，呈现出多向度、多学科、跨领域共同研究的趋势。软实力是一个源自于政治学领域的概念，但随着对其研究的加深，吸引了其他学科领域的关注。近年来，来自于哲学、历史学、经济学、文化学、传播学、社会学、心理学、管理学、法学等多个学科的学者，将软实力理论引入各自的研究领域开展研究，提出了很多独特的见解，形成了丰富的理论成果。

第三，研究视野上，由纯粹的理论研究转向理论探讨和实践操作相结合。我国关于软实力的理论研究涉及面广，已形成较为完整的理论体系，包括概念研究、构成要素分析、指标体系构建等。可喜的是，目前我国越来越多的学者更加关注顶层设计和实践层面的研究，为我国的软实力建设献计献策。

第四，研究角度上，对比研究越来越多。随着中国经济实力的崛起，在国际社会的影响力加大，我国对其他国家的软实力以及中外国家软实力的对比研究也越来越多。很多学者通过介绍其他国家软实力的运用和构建，来分析其对提升中国软实力的启示。如中国现代国际关系研究院"软实力课题组"介绍了美国、欧洲、俄罗斯、印度、日本和韩国构建软实力的不同方法。

第五，研究团队上，国家社科基金、教育部和省部级部门，通过一般项目、重大研究攻关项目等资助，已经培育起跨多学科的研究团队，涌现出一批有实力的研究机构，出现了一批有影响力的学者。如华侨大学承担的2010年度教育部重大委托项目"华侨华人在建设中国软实力中的作用",就起到了汇聚国内外知名学者,打造精英团队的作用,为进一步深入研究奠定了良好基础。

第二节 国内外对华侨华人与中国软实力研究述评

回顾近几年来的研究成果,我国对华侨华人与中国软实力二者之间的关系研究已经实现了从无到有、从少到多的跨越,并诞生了一批些有影响力的研究成果。同时,由于华侨华人、中国软实力各自的内涵和外延都十分广泛,因而也衍生出了许多研究分支领域,大大丰富和创新了华侨华人与中国软实力建设的研究视角、研究方法、学术观点等。另外,国内外所依据的研究视野、研究方法的不同,两者的关系研究也呈现不同特点。

一、国内对华侨华人与中国软实力的关系研究

国内对近几年来我国在华侨华人研究和中国软实力建设研究给予了关注,但将两者联系起来进行研究,专门探讨华侨华人在中国软实力建设中的作用的研究成果还十分有限。课题组成员以华侨华人和软实力为关键词在 CNKI 上进行搜索,截至 2010 年年底,只有 10 篇搜索结果,主要集中于暨南大学陈奕平和许梅、西南大学王志章等几位学者的研究中,研究特点主要表现在以下几个方面。

(一) 以辩证思维阐释华侨华人与中国软实力的对立统一关系

华侨华人与中国软实力建设之间的关系,是一对辩证的关系,既对立又统一。首先是华侨华人身份的不同,决定他们在建设中国软实力中的作用方面存在差异性,不能一概而论,更不能明确要求。其次是他们居住国经济社会发展水平的不同,决定着他们发挥作用的程度也不尽相同。最后是由于背景等时空上的差序,如早期移民和新移民之间所导致的认同性和与祖籍国联系疏紧等方面的差异,也决定了他们发挥作用的方式存在差异。对此,一些学者进行了探讨,例如陈正良、薛秀霞和何先光分析了海外华侨华人在推动中国软实力形成和发展过程中的作用。他们认为海外华侨华人是增进扩大中华文化在全球影响力的积极传播弘扬者和促成中外文明交流沟通的重要桥梁,是中国形象的重要表达者与传播塑造者,是国家统一的重要促进和维护力量,是向世界解释和宣传中国、发展中外国际民间友好事业、促进国际理解的最好民间大使,是世界先进文化、思想观

念、先进技术、管理经验及全球化视野的重要传递者,是促进中国社会健康发展的建言、净言提供者和重要推动体,他们对祖国的向心力和爱国热情已成为增强民族凝聚力、振兴中华的强大精神推动力。① 此外,陈奕平、范如松在《华侨华人与中国软实力:作用、机制与政策思路》中着重探讨了华侨华人在中国软实力构建和发展过程中的具体作用、影响机制及面临的挑战。该文认为华侨华人的作用主要体现在中华文化的传播、开展民间外交、中国国情和发展模式的宣传介绍以及对中国国家政策和行为的理解、支持和解释等方面,而促使其发挥作用的机制在于通过华侨华人的个人行为和方式、海外华人传媒、华文教育以及华侨华人社团等发挥作用。同时,该文也指出要注意到华侨与华人的不同身份对中国软实力的作用与影响。②

(二) 以北美、东南亚华侨华人为重点探讨提升软实力的路径

华侨华人分布在世界190多个国家和地区。由于居住国经济社会发展水平存在明显差异,探讨华侨华人在建设中国软实力中的作用时,必须充分考虑他们的区域性和差异性。在这类研究中,探讨东南亚与北美地区华侨华人的文献尤为集中,学者陈遥和许梅在东南亚华侨华人与中国软实力方面做了大量有益的探究。例如,陈遥在《中国在东南亚的软实力与华侨华人的作用》一文中认为,随着中国经济的发展和"睦邻、安邻、富邻"政策的实施,中国在东南亚的影响力逐步提升,软实力也日益提高。海外华侨华人则成为中国与东盟国家经贸合作与文明对话的桥梁,成为提升中国在东南亚的软实力的重要途径。华侨华人在经贸、文化教育和政治等方面,都促进了中国在东南亚软实力的提高。他提出华侨华人可以通过以下途径来提高中国在东南亚的软实力,一是开展华侨华人和软实力相结合的研究,二是加强侨务战略和软实力战略的整合,三是追求中国与华侨华人及其所在国多方共赢,四是充分利用华侨华人网络,五是开发面向东南亚的华文媒体。③ 同时期研究中,许梅基于东南亚华人在中国软实力提升中的推动作用与制约因素认为,华侨华人作为一个特殊的移民群体,不仅在促进中国与东南亚国家政经合作和文化交流等方面发挥着桥梁作用,无形中也提高了中国在东南亚软实力水平。具体表现为通过对中国发展模式和先进经验的介绍和引荐,对中

---

① 陈正良、薛秀霞、何先光:《析海外华侨华人在推动中国软实力形成和发展过程中的作用》,载于《浙江学刊》2009年第6期,第126～129页。
② 陈奕平、范如松:《华侨华人与中国软实力:作用、机制与政策思路》,载于《华侨华人历史研究》2010年第6期,第14～21页。
③ 陈遥:《中国在东南亚的软实力与华侨华人的作用——国际关系学和华侨华人学整合的视角》,载于《华侨大学学报(哲学社会科学版)》2010年第2期,第82～88页。

国传统文化的传承和传播，对中国外交政策与外交行为的支持与解释等方式，在促进东南亚国家对中国的了解与认同的同时，大大提升了中国的国家形象和影响力。同时，她指出东南亚华侨华人能否在中国软实力建设与发展中充分发挥其独特的作用，是与东南亚各国的国内形势、中国外交侨务政策、华侨华人自身变化及外部环境等因素密切相关的。① 另外，许梅指导黄丽嫦完成的硕士论文《中国与印度尼西亚关系发展中软实力的提升及华侨华人的推动作用》，分析了不同时期中国与印度尼西亚的关系以及中国软实力的特点，探讨了华侨华人对中国在印度尼西亚软实力提升中的推动作用以及影响华侨华人在中国软实力建设中发挥作用的因素，进而对中国外交侨务工作提供了一些建议。②

除上述研究之外，对于北美地区华侨华人与中国软实力的关系研究也占据较大比重。陈奕平指导学生宋敏峰完成的硕士学位论文《美国华侨华人与中国软实力》中介绍了美国华侨华人移民历史，分析了美国华人社团、美国华文教育和美国华文媒体对中国软实力的影响，探讨了美国华侨华人在构建和推动中国软实力形成和发展过程中所面临的挑战，最后提出做好美国华侨华人工作的新思路。③ 其另一学生李天治的硕士论文《西欧华侨华人与中国软实力的提升》中则重点阐释了西欧华侨华人社团、华文教育和华文媒体分别对中国软实力的影响。④

需要指出的是，在大量有关北美地区华侨华人研究的文献中，学者王志章的研究具有一定代表性，王志章博士早在 2007 年就承担了国务院侨办的题为"硅谷华人社群'软实力'研究"，并在 2010 年出版了专著《硅谷华人软实力与国家软实力构建》。在书中，他以美国硅谷的华人社群为研究对象，对该社群的软硬实力现状进行了分析，总结了该社群与中华软实力之间的关系，探讨了提升硅谷华人社群软实力以促进中国软实力构建的措施和对策。并认为华人社群的软实力是中华软实力的重要组成部分，是国家整体实力的具体体现，最能彰显中国文化魅力，传播政治价值观，服务国家公共外交政策，是中华软实力展示、延伸、渗透、影响的最佳平台。他着重论述了硅谷华人社群与中华软实力之间的关系，认为硅谷华人社群是中华文化多样性的传承者、中华优秀文化传承的践行者、高新技术产业创新的领跑者、中美和谐关系的促进者、"反独促统"民族利益的捍

---

① 许梅：《东南亚华人在中国软实力提升中的推动作用与制约因素》，载于《东南亚研究》2010 年第 6 期，第 58~65 页。
② 黄丽嫦：《中国与印度尼西亚关系发展中软实力的提升及华侨华人的推动作用》，暨南大学硕士学位论文，2010 年。
③ 宋敏峰：《美国华侨华人与中国软实力》，暨南大学硕士学位论文，2010 年。
④ 李天治：《西欧华侨华人与中国软实力的提升》，暨南大学硕士学位论文，2010 年。

卫者、中美科技交流的推动者。① 在后续研究中，2011 年 5 月，由王志章博士与其研究生陈晓青共同撰写的《北美地区华侨华人族群研究——以硅谷为例》被收录于《华侨华人蓝皮书（2011）》一书中，文章对硅谷地区华侨华人的经济、政治、文化等层面进行重点考量，总结这一群体面临的机遇和挑战，并指出认识和提升硅谷华人社群软实力的主要途径——一是正确认识硅谷华人软实力对中国软实力的作用，二是以中华传统文化为纽带打造硅谷和谐华裔社群，三是强化华人子女对中华民族的认同教育，四是紧密依托国内外企业创建硅谷华人之家，五是尽快发展以中华传统文化为载体的硅谷文化创意产业，六是加强与硅谷华人精英的交流，增强他们对祖（籍）国的了解，七是依托华人社群组织维护祖（籍）国国家形象。②

（三）从文化外交角度分析海外智力人才

文化外交是提升国家软实力的重要手段，目的在于通过文化这一载体进行公共传播。华侨华人作为中华文化的承载者和创新者，以其拥有的地域文化和空间优势，在建设国家软实力中具有不可替代的作用，不少学者就此进行了有益探索。王辉耀从华侨华人智力的角度进行分析，认为海外华人英才是国家提高软实力的重要人才宝库，国家应该从战略高度重视发挥世界华侨华人在高端人才资源方面的优势作用。安徽省侨联陈茂先则探讨国内侨联组织对推动中国软实力建设的作用，认为侨联组织在服务和推动中国软实力建设方面具有民间优势、海外优势、基础优势、经验优势、人才优势和影响优势。为此，提出相应对策：必须确定"一个战略"，就是要把服务和推进中国软实力建设作为当前和今后一个时期侨联组织的战略任务；要运用好归侨侨眷、海外侨胞、华侨华人的朋友、侨界社团四种资源；坚持"三个围绕"，就是紧紧围绕重大时事、国外政府、境外媒体开展活动。金诚分析了如何利用华侨华人优势积极开展文化贸易，建设中国软实力。他认为，海外华人是中华文化的传播和继承的一股有生力量，中华文化是中华民族的灵魂和命脉，是凝聚、支撑中华民族绵延发展的精神支柱，是全球华侨华人相拥相依的纽带。减少文化贸易逆差是中华儿女的共同责任和义务，海外华人有责任和义务在促使中华文化走向世界，增加中国文化软实力和缩小文化贸易逆差中成为"生力军"。对于如何减少当前中国文化贸易中出现的严重逆差而增加国家文化软实力。他认为，"最根本的就是要提高文化的传播力，加大对外的

---

① 王志章：《硅谷华人社群与中华软实力》，载于《硅谷华人软实力与国家软实力构建》，光明日报出版社 2010 年版。
② 王志章、陈晓青：《北美地区华侨华人族群研究——以硅谷为例》，载于《华侨华人研究报告（2011）》，社会科学文献出版社 2010 年版。

交流与合作,并在对外交往中,增进世界各国人民对中华文化的了解,扩大中华文化的国际影响,特别是要缩小与西方国家之间的语言、人文隔阂,提高西方国家对中国文化产品的消费需求。"他在文章中也谈到了海外华文教育问题,指出:"华文教育除了为海外华侨华人传承汉语言文字和中华文化之外,还肩负着培养适应时代要求、服务当地社会的通用型人才。面对上千万新生代华侨华人的庞大需求量,华文教育发展势头迅猛,但却面临着三大'瓶颈',即资金短缺、师资匮乏、中文教材单一。要解决这些问题,关键是要发挥华文学校的主动性,调动起华人社会参与华文教育的积极性。"程希则从华侨华人与住在国的关系角度来分析华侨华人在中国软硬实力的转化中的独特作用。她认为,华侨华人既是国家"硬实力"的载体,又是国家"软实力"的载体。在政治上,他们是国家影响力的直接外延,可发挥"民间外交"的作用,增强中外的沟通与交流,通过"院外游说"、新闻媒体、各种自发活动等,以直观的效应,试试政治影响力;在经济上,他们通过外贸经营、金融投资和企业生产等多种形式,对当地的经济发展产生直接影响;在文化上,他们通过中文教学、歌舞音乐、影视娱乐、餐饮服饰、工艺美术等,影响当地的社会文化。这些影响既是直接和直观的,又是潜移默化和润物细无声的,符合各国已有的法律法规和"游戏"规则,又能在无形之中提升中国软实力。①

(四) 从华侨华人不同构成上提出软实力的多元提升战略

由于华侨华人的身份不同、所处的环境各异,要想很好地发挥他们在建设中国软实力中的作用,需要找准不同的着力点,尽量规避一些敏感问题,否则只会适得其反。为此,一些学者和地方侨务部门结合自身工作实际,总结出一些可资借鉴的经验和做法。

首先,充分考虑侨乡的社会变迁和华侨的因素构成。广东、福建、广西、海南、浙江、湖北等地侨乡调查都已有成果,尤其是研究者用社会学、文化人类学等方法,在闽粤浙桂等侨乡进行了大量调查,包括华侨出国原因、海外华侨华人对侨乡社会经济文化发展的影响、改革开放后侨乡的变化及新移民调查等。李明欢在其主编的《福建侨乡调查:侨乡认同、侨乡网络与侨乡文化》一书中,根据福建侨乡的发展历史,以个案的定性分析为主要方法,通过不同个案的比较对新老侨乡进行多角度、多层面的调查与比较研究,勾勒出侨乡社会历史沿革的全

---

① 程希:《华侨华人高层次人才与中国和平发展》,载于《华侨华人研究报告(2011)》,社会科学文献出版社 2011 年版。

景，并从中挖掘出了许多值得高度重视的重大课题。①

其次，关切华侨华人在居住国的生存发展问题。对当地社会经济发展、民族解放事业的贡献，同化、融合、认同问题，参政问题，族际关系、排华问题的研究，以及当地华侨史料的发掘整理等，直接攸关华侨华人在居住国的生存发展问题，如张应龙、万晓宏、刘海铭分别分析了客家华侨对东南亚采矿业的贡献，介绍了当代美国华人参与选举政治的主要方式，探讨了早期美国华裔青年的自我认同，总结归纳出当今华侨华人的生存现实，指出没有对他们生存现实的准确把握，厘清思路，区别对待，是很难发挥华侨华人在建设中国软实力中的作用的。

此外，清晰界定华侨华人与祖籍国（中国）的关系。华侨爱国主义、民族主义的研究，华侨华人与中国在政治、经济、文化、教育等方面关系的研究以及人物研究。这一直也是国内学术界关注和研究的重要课题，且研究侧重点不断变化，研究的综合性日益提高，正在从关注华侨华人在中国经济等方面的作用转向关注华侨华人在构建中国软实力中的作用转变。吴前进在《国家关系中的华侨、华人和华族》一书中把华侨华人的处境、作用和中国与居住国的关系联系起来，从历史演变和双边互动两个层面进行了深入的探讨；② 任贵祥认为，海外华侨华人积极致力于祖国的统一大业，是《反国家分裂法》推动和拥护者。③ 王志章在《硅谷华人软实力与国家软实力构建》中，以硅谷华人社群为研究主体，深入研究了国家软实力、美国硅谷与华人社群的形成、美国硅谷印度裔华人实力比较、硅谷华人社群"软实力"与"硬实力"、硅谷华人社群在构建中国软实力中的作用、硅谷华人社群"软实力"与建设创新型国家的关系、硅谷华人社群软实力的构建几个问题；④ 陈正良、薛秀霞、何先光认为华侨华人在弘扬中华文化、传播中国形象、维护国家统一、促进国际理解、连接全球经济网络、增强民族凝聚力和促进中国社会健康发展方面推动了中国软实力的形成；⑤ 陈奕平、范如松强调通过发挥华侨华人个人力量、海外华人传媒、华文教育及华侨华人社团的作用，可以有效地提升中国软实力。⑥

---

① 李明欢：《福建侨乡调查：侨乡认同、侨乡网络与侨乡文化》，厦门大学出版社 2005 年版。
② 吴前进：《国家关系中的华侨、华人和华族》，新华出版社 2003 年版。
③ 任贵祥：《海外华侨华人抗争史》，中共党史出版社 2009 年版。
④ 王志章：《硅谷华人软实力与国家软实力构建》，光明日报出版社 2010 年版。
⑤ 陈正良、薛秀霞、何先光：《析海外华侨华人在推动中国软实力形成和发展过程中的作用》，载于《浙江学刊》2009 年第 6 期，第 126~129 页。
⑥ 陈奕平、范如松：《华侨华人与中国软实力：作用、机制与政策思路》，载于《华侨华人历史研究》2010 年第 2 期，第 14~21 页。

二、国外对华侨华人与中国软实力关系的研究

随着中国国力的强大以及中国在世界扮演着越来越重要的角色,华侨华人作为联系中国与世界的一道桥梁也发挥着越来越积极的作用,国外对这一群体的关注也日益多元化、立体化,但与国内研究不同的是,国外对华侨华人与中国软实力的直接研究尚属空白,此类研究在国外主要从整体着眼,结合软实力的着力点,结合具体主体或者事件进行探讨。

(一) 从华侨华人综合实力的改善展现我国软实力提升的步伐

硬实力与软实力可视为一个国家综合实力的两大组成部分,硬实力与软实力的相互作用促使华侨华人经济、政治、文化发生了相应的变化。经济层面上华商企业、历史、商业形式的变化以及移民进程、海外投资的变迁,政治层面上华侨华人参政议政现状的改观,文化层面上华侨华人身份得到认同等具体实例说明我国的软实力得到了巨大的提升。

第一,经济层面,通过对不同时期华人经济实力的比较折射华人经济地位的变化。一是探讨华人商业企业的内容,如伯克利大学学者阿马多里(Franco Amatori)、琼斯(Geoffrey Jones)在英国剑桥大学出版的《世界商业历史》一文中讲到海外华人企业方面的学者需要建立家族企业而不是分析大型企业的中央单位管理,并指出学者的研究重心应当是考察小型企业对国家商业系统发挥的重大作用。[1] 二是对华商历史的概述。学者考尔(Elisabeth Koll)在《近期对商业历史领域的争论:商业历史对中国史学家意味着什么》(Recent Debates in the Field of Business History:WhatThey Mean for China Historians)一文中总结前人研究成果的基础上提出:"早期的《中国商业史》(Chinese Business History,Christopher Reed)一书主要提出和扩展了中国商业历史领域的问题以及怎样认识中国商业历史和这段历史在整个中国历史和国际经济历史上所起的作用。"[2] 三是对中国早期华侨华人商人的商业形式和内容方面的研究,如拉尔森(SKirk Larsen)在《寻找机会:在韩国的中国商人,1876~1910》(Seizing the Opportunities:Chinese Merchants in Korea,1876~1910)提到的:中国商人在船务货运方面和日本展开激烈竞争,中国商人进口并出口一小部分手工制品以满足小的但新兴的韩国外籍

---

[1] Franco Amatori. Geoffrey Jones. Business History around the World. Cambridge University Press,2003,P. 4.
[2] Elisabeth Koll. Recent Debates in the Field of Business History:What They Mean for China Historians. Chines Business History,2000,(1).

社区居民的需要。另外，贾德拉（Robert Gardella）在《海运中国和中国海外华人的贸易，1750～1850》（*Maritime China and the Overseas Chinese in Transition, 1750－1850*）一文总结了在 18 世纪 80～90 年代期间的维塔维亚，中国海外商人主要接触的经济案例是经济活动的处理，包括债务、信用消费、合伙经营和财产分割。① 四是对移民进程的概述研究。从移民的进程来看，舒尔兹和阿伦（Peter D. Schulz & Rebecca Allen）的《海外华人的建筑和考古》（*Archaeology and Architecture of The Overaeas Chinese：A Bibiography*）认为现代史上的一个最重要的人口流动之一是在过去几个世纪中国东南的移民。这些移民主要来自广东、福建，他们首先被吸引移民到中国台湾，然后至东南亚、北美、大洋洲以及世界的其他角落。他们所到之处都对当地发挥了惊人的社会和经济作用。这个运动引起了西方观察家的注意，当时处于 19 世纪中期，海外华人（华侨）移民开始运抵黄金领域加利福尼亚州和澳大利亚，并很快引起了西方社会科学家的兴趣。对此，早期的研究大多停留于描述性研究（Ratzel，1876），这些观察家们处理了各种各样的问题，包括种族、寄居地位、移民和工业劳动、少数民族和创业型资本主义。仅在加利福尼亚州华侨移民及其后裔在诸多行业中发挥了关键的作用。② 五是对海外投资的研究。这类文献中有的是从国家之间的比较来突出海外投资的重要性，例如布朗（Kerry Brown）的《中国海外直接投资——意味着什么样的机遇》（*Chinese Overseas Direct Investment － What Kind of Opportunity？*）从中国海外投资日益扩大的分析入手，对英国怎样应对这一时机进行了分析。③ 另外，高婷（Ting Gao）在《华人网络和国际投资：在中国进行外来直接投资的证据》（*Ethic Chinese Network and International Investment Evidence from Inward FDI in China*）的文章中也对海外投资的进行了相关论述。《脑循环与资本主义动态：硅谷—新竹—上海三角》（*AnnaLee Saxenian，Brain Circulation and Capitalist Dynamics：The Silicon Valley － Hsinchu － Shanghai Triangle*）则着重分析了硅谷—新竹—上海高科技园之间怎样通过有效的海外投资促进优势互补、多赢局面的形成。可见，不同阶段海外华商、华人企业的变迁背后都是硬实力与软实力相互作用的结果。

第二，政治层面，通过海外华侨华人政治地位的提升说明其背后的中国的软实力的强大。一是研究华裔参政议政现状，仅以近年的美国政坛为例，首位华裔驻华大使骆家辉、能源部部长朱棣文、旧金山首位华裔市长李孟贤、奥克兰市市

---

① Robert Gardella. *Maritime China and the Overseas Chinese in Transition, 1750 － 1850. Chines Business History*. 2000，3（1）.

② Peter D. Schulz. Rebecca Allen. *Archaeology and Architecture of The Overaeas Chinese：A Bibiography. Chines Overseas*，2004，12（11）.

③ Kerry Brown. *Chinese Overseas Direct Investment － What Kind of Opportunity？. Asia Programme*，2008，1（9）.

长关丽珍、旧金山市议会主席邱信福等华人参政的现象日渐普遍化。然而，纽约城市大学教授约翰·马伦卡夫指出，亚裔人口被"过高估计了"，在美亚裔分化大，共性少，居住地分散，政治影响力有限。据美国《星岛日报》2011年4月3日报道：美国休斯敦的政法学者周子勤博士表示，"不可否认，美国的少数族裔和女性时至今日还是处于弱势群体的地位。在竞选时，除非亚裔的资历条件远远优于美国白人，否则很难有'出头'的机会。"诸如此类的观点说明，美国华裔群体在不断壮大，参政的道路却刚刚开始。如何更好地让亚裔在美国政坛顺畅"发声"，提高自身的政坛影响力，保障亚裔群体的利益，是每位美国亚裔应该认真思考的问题，也是海外华侨华人研究关注的焦点。再将视线转移至英国，英国华侨华人在政治层面的表现也有着类似的困扰，2001年英国的人口普查显示，当年入英国籍的华人超过20万，但当地的华人参政并不容易。全英国平均每25万人口出一个下院议员，印度裔、非洲裔都有自己的议员，但下议院至今尚无华裔利益的代言人。华人落败的主要原因，除了选区都不再是所属党派的安全地盘之外，另一个原因则是华人对政治的冷漠，或者说是一种过客心理。据官方调查，约有1/3华裔未作选民登记，而全英只有9%的合格选民没有选民资格。《英伦在线》网站针对华人的民调显示，53.3%的华人认为，英国主流社会不认同华裔参选，26.7%不会投票给华裔候选人。与其他少数族裔相比，华裔族群在英国的政治参与度、影响力相当低，因此不足以说服主流党派将议席交给这一族群。

第三，文化层面，我国软实力进程的大幅提高逐渐获得了西方学者的认同。早在20世纪70年代，对人类生存危机的探讨，英国历史学家阿·汤因比曾在1985年出版的《展望21世纪》一书中对世界各民族的文化进行了比较并断言：中国人的"融合与协调的智慧"最适于人类未来的发展。这种文化特质正是从一直以辩证主体为原则的中华传统文化衍生而来的。华侨华人这一携带着或传承着中华传统文化印记的群体，因其具有对外传播示范效应以及能够向世界传播中国主流文化价值观的优势无疑成为提升软实力的重要力量，能够利用自身优势建立中国文化在世界的话语权。柯兰齐克撰文指出，"在亚洲语境下，中国及其邻国采用了一个更宽泛的软实力概念，潜含着除了安全领域以外的所有因素，包括对外投资和援助。"① 2008年，芝加哥全球事务委员会在针对东亚国家软实力的一份调研报告，把经济（体制）、文化、人力资本、外交和政治作为国家软实力的五大指标，共同构成国家软实力指数（index），并用这一指数对东亚主要国家

---

① Joshua Kurlantzick. *China's Charm*：*Implication of Chinese Soft Power. Policy Brief*, 2006, 1 (147).

的软实力作了评估。① 另外，国外对亚裔归国人员的返乡文化做了相应探讨，研究返乡文化适应的学者苏斯曼（Sussman）在2000年将文化身份认同态度进行了分类，提出了以下四种模式：第一种是对于母文化和异文化都采取消极否定的态度（subtractive）；第二种是对异文化保持积极的关系（additive）；第三种是有强烈的本民族母文化的认同意识（affirmative）；第四种是在持有母文化的归属意识的同时，对于异文化也给予积极的认同（intercultural）。华侨华人群体主流正是保持着对中华传统文化的认同而不断推动中国软实力在国际社会上获得提升。②

第四，整合层面，对华侨华人作为整体对其群体贡献做综合性研究。首先，将华侨华人整体视为一个"族群"来进行研究。"族群（ethnic group）"作为一个民族学的学术名词，指地理上靠近，语言上相近，血统同源，文化同源的一些民族的集合体，也称族团。早在19世纪末，"移民社会学"的奠基人莱文斯坦（E. G. Ravenstein）就开始了对人口迁移问题的研究，并撰写了《移民的规律》一文，第一次对移民及其规律进行"一般性研究"。③ 而"族群"研究也早在作为城市社会学源流的芝加哥学派（Chicago School）成立之初，就已成为这门学科的支柱性研究内容，近些年来更是成为该流派重点关注与思量的焦点之所在。④ 对"华侨华人"这一"越境"族群来说，日本学者广田康生认为："越境流动"意味着两方面的含义，一方面是对新的生活机会进行主体性选择，另一方面是"越境者"必须寻找各种机会和途径加以利用，以期自我实现。可见，将华侨华人作为"越境"族群而言，其行为意味着每个成员将置身不同于以往的生活经历和文化环境。在这样一个充满"接受与排斥的异质性结构"中，他们"在彼此视线中确认了自己所处的状况以及自己所属的'族群'，并以'相互异质性'为前提，努力获得对自己的认同并将自身的移民行为逻辑化，最终确认自己目前所处的位置"。⑤ 另外，美国哈佛大学国际与地区问题研究院主任亨廷顿（Samuel P. Huntington, 2004）在《西班牙的挑战：教会面临的机遇》（*The Hispanic Challenge: Opportunities Confronting the Church*）一文中阐述了美国社会族群的融合状况，重点分析美国墨西哥裔及其他拉美裔族群融入美国社会的相关问

---

① The Chicago Council on Global Affairs. East Asia Institute. *Soft Power in Asia: Results of a 2008 Multinational Survey of Public Opinion. Policy Brief*, 2008, 12 (21).

② N. M. Sussman. *The Dynamic Nature of Cultural Identity Throughout Cultural Transitions: Why Home is not so Sweet? Personality and Social Psychology Review*. 2000, 4 (335).

③ 文军：《制度、资本与网络：上海城市劳动力新移民的系统分析》，教育部人文社会科学重点基地2004年、2005年重大项目（04JJDZH004）、教育部2005年度人文社会科学研究项目（05JA840007）研究成果。

④ ［日］町村敬志著，周晋蓉译：《国际型城市东京的结构转换》，东京大学出版社1994年版。

⑤ ［日］广田康生著，马铭译：《移民和城市》，商务印书馆2005年版。

题，其中部分内容涉及华裔，如提到在非美国出生的外来族群中，墨西哥裔为数最多，约占 27.6%，华裔和菲律宾裔分列第二、第三位，分别约占 4.9% 和 4.3%，同时建议所有美国人都应该掌握包括中文在内的至少一门重要外语，以利于了解一种外来文化，以方便与该文化的族群人士交流。[1] 另外，加拿大瑞尔森大学的学者王路（Lu Wang）在《全球链接，本地消费与中国移民经历》（Global Connectivity, Local Consumption, and Chinese Immigrant Experience）的文章中通过对多伦多华人移民消费偏好的分析，揭示出族群特征及族群文化对移民消费行为产生的影响。[2] 总的来说，这类研究主要从经济、政治各层面来论述华侨华人对所在国的贡献。在论述华侨华人对所在国经济产生影响的文献中，以硅谷地区华侨华人为对象的占有较大比重，如 2002 年斯坦福大学亚太平洋研究中心学者多萨尼（Rafiq Dossani）所做的研究，他对硅谷 10 000 名华人和印度人所做的调查研究显示，[3] 硅谷华侨华人受教育程度普遍较高，尤其是拥有硕士学历的群体数量最为庞大，高学历、高技术的华人群体为硅谷注入了活力与生机。

（二）从华侨华人不同主体状况分析群体软实力提升的落脚点

华侨华人是一个庞大的群体。长期以来，他们在漫长的拼搏中不少已经积累了相当实力，为居住国的经济社会发展做出重要贡献，尤其是随着中国的不断强大，他们的政治地位、经济地位也发生了翻天覆地的变化，海外不少研究人类学、民族学、民俗学、社会学的学者开始关注这一特殊群体的变化，从多角度的视角研究其生存和生活状况，展示出他们传承创新中华优秀文化，重视华人心理健康、子女教育，再现华人精神风貌等方面的软实力，并呈现出以下特点。

第一，关注华裔女性的贡献。美国华人学者希拉塔（Lucie Cheng Hirata）在其关于 19 世纪加利福尼亚的中国娼妓研究中分析认为，同华人"苦力"（Coolie）一样，华裔妇女是美国唐人街经济发展的重要力量，中国娼妓在维持华人移民的单身汉社会中起了重要作用，她们是积累美国资金和廉价劳动力的有效来源。"许多中国商人不仅利用娼妓提供色情服务，同时利用她们在白天的空闲时间，令她们在制衣业中工作，充分榨取她们的劳动力，以便积累资金发展扩大其他企业。"[4] 而从历史进程来看，华裔女性凭借任劳任怨、聪明智慧的优秀品

---

[1] Samuel P. Huntington. *The Hispanic Challenge. Foreign Policy*，2004，1（30）.

[2] LuWang. Lucia Lo. *Global Connectivity，Local Consumption，and Chinese Immigrant Experience. GeoJournal*，2007，68（183）.

[3] Rafiq Dossani. *Chinese and Indian Engineers and their Networks in Silicon Valley*. 2002. Asia/Pacific Research Center，http：//www. APARC. Stanford. edu. cn.

[4] Lucie Cheng Hirata. *Chinese Immigrant Women in Nineteenth - Century California*. Asian/Pacific American Learning Resource Center and General College University of Minnesota. 1982，P. 42.

质，逐渐成为经济、政治、文化领域的领军人物，诞生了一批以曾毅敏、赵小兰、赵美心等为代表的当代华人女性，她们的风貌刷新了西方对中国女性的故有认知。

第二，关注华人中老年群体的健康水平和老龄化现象。例如美国西弗吉尼亚大学老龄化研究中心暨社区医学系的学者以波士顿的177名华裔老人及上海428名条件相当的中国老人作为研究对象，开展了一系列研究项目。① 研究人员对比分析了上述两组老人的健康问题与沮丧症候的关联程度，进而得出结论——"尽管移居国外后需要面对种种挑战，但与不曾移民的同龄人相比，美国老年华人的心理更为健康，而在两组老人身上，各种慢性病均与沮丧症候的累积有关。"研究还表明，文化因素更有可能影响中国老人对健康服务的使用（如看牙医），而同化程度（degree of acculturation）会对美国老年华人利用同类服务产生作用；② 另外，加拿大卡尔加里大学社会工作学院学者赖（D. W. L. Lai）的后续研究《文化对老年华人移民忧郁症的影响》（Impact of Culture on Depressive Symptoms of Elderly Chinese Immigrants）③ 和《服务贸易壁垒对加拿大老年华人移民健康状况的影响》（Effects of Service Barriers on Health Status of Older Chinese Immigrants in Canada），④ 则分别从文化因素、医疗服务障碍因素等探讨了对加拿大老年华人健康的影响。总的来说，这一类研究主要从医疗卫生、心理健康、社会责任等方面入手，探讨帮助华族老人维系身体健康、提高生活质量等问题，通过对社会现象的考察分析其原因及各种后果，并在社会学与医学、生物学、心理学等学科的结合部探寻对策，进而对各类专业人士乃至全社会合力解决相关问题提出建议，具有较强的实用性和较显著的社会价值，今后，此类研究中所折射的人文关怀精神将有可能得到进一步加强。⑤

第三，关注华侨华人在子女教育上的投入。例如，美国商业统计协会（DCESA，2009）资料显示，2008年统计的亚裔人口贫穷率是11.8%，低于全体美国人的13.2%；2008年亚裔家庭平均收入为6.5637万美元，高于全国平均值5.0303万美元，也高于白人家庭平均收入5.553万美元，但亚裔表面的高家庭

---

① B. Wu, I. Chi, B. Plassman, M. Guo. *Depression and Health Problems among Chinese Immigrant Elders in the U. S. and Chinese Elders in China.* The Gerontologist, 2008, 48 (673).

② B. Wu, H. Miltiades, C. Cheng. *CulturalVariables thatAffectDentist and Op tometristVisits in a Chinese and Chinese Immigrant Sample.* The Gerontologist, 2004, 44 (284).

③ Daniel W. L. Lai. *Impact of Culture on Dep ressive Symp toms of Elderly Chinese Immigrants.* Canadian Journal of Psychiatry, 2004, 49 (820).

④ Daniel W. L. Lai, Shirley B. Chau. *Effects of Service Barriers on Health Status of Older Chinese Immigrants in Canada.* Social Work, 2007, 52 (261).

⑤ 李枫：《国外华侨、华人研究现状述评》，载于《世界民族》2010年第4期，第64~67页。

收入受限于很多因素，开支庞大，经济状况不容乐观。① 然而另一方面，据 2011 年 8 月 24 日美国《世界日报》报道，在追求自我的美式个人主义下，美国家庭近年逐步走向崩溃，离婚率越来越高，单亲家庭越来越多，父母对子女教育的承担越来越淡薄，明知子女大学一毕业，必将离家独立，美国家长因此越来越怀疑是否要为下一代支付高昂的学费。相比之下，华裔家长对下一代教育的承担，真是难能可贵——重视教育的华裔家长，对高昂的费用，全力承担，义无反顾，只要孩子考得上，无论如何都会将学费筹出来。② 从中折射出华侨华人对子女教育的高度重视，传承了传统中华文化中无私奉献的精神。另外，这类研究还从海外华侨华人辅导华族青少年适应移民后新的学习、生活、工作环境等角度进行相关探讨，为缓解文化冲突（culture shork）与减少反向文化冲击（reverse culture shock）③ 提出相应对策。

第四，通过研究海外留学生在内的新华侨华人群体来论述中国海外形象的提升。作为中国形象在海外的传播群体之一，留学生在内的华侨华人的言行既是我国国家形象的体现，也是软实力的重要载体。首先，留学生指正在或曾在外国学习的学生。唐朝时，日本政府为了汲取中国的先进文化，曾多次派遣唐史来中国。遣唐使团是外交使节，在中国停留的时间不能过长，因而难以更好地汲取中国的先进文化。所以日本政府从第二次派遣唐使起，就同时派遣"留学生"和"还学生"。所谓"留学生"就是当遣唐使等回国后仍然留在中国学习的学生，"还学生"则在遣唐使回国时一起回国。后来，"留学生"这个词就一直沿用下来，其语义也有了变化发展：凡是留居外国学习或研究的学生，都称作"留学生"。目前，在海外的中国留学生数量与日俱增，当代留学生作为中国当代青年群体的代表，也受到了更多的关注。在此类研究中，以问卷访谈形式类的文章较为罕见，例如韩媛媛和陆朝华（Yuanyuan Han & Zhaohua Lu）所著的《中国海外留学生面临是否回国的抉择：回还是留？》（*What's Chinese Overseas Students' choice: to Return or not?*）一文，以 2009 年全球爆发的经济危机为背景，对以在美国求学的中国留学生为调查群体，通过匿名测试和定性定量的分析调查他们的就业信心及回国就业的倾向性，文章认为"金融危机在一定程度上了动摇了他

---

① U. S. Department of Commerce Economics and Statistics Administration, U. S. Census Bureau. *Income, Poverty, and Health Insurance Coverage in the United States*: 2009. http://www.census.gov/prod/2010pubs/p60－238.pdf.

② 邱鸿安：《美高校学费大涨，华裔家长义无反顾》，http://www.gmw.cn.2011 年 8 月 25 日。

③ N. M. Sussman. *Psychological Preparedness, Cultural Identity, and Attributions among American Managers*. IJIR, 2001, 25 (109); K. F. Gaw. *Reverse Culture Shock in Students Returning from Overseas*. IJIR, 2000, 24 (83).

们的就业信心,也促使他们在毕业后回国工作。"① 其次,新华侨华人也是一个传播中华文化软实力的重要力量。在此类研究中,探讨韩国、日本、加拿大、美国的文献较为集中,如蔡成振的《中国新华侨精英在韩开辟新天地》以及《人民中国》2006年的特辑:《日本社会中生活的新华人》、宋娜的《移民生活未必好,大陆移民入籍加拿大人数4年减半》等。在 New Chinese American (Participate in America) 一文中,分析了新华侨华人致力于走本土化的道路,积极参与本地社会,有效利用本地资源,取得个人发展,并服务华人社区的详细情况。通常,他们以往的活动主要包括探望父母,到老年医疗健康机构举办有关美国社会知识的讲座,以此来融入主流社会。

第五,关注华侨华人商业家形象塑造。这类研究的代表作之一是学者拉尔森(SKirk Larsen)的《寻找机会:在韩国的中国商人,1876~1910》(Seizing the Opportunities: Chinese Merchants in Korea, 1876~1910)。文章中对早期华商有这样生动的描述,"在前往韩国的中国人中大多是商人,他们来自于独立的来回流动的毒品贩子,他们背着一堆羊毛线在韩国领土上闲逛,目的是接近那些掌握有可观经济并在韩国港口、香港、上海等中亚地区设有分支机构的大富豪。"同时,文章还概述了中国古代商业家在韩国的发展境况,并指出在1876~1910年这一段"开户"时期内,中国的商业历史和国际贸易对韩国的渗透此前被人忽略过,中国的商人在海外一部分扩展传统的市场链条,另外一些研发新品种,但都在一定程度上都受到过中国政府和中国政府驻亚洲海外办事处的非常规性的制度和政策支持。② 另外,巴拉班特斯瓦(Elena Barabantseva)的《跨国界华人化:中国政府的海外华人政策》(Trans-nationalising Chinese: Overseas Chinese Policies of the PRC's Central Governt)具有一定代表性。文章分析了吸引海外华人回国参与中国现代化建设的机制和中国领导层怎样利用全球移民制度、跨国界主义、传媒和跨文化交际来巩固执政党的合法地位,发挥中国的政治先进性,重释中国文化、促进中国经济的发展。③

(三) 跨学科背景下说明华侨华人软实力与文化传承的关系

文化的传承是一个很复杂的问题,也是一项具有长期性的系统工程。无论怎

---

① Yuanyuan Han, Zhaohua Lu. *What's Chinese Overseas Students' choice: to Return or not? Chines Business History*, 2010, 5 (9).

② SKirk Larsen. *Seizing the Opportunities: Chinese Merchants in Korea, 1876 - 1910. Chines Business History*, 2000, 3 (1).

③ Elena Barabantseva. *Trans-nationalising Chinese: Overseas Chinese Policies of the PRC's Central Governt. World Archaeology*, 2005, 7 (10).

样，它与文化的认同有着密切的关系。由于身处异地或是数代根植于不同的文化土壤里，尽管华侨华人依然保留着传统中华文化的习俗和优良传统，但出于多方面的原因，这种文化业大量地吸收了本土问题，正是这种文化融合促进的人类文明的进步，也提升了中华文化的国际影响力。从目前掌握的文献来看，这类研究将华侨华人研究置于多学科背景下进行考量，既有从定量上进行人口统计，又有从考古学、人类学、文化学、地理学等视角出发的多学科研究方法的交叉运用，形成了一些显著特点。

第一，在考古学方法的应用上，美国得克萨斯州立大学环境生物学实验室的学者拉里斯（A. H. Harris）在《美国得克萨斯州，厄尔巴索原唐人街节的考古动物遗址》（*Additions to the Archaeological Fauna of the Former Chinatown Section of El Paso，Texas*）一文中以美国得克萨斯州艾尔帕索（ElPaso）一处19世纪末唐人街遗址的出土物件为线索，就当时的社会发展水平、华人葬礼习俗等问题提出了看法。[①] 这一研究对华侨华人在国外的归属问题找到了历史依据，也对文化的继承做出了反思，强调海外文化的"根"意识。

第二，在人类学与文化学的综合应用上，美国斯坦福大学文化与社会人类学系学者沃斯（B. L. Voss）的《华人社区考古学》（*The Archaeology of Overseas Chinese Communities*）一文通过对加利福尼亚州圣何塞（San José）的马克大街（Market Street）及唐人街的考察，对同化模型的理论和方法论提出质疑，认为历史的证据表明，该华人社区的居民并非总是生活在东方与西方、传统与现代的完全对立中。[②] 这一结论对重新定位中国人在世界中的身份提出了启示，并对文化的传播、继承与回归进行了辩证的分析。

第三，在地理学的视角下，英国哥伦比亚大学地理系的学者张（S. Y. Teo）在《温哥华的新海外华人：定居者还是坐监的移民？》（*Vancouver's Newest Chinese Diaspora：Settlers or "Immigrant Prisoners"*）的文章中，从海外散居者和跨国主义（transnationalism）两个概念入手，对新近从中国移民到温哥华的技术型移民（skilled immigrants）展开研究，分析其在异国他乡语言、就业、婚姻等方面面临的诸多问题，随后提出了"他们是移居者还是为再次移民而暂居温哥华的'移民囚徒'（immigrant prisoners）"的问题。[③] 这一研究结果引发了学者对华人移民文化如何发扬光大的进一步深入探究。

---

① Arthur H. Harris. *Additions to the Archaeological Fauna of the Former Chinatown Section of El Paso，Texas*. The Southwestern Naturalist，2004，49（4）.

② Barbara L. Voss. *The Archaeology of Overseas Chinese Communitie*. World Archaeology，2005，37（3）.

③ Sin Yih Teo. *Vancouver's Newest Chinese Diaspora：Settlers or "Immigrant Prisoner"*？ GeoJournal，2007，68（211）.

(四) 从海外华人商业活动反映其对国家社会资本的影响

社会资本是指在或多或少的制度化关系下相互认识的熟人而结成的一个持久的网络所形成的实际或潜在的资源的加总（Bourdieu and Waquant, 1992）。换句话说，社会资本指的是权力、影响力、知识和个人在团体中取得的价值的成分。精神资本可能被认为是社会资本的一个组成部分，指的是权力、影响力、知识和在特定的宗教传统中所形成的成分。可见，社会资本与文化资本都是软实力的组成部分。而软实力从非物质的层面强调了文化、精神、理念等的重要作用，例如伯格和海弗纳（Peter L. Berger & Robert W. Hefner）在《比较视域下的精神资本》（Spiritual Capital in Comparative Perspective）一书中阐述了同样重要的民主、善治等"软质"层面的力量在海外经济活动中的地位，文章所持观点是——最近的全球政治过程中显示出的精神资本的产生因宗教的不同而不同，同样的，精神资本的不同也会对民主和市场产生不同的影响。这些以及其他事实强调有必要对精神资本进行持续的和跨文化的调查。海外华人在中国台湾和东南亚也建立了一个成功的现代资本主义经济，这是一种将西方资本主义的混合元素与鲜明中国形式的精神资本相结合的产物。该文章还援引韦伯（Max Weber, 1864~1920）的论述，旨在强调中国宗教的"神奇的花园"和我国政府世袭性质，使华人社会不太可能使计划经济过渡到现代政治。但回首过去不难发现，韦伯认为中国管理不顺是因为过去精神层面的东西一直只被作为国家顺应科层制的结构进行重构的结果，而现在的政府在中国社会已经成为一个调解人而不是现代化的障碍。文章进一步指出精神资本最普遍的特征建立在皮埃尔·布迪厄（Pierre Bourdieu, 1930~2002）的工作和詹姆斯·科尔曼（James S. Coleman, 1927~1995）的社会学以及加里·贝克尔（Garys Becker, 1930~）的经济学基础上。在此基础上文章认为，由精神资本产生的政治经济在世界有七大区域的表现，其中就有海外华人——着眼于新型精神资本和中国商业活动之间关系的这一群体。①

(五) 以公共外交视角解读中华文化传播对华侨华人的吸引力

所谓公共外交（Public Diplomacy），指的是处理公众态度对政府外交政策的形成和实施所产生的影响。它包含超越传统外交的国际关系领域：政府对其他国家舆论的开发，一国私人利益集团与另一国的互动，外交使者与国外记者的联络等。公共外交的中心是信息和观点的流通。或是为了更好地推行对外政策，减少

---

① Peter L. Berger, Robert W. Hefner. Spiritual Capital in Comparative Perspective. http://www.spiritual-capitalresearchprogram.com. 2003.

一国同其他国家的误解和猜疑，由政府开展的塑造海外交流环境的努力。随着近年来我国在开展和实施公共外交上取得的突出进步，我国的软实力在海外得到了空前提高，这与华侨华人在联系我国与所在国的文化沟通方面所做的贡献密切相关。华侨华人与中国的语言及人才传播、体育赛事举办之间的内在关联已引起了国外学者的广泛关注。

第一，从海外汉语热、人才热现象研究中华文化的吸引力。据《中国日报》张旸、范丽雅报道，随着中国国际地位的提高，海外侨民近几年学习汉语的需求正在不断上升。他们更想把中国的文化和悠久的历史传承给后代，同时也介绍给更多的美国民众。当地的中文学校也与美国当地社会结合更为紧密，也让美国人更方便地了解中国的语言和文化。除此之外，作为公共文化外交的工具，在文化人才的培养方面，据英国 2011 年 4 月 2 日《英中时报》报道，英国 BBC 及 B3 成立 CINEAST 基金，旨在培训华人及亚裔影视人才。英国华人参政计划希望基金可以为华人提供更多机会，晋身传媒行业，融入主流社会，提高华人在英地位。正如西方学者霍尔特、奎尔驰、泰勒（Douglas B. Holt, John A. Quelch & Earl L. Taylor）所说的那样，随着中国融入世界经济进程的步伐加快，跨境旅游和劳动力转移人数迅速上升，电视、电影、音乐、网络等呈现爆炸式增长甚至全球共享。这些因素通过华侨华人这一群体的传播让本国文化及他国文化的联系更为紧密。①

第二，通过体育赛事的举办探讨提高国家形象知名度和美誉度的手段。对于体育赛事与软实力的关系，日裔美籍学者弗朗西斯·福山认为，竞技体育作为一项社会活动是增强文化软实力的重要途径，其竞技水平的高低直接攸关国家文化吸引力和国家软实力的强弱。② 这一观点无疑在 2011 年 10 月 14 日英文版《中国日报》的《世界 50 国家全球形象指数排名，中国升至 22 位》报道中得到了充分的证明，当天一份由安赫尔特·捷孚凯·罗伯国家形象指数调查机构推出的 2011 年度 50 个国家的全球形象指数报告公布显示，中国国家形象得到了上升，从 2008 年的第 26 名提高到了现在的第 22 名。中国国家形象的上升源于 2008 年中国举办北京奥林匹克运动会以及国家经济发展的强劲势头。该机构负责人表示，"北京奥运会为世界展示了现代化的中国、富有活力的中国城市、令世人惊叹的中国建筑以及开放热情的中国民众，这一切都使得外国人对中国的看法变得更加正面和积极。"可见，体育作为文化的一部分，既是国家政治价值观的有效投射又是服务公共外交政策的平台，体育赛事的举办是塑造国家形象、提高国家文化软实力的重要

---

① Douglas B Holt, John A Quelch, Earl L Taylor. *How Global Brands Compete. Havard Business Review*, September, 2004, P. 2. Available at http：//www. hbr. org.

② ［美］弗朗西斯·福山著，黄胜强、许铭原译：《国家构建：21 世纪的国家治理和世界秩序》，中国社会科学出版社 2007 年版，第 115 页。

窗口，体育文化也早已超越国界而上升为一种积极有效的国际对话形式。

（六）从巧实力层面探究华侨华人在中国软实力中的文化塑造问题

"巧实力"（Smart Power）一词最早是由美国学者苏珊尼·诺瑟于 2004 年在《外交》杂志上提出，指利用一切可用的软实力和硬实力，即运用外交、经济、军事、政治、法律和文化等各种手段的组合来维护本国利益的能力。2007 年美国前副国务卿阿米蒂奇和著名学者约瑟夫·奈发表题为《巧实力战略》的研究报告，明确提出运用"巧实力"进行对外战略转型。2009 年 1 月，美国国务卿希拉里在国会参院外交委员会上重提巧实力，旨在针对布什的新保守主义的外交政策即片面强调硬实力的侵略性单边主义战略。美国提出这一战略在于帮助美国摆脱当前困境，重振全球领导地位，而实际上中国在处理许多国际议题上所展现的智慧已经初现"巧实力"光芒，尤其在利比亚撤侨事件上赢得了西方国家的一致赞誉，可见，巧实力之巧主要在于针对不同的具体情况，灵活地平衡地将各种手段综合运用。对于中国软实力现状，约瑟夫·奈在接受中国媒体采访时说："中国目前还没有像好莱坞这样的文化产业，中国的大学也还不如美国，与美国相比，中国依旧缺乏帮忙创造国家软实力的非政府机构，在政治上，中国依旧遭受着腐败不平等和法治不健全的困扰。"① 因此，对于巧实力的核心即融入全球文化，构建能够引领全球文明的价值认同，中国还需加快步伐。除此之外，在巧实力的运用上，海外中餐文化的塑造也是一个支点，华侨华人可以也应当发挥等大的作用，正如西方学者文森特（Vincente）提出，全球化是不同文化的相互渗透与融合，是不同文明的全球整合，是知识体系的全球传播。所以中国文化品牌在全球化语境下是具有国家文化安全意识及全球品牌战略意义的文化产品和知识产品，是文化层面上一种独特的"中国制造"，具备传播主流文化价值观的核心竞争力并产生世界范围内文化认同的力量，由此对加强中国文化话语权和提升国家文化软实力具有重大意义。②

三、现有华侨华人与中国软实力研究的不足之处

国内外对于软实力的研究，目前国内外的学术成果呈现的趋同性特征较为明显，主要都集中在对软实力的界定上以及由此衍生出来的特点、途径、对策等观

---

① 于盈：《约瑟夫·奈：从"软实力"到"巧实力"》，载于《双周刊》2009 年第 6 期。
② Orge de Vincente. State Branding in the 21st Century. Part I: The Rise of State Branding in the 21st century. 2004, P. 1. Available at: http://fletcher.turfs.edu.

点的探索，也有结合不同层面、不同行业、不同领域的软实力研究，如企业软实力、区域软实力、城市软实力等，来挖掘软实力的构建路径及保障机制。而对于华侨华人方面的研究，国外文献中这类研究的视野相对宽泛，不乏有对海外文化创伤、海外华人企业、个人价值对华侨华人在归留问题上的作用等视角的探讨。相对来说，国内文献主要集中在单一问题的研究上，例如华侨华人的地位、困境、参政议政能力建设等方面，需要在内容上进一步扩宽深度和宽度。就整体而言，在对华侨华人与中国软实力的关系研究上，还存在以下几点尚待完善之处。

第一，研究立场存在偏差，有待纠正与统一。从目前文献成果来看，研究者过分依赖现成的理论模式和概念工具，未能真正把华侨华人作为研究主体，忽视了华侨华人在不同空间下的价值多样性，忽略了对华侨华人具体生存环境与生存策略的研究。具体而言，以往的研究过分强调联络华侨华人与中国的思想感情，巩固双方的文化联系，发展双方的经济联系，而忽视了华侨华人在当地的社会生存空间，以至于引起了华人所属国和华侨居住国的顾虑，对华人在所属国的生存和发展产生了一些不利影响，这是以后研究需要注意的。在以后的研究和政策制定中，我们更应考虑提高软实力的措施是否有利于中国与华人所属国建立友好关系，是否有利于华侨特别是华人在当地的生存发展。

第二，研究方法过于陈旧，有待及时更新和补充。这一点的突出表现是研究者对原始资料利用水平不高，在一定程度上导致了研究的低水平与重复性，不利于原创研究的开展。从现有文献来看，尽管近年来国内学者开始运用田野调查和实地调研进行研究，但仍处于起始阶段。国内学者在对华侨华人研究的问题上始终存在对第一手资料挖掘不够的弊病，这与华侨华人作为研究对象具有其特殊性不无关系，因此在获取资料时更要注重信息化手段的使用。一方面我们可以通过网络获取国外资料，另一方面通过加强与世界各国的华侨华人研究同行的交流以实现原始资料的共享。同时加快对国内外的现存档案的收集、整理、翻译、汇编和出版工作。

第三，研究视角过于狭窄，研究领域扎堆现象严重。从现有文献分布来看，对东南亚和美国以外地区以及少数民族华侨华人的研究不足。尽管伴随着前往欧洲、非洲以及南美洲的新移民浪潮，国内学者开始关注这些地域的华侨华人研究，但是国内关于这些地区的研究成果与东南亚和美国的相比，仍显得十分薄弱。目前，中国与欧洲、非洲以及南美洲的经贸、文化交流发展迅速，急需加强这些地区的华侨华人研究，以促进这一趋势的进一步发展。国内学者在长期的华侨华人研究过程中，将研究重点放在汉族裔中，而忽视了我国少数民族华侨华人的研究。少数民族华侨华人是华侨华人群体的重要组成部分，据李安山2003年的统计，约有570万少数民族华侨华人，他们主要生活在中国周边国家。加强对这一群体的研究，不仅将丰富华侨华人的研究，对增进中国同周边国家间的睦邻友好和互利合作也有着重要意义。①

第四，研究内容挖掘不够，深度及广度都有待扩宽。首先，在研究对象上，对新移民的研究有待完善。1978年改革开放后，中国移民到海外的人数急剧增多，他们由于其具有的特点被称为新移民。新移民极大地改变了世界华侨华人的分布、数量、籍贯、职业构成、文化认同以及与中国的关系，对华侨华人的学理性价值和现实意义重大。而纵观国内学术界对新移民的研究，尽管取得了可喜的进展，但也可以看出现象解释较多，理论探讨较少，对策研究不够，应该加强新移民学术史和对策的研究。在本课题的研究中，应该秉承"保护海外华侨华人的合法利益，加强与华侨华人的广泛联系，同时尊重华侨华人的自由选择，关注华侨华人的生存发展"的原则。具体而言，可以从以下几个方面着手进行探讨：一是如何新华侨华人的言行举止体现良好的国家形象，二是如何引进新华侨华人中的优秀人才在我国新一轮战略型新兴工业进程中发挥应有的作用，三是如何保证新华侨华人这一群体与中国软实力建设顺利对接，四是如何制定完善的政策保障机制来保证两者的和谐统一。

第五，研究层次单一，低水平重复研究现象突出。例如缺乏多学科合作与对话的有效机制。华侨华人问题的综合性使其几乎涉及人文社会科学的所有学科，尽管目前各学科领域的学者都参与到华侨华人研究中来，但是他们往往都依据各自的学术范式来阐释华侨华人问题，致使研究对象在不同语境中受到割裂，不利于对研究对象的全面理解以及研究问题的解决。除此之外，比较研究也较为匮乏，对不同地域的华侨华人以及对华侨华人与其他国家和民族的移民的比较研究都有待深入。目前，华侨华人的足迹已经遍及五大洲，国内学者也对不同地域的华侨华人分布情况、结构成分以及群体特点进行了分别研究，但是鲜有比较研究的成果出现，如不同地域的华侨华人构成的不同特点，在居住国的不同作用等。而其他国家和民族也有大量的海外同胞，他们的移民和后裔面临着与华侨华人相似的生存发展、认同融合等问题，加强对这些移民问题的研究，有助于我们从比较视野来把握华侨华人的处境和趋势。

第三节　华侨华人与中国软实力研究的发展趋势

中国已成为世界最大的移民输出国。各种数据表明，继20世纪70年代末、

---

① 李枫：《国外华侨、华人研究现状述评》，载于《世界民族》2010年第4期，第64~67页。

90 年代初期的两拨移民潮之后,中国改革开放以来的第三拨移民高潮在进入 21 世纪的 10 年中已成越发汹涌之势。值得欣慰的是,学术界对华侨华人的研究由来已久,研究内容、研究视野、研究方法也在不断演进。在经济全球化和世界多极化的发展趋势下,"软实力"不仅已经成为一个国家综合国力不可或缺的重要组成部分,也是一个国家屹立于民族之林的重要支撑。近年来,中国"软实力"建设问题已经上升到国家战略。2011 年 10 月,中共中央十七届六中全会审议通过的《中共中央关于深化文化体制改革、推动社会主义文化大发展大繁荣若干重大问题的决定》要求推动中华文化走向世界,这对构建中国软实力,提升国际话语权提出了新的要求,充分发挥华侨华人在建设中国软实力中的作用恰逢其时。但客观上讲,中国的"软实力"建设仍处于起步阶段,对其研究仍存在一些不足或者纰漏之处,对于华侨华人与国家"软实力"二者关系的研究更是凤毛麟角,研究的层面视角较为狭窄,很多研究领域尚未涉及,已有的研究也有许多值得商榷的地方,需要进一步探究和完善。

一、华侨华人与中国软实力建设研究取得新进展

我国学者对软实力的研究兴起于 21 世纪初,多数研究成果均散见于这个时期,但对华侨华人与中国软实力建设两者之间的关联性研究仍是一个全新的领域。国内外学者对于前者主要集中在华侨华人经济、华侨社会文化、华文教育、华侨华人与侨乡关系等方面,对于后者的研究多集中在软实力的概念、软实力与硬实力的关系,以及如何构建中国软实力等方面。就其研究特点来看,对于单独一方面的研究均已经达到较为全面的水平,而涉及两者关系的研究则鲜有人为,研究成果更是凤毛麟角。

回顾近几年的研究成果,国内对华侨华人与中国软实力的研究已经实现了从无到有、从少到多的跨越,取得了一批有影响力的成果和新进展。但由于华侨华人、中国软实力各自的内涵和外延都很宽泛,既衍生出了许多分支领域,也带来了许多新难题,急需构建科学、完整、严谨的知识谱系。但无论怎样,今天取得的研究成果已大大丰富和创新了华侨华人与中国软实力建设的研究视角、研究方法、学术观点等,呈现出不同特点。

(一)国内对华侨华人与中国软实力的研究有了良好起步

在 2011 年出版的《华侨华人蓝皮书》总报告中,对华侨华人与中国软实力建设有过专门的论述,报告认为华侨华人无疑能够在拓展国家间公共外交渠道、增强中国文化吸引力和政治影响力,营造良好的国际舆论环境等各个领域,成为

有效的民间载体，发挥特殊作用，为中国软实力建设和发展发挥特殊作用，为建设和谐世界作出应有贡献。该报告还介绍了华侨大学承担的教育部重大委托项目"华侨华人在中国软实力建设中的作用"课题组的相关重要观点。然而，近几年来尽管国内对华侨华人和中国软实力研究已取得了较为丰硕的成果，但将两者内在关系作为一个整体的研究，还显得严重不足，比较有代表性的研究成果主要集中在邱立本、范如松、陈奕平、骆克任、王志章、龙登高、任贵祥、许梅、陈正良、陈瑶等学者的观点中。

首先，关于华侨华人与中国软实力建设的重要性与辩证关系。国内学者对华侨华人在中国软实力建设中的重要性、两者的内在关系等给予了充分的重视。陈正良、薛秀霞、何先光（2009）认为，华侨华人在弘扬中华文化、传播中国形象、维护国家统一、促进国际理解、连接全球经济网络、增强民族凝聚力和促进中国社会健康发展方面推动了中国软实力的形成；陈奕平、范如松（2010）强调通过发挥华侨华人个人力量、海外华侨华人传媒、华文教育及华侨华人社团作用，可以有效提升中国软实力；王志章（2007）在国务院侨办研究项目《硅谷华侨华人社群软实力研究报告》和2011年出版的《华侨华人蓝皮书》中，以硅谷华侨华人社群为主体，深入研究了美国硅谷与华侨华人社群的形成、硅谷华侨华人社群"软实力"与"硬实力"、硅谷华侨华人社群在构建中国软实力中的作用、硅谷华侨华人社群"软实力"与建设创新型国家的关系、硅谷华侨华人社群软实力的构建几个问题；范如松在本皮书中撰写的《侨务工作与中国软实力》一文更是系统地阐述了华侨华人和侨务工作的内在关系，认为两者的结合可以、能够并已经在政治、经济、文化、社会领域为构建、提升中国软实力发挥独特的作用。

其次，关于不同华侨华人主体在中国软实力建设中的作用。由于背景、时空和所处环境上的原因，新老移民在对祖（籍）国的认同性和疏近等方面存在的差异，决定了他们发挥作用的方式、效能方面的不同。任贵祥（2011）在《当代与近代两次移民潮比较研究》一文中指出，新移民与老移民相比有较高的文化水平，从业范围更加多元化，有些甚至在国外取得出类拔萃的成就，且他们更加关心祖（籍）国的政治，更热衷于为祖（籍）国和家乡兴办福利事业，在经贸、外交、传播中国文化等各个方面也有着不可忽视的重要影响，是提升中国软实力重要的力量。陈瑶（2010）在《中国在东南亚的软实力与华侨华人的作用》一文中认为，海外华侨华人是中国与东盟国家经贸合作与文明对话的桥梁，是提升中国在东南亚的软实力的重要途径。作者就如何发挥东南亚华侨华人在建设中国软实力中的作用问题提出如下建议：一是开展华侨华人和软实力相结合的研究；二是加强侨务战略和软实力战略的整合；三是追求中国与华侨华人及其住在国多方共赢；四是充分利用华侨华人网络；五是开发面向东南亚的华文媒体。①

除上述研究之外，有关北美地区华侨华人与中国软实力的关系研究也占据较大比重。宋敏峰、李天治（2010）撰写的《美国华侨华人与中国软实力》和《西欧华侨华人与中国软实力的提升》两篇硕士学位论文具有一定的代表性。前者探讨了美国华侨华人在构建和推动中国软实力形成和发展过程中所面临的挑战，提出了做好美国华侨华人工作的新思路。后者则阐释了西欧华侨华人社团、华文教育和华文媒体分别对中国软实力的影响。王志章在《硅谷华侨华人软实力与国家软实力构建》（2010）一文中基于对硅谷华侨华人社群软硬实力现状的分析梳理，探讨了华侨华人与中华软实力之间的内在关系，提出了提升硅谷华侨华人社群软实力，促进中国软实力构建的措施和对策，认为海外华侨华人是中华文化多样性的传承者、中华优秀文化传承的践行者、高新技术产业创新的领跑者、中美和谐关系的促进者、"反独促统"民族利益的捍卫者、中美科技交流的推动者。②并指出，华侨华人社群的软实力是中华软实力的重要组成部分，是民族整体实力的具体体现，最能彰显中国文化魅力，传播政治价值观，服务国家公共外交政策，也是中华软实力展示、延伸、渗透、影响的最佳平台。

再次，关于海外优秀华侨华人杰出人物和组织在提升中国软实力中的作用。王辉耀（2007）从华侨华人智力的角度进行了分析，认为海外华侨华人英才是提高软实力的重要人才宝库，国家应该从战略高度重视发挥世界华侨华人在高端人才资源方面的优势作用。陈茂先（2009）认为，侨联组织在服务和推动中国软实力建设方面具有民间优势、海外优势、基础优势、经验优势、人才优势和影响优势。为此，他建议一是要把服务和推进中国软实力建设作为当前和今后一个时期侨联组织的战略任务；二是要运用好归侨侨眷、海外侨胞、华侨华人的朋友、侨界社团四种资源；三是紧紧围绕重大时事、国外政府、境外媒体开展丰富多彩的活动。

最后，关于一些重要表述和提法的探析。本书第六章"重要移民输出国的侨务工作及对我国的提示"简要地介绍近年来外国政府对侨民问题的一般态度和政策走向，着重研究了英国、意大利、爱尔兰、印度、墨西哥和菲律宾等过去和现今移民流量与存量巨大的移民输出国在全球化时代对待移民的态度、政策以及借助国际移民提升中国软实力的状况，探索了其中某些带规律性的现象。书中尤其对当前华侨华人与软实力研究中若干说法提出商榷，主张既要突破传统的观念，又需避免不自觉地陷入霸权主义理论迷局，应以科学态度，花大力气，创建

---

① 陈遥：《中国在东南亚的软实力与华侨华人的作用——国际关系学和华侨华人学整合的视角》，载于《华侨大学学报（哲学社会科学版）》2010年第2期，第82~88页。

② 王志章：《硅谷华人软实力与国家软实力构建》，光明日报出版社2010年版，第111~136页。

中国对此问题的话语权。

（二）国外对华侨华人与中国软实力的研究再现不同视角

随着综合国力的增强和国际地位的提高，中国在世界扮演着越来越重要的角色，华侨华人作为联系中国与世界的桥梁发挥着越来越积极的作用，国外学者对这一群体的关注日益多元化、立体化，但与国内研究不同的是，他们对华侨华人与中国软实力建设的直接研究尚属空白，此类研究主要基于相关对比分析以及对于不同华侨华人群体或者具体事件的研究，从中管窥中国在提升中国软实力过程中如何注意发挥华侨华人的作用问题。

首先，关于华侨华人综合实力的改善与中国硬实力与软实力的变化。在这方面，学者主要基于经济、政治、文化和整合四个层面。第一，经济层面，主要通过对华商历史和华商企业的研究，对移民进程和中国对海外投资的探讨，以及对不同时期华侨华人商业形式和内容方面的比较分析，认为华侨华人在住在国经济地位的变化、实力的增强无不透析出中华民族勤劳、勇敢、执著的拼搏精神，以及他们与祖（籍）国的密切关系。第二，政治层面，通过对华裔参政议政现状分析、人物推介和政治地位的演进过程的解析，充分展示了中华传统文化教育的魅力，对知识的重视等。第三，文化层面，不少学者认为，华侨华人这一携带着或传承着中华传统文化印记的群体，因其具有对外传播示范效应和能够向世界传播中国主流文化价值观的优势，以及利用自身优势建立起的中国文化话语权，无疑已经成为提升中国软实力的重要力量。第四，整合层面，从经济、政治各层面来论述华侨华人对住在国的贡献。如美国哈佛大学教授亨廷顿（Samuel P. Huntington，2004）在《西班牙的挑战：教会面临的机遇》（*The Hispanic Challenge: Opportunities Confronting the Church*）一文中阐述了美国社会族群的融合状况，重点分析美国墨西哥裔及其他拉美裔族群融入美国社会的相关问题，其中部分内容无不涉及华裔对美国经济社会发展的贡献。[①]

其次，基于华侨华人不同群体情况，寻找提高软实力最佳落脚点和关注点问题。国外研究在很大程度上体现在对于不同华侨华人群体及其作用和贡献的关注。第一，关注华裔女性的贡献及生活状态。意大利学者注意到年龄介于 40～55 岁的旅意华侨华人妇女由于知识水平有限，处于生存链条的最低端，正面临着艰难的生存挑战，她们在为自己的生存而拼搏时，不忘参与华人社区活动以展示中华传统文化的精髓。第二，关注华侨华人中老年群体的健康水平和有关现象。美国西弗吉尼亚大学老龄化研究中心暨社区医学系的学者（2008）以波士

---

① Samuel P. Huntington. *The Hispanic Challenge*. Foreign Policy，2004，1（30）.

顿的177名华裔老人及上海428名条件相当的中国老人作为被试对象，开展的一系列研究得出，今天海外华侨华人的健康状态直接影响到对社会的关注和参与活动的程度，这批背负传统文化精神的老人群体因健康淡出社会或是消失，势必会影响中华传统文化的传承和创新，因此应该引起祖（籍）国的关注。第三，关注华侨华人在子女教育上的投入。美国商业统计协会（DCESA）等组织在对美国人与当地华侨华人有关后代子女的教育投入进行比较研究得出，华侨华人更关注对其后代的教育投入，这正是中华优秀文化得以传承的基础。第四，基于新华侨华人群体研究来解析中国海外形象的提升问题。随着具有较高知识水平的新移民和留学生数量的大幅增加，以及新移民群体在当地的突出表现，国外对于华侨华人新移民群体日益关注，分析新华侨华人致力于走本土化的道路，积极参与本地社会，有效利用本地资源，取得个人发展，并服务华侨华人社区的详细情况。第五，关注华侨华人商业形象塑造。如拉尔森（2000）的《寻找机会：在韩国的中国商人，1876~1910》（Seizing the Opportunities: Chinese Merchants in Korea, 1876~1910）一文概述了中国古代商业家在韩国的发展境况，并指出，在1876~1910年这一段"开户"时期内，中国的商业历史和国际贸易对韩国的渗透此前被人忽略过，中国商人在海外一部分扩展传统的市场链条，另外一些研发新品种，但在一定程度上都受到过中国政府及其驻亚洲海外办事处的非常规性的制度和政策支持。[1] 可见华商及其模式对于韩国乃至亚洲经济的影响。

最后，关注华侨华人与中华文化传播、传承的关系。从目前掌握的文献来看，国外对于华侨华人与文化传承关系的研究多置于跨学科的背景，既有从定量上进行人口统计，又有从考古学、人类学、文化学、地理学等多视角的方法运用。美国斯坦福大学文化与社会人类学系学者沃斯（2005）的《华侨华人社区考古学》（The Archaeology of Overseas Chinese Communities），通过对加利福尼亚州圣何塞（San José）的马克大街（Market Street）及唐人街的考察，对同化模型的理论和方法论提出了质疑，认为历史的证据表明，华侨华人社区的居民并非总是生活在东方与西方、传统与现代的完全对立中。[2] 这一结论对重新定位中国人在世界中的身份及其对文化的传播、继承与回归很有启示作用。另外，国外学者也有以公共外交视角解读中华文化传播的吸引力，他们不断从海外汉语热、人才热、体育赛事的举办现象中挖掘中华文化的魅力，求解华侨华人生生不息、坚忍不拔的拼搏精神。

---

[1] Kirk W. Larsen. Seizing the Opportunities: Chinese Merchants in Korea, 1876-1910. Chinese Business History, 2000, 10.

[2] Barbara L. Voss. The Archaeology of Overseas Chinese Communities. World Archaeology, 2005, 37 (3).

（三）华侨华人与中国软实力研究存在诸多缺陷

综观国内外有关华侨华人软实力研究成果，目前多呈现出趋同性特征，主要都集中在对软实力概念的界定以及由此衍生出来的特点、途径、对策等探索，而国外文献中的这类研究视野相对宽泛，不乏有对海外华侨华人文化创伤、华商企业、个人价值对华侨华人在归留问题上的作用等问题的探讨。就整体而言，有关华侨华人与中国软实力的关系研究还存在以下尚待完善之处。

从目前文献成果来看，研究者过分依赖现成的理论模式和概念工具，未能真正把华侨华人作为区别性的研究主体，忽视了华侨华人在不同空间下价值取向的多样性，忽略了对他们具体生存环境与生存策略的研究。在研究方法上。由于受到一些客观条件的制约，研究者对原始文献利用不够，低水平与重复性研究较多，原创性欠缺。近年来国内学者开始运用田野调查和实地调研进行研究，但仍处于起始阶段。研究方法上多以定性研究为主，缺少定量研究。尽管对华侨华人的研究单一成果已经丰富，但是对于两者关系的整体性研究较少，尤其缺乏理论框架的构建。另外，随着前往欧洲、非洲以及南美洲的新移民增多，国内学者开始研究这些区域内华侨华人，但相比于东南亚和美国，其研究显得十分薄弱。在研究对象上，目前大多集中在与老移民的对比和特点的阐释上，对如何拓展新移民的研究领域，更好地发挥他们在中国软实力建设中的作用等有待于进一步深入和量化。华侨华人问题的综合性特点使其涉及人文社会科学诸领域，目前不同学科都有参与华侨华人研究的冲动，但他们往往都基于各自的学术范式来阐释华侨华人问题，致使研究对象在不同语境中受到割裂，这不利于对华侨华人群体的全面理解和交叉学科的形成。

二、需要注意的几个问题

（一）对"软实力"形式的认识存在偏差

有关华侨华人与国家"软实力"的理论探索问题，首先要明确"软实力"的定义与形式。国内对"软实力"的研究普遍存在认识模糊，对"软实力"定义的机械套用，对形式的认识也存在偏差，普遍把文化产业、文化产品称作软实力，或者简单地理解为文化产业、文化产值、文化对经济的贡献或文化在 GDP 中的比重。对于软实力的研究基础之一是要正确区分文化资源、文化产品与文化软实力，清晰、准确界定定义，同时也要看到并非所有的文化及价值观都能转化成软实力，"软实力"是一种认同感、吸引力，特定的文化和价值观要转化成"软实力"需要一定的驱动力和机制以及本身应有的特质。无论在实践发展、社会生活还是学术研究的层面上，都存在着把"文化服务"、"文化产品"、"文化产业"混同于"文化软实力"的倾向。文化事业繁荣产业发展是提升文化"软实力"的必要前提和坚实基础，却绝不能将二者等同。提升"软实力"有两个着力点，一是"向内的"着力点，即"以文化人"、"文化天下"，使文化内化为个体的内在素质和精神价值世界；二是"向外的"着力点，即文化传播，文化强国，提升我国在世界上的文化吸引力和价值影响力。这两个方面应当是文化软实力的基本内涵。①

（二）正确看待华侨华人与中国软实力之间的辩证关系

华侨与华人是两个不同概念，华侨的身份仍是中国公民，而华人则是外国公民，如果把两者混为一谈，统统论说其在中国"软实力"建设的中作用极为不妥，要考虑这种笼统的说法是否能得到华侨华人的认可，是否有利于中国与华侨华人住在国建立友好关系，是否有利于海外华侨在当地的生存和发展。所以华侨华人在中国和平发展过程中的定位与作用问题，是华侨华人与中国软实力建设研究中尤其需要注意的问题。本书认为，有几种时常出现的提法值得商榷。第一，不宜把华侨华人说成是中国的软实力，这种说法无异宣布他们是中国的代理人，置他们于十分尴尬地位，不利于他们生存与发展，也不利于中国与华侨华人住在国之间相互信任。第二，不宜把华人的成就都说成中国的软实力。如此一来，既不符合客观事实，也有贪天功为己有之嫌，不为华侨华人和住在国政府所认可。第三，不能把中外文化交流不加分析地简单等同于中国的软实力。中国周边许多国家接受中国文化不可谓少，日本尤为突出，但日本却曾经是侵华的元凶。他们吸收了中国文化，并不等于就成了我国的软实力，还要看为什么、怎么用。在此问题上，本书认为与其将华侨华人说成是中国在海外的"软实力"，不如说他们是"东西文化交流的和平使者"、"中外沟通的重要桥梁"或"东西文化的黏合剂"更为确切，更能为世人所接受。第四，由于华侨华人对祖（籍）国和住在国具有双重影响，因此在中国软实力建设和发挥方面也有着独特作用，对此，我们应当积极、稳妥、讲究策略地加以利用，但同时也不宜过分夸大，如果不加分析地把几千万海外华侨华人都说成是中国的软实力，会给人一种印象，就好像他们是中国的"第五纵队"，是中国向外扩张的工具，因而授人以柄，为国际反华势力所操控。

---

① 衣俊卿：《提升文化软实力必须把握的两个着力点》，载于《中国社会科学报》2011 年第 169 期。

(三) 华侨华人与"软实力"研究逐渐成为新领域

进入 21 世纪,中国掀起了改革开放后的第三波移民浪潮,数量迅速增加,特点突出,多为知识移民、技术移民和投资移民,近几年许多中国富人也加入新移民的队伍当中。由于移出时间不长,新移民与祖(籍)国的联系更为紧密,情感也更为深厚,对祖(籍)国发展状况更为关注,再加上新移民拥有更为广泛的国际视野和丰富的知识和技能,他们在建设中国软实力中的作用会更大。但有许多问题值得进一步深入研究,如身份认同、民族归属、文化融合、作用渠道等。

就目前的研究成果来看,华侨华人与中国软实力的研究成果较为稀少,很多研究领域尚属空白,研究前景宽广。同时我们也可清楚地看到,关于二者关系的研究已然引起了部分高层国家领导与学者的重视与关注,且随着中国软实力研究的炙手可热,以及华侨华人在中国软实力建设中的作用越发突出,对此领域的研究必将更加深入系统。持之以恒,一门具有中国特色、中国风格、中国气派的新兴交叉学科"华侨华人学"也将挤进学科领域,为繁荣发展我国哲学社会科学做出新的贡献。

(四) 华侨华人与软实力研究更具宽泛性和多样化

国内外学者对于华侨华人的研究内容丰富,研究领域仍在不断扩展,对东南亚和北美地区以外的华侨华人的研究成果将不断呈现。但软实力研究仍处于起步阶段,未涉足的研究领域还尚多,近年来的研究也不仅仅只局限在文化软实力,还扩展到政治软实力以及中国软实力、城市软实力、企业软实力、职场软实力等领域。华侨华人、党政建设、教育与中国软实力建设的关系开始成为学界研究的焦点。但随着研究的不断深入,未来的成果不再局限于华侨华人与中国软实力建设的文献综述、现状分析、二者内在关系、重要作用等方面,研究领域的多样性和宽泛性、研究方法的创新性将会更加突出。

(五) 华侨华人在建设中国软实力中的路径构建将会成为研究重点

华侨华人在中国软实力构建中的重要作用已然得到国家高层领导和广大学术界的认可。国务院侨务办公室主任李海峰于 2012 年 4 月 14 日闭幕的"第六届世界华侨华人社团联谊大会"上指出,"5 000 万海外侨胞是中华文化的重要传承者和传播者,是增进中国人民与世界各国人民友好合作的重要桥梁和纽带。"习近平同志在 2012 年 2 月访美时特别向广大侨胞提出殷切期待,希望海外华侨华人"继续发挥了解中华文化的独特优势，努力成为弘扬中华优秀文化和促进中外文化交流的典范"。无疑，全球华侨华人已经成为中国民族复兴征途上的重要参与者、贡献者和见证者，是中国软实力建设中一支不可或缺的力量。因此，如何更好地发挥他们在这一伟大征途中的作用，就必须从理论框架、顶层设计、战略构建、路径设计、保障机制、评价体系、测度工具等各个方面开展深入系统的研究，尤其是基于国别、地区差异性不同特点所提出的政策文本更是值得期待。

三、几点建议

"华侨华人与中国软实力"研究具有较强的现实意义，无论是"软实力"还是"华侨华人"都吸引着本学科或相关领域的众多学者参与其中，产出并积累了一定的研究成果。有鉴于此，本书对相关问题进行了一次较为全面系统的学术探讨和梳理，进一步丰富"软实力"以及"华侨华人"研究的内容，拓宽研究的视野，提升研究的深度。

（一）保持中立观点，明确华侨华人与中国软实力的辩证关系

由于国外对华侨华人的研究起步较早、认识较全面，学术成果具有较为广泛的认同性与普适性，因此我国今后的华侨华人与中国软实力研究需要参考国际标准做出相应的调整与完善。

第一，积极建立中国关于软实力的话语权。从源流来看，"软实力"的概念是出自西方霸权的话语，因此我们在运用"软实力"概念时应建立具有中国气派、中国风格、中国特色的"软实力"话语体系，强调中国软实力的建设，正如中国硬实力的建设一样是为了全面建设小康社会与共同繁荣和谐世界而不是为了对外侵略和争霸，以免陷入西方霸权理论的迷局。

第二，正确区分华侨华人的不同身份。华侨与华人是两个不同概念，华侨的身份仍是中国公民，而华人则是外国公民，如果把两者混为一谈，统统论说其在中国"软实力"建设中的作用也是欠妥的，要考虑这种笼统的说法是否能得到华侨华人的认可，是否有利于中国与华人所在国建立友好关系，是否有利于海外华侨，特别是华人在当地的生存和发展。所以华侨华人在中国和平崛起过程中的定位与作用问题，是华侨华人与软实力课题研究中尤其需要注意的问题。在此问题上，本书认为与其将华侨华人说成是中国在海外的"软实力"，不如说他们是"东西文化交流的和平使者"、"中外沟通的重要桥梁"或"东西文化的黏合剂"更为确切，更能为世人所接受。

第三，客观评价华侨华人的双重作用。由于华侨华人对祖籍国和所在国起到

了双重影响，因此在中国软实力建设和发挥方面也发挥着独特作用，对此，我们应当积极地加以利用，但同时也不宜过分夸大，如果不加分析地把四千多万海外华侨华人都说成是中国的软实力，会给人一种印象，好像他们是中国的"第五纵队"，是中国向外扩张的工具，因而授人以柄，为国际反华势力所操控。

（二）总结我国研究现状，扩宽华侨华人与中国软实力的研究范畴

中国软实力问题已成为近年来国内外研究的热点，在此背景下，国内学者置身全球化、信息化和本土化的语境，借鉴国外相关研究成果，实现了对约瑟夫·奈软实力理论的"中国化"，增强了软实力理论对中国综合国力研究的解释力，对进一步促进华侨华人与我国软实力建设具有重要理论价值。

第一，新视角下剖析海外华人社团的特质。社团作为制度化的群体形象，其影响力远高于由自由聚集而成的个体所传达的形象，海外华人社团从基于宗乡关系的联谊互助到自觉地将松散的跨国网络制度化、从满足于个人或小群体在异国他乡谋生立足到刻意追求华人在住在国乃至国际大舞台上的群体效应，将有助于海外华族建立良好的群体形象并增进当地国民众对中国和中国人民的了解，进而在住在国民众中传播开放、和谐、友好的中华文化，无疑将赋予中国软实力建设以可观的社会效应。因此，这一群体的作用及特质也需要在今后的研究中得到进一步的关注。

第二，推广民族语言的全球意识。语言的传播能力具有不容低估的重要作用，民族语言推广是教育全球化的组成部分，是相关国家构建、实施其软实力的重要实践。历史上英、法、德等国都为推广本民族语言文化建立了诸多非营利机构充当其中坚，并且通过持续不断的努力直接影响了全球的语言生态。而中国的和平崛起，应当更广泛地传播中华文化，尤其是中华文化兼容并蓄、和谐共荣的价值观。就此而言，今后的华侨华人软实力研究要更多地面向华裔青少年的海外华文教育和异族民众的汉语国际推广，充分挖掘语言的外交功能。

第三，形成华侨华人在中国软实力的宏观、中观与微观研究的立体结构。随着中国经济的高速发展，中国国际地位的提高，国际影响力的加大与进一步的对外开放，以及中国海外移民的增多，国内华侨华人研究的内容将更加丰富，一系列新课题的出现将进一步扩宽研究视野。宏观研究层面，涉及"华人历史研究"、"侨乡·归侨与海外联系"、"华人政治与宗教"、"社会冲突与社会流动"、"婚姻家庭与社会"、"华人社团组织研究"、"华人社会的现代化"、"移民族群与文化适应"、"移民与族群认同"、"新移民研究"、"中国留学生研究"、"唐人街研究"、"侨批与华商文化"、"海外华商网络"、"海外华文教育"、"职业、教育与海外华人认同"、"华文报刊"、"华人文化与艺术"、"宗教与民间信仰"、

"新史料与海外华人研究"、"文献族谱与华人研究"、"网络资源与数据库建设"及"文献档案研究"的选题将受到关注。中观层面,将深化华侨华人与软实力的关系研究,关注"中国移民入境和入籍的法令政策演变"、"各国对非法移民的政策"、"各国华商在推动所在国与中国的经济和贸易关系中的作用"、"新移民与唐人街的变化"、"非法华人移民问题及其对海外华侨华人社会的影响"、"华裔公民参政的成就及面临的挑战"、"华商集团化走向与华人社区网络组织的内在关联"、"我国华侨华人群体在建设中国软实力中作用的可行性和必要性"、"西方主要发达国家发挥海外侨民作用建设本国软实力的经验"、"中国软实力战略与全球华侨华人群体的内在关系"等问题将在学术领域兴起又一轮研究高潮。微观层面上,"针对华侨华人群体不同的地域分布、结构成分与群体特点,从地域空间、经济空间、社会空间、文化空间等维度,系统研究华侨华人在建设中国软实力中的作用点和作用力;从主体的角度探索如何发挥华侨华人在建设中国软实力中的作用所需的政策保证和相关对策,从客体的角度研究全球华侨华人作用于中国软实力建设的动力机制及其有效路径"[1] 的研究将成为重点。总的来说,华侨华人与软实力的研究在层次上将不断深入和细化,并在研究内容上实现继承与创新的辩证统一。

(三) 通过比较研究,形成华侨华人软实力研究的全球意识

从总体来看,对华侨华人的研究热点,国内外理论研究的总体正趋于一致。从国内外文献成果来看,过去30多年华侨华人研究的理论焦点所经历的变化,呈现出"华侨化—华人化—华侨华人化"的趋势。以往的研究中,国内学者将"华侨"与"华人"的区别对待一度成为热点,而事实上,在20世纪80年代,当中国大陆的学者还热心于华侨历史研究的时候,境外学者就在大力推动去华侨化,认为华侨已经变成华人,华侨已经成为历史名词。20世纪80年代中期以后,中国大陆学者认可了去华侨化的现实,改以华人化为研究中心。21世纪以来,随着新华侨华人的增多,华侨又重新得到关注和肯定,[2] 但国内的研究水平未及时跟进。伴随国内外学者的交流逐渐加深,学术观点的东西方融合趋势的加强,今后我国对华侨华人的区别研究将逐渐淡出,取而代之的是将华侨华人作为整体进行考量,在力争与国际观点保持总体方向一致的同时,努力缩小与国外研究的差距。具体来说,可以从以下几点做出相应探索。

---

[1] 李明欢:《国际移民大趋势与海外侨清新变化》,载于《华侨华人研究报告(2011)》,社会科学文献出版社2011年版。
[2] 张应龙、柴圣洁:《互动与创新:多维视野下的华侨华人研究——第四届海外华人研究与文献收藏机构国际会议综述》,载于《华侨华人历史研究》2009年第3期,第73~75页。

第一，研究方法将实现多样化特征，新兴技术手段的应用成为必然。中国的华侨华人研究是从华侨史研究开始的，故在很长一段时间内，历史学的研究方法一直占据主导地位，主要体现为以文献法为主，即从已有的中外文献中获得资料，研究方法较为单一，而且研究成果多涉宏观主题，推论较多，定性研究较多，而且往往缺乏创新性和鲜活性。在今后的研究中，随着国家对华侨华人研究的重视，研究资金投入的增加，研究队伍的不断壮大，与国外交流的不断增多，以及华侨华人研究领域的拓展，我国华侨华人研究将更大程度的借鉴和采用其他人文社会科学的研究方法，如通过社会学的实证研究、统计学的定量研究、民族学的田野调查等方法来进行分析，从而形成文献和实地调查相结合、定性研究与定量研究相结合、理论研究与实践研究相结合、学术研究与政策研究相结合，社会科学研究方法和自然科学研究方法共同研究的局面。除此之外，新技术手段也将在今后的研究中得到广泛应用，传统文献记录方式如手写、打字、检索、编辑、多媒体展示将继续保留，而摄像机和数字存储技术的使用将成为有益的补充，与此同时，华侨华人与软实力信息公共交流数据库的建立、各研究机构与文献收藏机构的展开合作，将进一步助力于华侨华人与软实力的研究。

第二，研究视角将不断扩宽，跨学科研究成为主流。20世纪90年代以前，我国学者多从历史学的视角对华侨华人、软实力问题进行单独的分析和探讨，研究视野过于狭窄，研究方向过于片面。面对与国际研究水平存在的差距以及国家提升软实力的现实需要，今后国内学者对二者关系的研究视角将朝着多学科、广视角的方向逐步扩宽，并从传统的史学领域研究转向多学科的综合性研究，尽可能地把两者的关系研究拓展到人文社会科学的全部学科领域，包括历史学、社会学、文化学、民族学、宗教学、政治学、经济学、管理学、教育学、新闻学、文学、语言学、国际关系学、哲学、心理学、法学、地理学、人口学、统计学等多学科领域，成为各学科领域的专家学者共同参与的综合性研究。

第三，研究队伍的人员结构将得到优化，人员素质将得到提升。在以往华侨华人与软实力的研究队伍中，学者主要分为两个群体：一是中国大陆的学者；二是境外的学者（包括港台学者），这两个群体因各自人员构成、学术背景等不同而呈现不同的研究风格。同时，由于相互之间的交流有限，学术成果的"学院派"气质较为浓厚，一家之言、自说自话的现象比较突出，而缺乏国际眼光；研究团队中外语人才、技术人才的缺乏也降低了学术研究的水平。如今，以留学生身份转换为新华侨华人学者的学术群体开始崭露头角，并在国际上成为华侨华人研究的新兴力量。国内研究存在的第一手资料不足，研究身份受限等困境因此有望得到改善。可以预见，今后在进行华侨华人与软实力的关系研究方面，我国大陆学者与这个新研究群体的交流与合作将成为必然的趋势——在研究团队中，通过他们的语言优势及学术背景优势，提高获取国外第一手资料的便捷性；同时通过他们所掌握的西方舆论及先进的研究方法，丰富国内研究的现有水平。总的来说，未来的研究中，研究队伍的人员配置将得到优化，研究队伍的整体实力将得到提高，为更好地研究华侨华人与软实力提供团队支持。

软实力是一种通过吸引、感召和侵染来传播的柔性的创生能力，将华侨华人作为一个主体来探讨其对中国软实力的作用，在学术上具有重要意义。华侨华人因其特殊的桥梁与沟通作用无疑将能够扮演这种传播者的角色，成为中国软实力的重要载体。在政治文化方面，华侨华人不仅成为连接中国与世界、促进世界和平、"反独促统"的重要纽带，而且还是中华文化传播的重要使者和消解西方对中国误解的平台。在对中国的经济建设方面，其贡献更是斐然。华侨华人既是住在国政治、经济、文化、社会领域的积极参与者，不少人同时也因为与故乡故土千丝万缕的联系而在不同程度上参与了祖（籍）国的建设发展，尤其是其中出生成长于祖（籍）国的第一代新移民。华侨华人无疑能够在拓展国家间公共外交渠道，增强中国文化吸引力和政治影响力，营造良好的国际舆论环境等各个领域，成为有效的民间载体，发挥特殊作用，为中国软实力建设和发展发挥特殊作用，为建设和谐世界做出应有贡献。① 实践证明，提升国家"软实力"是一个庞大的系统工程，站在国家的宏观层面，今后的华侨华人工作必须紧密围绕以下几点扎实推进。一是必须创造性地弘扬中华民族的优秀传统文化，增强对中华民族优秀文化的自豪感。二是加大整理、开发和保护民族文化的力度。三是树立创新意识，增强民族文化的创新力。四是积极推进文化交流和文化外交，增强民族文化的亲和力、吸引力，扩大辐射力。五是充分利用大众传媒和现代传播技术，扩大民族文化的影响力。六是大力发展文化产业，提升民族文化的综合竞争实力。七是建立国内外网络平台，整合资源，做大做强社会资本，增强软实力的针对性和渗透力。八是整合海外华侨华人资源，充分发挥他们在建设中国软实力中的优势作用。

---

① 李明欢：《国际移民大趋势与海外侨情新变化》，载于《华侨华人研究报告（2011）》，社会科学文献出版社2011年版。

第三章

华侨华人与中华文化国际化大发展

2006年9月,国家制定《"十一五"时期文化发展规划纲要》(以下简称《纲要》),从国家战略层面制定文化发展规划纲要,在新中国的历史上尚属首次。《纲要》指出文化发展的重点之一是"抓好文化'走出去'重大工程、项目的实施,充分利用国际国内两个市场、两种资源,主动参与国际合作和竞争,加强对外文化交流,扩大对外文化贸易,拓展文化发展空间,初步改变我国文化产品贸易逆差较大的被动局面,形成以民族文化为主体、吸收外来有益文化、推动中华文化走向世界的文化开放格局"[1],《纲要》的实施成为文化发展的一个新的历史起点。随后,文化部出台《文化建设"十一五"规划》进一步强调:"实施文化创新、人才兴文、中华文化'走出去'战略。大力提高自主创新能力,在继承和弘扬我国优秀传统文化,吸纳人类一切有益文明成果的基础上,推动理论和观念的创新、内容和形式的创新、体制和机制的创新、方式和方法的创新。扩大对外文化交流,不断增强中华文化的国际影响力。"2011年,中央又指出,"在当今世界正处在大发展大变革大调整时期,世界多极化、经济全球化深入发展,科学技术日新月异,各种思想文化交流交融交锋更加频繁,文化在综合国力竞争中的地位和作用更加凸显"、"推动中华文化走向世界。开展多渠道多形式多层次对外文化交流,广泛参与世界文明对话,促进文化相互借鉴,增强中华文化在世界上的感召力和影响力,共同维护文化多样性"。[2] 由此可以看出,目前

---

① 文化建设"十一五"规划,http://www.mcprc.gov.cn/xxfb/zcfg/whbwj/200610/P020061016532113034585.doc。

② 《中共中央关于深化文化体制改革推动社会主义文化大发展大繁荣若干重大问题的决定》,2011年10月18日中国共产党第十七届中央委员会第六次全体会议通过。

党和政府对文化海外传播越来越重视,尤其是对文化传播效果的侧重,更引人关注。因此,加强中华文化在国际上的传播,提升中国软实力,显然已成为文化建设的重要时代任务。

第一节　中华文化国际化发展的重要任务、主要优势及存在的问题

一、文化与软实力

文化一词来源于拉丁文 culture,原意指农耕及对植物的培育,15 世纪以后逐渐引申使用。这是一个具有丰富内涵的概念,目前尚无统一定义。在近代,给文化下明确定义的应首推英国人类学家 E. B. 泰勒。在 1871 年出版的《原始文化》一书中,泰勒指出,文化是一个复杂的整体,它包括知识、信仰、艺术、伦理道德、法律、风俗和作为一个社会成员的人通过学习而获得的任何其他能力和习惯。后来,美国文化人类学家 A. L. 克罗伯和 K. 科拉克洪在 1952 年发表的《文化:一个概念定义的考评》中,分析考察了 100 多种文化定义,将其综合为,文化存在于各种内隐的和外显的模式之中,借助符号的运用得以学习和传播,并构成人类群体的特殊成就。这些成就包括他们制造物品的各种具体式样。文化的基本要素是传统思想观念和价值,其中尤以价值观最为重要。这一定义为许多西方学者所接受。关于"文化"的定义纷繁浩轶,本书无意进行论述,不过,大部分学者关于"文化"的分类或许有一定的共识,即文化大体可分为:器物文化、制度文化和精神文化。古今中外,文化传播、文化交流、文化碰撞、文化冲突、文化交融等文化活动,是不同文化体系间关系的基本状态。两河流域文明(古巴比伦)、尼罗河文明(埃及)、印度河文明(古印度)、黄河文明(中国)、印加文明(美洲)、古希腊古罗马(欧洲)等几大体系文明,它们或互相交流,或各体系内不同支系文化互动,时至今日产生了不同的结果,形成了主要以基督宗教为代表的欧美文化、以伊斯兰教为代表的阿拉伯文化,以及以儒、释、道等为融合体的东亚文化。

具有优秀文化的民族,其社会文明进步往往影响发展着外部世界。历史上的中国是一个文化影响强国。作为四大文明古国之一,中国曾经有过四次辉煌的影响时期,依次分别是:西汉、唐代、宋元和明朝,在这些时期,中华民族的艺

术、典章、风俗、儒学、技艺等文化，传播到了今天东到日本、西至欧洲以及东南亚等广袤之地。但是，随着近代以来工业革命的成熟发展，东方文明逐渐"让位"于西方文明，欧美文化居于世界多元文化格局的领先地位，尤其当前西方国家对信息高速公路和互联网发展等文化技术的垄断、对于世界舆论话语权的控制，对于西方世界常用语言的霸占和对于跨国文化娱乐业的统治，使得东亚文化及阿拉伯相对"噤声"。在这样"严酷"的国际文化生态下，接受西方单一文化输入影响的国家可能将演变成文化弱国，这些国家的民众受西方强势文化的浸染，有可能造成本国文化传承与发展的受阻。如苏联的和平演变与美国的对其文化侵略就密不可分，美国中央情报局元老艾伦·杜勒斯曾说"如果我们教会苏联的年轻人唱我们的歌曲并随之舞蹈，那么我们迟早将教会他们按照我们所需要他们采取的方法思考问题"。

重视文化的独特作用，充分挖掘文化在人类社会文明进程中的潜力，一直是个热门话题。美国战略家布热津斯基曾言，控制人类共同命运努力的成败，归根结底取决于具有极端重要意义的哲学和文化的层面，正是它形成了指导政治行为的重要观念和影响。① 这句话表明了文化带有软实力的特殊性。最初在国际政治领域提出"软实力"概念并使之产生广泛影响的是哈佛大学肯尼迪学院院长、美国国防部前部长助理约瑟夫·奈。20 世纪 80 年代末 90 年代初，他在自己的著作《美国定能领导世界吗？》和《软实力》一文中首先提出了"软实力"(Soft Power) 的概念，随之这一概念日益引起学者们的关注。在传统国际政治背景下，强权即是真理，硬实力扮演着主要角色。但在世界政治多极化和经济全球化的格局下，和平与发展成为时代的主题，软实力在国际舞台上的作用越来越突出。约瑟夫·奈在《软权力与硬权力》中指出，"如果该国的文化和意识形态具有吸引力，则其他国家更愿意追随其左右。如果它能建立与其社会一致的国际规范，它更少可能不得不有所改变。简言之，一个国家文化的普世性及其建立的有利的规则或制度、控制国际行为领域的能力是关键的权力之源。在当今世界政治中，这些软性权力之源正变得越来越重要。"② 后来，约瑟夫·奈的软权力概念经过中国学者的翻译中国化为软实力。

文化软实力已经成为国家核心竞争力的重要因素，以文化形态为主的软实力竞争已构成综合国力竞争的新趋势。尽管世界各国拥有的软实力资源存在很大的差异，但都日益重视"软实力"的建设。世界主要大国普遍强化了对中国软实力的建设，并将之作为国家战略来筹划实施。早在 1990 年英国就率先将文化战

---

① ［美］基辛格著，顾淑馨、林添贵译：《大外交》，海南出版社 1998 年版，第 375 页。
② ［美］约瑟夫·奈著，门洪华译：《硬权力与软权力》，北京大学出版社 2005 年版，第 118 页。

略提到议事议程上来。英国文化委员会在该年接受政府委托起草英国文化发展战略。1992年，英国文化委员会形成"国家文化艺术发展战略"讨论稿，1993年以《创造性的未来》为题正式公布。美国有一整套渗透于它的政治、外交、军事、经济和贸易政策之中的文化发展战略。美国还专门成立了"全球信息办公室"，整合对外宣传力量，大力扶持影视、娱乐、网络、时尚等文化产业。在强大经济实力和高技术的支持下，以文化产品和文化贸易为载体，输出美国民主、价值观和消费文化，在扩展本国文化利益的同时提升美国的文化软实力。法国历来非常重视文化艺术和文化产业的发展，从第四个五年计划（1962～1966）开始，就把文化列入了五年计划之中。法国在文化发展方面更倾向于国家的扶持。它一方面对自己的历史传统非常自豪，一方面在文化竞争中处于守势而反对文化入侵。面对美国文化的涌入，法国政府在关贸总协定乌拉圭回合1993年谈判中坚决反对美国把文化列入一般服务贸易范畴，首先提出"文化例外"的概念，反对文化入侵。1995年，日本文化政策推进会议发表重要报告《新文化立国：关于振兴文化的几个策略》，确立了日本在未来21世纪的"文化立国"方略。2001年，日本文化厅公布和实施《振兴文化艺术基本法》。随后，日本提出知识产权立国战略，其目标是力争在10年之内把日本建成世界第一知识产权强国。①韩国也在1998年提出了"文化立国"的战略口号，将文化产业作为21世纪发展国家经济的战略性支柱产业。

尽管世界主要发达国家在提升本国文化综合实力，扩大文化在世界范围内的话语权，不过，近年来爆发的世界经济危机和社会环境日益复杂，表明主要发达国家的文化影响力发生了变化。例如，2008年爆发的国际金融危机严重动摇了世界对西方资本主义制度的信心。表面上看是西方金融监管体制的疏漏，但更深层次的原因则是文化和价值理念——人们将问题归因于西方文化价值观体系中所隐含的极端自由主义、个人主义。据美国白宫经济顾问委员会主席克鲁格估算，仅在2007年年底金融危机小规模出现到2009年年初危机全面展开的时间内，美经济损失即高达16万亿美元，相当于全美财富总量的1/4。英国则在讨论是否将经历"失去的十年"。总的看来，由于危机导致的问题和困境很难迅速、彻底解决，西方可能会在相当一个时期内继续处于"亚健康"状态，其对发达经济体和世界经济的负面影响还会持续显现。除了经济方面外，从思想道德方面看，西方社会也出现了不少问题：一是政治精英道德水平下滑；二是大企业商业道德失准；三是社会精英道德问题多发。例如去年曝出的英国广播公司（BBC）著名主持人吉米·萨维尔40多年对300多人实施性侵犯案，可谓一颗"重磅炸弹"，

---

① 邓显超：《发达国家文化软实力的提升及启示》，载于《理论探索》2009年第2期。

对一向以"新闻道德卫士"自居的BBC和标榜"绅士风度"的英国社会造成沉重打击。说明资本主义制度下的官德、商德、公德备受质疑,反映了资本主义主流社会的价值观和利益观受到深刻侵蚀,暴露了资本主义"权力制衡"的有限性和局限性。其后果,就是动摇了民众对资本主义政治权力、商业权力、话语权力等社会主流力量的信任。

因此近年来,西方资本主义的生命力受到广泛质疑,世界范围内出现了对西方资本主义经济制度、发展模式和民主政治制度与日俱增的批评、失望与信仰动摇。华盛顿智库新美国基金会的资深研究员迈克尔·林德认为,金融危机明显损害了资本主义制度的声誉,他说:"从软实力、名声和声望竞争的角度来说,我认为,我们现在已经受到了严重的损害。"① 这次金融危机更加充分地暴露出资本主义制度自身日益严重的局限性、寄生性、腐朽性。因此,辩证看待不同民族国家的文化,尤其是资本主义世界文化在人类文化社会进程中的作用,这对于认清中华文化发展的国际环境,提高繁荣文化的自觉意识,增强文化影响力的自信心,具有重要的作用。

二、中华文化国际化的重要任务:提升中国软实力

文化国际化,是指民族国家的文化在世界上以各种方式,在"融合"和"互异"的同时作用下,在国际上流动,得到其他民族国家文化的承认与尊重。由于地域环境、民族性格、语言心理等客观、主观的多方面差别,各民族文化的对话与交流总是会存在一定的障碍,因此,实现文化国际化,得到某一民族甚或大多数民族国家文化的承认与尊重,可能将有许多困难和危险,而这些困难和危险也不是朝夕间即可解决,想要其他民族发自内心的承认与尊重,更是难上加难。

不过,虽然语言、地域、文化等传统因素可能不利于世界不同文化体系的民族交流,而且这些因素还可能长期影响人们的交流。但是,也要看到当前开展"文化走出去"的许多有利条件,例如,交通工具的改善,现代化通信手段实现的瞬间传达,经济全球化带来的各国文化交流频繁,以及几乎所有的国家对外文化互动的主观意愿,都为"文化走出去"带来许多契机。所以应千方百计地抓住时代机遇,促进文化国际化发展。

每一个国家的对外文化传播与交流都有自己的目标,这些目标归根到底是一

---

① [美]吉姆·洛贝:《金融危机威胁美国的影响力》,载于《亚洲时报在线》(香港)2008年9月26日。

国对外展示自己，拉近与其他国家上至政府下至普通大众的距离，通过各种合作交流，从而最终服务于本国的国家利益。中国作为发展中国家的重要一员，尽管近年来综合国力有所提升，但仍改变不了发展中国家的本质，因此其主要任务，对内仍是致力于发展社会民生，实现社会整体进步，对外坚持和平共处五项原则，致力于国家间的友好往来。自从新中国成立以来，除了一些特殊时期我们的国际环境受到限制而无法进行正常的文化对外交往，在大部分时间里，我们都能通过各种方式，和世界上绝大多数国家进行了文化友好对话。但时至今日，由于社会意识形态差异，一些西方主要国家仍戴着有色眼镜看待中国的发展，怀疑中国人在摸索的道路上究竟能前行到多远。尤其随着当前中国快速崛起，各种制衡和挑战因素不断增加，中国国家形象也有被国际舆论再次塑造为"挑战者"甚至"威胁者"的可能。

作为对自己前途充满必胜信心的民族，按理说可以完全不理会国际社会的那些"杂音"，然而这种认为"中国不需要调整自身来适应外部世界，因为外部世界最终会自行调整，以适应中国的方式"的想法可能会招致许多国家的民众对我们的误解，不利于形成中华民族伟大复兴必要的国际友好环境。因此，的确需要通过文化海外发展在内的对外工作形式，向世界说明中国的正面形象，阐释中国的和平历史，表明中国的世界观和价值观。总的来说，就是解释和还原中国的本来面貌，让世界了解中国的魅力，相信中国，承认中国，并喜欢中国，换言之，要通过文化对外发展，提升中国软实力。

国家软实力对内表现为一个国家、一个民族的生命力、创造力和凝聚力，对外表现为一个国家在意识形态、发展模式、民族文化、外交方针等方面被国际社会认可的程度。文化是软实力的载体，如果中国的文化通过有效地对外传播能够对其他国家产生吸引力，具有那种安近来远的魅力，得到普遍认同，甚至被吸纳或融合到其他国家的文化中去，中国与他国之间就会少几分敌意，多几分理解，化解差异、误解和冲突，就会使各国普遍看好中国的发展前景，与我国合作的愿望也会日趋强烈，这就为我们借鉴世界优秀文明成果、发展壮大自己提供了必要的条件，从而推动中华文化更好地走向世界。① 与此相关，我们开展对外文化交流的目的不是要输出中国的意识形态和发展模式，而是通过传播中华文化，使我们的文化能够真正地吸引人、打动人、引起共鸣、拨动心弦，赢得尊重，增进心灵的沟通，寻求理解与合作，使外界全面、准确认识当代中国的真实面貌，从而为我们的现代化事业创造更加良好的国际环境。② 总之，中国对外文化交流与文

---

① 刘乃歌：《跨文化传播与国家软实力提升》，载于《社会科学辑刊》2011 年第 1 期，第 72～74 页。
② 蔡武：《中国对外文化交流目的不是要输出意识形态》，中新网，2010 年 8 月 6 日，http://www.chinanews.com/cul/2010/08-06/2452420.shtml。

化国际化，其目的不是要输出意识形态和发展模式，而是要赢得世人对中华文化的了解、理解、尊重和认同。

国家实施文化"走出去"工程，对于提升中国的软实力，在国际舞台上建构中国的文化形象，以及对于实现中华民族的伟大历史复兴，无论如何评述都不为过。但要文化"走出去"取得积极效果，一定要有文化自觉和文化自信。所谓文化自觉就是说对自己的文化要有自知之明，而文化自信就是坚信中华文化"走出去"一定会赢得世界的尊重和肯定。这要求文化"走出去"不但要注重量，更要提升质，特别要格外重视文化产品及其服务中所蕴含的价值观。文化"走出去"不仅价值诉求要清晰，更要价值观高尚。

随着中国对外文化交往和文化贸易的扩大，要充分发挥人文交流的优势，通过大规模的社会交往和文化输出取信于人，用心与心的对话感知世界，以价值诉求的清晰和被理解融入国际主流社会，使之接受一个强大、繁荣和负责任的中国。随着中国综合实力的上升，中国的发展不能只看重国家的单项利益或单纯诉求经济价值。作为一个世界大国，不仅看重国家利益，还要看重价值传播，要讲原则，不唯利是图，要负责任，不文过饰非，要相互信任，建构和谐世界。要把文化立国战略纳入国家政策的重点，不仅要弘扬传统文化，还要创造富有现代意识的新文化，以此获取国际社会的尊重和信赖，建设一个在全球有影响力的文明大国。①

三、中华文化国际化的主要优势

参与世界文化多样性的过程，是"文化走出去"实现国际化的重要目标。2006年，胡锦涛同志在耶鲁大学的演讲中提到，一个音符无法表达出优美的旋律，一种颜色难以描绘出多彩的画卷。世界是一座丰富多彩的艺术殿堂，各国人民创造的独特文化都是这座殿堂里的瑰宝。一个民族的文化，往往凝聚着这个民族对世界和生命的历史认知和现实感受，也往往积淀着这个民族最深层的精神追求和行为准则。人类历史发展的过程，就是各种文明不断交流、融合、创新的过程。人类历史上各种文明都以各自的独特方式为人类进步做出了贡献。文明多样性是人类社会的客观现实，是当今世界的基本特征，也是人类进步的重要动力。历史经验表明，在人类文明交流的过程中，不仅需要克服自然的屏障和隔阂，而且需要超越思想的障碍和束缚，更需要克服形形色色的偏见和误解。意识形态、

---

① 范玉刚：《文化"走出去"的价值祈向》，载于《中国特色社会主义研究》2012年第9期，第20~22页。

社会制度、发展模式的差异不应成为人类文明交流的障碍,更不能成为相互对抗的理由。我们应该积极维护世界多样性,推动不同文明的对话和交融,相互借鉴而不是相互排斥,使人类更加和睦幸福,让世界更加丰富多彩。① 由此可见,增加人类文明的多样性各国责无旁贷,一个国家和民族只有积极投身到人类文明多样性的和谐发展之中去,一方面有助于世界文化多样性格局的形成,另一方面,可以让本民族国家的文化在世界文化多样性格局的形成过程中得以更好的锻造,有利于文化综合素质的提升。

一个国家的文化价值观影响着国民心理和民族认同,大多数国民的价值判断和公众舆论通过媒体和各种信息渠道传达给国家领导人,直接或间接地影响着领导人的对外决策。中国传统文化价值观是:和谐、仁、义、礼、智、信、忠、孝等,其中起着统领作用的核心价值观是和谐。和谐的意思是"事物之间配合得适当和匀称",即合理、适当、恰到好处。合理,就是按照客观规律和真理法则做事,适当就是适宜、妥当、恰如其分。和谐价值观倡导的是和而不同,不同事物的合理搭配,恰如其分地组合或融合,事物由不协调达致协调,由不匀称达致匀称,由不平衡达致平衡。在现代社会,和谐追求的是人与自然和谐,人与社会和谐,人与人和谐,自我身心和谐。仁是儒家倡导的核心价值,也是中国人普遍尊崇的价值观。它是由血缘亲情扩展而来的。"家和万事兴"是我们中国人普遍信奉的至理名言。这种带有血缘亲情的仁爱价值观延伸扩展到朋友和社会关系之中,形成了正义、礼仪、智慧、诚信、忠诚、自强、厚德等一整套价值体系。中国具有深深扎根于历史的民族文化,作为国家稳定和统一的基础,这种历史文化根基要比思想意识形态更加坚实。一旦中国面对国际的军事、经济或社会关系挑战,中国的内在适应和对抗力量会是全面和深入的,不会过多地依靠物质强力去维系自身的生存。换言之,中国是一个有深层共同文化根基的多民族、多种族、多文化社会。这是中国文化在国际化前的主要优势。

除了深层共同文化根基外,中华文化国际化能够成功获得世界认同还在于中华文化所特有的历史基础、中国在和平发展战略下的复兴所奠定的政治基础以及中华文化所特有的"和"的价值基础。中华民族的历史是一个不断实现民族融合的历史,在中华民族大融合的过程中,不仅积累了丰富的历史文化资源,也积累文化交流与融合的丰富的历史经验,从而构成了当代中华文化走向世界的历史基础。中国在当今国际政治舞台上的独特地位以及在当代世界政治经济格局调整

---

① 胡锦涛:《在耶鲁大学的演讲》,http://news.xinhuanet.com/newscenter/2006-04/22/content_4460879.htm。

中的作用是中华文化走向世界的政治基础，中国与世界上大多数国家共同拥有的发展中国家身份为中华文化"走出去"奠定了良好的政治身份认同基础，中国与世界上多数发展中国家国情的相似性也为中华文化"走出去"奠定了道路认同基础。中国共产党领导下的中国革命和建设实践为世界上广大与中国有着相似国情的国家提供两次历史经验借鉴：一是中国革命的经验为这些国家提供了在中国这样一个半殖民地半封建社会的国家如何实现民族解放，如何使自己的国家走上独立、自由、民主、富强的道路；二是中国特色社会主义建设的经验为世界上广大发展中国家提供了经济建设的经验借鉴，这些经验的借鉴实际上已经融入中华文化，成为中华民族精神的重要组成部分，广大发展中国家在借鉴中国经验的过程中也因此增强了对中华文化的认同，为中华文化"走出去"奠定了良好的现实政治基础。冷战结束以后，建立一个什么样的世界政治、经济、文化新格局成为世界人民关注的问题，这个世界需要一种什么样的价值观念作为支撑成为世界人民不得不面临的问题。而作为唯一的超级大国的美国试图以霸权主义、强权政治和单边主义行动来建立世界新秩序的做法不仅遭到了世界大多数国家的反对，实践证明也是行不通的。追求世界的和平共处、追求世界的和平发展正成为国际社会越来越多国家的共识，而中华文化所特有的"和"的思维和价值取向正好迎合了世界的需要。"和为贵"是中华文化的一个重要特征，"和"观念的影响形成了中华文化追求和谐的特点，造就了中华文化非侵略性的特点。现实国际政治的需要使中华文化所包含的"和"的价值追求更能满足当代世人对和平的渴望，对和谐生活的追求。中华文化所特有的和平理念，中国政府在和平理念指导下的实践以及在实践中所取得的成就成为中华文化"走出去"的价值基础和实践基础。[①]

文化交流是各国人民沟通的桥梁，也是展示国家形象，提升国家软实力的重要途径。具有五千年历史的中华文化，是唯一保留下来的世界四大古文明之一。以儒家学说、四大发明为代表的中华优秀文化，对人类历史发展具有举足轻重的影响。历史和现实证明，一个国家的富强，始于文化的复兴；一个民族的振兴，源于文化的繁荣。一个国家只有在世界文化中有相当的作为，才能进入大国之列，才能成为文化强国。弘扬中华文化，向世界介绍丰富多彩的中华文化，对外展示中国良好形象、宣传中国发生的伟大成就，已成为中国现代化发展现阶段的一个必然要求和战略举措，将有助于增进中国和世界的友谊，为中国的进一步发展营造更加良好的国际环境等发挥着重要的作用。

因此，许多外国学者都认为中国文化在已经到来的各国文化"国际化、全

---

① 黄向阳：《中华文化"走出去"的认同基础》，载于《传承》2008年第3期，第98~99页。

球化"和"新经济"浪潮面前最没有危险。如德国学者赫尔穆特·施密特说:"从文化的角度看,全球化意味着全世界大多数国家——不仅包括欧洲国家,也包括发展中国家、亚洲国家,总之,全世界大多数国家——各自的特性受到威胁,受冲击最少的或许是美国和中国……"① 美籍匈牙利学者欧文·拉兹洛也说:"目前,非西方的文化除了日本和东亚的文化,都被本地的深层结构和外国的表面覆盖层之间的紧张关系所分裂。它们处于守势,但还没有决定是进一步随着新技术而来的文化潮流开放,还是闭关自守并保护其对付世界的传统方式。"② 李光耀在他的一次资政演说中也强调:汉文化能够接轨新经济,虽然一些学者们认为,儒家文化的弱点是明显的。它的保守性带来的创新精神不足,有可能妨碍它在新经济中发挥竞争力。但也有学者认为,儒家文化虽不具主创性,却是一种"适应性"文化,它生来也许不是为创造经济奇迹服务的,但它的内在灵活性却往往能在关键时刻更改自己的目的。儒家文化只要自我调整就能够继续向适应现代工业文明的方向演化,融会贯通西方的现代管理制度、法制体系和契约原则。

由此不难看出,中国 30 多年的改革开放成就和亚洲"四小龙"的腾飞事实,让世界看到了中国文化和儒家文化的顽强生命力和适应力。具体举例说,首先在语言上,中国人不仅迅速解决了汉字的键盘输入,而且证明表音与象形结合的方块汉字在同一互联网屏幕上能够比英语传递更多的信息和更多的潜台词,显示了汉语在信息技术领域所具有的特殊优势和推广价值。其次,中国目前为新型人才的重视和培养已经出台了许多新的促进适应性的政策,如继续保持对外全面开放,继续对青年人出国留学热情给予鼓励和支持,同时大力进行国内教育的改革,推进双语教学、原版教材引入、中外联合办学等革新措施,未来中国优秀青年的双语能力必定会是一个有把握的事实。最后就是在观念和体制上如何适应新经济的各种新需求和经济周期微波化变动,在每一次波动中寻找机遇和迎接挑战,中国人也已经充分体现了自己文化中重视应变策略和竞争计谋的特点。如李安导演拍摄的《卧虎藏龙》,成功地包装了东方文化的元素,又通过好莱坞的制作分销渠道推广出去。如上海做中式服装的店,把旗袍改良变成了一个主要的时装品牌。如在中国召开的 APEC 会议上各国首脑身着传统"唐装"之后,一时间中式传统服装和相关文化意象产品就红透半边天,而且与各种欧式、韩式、日式、港台式服装"各美其美、美人之美",所有分享市场经济硕果的中国商人和顾客都意识到了文化的感染力,以及从中可能创造出的无数产业的商机。总之,

---

① [德] 赫尔穆特·施密特:《全球化与道德重建》,社会科学文献出版社 2001 年版,第 72 页。
② [美] 欧文·拉兹洛:《多种文化的星球》,社会科学文献出版社 2001 年版,第 231 页。

尽管在共享"普世价值"和建设"全球文化体系"等重大问题上，中国政府和民间的对外言论还经常充满"反抗者"的情绪，特别对美国价值替代普世价值、文化霸权替代军事霸权保持高度警惕，对西方文化的好为人师和指手画脚也保留着许多质疑和拒斥，但中国人的"好学"传统和积极模仿以追赶先进的"特长"，已经在新经济时代，借助门户开放的新政策和全球信息的快捷流动，而体现出自身的对不同文化的海纳方式和适应能力。

更重要的是，中国文化传统与世界性的现代化大潮不仅可以彼此互动，而且可能和谐共建。改革开放以来，中国始终以一种融入现行国际体制、接受现行体制的方式参与经济全球化和各方面的国际合作，同时也以积极参与的态度作为一个负责任的大国在国际合作中发挥作用。中国经济的迅速增长不需要挑战现行的国际经济制度，中国承认自己是依靠经济全球化发展起来的，因而也必将继续利用和适应全球化的新经济。中国的战略是建立地区一体化以谋求地区的共同繁荣，并在完善全球治理中寻求世界各国的共赢。

四、中华文化国际化中存在的问题

一个国家的文化，要真正"走出去"，关键是指造就出这个国家文化的整体系统从各个方面体现出相对于别的国家系统的优越性。因而，从这个角度来看，我国整体"文化走出去"仍然是被动应对式的。近年来，我国在"文化走出去"的过程中，取得了显著成绩。但是，由于我国总体上"文化走出去"战略确立的时间不长、路径理念还不够成熟、处于文化产业全球分工链的低端等原因，我国还没有能够培育出享誉世界、参与国际竞争的文化产业群和大型跨国文化企业，因此，从这个角度而言中华文化的国际影响力还不尽如人意。

首先，"文化走出去"的观念有待进一步更新，长远的战略规划不足。我国一些地区、一些部门及文化单位对"文化走出去"的政策和财政投入等方面还存在着"等、靠、要"观念，新的文化发展观还没有真正确立，对"文化走出去"的重要性和紧迫性的认识还存在差距，对"文化走出去"的政府职能、主体责任、市场定位认识不清。而且，文化市场导向意识不足，对文化的社会属性和市场属性之间的关系存在认识分歧，以塑造国家形象为主的非营利性"为交流而交流"的对外宣传和文化交流的频率要高于对外贸易的互动。此外，"走出去"缺乏长远的战略规划。我国很多文化的走出去，短期行为比较明显，由于缺乏一个推动"文化走出去"的长期战略规划，指导思想、目标任务、政策措施等都不明确，影响制约了我国"文化走出去"的整体步伐。

其次，"文化走出去"的规模和影响力有限。目前，尽管我国一些文化企业已经在国际上崭露头角，但总体上还没有在国际上形成中国特色的文化声音。和纽约、伦敦、东京等世界文化高度发达城市相比，我国很多城市文化集约化程度不高、资源开发比较分散、文化整合的力度不够，尤其走出国门的产品所能蕴含的文化内容、所产生的文化附加值都十分有限，这些都不利于"文化走出去"在总体上形成竞争力。

再次，适销对路的文化产品不多，原创的文化精品更是有限。打造文化精品，是我国"文化走出去"的重要途径。我国文化在走出去过程中，一方面是将现成的而非针对海外市场的产品被动输出，成功率低；另一方面又存在主观想象、闭门造车和海外市场不对路的问题。产品的内容、切入点、翻译等都不符合海外消费者的习惯。国内目前"走出去"的文化产品很多为低端产品，如民乐类、传统杂技，真正有影响力的精品不多。我国在全球文化贸易中的地位依然大大落后于发达国家。比如，"美国在国际文化市场上的份额高达42.6%，而中国只占1.5%；2008年美国电影的海外票房收入就有183亿美元（全球票房总收入280亿美元），而中国仅3.6亿美元。""在美国，文化娱乐的视听产品已经成为仅次于航空航天的主要换汇产品，居出口贸易第二位；在英国也已成为仅次于金融业的全国第二大产业。"①

最后，熟知国际文化运行的复合型文化经营人才不多，文化中介组织缺乏。由于缺乏熟悉国内外文化市场及国际服务贸易规则的复合型文化经营人才，一些文化企业虽然有好的文化产品和服务项目，但苦于无人运作而作罢。此外，虽然近几年我国文化贸易中介组织发展有所加快，但面向国际性的文化中介贸易组织较为缺乏，没有与国外代理商建立广泛的良好联系，营销渠道链条断裂现象普遍，而很多文化企业自身又缺乏国际文化市场营销运作经验，导致文化产品和服务出口渠道一直不够顺畅。②

2007年，美国学者柯兰齐克（Joshua Kurlantzick）所著的《魅力攻势：中国的软实力如何改变世界》一书中指出了中国在软实力方面的三大弱势：一是中国经济的巨大成就使文化发展处于没有受到充分重视的地位；二是中国文化软资源对世界的吸引力不强，中国还没有一个真正世界意义上的文化品牌；三是中国对于媒体、国际非政府组织的运用尚无经验。③ 与此同时，作为文化底蕴深厚、民族文化多元的中国，能体现出这种博大精深的文化的载体众多，然而目前为国

---

① 陈美寿、夏和顺等：《文化贸易：机遇与挑战》，载于《深圳特区报》2009年5月16日。
② 刘波、白志刚：《我国"文化走出去"的困境及其创新思路》，载于《理论学习》2012年第9期，第32~34页。
③ Joshua Kurlantzick. *Charm Offensive——How China's Soft Power is Tranforming the World*. Yale University Press, 2007. 转引自：朱琰：《文化交流与文化竞争软实力》，载于《艺术百家》2008年第8期，第49~52页。

外所知的似乎只有中国的菜肴和武术功夫。由于语言障碍、物质条件、与外国人接触程度等多方面原因，即便是这两样，也没有能得到充分的理解。早期华人在传播中国饮食文化和武术文化时，难以将中华五千年的文化内涵和价值观从表象提炼出来，真正呈现在外国人的视野中，所以可能无法真正体现出中国文化的精神实质。因此，国外的文化受众们大多只能看到功夫的"酷"的形式却不能领悟其中"道"的内涵、中国"和"文化的至高境界。[1]

自从中央提出"推动中华文化走向世界"的要求，相关政府部门和学界就对这一重要课题进行了研究和部署。为了让更广泛的地理空间中有中华文化的身影，许多研究从中华文化对外传播的政府职能、文化传播策略、资源整合等多方面提出政策建议，值得关注。例如，有从宏观上强调要科学规划对外文化交流，制定和完善有利于对外文化交流的政策、法律体系和体制机制，合理发挥政府的作用，充分调动各部门的积极性。也有从具体的实施对策进行分析倡议，如利用春节、国庆日、建交日等重要节日、纪念日，组织举办高水平文化交流活动，增进世界对中国的了解；重视文化领域的多层次互访，加强友好城市间的文化交流，主动开展对外文化合作；继续做好中外互办文化年、在国外举办中国文化节、文化周、艺术周、电影周、电视周和文物展等工作；发挥我驻外机构宣传推介中国优秀文化产品的重要作用；建立健全中外学者交流机制，加强与外国有影响的哲学社会科学机构、国外知名汉学家、中国问题专家及研究机构的交流与合作。总之，要把文化交流工作与外交、外贸、援外、科技、旅游、体育等工作结合起来，把展演、展映和产品销售结合起来，充分调动各方面力量，形成对外文化交流的合力。[2]

因此，完全有理由相信，在不久的将来，通过政府和社会各部门的通力协作，中华文化将会更加频繁地现身于海外华社在内的各社会领域里，将会有越来越多的人认识中国及中华文化。但是，这是否就表明了海外社会对中华文化持认可的立场了？在轰轰烈烈的推广过程中，其他民族的人对传播中华文化的视听运动是否会产生一些误解、曲解呢？有关部门分别于2009年和2011年，将主题为"携手中国制造"、"中国国家形象片——人物篇"等国家形象宣传片在北美、欧洲和亚洲的电视、网络上播放，其中"携手中国制造"宣传片在美国有线电视新闻网络（CNN）播放了6周、在英国广播公司（BBC）播放了5周，60秒长度的"中国国家形象片——人物篇"在美国纽约时报广场大型电子显示屏上播放，每天早晨6点到次日凌晨4点，每小时15次的频率，该片从2011年1月17

---

[1] 朱琰：《文化交流与文化竞争软实力》，载于《艺术百家》2008年第8期，第49~52页。
[2] 董慧：《加强对外文化交流的策略思考》，载于《世纪桥》2008年第9期，第149~150页。

日起播放到2月14日，总计4 800次。香港浸会大学传理学院孔庆勤博士对这几次的国家形象宣传片的效果进行了研究，指出此种做法增加了外国民众对中国了解的机会、知道哪些产品与中国有关，等等；不过，有些方面的调研结果可能会令人失望，如对于"携手中国制造"的广告，美国、英国、澳大利亚三国，每国各400名、共1 200名的受访者中，虽然有八成左右的受访者认为广告能"很好"地记住哪些是"中国制造"的商品（广告中出现的产品有运动鞋、家用电器、MP3、时装和大型客机，但没有出现任何一个国际知名的中国品牌），但却有五成多的人认为广告对他们没造成任何影响。至于"中国国家形象片——人物篇"，英国广播公司全球扫描（BBC - GlobeScan）的调查显示，广告播出后，对中国持好感的美国人从29%上升至36%，上升7个百分点；而对中国持负面看法者，则上升了10个百分点，达到51%；而孔庆勤博士的调查则指出："很多人（1 200名的受访者）说，看了这个广告很紧张，第一个想法是：中国人来了，而且来了这么多。"①

　　类似国家形象片在西方社会宣传效果未能取得预期目标的原因还很多，如：第一，西方社会的一些民众对以国家为背后推手来做相关公共宣传的做法往往持反对、甚至厌恶的态度，这些政客和媒体"更关心"的是中国存在的缺点、矛盾等负面形象；第二，公共外交是以民间为主体的活动，它不能仅仅是政府的任务，而更是每一个走出去的企业家、留学生、游客等民间人士的责任，从走出国门的个体身上，更能发现一个真实的国家是怎么样的；第三，如果一个国家善待自己的国民，做好国内自己的事情，尊重了自己，才能赢得别人的尊重，才是从根本上改善中国的国家形象抑或中国人的形象，而对处于社会转型期的中国，如何由政治体制、经济体制、文化体制和社会体制的改革出发进一步做好国内自己的事情，赢得他人的尊重，的确是一大考验；第四，由于中国特殊的政治体制与意识形态，它的快速崛起总会让一些外国人无法摆正心态，进而产生焦虑、恐惧和嫉妒的情绪。所以，综上所述，中华文化走向世界，怎样做到既能使其他国家的民族对她不抵制、不误解，能以较为中立的心态看待，又能真正将中华文化准确、稳妥、全面地对外传播，让中华文化"贵和、仁爱、勤俭"等优秀品质为世人所了解，应是当前文化外宣战略中需要重视的地方。

---

　　① 参见：《商务部在欧美投放"中国制造"广告》，载于《新京报》2011年11月16日，第A05版；《国家形象处效果欠佳》，载于《新快报》2011年11月17日，第A06版，http：//epaper.xkb.com.cn/view.php？id=741162。

第二节 海外华侨华人应是中华文化国际化和"走出去"的特殊力量

一、中华传统伦理道德是维持华侨华人与中国关系的特殊纽带

每个民族都有自己的伦理、道德、习俗传承体系。中华传统伦理道德强调个人要有社会责任、国家责任、家庭责任，强调每一个人应对社会做出贡献，从而发展出个人的家国意识、乡土情结格外浓厚。重视国家、群体利益，重视民族大义，是中华民族凝聚力的来源之一，它形成了国人顾大体、识大局、以他人为重、以集体为怀的情操。对于家、国而言，中华传统伦理延伸出了"民为贵，社稷次之，君为轻"这样的国家政治伦理，要求政府一切以民为本。由此，中华传统伦理文化下的个人与国家结成了一种非常稳固的"情感"关系，而不像西方社会中的个体与国家是一种契约型的"理性"关系。中华文化的强烈宗亲意识强烈维系着华侨华人与中国的关系。华侨的宗亲意识重视家庭、家族、家乡，甚至个人价值的体现很大程度上需要得到家族、家乡的认可，所谓"富贵不返乡如锦衣夜行"的观念，迄今仍为很多华人尤其是老一辈华人所秉持。海外一些华侨社会依血缘、地缘、语缘而分帮结派，基本上就是其宗亲观念的放大。辛亥革命前，维新党人和革命党人在南洋的宣传活动，其成功之处也在于将华侨这种对家庭、宗族、家乡的认同引导到对中国的认同上。积极投身于祖国抗日运动的南洋侨领陈嘉庚、李清泉、邱元荣等，无一不是造福桑梓的热心人，他们在民族存亡之际奋起为国家民族命运而抗争，从而成为爱国主义的模范。至于中下层华侨，尤其处于社会底层的华侨，大多数不熟悉也无力从事当地的社会、政治事务，在当地无恒产无地位，其移民的目的，主要是为了有朝一日衣锦还乡，在家国存亡之际，其对宗亲、家乡的关注，就更容易升华为对中国国家的认同了。[①] 这种基于同文同种和相近习俗乃至价值观，是世界华人之间的合作具有最深层次的伦理文化基础。诚如新加坡前总理李光耀所说的："我们都是华人，我们共享由共同祖先和文化而产生的某些特征……因此，更容易沟通和信任，而

---

① 庄国土：《华侨华人与中国的关系》，广东高等教育出版社2001年版，第215页。

沟通和信任是一切商业关系的基础。"①

　　中华传统伦理道德在华侨华人与祖（籍）国关系中超稳定的这种桥梁纽带的存在，从深层次结构上而言，是设置各级宣传部门、统战部门、文化部门、侨务部门开展中华文化国际化、文化"走出去"工作的最合理性依据。"大陆同胞，台湾、香港、澳门的同胞，还有海外华侨，大家都是中华民族的子孙。我们要共同奋斗，实现祖国统一和民族振兴"、"凡是中华民族子孙，都希望中国能统一，分裂状况是违背民族意志的"，② 在这样的指导思想逻辑中，可以看出隐匿于其中的个人与国家之间的强烈情感关联。为了更好地将海外老一辈华侨华人对祖（籍）国传统伦理道德的执著同样在年轻一代华裔中得以传承，侨务部门开展了"海外华裔青少年中国寻根之旅夏令营"活动，在海外华侨华人社会中引起积极的反响。在2010年于北京人民大会堂举行的"中国寻根之旅"夏令营开营上，中共中央政治局常委、时任国家副主席习近平出席并讲话。习近平在发言中就指出：中华民族历来有着浓厚的故乡故土观念，认祖归宗是中华儿女重要的文化品格；同世界其他国家的寻根热相比，生活在全球各地的中华儿女的寻根热情更高、寻根历史更早。海外中华儿女到中国寻根，说明大家对祖籍国有强烈的亲近感，都认识到自己血管中涌动的是中华血脉，都愿意传承和发扬历经数千年形成的中华文化；团结统一的中华民族是海内外中华儿女共同的"根"；博大精深的中华文化是海内外中华儿女共同的"魂"；实现中华民族伟大复兴是海内外中华儿女共同的"梦"。

　　随着中国改革开放的成就世人瞩目，国际地位日益显现，文化张力不断扩延。中国和中华文化也引起越来越多的关注，海外掀起了一轮轮的"中国热"、"汉语热"。中国的龙狮舞过了莫斯科的街巷，庙会搬到了巴塞罗那的街头，巴黎的铁塔披上了红色的外衣，"中国形象"亮相纽约时代广场，元宵节的灯笼、中秋的月饼是超市的热销商品，十二生肖成为承载吉祥的灵物，太极、功夫日益受到外国人的追捧，孔子学院遍地开花。与此同时，华人社会的大门也打开了，越来越多的华人摒弃了过客心态，展现出主人翁的姿态，与当地人一起学习、生活、工作，积极融入当地社会，成为当地社会的一分子，为当地发展做出了贡献，也促进了中外沟通交流。如今的中华文化是魅力无穷、回味悠长的，华侨华人及其社团更自信积极、乐观向上。

　　在新的时期，伴随着中国和平崛起，中华文化的发展和繁荣迎来了新的机

---

　　① 庄国土：《东亚华人社会的形成和发展——华商网络、移民与一体化趋势》，厦门大学出版社2009年版，第521页。
　　② 国务院侨务办公室、中共中央文献研究室编：《邓小平论侨务》，中央文献出版社2000年版，第28、第29页。

遇。实现中华文化"走出去"，提升中华文化的影响力，意义深远而重大。中国综合国力的增强提高了华侨华人的文化自信心，华侨华人也越来越把经济贸易活动与中国文化联系起来。国家应更充分利用华侨华人这个弘扬中华文化的宝贵资源，借助中国和平发展和综合国力不断上升的有利时机，实行借助硬实力"提升软实力"的策略，鼓励和支持华侨华人积极参与居住地的政治和公共事务，展示中华文化积极形象，保持华侨华人持久的中华文化认同感，让中华文化影响世界，让中华民族和世界大家庭共创繁荣、共同和平发展、共建和谐社会。

华侨以及由华侨演变而来的华人，是中华民族的一个海外支流或根系，是中国人的骨肉同胞，与祖国、家乡有着血缘和亲缘的关系。他们有着浓厚的祖国乡土情感，他们虽然身在国外，但仍顽强地保留着许多祖籍国和家乡的风俗习惯，经常汇款回乡，时时关心祖国和家乡的建设，刻刻关注祖国和亲人的安危存亡，一旦祖国和家乡遭灾受难，他们都能够伸出援手。近代以来，每当中国发生重大事变，华侨华人都做出强烈反应。华侨华人与祖国的关系史，从某种意义上说，就是一部儿女热爱自己的母亲的历史。虽然，20世纪50年代中期以后，绝大多数华侨转籍为华人，与祖籍国的关系发生较大变化，但关心祖籍国情怀并未改变。无论是近代反帝反封建斗争，或是新民主主义革命，还是社会主义现代化建设，华侨华人对中华民族复兴和国家安危的关注都从未中断过。① 党和政府深知华侨华人对祖（籍）的眷恋，抓住一切场合，向海内外炎黄子孙倡议团结一致为中华民族复兴而贡献的理念。邓小平同志在给《美洲华侨日报》题词中，有这样的表述："愿你们为增进中美两国人民的友谊做出更大的努力。愿你们为祖国的社会主义建设，为台湾回归祖国、实现统一祖国大业，做出更多的贡献"。② 有一年，邓小平在接见参加国庆活动的华侨华人时说："大家回来多看一看，更多地了解国内情况，可以在国际上向你们熟悉的、提出这些问题的华裔和外国朋友做些解释。希望大家在为促进祖国的统一和现代化方面尽你们能够尽的力量，做出更多的贡献。"③ 在《各民主党派和工商联是为社会主义服务的政治力量》一文中，邓小平指出：各民主党派和工商联在台湾同胞、港澳同胞和海外侨胞中有广泛的联系和影响，希望你们在促进台湾回归祖国的事业中，积极贡献力量。④

---

① 周南京主编：《华侨华人百科全书——总论卷》，中国华侨出版社 2002 年版，第 90 ~ 129 页。
② 国务院侨务办公室、中共中央文献研究室编：《邓小平论侨务》，中央文献出版社 2000 年版，第 26 页。
③④ 国务院侨务办公室、中共中央文献研究室编：《邓小平论侨务》，中央文献出版社 2000 年版，第 27 页。

二、华侨华人是中华文化国际化大发展的重要力量

中国正逐步成为世界移民大国中的重要一员，几千万海外华侨华人已广泛分布于世界各地。虽然随着世代的更替发展，新一代华人逐渐融入了当地国的社会文化中，但不可否认的是，中华文化在海外华社精神家园中的独特影响仍然存在，而且还有加强的趋势。尤其近年中国综合国力不断上升，中华文化元素在世界上受到越来越多的关注，一些原本限制华人传承中华文化（如禁止使用汉字、禁止举行与中国传统文化有关的活动）的国家也基本放宽，甚至取消了那些不合时宜的政策，这些国家基本也赞成华人作为自己国民的一部分，他们理应享有与其他族群一样，传承华族文化的权利，[①] 所以，较多华人生活的国家纷纷把春节、中秋等传统佳节定为当地的法定节日。人类跨入 21 世纪后，便捷迅速的现代交通工具和经济全球化等因素，促成人员跨国频繁流动，而各民族文化随着全球资讯信息化、国际化的快速发展互相碰撞、对话、交融，在这样的大时代背景下，越来越多的民族国家在对待外来优秀文化方面，一般都能以较为理性的姿态，在以我为主的原则下，博采众长、兼收并蓄。各国文化对话、文化多样性、文化全球化也渐成一股趋势。毫无疑问，目前国际文化生态对中华文化的向外传播有许多积极利好的方面，我们在练好内功的同时，应乘风而上，抓住有利时机，将具有普世价值意义的优秀中华文化造福于世界各族人民。

华侨华人社会是中华文化的海外载体。华侨华人社会规模庞大，历史悠久，是国际社会了解和接受中华文化的主要源泉之一。公元 6 世纪以后逐渐形成的东亚汉文化圈，是以中国为中心的传统东亚国际体系的基础，华商和中国文化人移民的贡献功不可没。尤其是 18～20 世纪中国人大规模移民东南亚，东南亚各地华人社区成为海外中华文化的主要承继和传播基地，是传统中国保持对东南亚地区影响力的主要原因。在 18～19 世纪，甚至是西方人了解中国社会和文化的重要来源地。

华侨华人对中国文化软实力的历史贡献可谓居功甚伟。尚在晚清时期，国内先进思潮的传播，尤其是革命理念的传播，华侨贡献最大。晚清杰出的外交官和洋务专才，很多是回国华侨。以孙中山为首的华侨，活跃于民国社会各阶层。华侨投资是国内新兴产业崛起和市场经济发展的主要推手之一。鉴于以往的华侨华人与中国关系的历史研究均重在对华侨华人的经济和革命贡献方面，目前应着手

[①] 如有着严重排华历史的印度尼西亚已经把华族作为该国少数民族的一支，华族的地位得到了正式承认，并获得了参政的权利。

总结华侨华人对中国先进思潮的传播、制度建设、人才培养、社会习俗、国民素质等中国国内软实力的历史贡献，有助于认识华侨华人对当前中国软实力建设的作用。

考察当前华侨华人软实力构成的诸要素，除了大陆民众已传承的中华文化和民族性（勤俭、忍耐、中庸、务实等）的精华外，尚有可供大陆借鉴的特别要素，如善于学习和兼通中西文化的特性；对中华价值观（伦理、家庭、教育）的坚持与提升；建立在强大经济实力上的经营理念和世界市场意识；庞大的专业人才数量及其对高科技的重视意识；因普遍成功而具有的较高国际族群形象；华人主导的国家（新加坡）和华人社区的先进发展模式与经验；善于与其他文化交流与融合的多元性。

在当前国际政治层面，华侨华人是国际社会中最重要的对华友好力量。从美国的百人会、20/80协会和华人院外活动家，到东南亚各国中的华人政党和政界人士，几乎都是推动当地国家对华友好关系的主力。他们构成中国外交的软实力。尤其是东南亚华商，他们与当地国政要的密切关系，一向充当中国与当地国外交的"第二轨道"。在北美，由于华侨华人人口的迅速增长，10年内，其选民可能占当地国的8%~12%，具有扮演关键少数的政治实力。因此，如何发挥华侨华人的政治软实力，对提升中国文化国际影响力、促进文化国际化发展，具有特殊而重要的战略意义。

海外华侨华人应是中华文化"走出去"的特殊力量。如前所述，海外华人作为所在国国民获得了当地国进行中华文化传承较为宽松的社会环境，而所在国政府对华侨华人丰富社会文化、促进族群社会和谐的努力，并由此可能延伸本国政府与中国社会、经济、文化交流的层次得以提升这样的积极效果，固然也相当在意。作为中国文化工作者，如能认识到海外华人的中华文化传承，是我们的异国"亲戚"，在作为他国国民应有的基本文化权利下，所进行的"文化本能"活动，海外华人这种活动对中国而言，不存在履行义务的关系，但作为特殊的"亲戚"和别国国民，由他们在当地国进行中华文化传承，同时我们作为他们的特殊"亲戚"，因他们熟悉自己国家的社会情况、在他们的要求和合作下，以遵守他们国家的法律制度、尊重他们国家的社会习俗为前提，① 热情而又力所能及地协助他们传承中华文化。这样，是否能减少因单纯由我们政府主导下的、唯独以我们所想要达到的目标为主，而缺乏了对对象国法律、政治、社会、族群必要的了解，导致文化传播可能带来的不利影响，值得我们文化工作者深思。

---

① 作为海外华人，其文化传承需遵守其所在国的法律、尊重所在国习俗，而作为中国公民——海外华侨，他们进行与中国有关的文化活动，遵守当地国的法律、尊重所在国习俗就变得更为必要、重要。

所以，海外华侨华人在当地国传承中华文化，其含义已大为丰富。第一，海外华侨华人在当地国传承中华文化，见证了世界文化的多样性发展，是世界文化多样性发展的必然结果，同时也促进了世界文化多样性的发展。第二，目前，海外华侨华人能在大多数当地国较为自由地传承中华文化，见证了这些国家社会、政治、文化的理性、宽容、开放的发展趋势。第三，海外华侨华人传承中华文化，是对海外华社适应当地社会、融入当地社会，并得以在当地社会生存和发展的见证。第四，海外华侨华人传承中华文化，是中国传统文化走向世界，和其他文化体系对话、交流的必要过程。

随着"全球化"的不断发展，中华文化"走出去"的步伐应加快，尤其要巧妙地借力于海外华侨华人文化传承的重要作用。全球化的出现和发展是否为人类文明一大进步的争论一直都在进行中，不过全球化所隐含的文化同质化、一元化的意思却很明显，且全球化更多意义上是西方化，西方化又以美国化为指向。所以有观点认为，一种民族文化不参与到美国等西方国家的文明发展潮流之中，就表明该民族文化有可能被边缘化，该民族的文化是一种欠发展的文化。但是近几年来，许多学者尤其是西方学者不断质疑全球化背后的文化单一性和压抑，他们认为，如何在全球化的背景下保持文化的自主性，如何让价值的、伦理的、日常生活世界的连续性按照自身的逻辑展开，而不是又一次被强行纳入一种"世界文明主流"的话语和价值系统中去。特别对于海外华人而言，他们作为特殊文化载体的文化族群，既要防止被单一性的全球文化所"吞噬"，又要协调他们文化世界的中华性部分与当地性部分的关系，因为华人对中华文化的传承经常交织着族群认同、情感认同等话题。

以文化传承、文化认同与民族认同的关系为例。英国学者安东尼·史密斯站在西方人的价值观念之上概括民族主义诉求的大致内容：世界被划分为不同的民族，每个民族都有其自身的特征和命运；民族是一切政治权力的源泉，对民族的忠诚高于一切；为了获得自由，人们必须认同于一个特定的民族；为了保持本色，每个民族必须是自治的；为了和平与正义通行于世界，民族必须是自由的和安全的。[①] 民族主义定义纷繁复杂，就广义而言，民族主义是指主张对本民族及其利益效忠的理念和情感，所有的人都应该对本民族怀有最大的忠诚；就狭义而言，民族主义指一种特殊的政治理念和意识形态，这种意识形态认为，具有共同的文化、语言、宗教、风俗和历史的民族，应该并有权组成一个独立的主权国家或政治共同体。在东南亚华人移入地社会，当地政府、族群对20世纪初本地华

---

① [英] 安东尼·D·史密斯著，龚维斌、良警宇译：《全球化时代的民族与民族主义》，中央编译出版社2002年版，第180~181页。转引自：房宁、王炳权：《论民族主义思潮》，高等教育出版社2004年版，第24页。

侨华人支持中国摆脱殖民侵略、实现民族解放所表现的有关中华民族及其利益效忠的理念和情感记忆犹新，而当东南亚诸国也摆脱西方殖民统治、建立民族国家政权后，某些国家中的华人经济雄厚，社会地位优越，人数不断增长，且大多数华人还固守原有的中华传统文化，这些国家在发展、摆脱社会贫穷落后的迫切心态下，其民族主义者自然易对华人的民族忠诚度产生怀疑。这些新兴民族国家出于地缘政治考虑，可能极其忧虑一旦华人民族主义再起，那么华人社区便可能要自治、闹独立，对新生政权的安危相当不利。在狭隘自私的民族主义特殊的政治理念和意识形态影响下，他们认为只要阻断外来族群共同文化、语言、宗教、风俗的传承，就可能得以杜绝这些族群民族主义意识兴风作浪的忧患，所以外来族群的教育、语言、宗教、组织都受到不同程度的压制或取缔。前文已提到，当前大多数国家已能较为理性地面对中华文化在华人社会中的存在，然而经过岁月的洗礼和对历史特殊经历的警惕，海外华人在对待中华文化时，出现了不同的心态，有些华侨华人认为，中华文化是他们作为特殊族群存在的根本原因，无论在何种情况下，他们都会竭力保存；有些华侨华人认为，他们作为外国公民，应以承认和传承当地国文化为主，中华文化作为祖（籍）国文化，他们没有义务传承；有些华侨华人认为，传承中华文化与传承当地国文化并不是矛盾的，只要有利于自己的生存和发展，对两种文化的优秀部分都应尽可能地吸收；也有华侨华人认为，要以世界主流文化作为自己的文化传承选择，所以就不仅仅是在中华文化和移入国文化两者间选择那么简单了。这些不同的文化态度，充分表明在全球化时代下，各民族、各区域、各文化相互交织，互相影响，文化传承和选择是仁者见仁、智者见智的话题，它无关道德判断、没有正确与否。因此，作为当前要提升传统文化的国际影响力，加快传统文化"走出去"步伐的中国，面对这些纷扰和争议，关键是抓住融入世界的机遇，紧扣文化"国际化与当地化"世界文化交流大发展的时代主题，挖掘和弘扬自身传统文化中普世价值，在做好本民族文化传承与创新的同时，兼顾好文化域外交流、对话、传播。

总之，加强中外文化交流，有助于增进相互理解和互利合作，有助于吸收人类优秀文明成果，在更高的起点上创造中华文化新的辉煌。改革开放以来，中国对外文化交流步伐逐步加快、形式更加多样，在缩小中外文化贸易逆差、增强跨国文化传播能力上取得长足进步，这为增强中华文化国际影响力、向世界展示我国改革开放的崭新形象和我国人民昂扬向上的精神风貌发挥了重要作用。但是，开展中外文化交流的现有人才培养、政策措施、平台渠道与实施中华文化"走出去"战略还不相适应。我们应当增强责任意识和使命意识，加强相关部门的配合协作，把政府交流和民间交流结合起来，积极为海外侨胞开展中外人文交流创造更加良好的政策和服务环境，搭建更为广阔多样的平台，努力构建科学高效的人文交流机制，形成多层次、宽领域对外文化交流格局。

三、四个主要传统载体分析

（一）华人庙宇、华文学校、华人社团、华文媒体

文化传播是一个宏大的研究工程，包括了传播主体、传播受体、传播途径、传播媒介、传播阶段等多种要素。这里以中华文化在对外传播、扩大影响力这一过程中，选取华侨华人文化传承的角度，管中窥豹试析相关的一些问题。

中国自古以来便有海外移民。海外移民在异域生存的过程中，必然一方面将中华文化传承至所在地社会（华人社会与当地社会），另一方面，在与当地社会文化发生接触后，使中华文化发生变化，或完全当地化，或与当地文化交融而生为特殊的"华人文化"，等等。例如，以华人文化中的东南亚华人宗教文化为例，东南亚华侨华人宗教作为母文化——中华传统宗教文化在异时空的一种转型和再生，是源于中华传统宗教文化，广泛地吸收了东南亚本土宗教文化和西方宗教文化，是在东南亚的文化生态土壤中播种、成熟和发展起来的一种新型文化。"它是一面镜子，反映出东南亚华人生活的全部面貌；它是历史留下来的足迹，显示东南亚华人走过的道路；它是一种凝合剂，把东南亚华人紧紧地团结在一起；它还是一种精神的动力，推动东南亚华人向前发展。"[①] 具体而言，东南亚华侨华人的宗教构成既包含人们所知的伊斯兰教、基督教、印度教、佛教、道教、儒教，也有传统的民间信仰在内，如妈祖信仰、关公信仰、大伯公信仰及华人居住国的民间信仰，甚至还包括鲜为人知的当地部落原始信仰等。

从东南亚华人宗教文化的形成过程来看，经过归类对比，我们认为中华文化在海外华侨华人社会中的传承，主要通过四种载体形式借以实现。

一是华人庙宇，主要表现为华侨华人的各种宗教信仰。华人庙宇在东南亚相关国家中比较常见，它们是早期海外华侨华人在异域克服恶劣自然物理环境，获得信仰神灵精神力量战胜困难，凝聚华裔族群关系的精神纽带，时至今日华人庙宇仍然在华人精神世界、华社内部关系、华社与其他族群、华社在当地国社会关系等方面，发挥着重要的调节、沟通、理顺、联系等作用。由于宗教是民族文化的重要组成部分，人们对宗教信仰的执著从某种意义而言等同于继承了本民族文化的主体。在东南亚的许多华人社区，中华传统宗教信仰保存的完整性甚至高于

---

① 关于东南亚华人宗教文化的定义，可参考曹云华关于"东南亚华人文化"定义。见曹云华：《变异与保持——东南亚华人的文化适应》，中国华侨出版社2001年版，第314页。

大陆、台港澳等一些侨乡社会,说明了宗教信仰在华侨华人文化传承中的特殊作用。

二是华文学校,在中华文化薪火相传,普及华语知识,维系中华传统中发挥了关键的作用。许多老一代华人移民对华文教育怀有一种特殊的感情,他们认识到只有语言、文字和共同的文化历史记忆才能起到"留根"作用。尽管在不少国家,过去因民族主义、文化沙文主义,对当地华人的华文教育采取管制、打压、取缔等非理性措施,造成了华人华文教育的严重断层,然而华人总是能设法通过其他形式传承华文教育,维系自己族群应享有的文化教育权利;尤其随着中国综合国力的日益提升,绝大多数国家改变了对中国及中华文化的认识,认为重视华文教育,既可以让当地华侨华人满足族群文化追求的需要,同时得以树立政府在尊重多元文化平等发展方面的良好形象,还可以通过华侨华人与中国进行经济、文化等方面的交流,让政府和社会享以实惠。

三是华人社团。海外华侨华人作为当地社会的特殊族群,其人数、教育、经济、文化、社会地位一般处于相对弱势状态,为唤醒族群意识、加强团结、凝聚力量,更好地在当地国社会生存、发展,华侨华人纷纷依不同关系组织了以华人为主体的社会组织,主要类型有:宗族与姓氏团体、地域与方言团体、职工与商业团体、行业与专业团体、文化与娱乐团体、福利与互助团体、宗教团体及其他等。据统计,当前有近万个海外华人社团,若以其组合的纽带划分,基本还是以亲缘、地缘、业缘这三缘团体为主,其他诸如神缘、物缘等组织所占比例并不大,以世界性的华人社团为例,大致是:亲缘占34%,地缘占28%,业缘占27%,神缘等其他占11%左右。① 在经济全球化、信息现代化的当下,众多的海外华人社团虽直接或间接地主要与华人经济、政治、社会等显性的、功利的方面有关,这些方面实现与否甚至关联到社团存在、延续的必要性、可能性。不过,透过林立繁多的海外华人社团的设立和发展过程,人们可以发现,中华文化的相关要素在社团活动的背后发挥了精神支柱的作用,因为这些华人的社团宗旨、社团义务、社团对外联系、社团成员交往等原则和规范,都或隐或现地体现了中华文化的世界观、人生观和价值观。

四是华文媒体。海外华文媒体主要包括:华文报纸、华文期刊、华文网络、华文电视等。随着科技的不断发展,海外华文媒体几乎每时每刻都可能向华人传播中国及世界发生的事情,同时还传播了与中华文化有关的艺术、历史、政治、经济、医学、哲学、伦理、道德等。华文媒体的广泛、多样化存在,既是为了满

---

① 郝时远主编:《世界华商经济年鉴(1999~2000)》,世界华商经济年鉴编辑委员会2001年版,第68页。

足海外华社了解祖籍国的历史、现状与走向，沟通和凝聚海外华社，加强与当地社会的交流与联系，为华社在当地国更好地工作、生活提供协助等，即起到了信息传播、舆论引导、桥梁沟通等作用外，还发挥了将中华文化传承于海外社会尤其是华社的重要文化传播功能。

随着中国元素在世界上的关注度不断提升，如何让中华文化更好、更快、更广泛、更有效地传播到世界其他民族地区，而不是被歪传、误传、截传；在吸收人类文明优秀成果的同时，也将自己的优秀文化造福于世界人民，承担东方文明古国对应的文化义务，确实是一项意义深远而又艰巨的课题。然而，当前中国综合国力崛起、中华文化复兴的国际环境不容乐观，对中国发展走向繁荣持怀疑者有，持嫉妒者有，持嘲讽者有，等等。无疑，中华文化对外传播、增强国际影响力的过程同样会遇到不少刺耳的声音。如对中国在海外举办孔子学院的做法评价为一种文化渗透，认为海外华侨华人的一些社团组织是中共"第五纵队"①，说华人收购当地社会电台、发行的一些报刊是为中共将来宣扬共产主义做准备等，不一而足。出现这样那样的杂音，除了与一些国家尤其是西方社会长久以来存在的"世界即西方"、"西方中心主义"意识有关，与"二战"后东西方社会两大阵营长期存在及意识形态对立有关，可能还与中华文化走向世界过程中，未能正确采用适当的策略、运用非敏感的做法、没有使用当地社会可接受的逻辑和外在形式等因素相关。所以，必须依靠和重视华侨华人传统载体在文化传承中的特殊作用。海外华侨华人在当地社会长期生活和工作，较为熟稔当地的法律、政策、经济、文化、科学、艺术，同时由于他们大多获得当地国籍，便可凭族群文化应获保护和发展的正当理由，采取较为贴切的做法，从而过上他们在祖籍国"相似"的文化生活。尽管他们没有意识到自己那种"相似"的文化生活在民族文化传承中的重要性，也可能很少有人会将或需将民族文化传承这样的"旗帜"真正当成个人的"分内事"，但是，中华文化"走出去"、中华文化在华人社会"当地化"、"本土化"就能在很多人的"无意识传承状态"中得以实现，这种貌似不可理喻的现象，即为文化传承的奥妙。

（二）四个传统载体建设路径探析

固然，海外华侨华人的文化传承在中华文化"走出去"、增强世界影响力中作用特殊，但深入探讨文化"走出去"策略、全面检视华人文化传承后，对于

---

① "第五纵队"：1936～1939年西班牙内战期间在共和国后方活动的叛徒、间谍和破坏分子等反革命分子的总称。1936年10月，西班牙叛军和德、意法西斯军队联合进攻西班牙共和国首都马德里时，叛军将领拉诺在一次广播中扬言，他的四个纵队正在进攻马德里，而第五纵队已在首都等待。后第五纵队即成为在他国进行颠覆活动时收买的叛徒和派入的间谍的通称。

前述四个传统载体建设仍有不少方面值得反思。

首先，应增强文化自信，促发文化自觉，正确认识和处理好文化的世界性与民族性的关系。无论是欧美文化，还是中国文化，它们与世界文化的关系都是个性与共性，个别与一般的关系。任何一种民族文化都不能代表世界文化。世界文化应当是由许许多多带有本民族特色的民族文化所组成的多元文化。同时，各民族文化中的优秀成分又具有一定的共性，即世界化成分，是可以相互借鉴和吸收的。世界文化如果缺少了由世界人口 1/5 以及 5 000 年文化传统的中国参与，就不能称为完整的世界文化。世界文化需要中国，中华文化正在走向世界。① 要从提高中国软实力的战略高度，来正确认识和处理好文化建设中的世界性与民族性关系。文化的世界性不排斥民族性，文化的民族性可体现世界性。在对外文化交流和传播中，特别要注重文化的世界性或全人类性，坚持相互尊重、平等对待的原则，求同存异、取长补短、友好合作，寻找中华文化和世界文化的对接点和汇合点，增强中华文化的吸引力和感召力。②

其次，海外华侨华人对中华文化的传承途径、传承策略、传承形式、传承内容、传承宗旨、传承目标等，在新的侨情、国情、世情大背景下，有必要进一步厘清和重新审定。

就海外华侨华人庙宇而言，一要加快宗教活动的世俗化和多元化，以增强对华人族群及其他族群的吸引力，发挥华人宗教的人间宗教性质。一些宗教组织可举办婚姻咨询、母亲育儿班、旅游观光、体育健身等活动，让宗教贴近生活、显示更好的亲和力。二要增进宗教崇拜礼仪的理性化，为适应现代社会的需要，在祭祀活动中应逐步剔除一些迷信色彩浓厚且又比较粗鄙的形式和习俗，使得华人传统宗教体现更多的理性化、现代化色彩，以简单节省及兼顾环境保护的方式来举办宗教庆典或仪式。如逐步克服焚烧冥纸、香烛等陋俗，同时鼓励将节省的钱用于华社及当地社会的慈善事业等。三要简化宣教形式，注意借鉴和吸收基督教和伊斯兰教的做法，逐步简化仪式，积极利用现代化手段进行传教活动，如运用电话传教、用电脑传送经文等，并用英语进行教义宣传，以增加对年轻一代华人的吸引力等。③

就海外华文学校而言，首先要处理好华文教育的实用价值与文化传承价值的关系。随着许多国家采取更多包容和多元的政策，且中国在国际上作用日益凸显，华文教育在很多国家获得了较好的发展机遇，这主要出于学好华文能与中国

---

① 吴光远：《传统文化与世界化的接轨》，载于《哲学动态》1997 年第 5 期，第 26～28 页。
② 《加强对外文化传播 让世界了解中国文化》，载于《学习时报》2010 年 3 月 18 日。
③ 张禹东：《东南亚华人传统宗教的构成、特性与发展趋势》，载于《世界宗教研究》2005 年第 1 期，第 98～108 页。

更好打交道的实用价值,但是,一个民族文化的内涵价值与固有魅力才是其长盛不衰的根本原因,所以不论是中国政府还是海外华人,又或是华人所在国家,尽管主体地位的不同可能会影响它们对一种文化价值的判断,但就一种文化代表的价值如何应因,它们的态度值得重视。其次面对华文教育存在的其他问题,同样应加以改善,如很多华文学校所使用的来自中国大陆和港澳台的汉语教材,都无外乎有这样的特点,即"本土化"不够,教材程度过于艰深;内容上脱离当地华人的具体生活状况;宣教目的过于显露;教材内容陈旧,尽管几十年来华文教育发生了根本性的变化,但教材的内容却鲜见调整;一些国家华文教育师资数量不足、素质偏低,存在后继无人的局面;等等。[①]

就华人社团而言,首先要对社团组织和制度进行现代化建设,以祛除那些封闭、保守、落伍的规章制度,如在社团领袖选定问题上,是否可以考虑摒除过去指定或其他的陈旧操作制度,采用民主选举的办法,对当选者要求德才兼备。另外,社团领导人不仅必须懂得如何妥善地协调华人社会内部的关系,还要具备善于同当地政府、当地社会进行沟通的才能,要具备地区性、全球性的战略眼光,有这样的社团领导,华人社团在传承中华文化时,就较有可能兼顾好其他族群和地域的优秀文化。[②] 其次,对社团加以多元化和开放性改革,适时融入当地社会活动,关注其他族群的民生、福祉社会事务,将中华宗族组织的扶危济贫、恤养孤寡、造福桑梓等传统美德扩大至所居国社会,增加不同族群对中华文化的了解和认可;适应当地的社会习俗环境,遵守当地的法律、政治、经济政策制度,将中华文化与当地文化有机融合,树立海外华侨华人的新形象。

就海外华文媒体而言,首先要解决媒体自身的生存问题,其次是发展问题,最后才是做强、做大、做好的问题。例如,华文媒体可以增加当地主流语言印刷发行篇幅或汉语与当地语言对照发行,打破过去仅局限于华人社区自身框架之内发行的思路,这样,以中国为主题,以住在国的母语为传播载体,面向主流人群,根据当地人的习惯,讲述中国、澄清当地人对中国和中华文化解读的误区;加强与当地主流媒体的交流与合作,丰富与主流媒体的沟通渠道;加强与大陆、港澳台三地媒体的交流与整合,实现资金、资源、人才等多方面、多层次的共赢。

最后,中华文化海外传承,其意义远不仅囿于某一民族文化"走出去",各民族文化怎样自立、自信、自觉,而是更关联着如何看待世界各民族的文化间关系。世界多元格局中的民族文化,基于历史、现实、自然、传统等综合因素使

---

① 黄继东:《东南亚华文教育现状和出路》,载于《东南亚研究》2010年第1期,第73~77页。
② 李明欢:《当代海外华人社团研究》,厦门大学出版社1995年版,第414页。

然，以致有先进与后发展的差别。先进文化的代表者应该理解所谓先进的相对性，同时应该知道强势与先进、弱势与后发展之间并无必然的关联。各文化只有承认自身的远非尽善尽美和大有缺陷，承认对话与交流的双向性才有可能与"他者"进行对话与交流。而后发展文化的困扰者只有承认自身文化的不足与亟待变革发展，同时保持应有的自信与尊严，才有可能更有效地汲取外来的先进文化并发展自身文化，减少误解与敌意，促进各自文明与人类文明的共同发展。

第三节　华文文化产业：促进中华文化国际化发展的新形式

一、华文文化产业是海外华侨华人社会发展的新兴动力

前述华人庙宇、华文学校、华人社团、华文媒体这四种中华文化在海外传承的传统载体，是华侨华人与祖（籍）国保持特殊联系的桥梁纽带，也是海外华社互助相望、凝聚侨心、汇集侨智的重要平台。不过，随着世界经济全球化发展，信息交流瞬息万变，人们对信息的索求多元，文化出现了产业化、全球化、现代化的趋势。因此，四种中华文化在海外传承的传统载体的表现形式也可能发生变化。同时，与四种载体相关的，同样是促进中华文化国际化发展的另一种新形式，华文文化产业已悄然出现。

华文文化产业是文化产业中的一种。关于文化产业的定义，目前国内外学术界众说纷纭、莫衷一是。最早论述文化与工业生产结合的是在 20 世纪 40 年代，以哲学社会学视角对社会文化现象进行批判性研究的欧洲法兰克福学派的学者们。他们认为，文化生产一旦与科技结合在一起，形成工业化体系，就会产生巨大的能量，该学派将这一体系称为"文化工业"。20 世纪 70 年代，美国哈佛大学丹尼尔·贝尔教授在他的《后工业社会的来临》一书中首次提出"文化产业"（Cultural industries）的概念，探求文化生产和消费与市场融合规律，倡导以产业的、市场的方式来运作文化。创意、资本和技术被称为文化产业的三大核心要素，其中，创意又处于中坚地位，因此，文化产业又被称为创意产业。创新性、创造性、创意性，是文化生产的精义所在，也成为各国文化产业政策的重要内容。联合国教科文组织则从商品的生产属性出发认为"文化产业是按照工业标准生产、再生产、储存以及分配文化产品和服务的一系列文化活动"。英国在 1998 年出台的《英国创意产业路径文件》中提出："所谓创意产业是指那些从个

人的创造力、技能和天分中获取发展动力的企业，以及那些通过对知识产权的开发可创造潜在财富和就业机会的活动。"芬兰文化产业委员会1999年颁布的关于文化产业问题的"最终报告"中首次提出"文化产业"的概念，认为文化产业的基本特征是将文化艺术方面的生产与先进的信息技术连接起来。欧盟"Info2000计划"中把文化产业定义为"那些制造、开发、包装和销售信息产品及其服务的产业"。换言之，文化产业可以看成文化与信息技术融合的产业发展的高级阶段。

2007年，中国国家统计局在《文化及相关产业分类》中，认为文化及相关产业是指为社会公众提供文化产品和文化相关产品的生产活动的集合。文化及相关产业的范围包括四方面：以文化为核心内容，为直接满足人们的精神需要而进行的创作、制造、传播、展示等文化产品（包括货物和服务）的生产活动；为实现文化产品生产所必需的辅助生产活动；作为文化产品实物载体或制作（使用、传播、展示）工具的文化用品的生产活动（包括制造和销售）；为实现文化产品生产所需专用设备的生产活动（包括制造和销售）。[①]

因此，参照有关定义，华文文化产业是海内外华侨华人在内的实践主体，以中华文化为核心内容的文化创作、文化展示、文化生产及其相关的辅助生产、制造销售等产业实践。相对于其他语言，在某种程度上华文和中文是复指关系，华文即中文，中文即华文，不过为了凸显使用主体华侨华人的身份，在特指他们所从事的与中华文化有关的产业活动时，所以用"华文文化产业"概称。前方已提到，四种中华文化在海外传承的传统载体的表现形式与功能作用也会发生变化，例如，有些海外华人庙宇根据形势需要，办起了心灵辅导班，组织宗教文化兴趣班；一些华人社团为扩大社会影响，在充分遵守和了解当地社会法律政策的基础上，举办公益性和经济性相结合的文化事业；而华文学校，则紧紧抓住世界汉语热的大潮流，看准所在地不断涌现的汉语需求，适时开办汉语辅导班，而一些华文教育机构则和中国大陆、港澳台的教育、文化机构携手，为计划前往大陆、港澳台学习中华文化的各界人士提供全面的中介服务。至于华文媒体，则是抓住全球资讯大潮的契机，借中国综合国力在世界影响力扩大的有利因素，进行多元化服务，如翻译、广告、出版、娱乐等，其服务对象囊括了华人、当地社会、祖（籍）国在内的和其他地域的人们。

华文文化产业是在21世纪经济全球化新形势下，华侨华人与中国、居住地社会，以及和世界总体文化、经济、民生、社会发展产生密切联系的重要形式，具有深远的意义。

[①] 国家统计局网站，http://www.stats.gov.cn/tjbz/t20120731_402823100.htm。

第一，华文文化产业可以充分发挥华侨华人独特文化这一身份优势。通过华文文化产业，可以使外界对华侨华人的印象突破原先四种文化传统载体的窠臼，认识到在中国以外，想要发展华文文化产业，就必须关注于华侨华人这一独特文化身份的人群，从而使华侨华人的身份价值得到社会的重新确认。

第二，华文文化产业是促进世界了解中华文化的一个具有相当生命力的渠道，是我们在海外弘扬中华文化的传播利器。由于华文文化产业的实践者主要是海外华侨华人，他们熟悉当地社会语言、法律、政策、习俗，了解居住地社会对中华文化的需求程度，知悉应用何种方式既能让当地人了解和热爱中华文化，同时又能使华人和当地社会在内的各方从华文文化产业中实现"多赢"。与此同时，无形中也提升了中华文化软实力的影响范围。

第三，华文文化产业是海外华侨华人社会发展的新兴动力。文化产业的出现使得文化生产力在市场化条件下得到极大的解放，它不但带来了丰富的社会精神文明成果，同时也将这些文明成果通过物化形式创造巨大的财富。海外华侨华人社会在居住地的生存发展过程中，没有必然义务要求他们去传承发扬中华文化于海外，但是他们出于族群文化传承的本能需求出发，则另当别论。而如果他们在维持传承本族群文化，同时又能与时俱进，借助文化产业发展的理念和组织运行方式，通过华文文化产业，延续本族精神文化又能增加自己的物质财富，是完全可以理解并应支持的。毫无疑问，通过华文文化产业可以给海外华侨华人社会的发展注入一股源源不断的强大动力。

通过文化产业可以向世界传播一国文化价值，同时又赢得巨大经济利益，这里以美国文化产业的佼佼者——好莱坞电影业为例。在美国文化产业中，有着"电影圣地"之称的好莱坞占有举足轻重的地位。一部部声光大片、一个个电影神话，不仅给美国电影出品人、发行商和投资者带来了滚滚财源，而且不断张扬着以美国理念为核心的文化图腾，给全世界留下了深刻的印象。近年来，面对国际金融危机对美国电影投资、票房等方面的冲击，好莱坞更加看重海外票房，特别是包括中国在内的新兴市场国家的票房收入。历史上，美国国内票房收入长期大于海外票房，但这在20世纪90年代发生了改变。1994年，《狮子王》、《阿甘正传》等为好莱坞增光添彩的优秀影片，把海外票房收入推升到157亿美元，一举成长了44%。此后，好莱坞的海外票房收入比重逐渐上升，以至于在2003年推出全球同步上映好莱坞大片的全新发行模式。国际金融危机爆发后，海外票房收入对好莱坞的重要性陡然升高。2010年，好莱坞的海外票房达到212亿美元，相当于国内票房的两倍。迪士尼、时代华纳等美国5大传媒最新发布的业绩报告显示，2011年，好莱坞电影盈利的2/3靠海外票房收入支撑。目前，亚洲和南美已成为好莱坞国外市场发展最快的两个地区，而中国则成为好莱坞市场开拓的重中之重。2011 年，有 17 部好莱坞影片在中国的票房收入占了全部海外票房收入的 5% 以上，但一些好莱坞电影业人士仍认为，与中国的票房潜力相比，现在的这点收入"实在少得可怜"。有报道认为，中国有可能在不远的将来成为好莱坞最大的海外市场。① 又如，1965 年成立的位于剑桥大学的英孚教育，目前已跃居为全球最大的私人教育机构，在世界 50 多个国家为学生和商务人士提供英语为主的语言教育服务，全球的英孚志愿者、英孚员工和英孚教师有超过 35 000 多人，受惠学员超过 1 500 多万，英孚教育已经把世界变成了一个英语大课堂。英孚教育曾花巨资与剑桥大学共同研发 Efekta 学习方法（Efekta 是英孚教育专利拥有的学习系统，能快速有效地让学员建立运用英语的自信，采用了"学习—尝试—实践—认证"的英语教学模式），该教学符合 CEF 欧盟标准，课程设置科学、系统，因而在许多国家获得成功。1993 年英孚成为首家进入中国的国际语言培训学校，1995 年英孚与苹果电脑协作建立了第一个多媒体语言培训平台，1997 年英孚为微软、摩托罗拉、联邦快递等跨国企业提供语言培训服务，2008 年英孚成为北京奥运会语言培训服务供应商。目前，它以一种连锁特许经营方式来拓展英语教育业务，在中国英语语言文化教育学习市场打下了深厚的基础。好莱坞电影和英孚教育的两个成功案例，表明一国的文化产业可以在海外取得巨大经济利益的同时，也完全可能借机将文化产业背后的价值理念"营销"出去。

二、华文文化产业现状、主要问题、发展对策

随着经济全球化的迅猛发展，海外华侨华人经济不断壮大，世界华商总资产逐年增长，《2009 年世界华商发展报告》显示，全球华商企业总资产 2009 年恢复增长到 3.9 万亿美元，比 2008 年增长了大约 56%。② 不过众所周知的是，华文文化产业在华商经济结构中的比例仍是微不足道。尽管华侨华人经济发展迅速，但解析其经济结构可以发现，传统的产业仍是海外华商经济的重要组成部分，如贸易、制造、房地产、原材料加工等传统行业，而从事文化产业的还属于极个别。

华文文化产业核心竞争力不足。在华文文化产业生产主题方面，当前众多全球华侨华人文化企业规模小、实力差，既缺乏开拓市场的意识和经验，又没有参

---

① 陈一鸣：《美国文化产业发展之道》，载于《人民日报》2012 年 7 月 26 日。
② 《全球华商总资产 2009 年恢复增长至 3.9 万亿美元》，中国新闻网：http://www.chinanews.com/hr/hr-hszx/news/2010/05-20/2293881.shtml。

与市场竞争的机制和营销手段,很多尚处于"小作坊"时代,其文化产品很多还是游戏、文教娱乐和体育设备及器材等文化产业的"初级产品",产品附加值不高,收益甚微,而能真正体现中国文化内容的产品更是少之又少。以一些和中华文化相关的演艺产业为例,由于文化产品缺乏创意和核心竞争力,以及商业运作模式和生产市场化方面与国际市场上通行的运作模式有较大差距,大部分演艺项目只能是以文化交流的方式,经费来源主要又是中国政府赞助,基本上没有什么经济效益。相比较于以英语为母语的西方主要发达国家在世界上推行英语文化产业并获得相当的经济和社会效益,以海外华侨华人为实践主体的华文文化产业至今未出现像英孚英语教育产业、好莱坞电影产业或其他业界口碑较好的传媒产业。就是已有的一些华文文化产业,其规模普遍还偏小,经济影响力更是微乎其微,目前也实在难以找到成功案例加以论证。

此外,华文文化产业不重视营销策略,鲜有成功的宣传造势,缺少标志性企业,市场资源配置不科学,同时竞争又无序。这些因素使华文文化产业的健康发展受到很大的限制,以致目前华文文化产业的现状与人们的理想目标相距甚远。

由此可见,海外华侨华人华文文化产业正面临如何发展壮大,其实从某个角度而言还可能是起步成长的困境。但是,随着经济全球化全面的发展,海外华商的经济力量必然也不断壮大,尤其是中国经济这股强有力的火车头的推动下,海外华文文化产业迎来繁荣盛况是迟早的事。当务之急是,在把脉华文文化产业发展的困境后,如何整合力量,融通相关资源,支持海外华侨华人文化产业,应引起充分的关注。

第一,从战略上高度重视华文文化产业,将华文文化产业发展纳入国家"大外宣"格局,和侨务工作的战略布局之内。如同海外华侨华人社会是中国发展的"独特机遇"与"特殊国情"一样,应充分认识到华文文化产业是提升中国国家形象、增强中国"软实力",提高中国在国际上的亲和力、感召力的一支重要力量。认识到华文文化产业既然植根中华文化,如果真正发挥了海外华侨华人在中外人文交往中的"催化剂"作用,以文化产品、文化体验、文化服务为主打项目,真正做到内容和呈现方式易于为广大受众所接受,那么就能对海外主流社会产生一定的影响。

第二,统筹国家资源,协调各相关部门工作。主要是外宣办、文化部、广电总局、新闻出版总署、侨办、教育部的"汉办"、国家外文局、中国对外图书出版公司、世界图书公司等相关机构以及各省市的文化机构,国有文化企业和民营企业以及外资、合资文化企业等,进一步解放思想,关注海外舆情,加大调研力度,加强对华文文化产业从业者的联络交友工作,不断扩大交往范围,营造有利于中华文化复兴的良好国际舆论氛围。

第三，树立华文文化产业的精品意识。力求推出真正体现中华民族特色、彰显中华民族意识、代表广大华社和中国国家形象，并为海内外民众喜闻乐见的文化艺术精品，让中华文化的丰富内涵和深厚魅力在更广范围产生影响。

第四，坚持华文文化产业特色化发展。根据海外华社居住地及国内侨乡各地侨务资源、文化资源、物质基础等实际，因地制宜、坚持特色、突出重点、务求实效，不断扩大海外侨社和国内侨乡两个地域文化影响，做强华文文化产业工作品牌。

第五，突出重点群体和特殊群体的华文文化产业关涉对象的培育。海外华社群体逐渐庞大，阶层、职业、年龄、地域、方言等因素，都可能影响到他们对华文文化的关注意愿、关注程度。同时，华文文化涵盖的范围很广，也不可能从各个领域都面面俱到。

第六，实施人才培养工程，加大外向型专门人才培养力度，形成支持华文文产业智力资源供给机制。"人"是文化发展的根本动力与源泉。目前海外华社需要懂跨国经营管理和国际市场营销，擅长涉外的项目策划、文化经纪、资本运作的经营管理人才；需要熟悉国际惯例和规则、擅长媒介市场运作、具有战略思维的外向型经营人才；需要具有开拓能力、创新精神和创新能力，能够管理跨国文化企业集团的经营管理人才。

仓廪实而知礼节，衣食足而知荣辱。古人以精辟的语言道出了文化是人类社会重要的现象。中国作为文明古邦，有延绵不绝的传统文化。随着人类社会的向前发展，世界各文化体系接触交流的机会越来越多。在这样的接触交流过程中，由于各个文化的类型不同以及其发展程度的差异，因此可能会出现不同的交流结果，例如，有些文化逐渐远离人们的视野，不断衰微，甚至走向消亡；相反有些文化不断强大，受众越来越多，影响范围几乎不受地域、民族和语言的限制；等等。这些结果似乎在告诉人们，各文化的主体地位是差序有别的，文化平等不是等、要、靠的结果，一种文化要获得生存和发展，离开不开文化间的博弈竞争。

作为世界文化发展历史中重要的一个体系，中华文化的延绵存在和不断发展说明该文化的生命力和影响力不同于其他民族的文化。当人们深思中华文化何以能保持至今这样的问题时，或许会显得甚为困惑，难以一言以蔽之。如果暂且搁置对原因的全面探究，从人们对中华文化的坚守的各种表现，或对坚守路径的摸索，或许能更好地理解中华文化何以能保持及受其"庇护"下的族群何以能坚守。这或许还是中国软实力所折射出来的魅力的重要佐证。

不同的时代，总会给不同的文化提出新的挑战。在全球资讯快捷发达的21世纪，商品化、信息化、全球化，给中华文化在内的各文化体系提出了"走出去"国际化发展的考验。就中华文化而言，如何发挥受其"庇护"下的各族群的积极性，利用其专有的特征，凝成一股"合力"，共襄中华文化国际化大发展的盛举，在意识到非毕其功于一役简单的同时，明确其利在万代之深远意义。

　　通过前方几个部分的初步论述，我们可以明确以下几个基本事实与道理。第一，中华文化国际化、"走出去"战略是以中国的国家利益和人类的共同利益为最高原则的文化发展战略，是在全球化语境下，在当前重要的战略机遇期内，在国家层面做好协调和统筹规划，充分调动政府和民间、国内和海外等各方面力量，集中国家的资源优势，把"文化走出去"战略与外交、教育、人才等战略结合起来，形成推动中华"文化走出去"的合力的一项国家综合战略。这项综合战略，是演绎中国软实力的重要举措。它充分展现了炎黄子孙对弘扬中华文化的自信、自觉、自强的信念，这种信念是实现中华民族伟大复兴的重要精神源泉。第二，文化软实力已经成为国家竞争力的重要因素，西方主要大国普遍强化了对中国软实力的建设，并将之作为国家战略来筹划实施。作为最大的发展中国家，中国拥有丰富的文化软实力资源，不过与西方主要大国成功将文化资源现代化、国际化相比，中国面临的无论是竞争压力还是转化道路，都需要一代人甚至几代人的努力。与此相关的是，中国的发展离不开世界，中华文化实现大发展和大繁荣最终必须走向世界。伴随着全球化进程，中外人文交流将日益广泛，华侨华人在海外地位将不断增强，中华文化也必将随着华侨华人的融入遍布世界各地，发扬光大。第三，在中华传统伦理道德的维系下，大多数海外华侨华人对中华文化一直保持着超牢固的眷恋。这种特殊的维系关系，是做好中华文化国际化大发展的历史基石、现实基石和情感基石。对比各国侨民移民与其祖（籍）的关系，很少像有中国一样，民族文化中蕴含的宗亲眷恋意识能强烈地维系着移民与祖（籍）国关系的。第四，尽管海外华侨华人与其祖（籍）国有特殊的文化关联（而且这种关联似乎是具有天然特征），但是，并不能就等同于华侨华人负有向中国以外的地方传承和发扬中华文化的义务。当然，不可否认的是，不同年龄、不同职业、不同阶层的华侨华人对待本族群传统文化的态度有所差别。而可喜的是，随着中国综合国力的上升，中华文化的国际认可度在悄然发生变化，海外社会包括华侨华人在内的不同群体愿意接触、学习、喜欢中华文化。这也有力证明中国软实力的影响力可以在不同代际的海外华社中存在，只要继续科学地加强海外华侨华人与其祖（籍）国有特殊的文化关联，相信在不久的将来，中国软实力在海外华社的认可度会有更理想的层次。第五，针对不同受众对中华文化的态度，要娴于应对，争取中华文化国际化"走出去"的最理想效果。例如，对于海外华社居住地政府，在时机成熟时，华侨华人或中国有关部门和民间组织可与之充分合作，利用其借力中华文化在内的中国因素推动其社会、经济、民生、文化发展的初衷，从高层获得中华文化国际化的推动要素；对于大多数海外华侨华人，应对其传承中华文化的四种传统载体和新兴形式华文文化产业，在经济全球化、资讯便捷化、文化商品化等背景下，既要让中华文化的优秀价值在华社中得以延续，又要让华侨华人在中华文化国际化"走出去"的历史过程中，得到实实在在的利益，这两者间如何保持平衡，应该是今后关注的重点。

第四章

海外华文媒体在中国战略转型中的独特作用

　　早期海外华文报刊对于中国近代报业的产生发挥了重要影响,而纵观整个中国近代社会转型的历程,也可看出海外华文媒体的独特作用。当前,中国正处于以战略转型为主要内容的大变革时代,海外华文媒体不断融入所在地主流舆论平台,形成日益扩大的号召力和影响力,可在构建和谐世界、加快走出去、建设文化强国等战略中发挥更大作用。海外华文媒体与中国大陆建立的稳定合作关系,使其不仅是中国战略转型的呼吁者、支持者,也是直接的参与者,发挥其"参照"和"建言"的独特作用,有助于提升国际话语体系中华文传播的合力和影响力。遍布于世界各地的海外华文媒体,从诞生之日起就成为促进国内社会变革的重要舆论力量,在中国社会战略转型中发挥着独特作用。近年来,随着海外华文媒体与国内的合作交流逐渐增多,国内外媒体受互联网发展影响逐渐打破界限,中国战略转型中的"海外因素"日益突出,本部分将海外华文媒体放在中国社会转型这一大背景下展开论述,对21世纪以前的历史地位进行回顾总结,并结合当前战略转型的机遇,梳理21世纪以来海外华文媒体的现实作用,提出未来发展的思考。

第一节　历史回顾:海外华文媒体与国内
　　　　　　社会变革的密切联系

　　19世纪中叶对中国来说是一个意义重大的转折时期,"五千年未有之变局"

的古老中国步入了前所未有的、与传统农业社会迥异的、现代性逐渐增长的历史发展阶段，而海外华文媒体的起源早于此前三四十年。19世纪初，西方资本主义为打破清政府闭关政策，实现其海外殖民事业，积极创办华文宗教刊物，不仅揭开了中文近代报刊的历史，也预示着中国新闻事业和中国社会一次历史性的转折。由此，可以确定海外华文媒体从诞生之日起就与中国社会变革有着密切联系。回顾海外华文传媒近200年的发展历史，和中国自近代社会以来170年的发展历程，不难看出其间的互动和关联。

学界对海外华文媒体的历史分期已有论述：1815～1894年为萌芽创始时期，1895～1919年为政治报刊兴起和两派论战时期，1920～1945年为报刊商业化和广播发轫时期，1945～1958年为战后时期，1959～1975年为大转变时期，1976年以后为新的大发展时期。① 对21世纪以前海外华文传媒发展的历史，也有全面的概括和总结：初创时期、辛亥革命时期、两次世界大战之间、中华人民共和国成立后至改革开放前、改革开放至80年代末、90年代以后。② 比较简洁的划分是方汉奇先生提出的"三个阶段"：19世纪初至19世纪末，初始发展的阶段；20世纪初至20世纪70年代，逐步发展的阶段；20世纪70年代到现在，加速发展的阶段。③ 本部分依据以上各种分段，着眼于海外华文媒体对中国战略转型的独特作用，从以下四个时期进行论述。

一、初创时期海外华文报刊的启蒙与示范作用

1815年8月5日创办于马来西亚半岛马六甲的《察世俗每月统记传》，开启了海外华文媒体的历史序幕。这份伦敦布道会传教士办的宗教刊物，不但是海外华文报业的源头，也是中国近代报业史的起点。之后，外国传教士所办中文报刊伴随西方殖民主义入侵中国的进程，出版地由沿海扩展至内地，逐渐形成以上海、香港为主要基地的外报网络，为打开中国大门、宣传其政治经济利益发挥作用。中国近代报业在此影响下发展起来，19世纪70年代中国人开始自己办报。通过新闻学者对国内最早出版的近代报刊的考证，可以肯定早期海外华文报刊对其产生的作用和影响。"外国人出版中文报刊，到这时已有半个世纪之久，近代化报纸的模式和有关办报的基本知识已经传入中国。加上60年代起，又有一批中国知识分子应聘参加了外报的编辑工作，积累了较丰富的办报经验。这给中国

---

① 王士谷：《海外华文新闻史研究》，新华出版社1998年版，第4页。
② 程曼丽：《海外华文传媒的历史与现状》，载于《世界华文传媒年鉴》（创刊卷）2003年版，第59页。
③ 程曼丽：《海外华文新闻研究》，新华出版社2000年版，第1页。

人自己办报创造了条件，提供了必要的准备。"① 国内近代报纸以早期海外华文报刊为蓝本，照搬外报的模式，在新闻史学界已成共识。20 世纪 70 年代国人自己创办近代报刊是在外国传教士所办报刊基础上发展起来的。不能不说，早期海外华文报刊对于中国近代报业具有启蒙和示范作用。

从中国新闻史发展阶段来看，外人办报连接了中国古代报业和近代报业的历史，在中国新闻史上的地位不可取代。产生于封建社会时期的中国古代报纸是封建统治阶级掌握的舆论工具，几千年来以小农经济为基础、自给自足、闭关自守的封建社会，报刊出版都是由统治者严酷控制的，极大限制了社会的思想自由、信仰自由、言论自由、出版自由以及新闻自由。从这个意义上说，早期海外华文报刊对中国社会封建制度下的观念变革产生了影响，它冲击了封建社会的报禁、言禁制度，预示着社会更替的临近。"尽管《察世俗每月统记传》传入中国的数量及其对中国读者的影响十分有限，远没有达到伦敦布道会预期的目标，但是，它对封建社会的限禁尤其是报禁毕竟是一个冲击，犹如在密不透风的铁桶上揳进去一个钉子。这是很重要的一步。"② 正如程曼丽教授指出的，有了这一步，才有更多近代报刊在内地的出版。当然，中国近代报业的起源，也并非全来自西方近代报刊的示范启蒙作用，也是数千年来中国古代报刊的一次质变。鸦片战争爆发后，中国封建自然经济瓦解，闭关锁国政策被迫取消，商品经济大幅发展，旧式的邸报和京报难以适应这一历史的变革，古代报纸才逐渐被近代化的新型报纸所取代。

伴随着 1840 年国门的打开，外国殖民主义者凭借不平等条约，又进而取得了在中国境内随意办报的自由。早先创办于东南亚一带、以进入中国为目的的传教士华文报刊便不复存在，一批新型华文报刊在美国西海岸诞生。这些报刊带有了更多的新闻性和商业色彩，完全具备现代报纸的各种特征。不过，这一时期的华文报纸数量不多，生存时间也不长，但是被研究者视为海外华文传媒史上的一次历史性转变，因为实现了洋人办报到华侨独资办报的过渡。1858 年，世界上第一份由华侨创办、以刊登华人社会新闻为主的报纸《沙架免度新录》仅生存两年就宣布停刊，之后便是海外华文报刊史中一段长达 16 年的空白期。1874 年，海外华文报业在旧金山复苏，同期的美国本土和檀香山出现了多份华文报纸，南洋第一报《叻报》也问世于这个时期，是整个东南亚地区出现最早、寿命最长的华文日报。

值得一提的是 1874 年 2 月 4 日王韬创办于香港的《循环日报》。在中国报业

---

① 方汉奇：《中国新闻事业通史》（第一卷），中国人民大学出版社 1992 年版，第 467 页。
② 程曼丽：《海外华文传媒研究》，新华出版社 2000 年版，第 27 页。

史上，《循环日报》被视为外国人办报与中国人独立办报的分水岭，出版时间长达六七十年，影响很大。在当时中国近代报刊还处于萌芽状态时，王韬已有"日报之渐行于中土，岂不以此可见哉"的预言。他对于报纸议论监督、协调决策、解释教育、价值传达及社会化功能的认识，与他在西方人所办的书馆、报社工作多年不无联系。王韬因上书事件被迫流亡香港，帮助英国传教士翻译经书，学习了西方办报的做法和经验。"他所做的这些工作，对中西文化交流作出了不小的贡献。特别是论说文风格流传下来，其后的戊戌运动及辛亥革命的活动家都懂得利用报刊政论，作为宣传政见的锐利武器。"[1] 王韬因此成为国内报刊政论文体的"发明人"，在他的影响和传播下，中国近代报刊政论得以引进西方报刊监督政府、左右社会舆论、反映民情民意等功能，也对后来辛亥革命时期以政论表达政见、唤醒民智从而达到政治目的产生了直接影响。

二、论战时期海外华文报刊的引导和促进作用

19世纪后期，中国内忧外患深重，满清王朝政治腐败，对内强化专制统治，对外不断丧权辱国，许多有识之士被迫走出国门，寻找救国之道，从而出现了最早的海外华文政治报刊，并且开启了关注并参与国内政治变革的先河。19世纪末，海外华文报刊中出现了保皇派与革命派的两派论战时期。戊戌变法前后，保皇派利用海外报刊，鼓吹变法维新，倡导君主立宪。在日本横滨创办的《清议报》和《新民丛报》曾是这派报刊的旗帜。《清议报》"主持清议、开发民智"，猛烈抨击了慈禧、荣禄等人把持朝政、力主归政光绪皇帝，并宣传介绍西方资产阶级的社会政治学说和文化道德思想。《新民丛报》注重向国民灌输新思想、新观念，历时6年，在海内外有过较大的影响。其发表的不少提倡白话文的文章，在当时起到了积极意义。"这两份报纸当年不仅在海外风行一时，而且在中国大陆也是广为流传，据说翻印者遍及各省。"[2]

随着民主革命浪潮的推进，保皇派日渐成为一种阻碍社会进步的力量。1894年孙中山在檀香山创立资产阶级革命团体兴中会，1905年在东京扩展为中国同盟会。这是中国第一个具有完全意义的现代政党，成了推动中国现代化的主体。在此前后，宣传推翻清朝统治、实现民主共和的大批革命报刊相继创办，包括留日学生创办的《开智录》、《国民报》、《浙江潮》等刊物，各地区同盟会创办的报刊如檀香山的《檀山新报》、新加坡的《中兴日报》、缅甸和马来西亚的《光

---

[1] 李谷城：《香港中文报业发展史》，上海古籍出版社2005年版，第144页。
[2] 程曼丽：《海外华文传媒研究》，新华出版社2000年版，第47页。

华日报》，等等。而同盟会总部的机关报《民报》是革命派的主要喉舌，被称为"宣传革命之急先锋"。以此为重镇发起的同保皇派《新民丛报》的论战，为辛亥革命准备了舆论基础，从而极大地影响了国内政治变革的走向。

1840~1911年，历经72年的变迁，中国从一个典型的传统社会向具有现代色彩的新式民族国家过渡，构成从传统社会向现代社会转变的第一阶段。1840年之前，中国发生社会动荡和灾荒后总能自我调适，经历周期性的社会震荡后，重新恢复社会的稳定与繁荣。然而在西方列强的炮舰侵略和随之而来的价值观念的冲击下，中国难以再以富有活力的转换方式迈入富强之途。推动中国向现代社会转变，需要适时改革现存社会结构，进行大规模的制度创新和观念变革，重新汇集政治、经济、思想文化的资源，使传统因素与现代因素在冲突中走向新的融合。然而当时的中国统治者与绝大部分士大夫却被动、消极地试图以微小的、局部的政策调整来摆脱危机，结果造成中国社会转型进程的跌宕起伏。[①]

20世纪上半叶，中国社会转型的进程在外国资本主义和本国封建主义的双重打压之下明显加快。救亡图存、争取民族独立成为当时中国社会的第一要务，在完成这个第一要务的过程中，辛亥革命是第一个转折点，它推翻了延续两千多年的帝制，使中国社会真正具有了近代的色彩。辛亥革命时期的海外华文报刊无论是就社会进步，还是就报业发展而言，都具有相当大的意义。《新民丛报》力图摆脱党报色彩，注重向国民灌输新思想、新观念，介绍了古希腊、罗马、英、美、法、意等西方国家上下几千年的文化思想，涉及苏格拉底、柏拉图、亚里士多德、培根、笛卡儿等百余位思想人物大师，评介了哲学、文学、历史、政治、经济、法律、自然科学等众多学科知识，这些新的思想观念在国内产生了振聋发聩的作用，尤其对知识分子阶层影响广泛。这一时期海外华文报刊的政治宣传唤醒了海外侨胞和国内民众，甚至影响了一代和几代人。没有这一时期的思想启蒙运动，也就没有后来的新文化运动和五四运动。海外华文报刊将进步的、革命的思想传播到了国内，引导了处于转型期的中国社会的观念变革。

同时，对国内新闻业的发展也起到了促进作用。海外风行一时，国内广为流传，翻印者遍及各省的海外华文报刊，其内容和形式引发国内出版界的效仿。采用国外先进的机器设备，将石印改为铅印，印制彩色封面、插图、照片插页的做法吸引了读者，线装书改为了洋装书，改变传统形式，内容上关于世界各国情况的报道和新知识、新学说的介绍及关乎祖国前途命运的讨论论战文章，引导中国报刊内容贫乏到丰富，形式由单调到多样。

---

① 高华：《近代中国社会转型的历史教训》，载于《战略与管理》1995年第4期，第1~10页。

三、辛亥革命后（动荡时期）海外华文媒体的呼应和支持作用

1911~1949年，中国进入了向现代转变的第二阶段。因社会转型所引发的国内与国际矛盾的激烈冲突，演化为各种政治力量的新的组合和分裂。在现代观念散播的同时，新的经济势力和社会力量也急剧增长，而传统的政治、经济结构与观念文化不妥协地对新生事物进行着激烈反抗，使得中国的变革一波三折。海外华文报刊也经历了商业化时期、抗战时期、大转变时期的历史变迁。

辛亥革命后，海外华文报刊兴起创办高潮，分布至世界五大洲。海外各国当地华商和文化人办的商业性日报形成规模，如新加坡的《南洋商报》和《星洲日报》。30年代海外华文报业进入了鼎盛时期，"各种日报、晚报、周报、小报、杂志纷纷涌现，先后创刊不下750种，形成鼎盛的局面。"① 华侨经济实力的增长，知识分子、商界人士办报热情的提高，使这一时期的华文报刊不再是单纯的政治报刊，文化性、商业性、地方性逐渐显现。不过，由于辛亥革命的影响以及中国不断发生的重大事件，海外华文报刊对国内政局的变化还是极为关注。在法国，以周恩来为领导的中共法国支部创办的《少年》和《赤光》颇有影响。《少年》旗帜鲜明、富有朝气，经常选登马克思、恩格斯、列宁的著名论断，介绍他们的生平与学说，刊登共产国际和中国共产党的纲领、文件、通告，报道各国革命运动、劳工运动等，受到了旅欧青年学子和华工的欢迎，是当地拥有读者最多的华文刊物，并远销中国和美洲等地。《赤光》大量报道国际国内发生的重大政治事件，并帮助读者理解事件的起因、背景、沿革和走向。② 当时，国内三个主要政党（共产党、国民党、青年党）都在法国办有机关刊物，宣扬各自的政治信仰，阐述各党对于中国前途的政治主张，争取当地侨界和留学人员的同情支持。这些海外华文报刊与国内政治斗争密切联系，呼应和补充了国内政党的宣传号召，在海外形成舆论影响力，也在一定程度上影响着国内政局的变化和走向。

抗日战争爆发后，海外华文报刊形成空前一致的民族舆论，在宣传抗日、声援祖国、凝聚华侨等方面作用突出。之前存在的党派论争此时摒弃前嫌、联合御敌，形成空前一致的抗日舆论；报刊推动下的华侨捐款捐赠，极大支持了国内的抗战事业；促进华侨抗日团体迅猛发展，组织益加巩固。"通过海外华文报刊的宣传，中国共产党的抗日主张逐渐深入人心，从而在广大爱国侨胞中形成一股强

---

① 王士谷：《海外华文新闻史研究》，新华出版社1998年版，第14页。
② 程曼丽：《海外华文传媒研究》，新华出版社2000年版，第94页。

大的向心力和凝聚力。"① 作为国内抗日宣传的呼应和补充,海外华文报刊的历史意义和独特作用不可小觑。

中华人民共和国的成立,完成了辛亥革命遗留的历史任务,是近代中国社会转型的第二个转折点。从此,中国进入了一个独立自主进行社会转型的新阶段。

20世纪50年代末到70年代中期,海外华文报刊经历了一个大转变——从华侨报刊转变为华人报刊。东南亚国家陆续颁布限制华文报刊出版的法规命令,采取激进民族主义政策,迫使华侨在祖居国和所在国之间做出选择,随着"双重国籍"问题的解决,华侨报刊的性质发生了重大变化。成为当地国的少数族裔媒体的华人报刊,承担起了为当地华人和社会服务的职能。

持续10年的"文革"阻碍了中国与外部世界的联系,海外华人对国内的了解极为有限,华文报纸用华人共同的语言维系了中华文化的传承,促进中外文化传播交流和中外友好民族团结的职能,作用重大,意义深远。这一时期华人报刊推出双语版,有的在华文版基础上增加当地语言版面,内容大体相同,如韩国《韩华时报》的韩文版、美国旧金山《少年中国晨报》英文版是独立的刊物,在华文版基础上做延伸或拓展。双语版报刊加速了华人社会本地化,有助于增进所在国对中国的了解,对不懂中文但希望了解中国的华裔子弟提供帮助。"华侨华人新闻事业主要任务之一,为促进中外文化传播交流与中外民族亲善合作。唯欲达成此项任务,并非经由中文报业可办到,必须办适于外人阅读之外文报刊,始有希望。"② 这一点,对于今天的中国对外传播理念仍然适用,当前中国国际传播不仅仅局限于中文,强调用"当地听得懂的语言"实现有效传播,如中央电视台开辟有英、西、法、阿、俄语等多个语种频道,新华社有英、法、西、俄、阿拉伯和葡萄牙文发稿,《中国新闻周刊》继英文版后又相继推出日文版及韩文、意大利文多种语言版本。看来,今天我们提倡的"中国声音国际化、在地化传播"在五六十年前的海外华文媒体实践中已经存在。

四、中国改革开放以来海外华文媒体的桥梁和纽带作用

1978年12月召开的中国共产党第十一届三中全会,是中国政治经济生活中的一件大事,也是中国近代以来社会转型的第三个转折点。对于社会转型问题的认识,学界一直存在多种声音。李培林1992年在《"另一只看不见的手":社会结构转型》一文中最早提出并系统阐述,后有多位学者对此进行了探讨和研究。

---

① 程曼丽:《海外华文传媒研究》,新华出版社2000年版,第113页。
② 程曼丽:《海外华文传媒研究》,新华出版社2000年版,第159页。

郭德宏综合各家观点,提出:社会转型是从传统社会向现代社会、从农业社会向工业社会和信息社会、从封闭性社会向开放性社会的社会变迁和发展,并认为当前社会转型的时间界定应该以 1978 年的中共十一届三中全会为开端。①

党的十一届三中全会做出将工作重点转移到以经济建设为中心的战略决策,由此开始了改革开放的历史进程。之后,中国与外界的交流日益扩大,外派留学生工作全面恢复,出国留学人员、技术移民、劳务输出及外出经商人数猛增,海外华文媒体由此具备了迅猛发展的历史条件。新移民报刊数量增加,广播、电视、互联网等各种形态的华文媒体陆续出现。新移民华文媒体的兴起不仅是海外新移民人数的急剧增长所催生,所在国对华政策的变化也是一个重要原因。随着中国与各个国家相继建交,政治经济文化往来明显增多,20 世纪 70 年代以前限制和排斥华文媒体的东南亚一些国家开始允许华文报纸存在,作为当地少数民族语种的出版物公开发行;在北美、欧洲、大洋洲等国家,华文媒体作为少数民族文化在多元文化政策的鼓励下出现并发展。

20 世纪 80 年代的海外华文报刊多为港台移民创办或拥有,充满浓重的港台文化气息。90 年代,大陆新移民创办的报刊、广播、电视大量出现,并成为世界看中国的一个窗口,有效地起到了"让世界了解中国、让中国了解世界"的作用。为满足中国与世界各国交往逐步扩大的信息需求,海外华文媒体自觉担当起传播者的责任,为华人社会、所在国、中国架起了沟通的桥梁和联系的纽带。其桥梁和纽带作用体现在多个方面:首先,信息传播更有效。海外华文媒体深入所在国社会社区,与当地华侨华人、所在国居民距离很近,便于进行更为直接的信息交流。具有国内传媒无法比拟的优势,冷战后由于意识形态的影响,官方背景的媒体在西方不可信,而海外华文报刊的民间身份使之更具亲和力。与我国国内媒体的对外传播相比,存在于世界各国的华文媒体更接近当地华人和主流社会,更便于介绍中国的发展成就,实现有效传播。其次,文化传承作用突出。"文化传承是华文报纸与生俱来的特点,这是因为远离中国的华文报纸如果想更好地服务华人,就必须传播华族文化,这是保证它们生存与发展的条件。"② 海外华文报刊中有专门的版面,刊登文化活动和文艺界人士的专访,通过评论探讨华文教育、华族文化发展。副刊对于推广和介绍中国文化艺术的内容更为丰富。

改革开放之后世界上多数国家都采取多元文化政策,对包括华文媒体在内的其他少数族裔媒体采取宽容的态度,允许自由发展,有的甚至予以扶持,这使华

---

① 郭德宏:《我们该怎样看待社会转型》,载于《北京日报》2003 年 2 月 24 日。
② 彭伟步:《新马华文报文化、族群和国家认同比较研究》,暨南大学出版社 2009 年版,第 126 页。

文传媒能够在所住国获得合法生存的条件。而中国随着以现代化建设为中心基调的逐渐确立，市场经济体制的逐渐形成，社会转型总体进入了一个正常、快速和健康的推进时期。十一届三中全会实现了新中国成立以来党和国家历史上具有深远意义的伟大转折。由此，我国社会经历了深刻的历史变迁、跨越式的快速发展和全面的结构转型。改革是一场深刻的社会革命，转型是一次复杂的社会变迁。海外华文媒体在复杂的社会变迁中获得了历史性的发展高潮。尤其是进入21世纪以后，随着中国国力的日渐增强、国际地位的显著提高，全球范围内的华文媒体呈现出新的繁荣发展景象。在影响华侨华人、影响国际社会的过程中，各国的华文媒体有着中国国内媒体无法比拟的优势和不可替代的作用。国内外宣工作也认识到了海外华文媒体在世界新闻传播体系中的独特作用，正在加强合作机制，努力构建全球华文信息联播平台。

第二节　海外华文媒体在中国战略转型中发挥的作用

进入新世纪，当代中国社会在全球化浪潮的推动下开始了政治、经济、文化等领域的全面转型。中国科学院、清华大学国情研究中心主任胡鞍钢认为，进入21世纪，中国社会迎来从经济建设到制度建设的第二次战略转型。[①] 科教兴国战略、可持续发展战略、西部大开发战略、人才强国战略、区域协调发展总体战略等一系列重大战略，对中国特色社会主义事业的跨世纪发展起到了强有力的推动作用。在对外传播方面，走出去战略、国际传播战略、文化强国战略等将中国在世界舞台的地位推向了前沿。海外华文媒体作为世界新闻传播领域中一个特殊的支系，在中国战略转型中发挥了重要而独特的作用。

一、传达国内各种信息，增进世界对中国的了解

新世纪以来，海外华文传媒发展迅速，在海内外影响日渐扩大，这离不开中国崛起所提供的环境支持。中国发展对世界发展的作用和影响不断提高，特别是在世界经济形势复杂多变、险象环生的境遇下，中国特有的发展模式及和平发展的理念引起了国际社会的普遍关注，越来越多的国家看好并看重与中国的联系，了解和认识中国的愿望更加强烈和迫切。因此，中国大陆新闻在海外华文媒体中

---

① 《中国正在经历社会结构的第二次战略转型》，载于《科学咨询》2003年第8期，第20页。

的报道分量越来越重。与国内媒体的新闻报道相比,海外华文媒体更具独特优势。创办者来自中国,又植根于当地社会,尤其是新移民,具有中外不同文化背景下的生活经历,对东西方不同社会特征、文化传统有独特的感受和认识,可以在不同文化中取得平衡与互补,对事件的报道更接近客观真实。他们了解所在国受众的心理特征和需求,对中国信息的传达更加符合当地社会的表达习惯,更容易取得良好的效果。借助华文媒体,外部世界可以增进对中国基本国情、价值观念、发展道路、内外政策的了解和认识。

对华人社会来说,持续增加的大陆新移民对国内信息强烈的依赖性,致使华文媒体加大对大陆新闻的报道,及时传达国内动态,为主体受众提供资讯需求。另一方面,中国加入WTO引起包括海外华人在内的世界各国的瞩目,来华投资成为一个新热点。华人社会需要了解中国大陆在经济发展、投资环境等方方面面的情况,许多华文媒体开辟"中国要闻"栏目,并在重要版面上予以突出处理,成为海外华人了解祖国变化的重要渠道。华文媒体为华人服务还担负另一项功能,就是提供所在国各方面的信息,帮助华人更快融入当地社会。

随着中国受关注,世界了解中国的需求,由"让中国了解世界"向更加注重"让世界了解中国"转变。更加注重"让世界了解中国"是中国在国际化战略中的一次观念变革,而引导这一变革的诸多因素中,海外华文媒体不可或缺。

二、传播中华优秀文化,推动中华文化走向世界

海外华文媒体除了具有传达信息的功能,也是中华文化走向世界的物质和技术载体,担负着传播和传承优秀民族文化的使命。文化因传播而存在,传播以文化为灵魂。在21世纪10年间,海外华文媒体以蓬勃发展之势,成为经济全球化时代一支重要的华文力量,文化传播的作用尤为明显。多数华文媒体开设有文化性的栏目,刊载中国历史、文学、哲学、饮食、服饰、习俗等方面的内容。马来西亚最大的华文报纸《星洲日报》副刊自创始以来,一直坚持文化办报理念。报纸的副刊编辑队伍中有不少是华文文学获奖的作者,他们能敏感地把握社会变化和思想脉动,既具历史感又充满时代气息。大量视角多元、题材多样、编辑水平和文艺写作水平都很高的文章,为华人社会提供了重要的精神食粮,也推动了中华文化走向世界。《星洲日报》集团董事长张晓卿曾谈道:"我希望有朝一日,建立一个以华人为主体的中文媒体世界,使散居世界各地的华人,都可以看到中文报纸,都深刻体认中华文化的充实和灿烂。"

新加坡《联合早报》的总编辑林任君曾表示:"我们要使《联合早报》成为华人世界的一个响亮品牌,成为中华文化圈上一个耀眼的小红点,在赤道边缘发

出灿烂的光芒。"新加坡《联合晚报》综合性文艺副刊，着力报道社会软性新闻，大众文化内容占据全部内容的60%。

在"中国热"和"汉语热"兴起的背景下，不少海外华语电台与中国国际广播电台合作播出"孔子学堂"节目，满足了海外听众学习中文的需求。华文报纸开辟的"中文教育"专版，从中国文化遗产宝库中选取儿童易理解阅读的故事、诗歌和小品，成为许多华人家长和孩子接受中华文化熏陶的必修课程。比如，加拿大《环球华报》连载华裔作家王伯庆的名著《我家有个小鬼子》，讲述女儿怎样在西方社会中通过东方父母的交互式教育，从牙牙学语踏上了哈佛之路，配合连载还举办专题活动，邀请王伯庆父女和读者见面交流，200多位家长带着孩子参加了讨论，一时间"东方孩子怎样在西方接受教育并走向成功"的话题在读者中引起强烈反响，这样的连载和活动积极倡导了东西方文化的交流与融合。

近年来，海外华文媒体协助中国相关机构和媒体在各国举办文化周、图片展、中国电影展、主题演讲、广播电视周、文物展和大型演出等各类活动，主办具有本土化特色的中外文化交流活动，提升了中华文化在世界的地位，促进了中华文化市场的进步。海外华文媒体身处海外不同的地域环境，能较好地兼顾中华文化和世界文化、本土文化与族群文化的独立性、融合性，成为文化传播的中介力量，把中国优秀的民族文化传播到世界各地，增进不同民族与中华民族间的了解，使全世界的文化交汇、融合。

三、准确塑造中国形象，促进同世界各国友好发展

进入新世纪，中国综合国力和国际影响力不断增强，中国同国际社会形成了前所未有的紧密联系，世界各国对中国给予了热切关注。但由于文化的差异或政治的需要，外界特别是西方对中国现代化进程不断出现误解。在报道中国事务时，西方不断地抛出"中国威胁论"、"中国责任论"、"中国崩溃论"，继而又捧杀中国，抛出"中国独秀论"、"中国责任论"，要求中国承担更多与其发展水平不相适应的责任与义务。对此，只有通过大量的事实报道，不断加以说明和校正，才能逐步清除疑惑与误解。

分布在世界各国的海外华文媒体在客观报道中国的发展，向国际社会说明真实的中国，消除外界对中国发展的疑虑和误解，塑造中国良好国家形象方面具有积极、重要的作用。华文媒体作为所在国社群的一部分，融入当地社会的程度较高，触角也较为广泛，能利用地缘之便及时发出中国声音，坦诚树立中国形象，协助中国建立良好的"声誉资本"。

2008年西藏拉萨发生"3·14"暴力犯罪事件,部分西方媒体扭曲真相,误导舆论,试图纠集力量,抵制北京奥运会。扎根海外、遍布全球的华文媒体,用贴近读者的语言、人物和新闻事实,及时报道全球华人反"藏独"、护圣火的壮举,在全球华人社会当中发挥了凝聚人心、维护统一、宣传中国的独特作用。3月24日北京奥运圣火在希腊点燃之际,日本《中日新报》牵头,100多家海外华文媒体联合签署共同声明,呼吁世界各国人民弘扬奥林匹克精神,支持北京奥运会,也希望各国的运动员、奥委会及政府,反对任何抵制北京奥运会的行为。这次联合声明,几乎囊括了五大洲最有影响的华文媒体。在反映报社立场的社论中,华文媒体毫不含糊地谴责西方媒体作假、批评暴力事件亵渎奥运精神,为捍卫中国形象和利益,矫正海外舆论偏见起到了强有力的效果。据统计,同年3月15日至3月31日,不计显著版面刊登的单条新闻,美国《侨报》全版报道西藏问题的专版达到17版,平均每天1.2个版。法国《欧洲时报》也从3月15日起,几乎每天一个或多半个版面反映事件动态。其他华文媒体投入大量篇幅、版面或时段进行追踪报道,利用地缘之便主动出击,采访当地对华友好人士,以深具说服力的原创报道强力反击西方舆论,西方强势媒体主导世界舆论格局的现状在拉萨"3·14事件"中受到挑战。海外华文媒体在"3·14事件"中的传播报道打破西方话语权的单极封锁,维护了中国国家形象,有效阻击了西方媒体有意歪曲真相的行为。

国家形象是一个国家对外交往的旗帜和走向世界的通行证,也是国内政治、经济、社会、文化等各项事业发展的助推器。国家形象关系到一个国家在国际社会的吸引力、影响力和辐射力,以及对国内民众的认同力、凝聚力和号召力。海外华文媒体与中国同祖同根的亲近感和与生俱来的民族性,使其自觉维护祖国形象,在影响华人、影响世界的过程中,有着中国国内媒体无法比拟的优势和不可替代的作用。汶川"5·12地震"发生后,海外华文媒体以空前团结的行动彰显人文关怀,把受众与灾区同胞悲喜与共的亲情联系起来,推动了一场有史以来向大陆灾区捐赠款项和实物数额最大、为时最长的赈灾行动。海外侨胞通过华文媒体了解灾情、捐款捐物,范围之广泛、行动之迅速,在侨界历史上创下之最,展现出中华民族万众一心、同舟共济的伟大精神。北京奥运会期间,来自15家海外华文媒体的31名记者在北京报道各项赛事,同时关注中国改革开放以来政治、经济、文化、社会等方面的发展情况,为向世界展示日新月异的中国形象发挥了重要作用。

海外华文媒体自新世纪初始掀起一轮新的创办热潮,之后便以奔跑的速度奋力前行,在世界各地渐获影响力。2008年中国发生诸多重大事件和突发事件,海外华文媒体又以独立的新闻立场和崇高的专业精神完成了传播报道,使其在国际传播格局中异军突起，成为一支独立的舆论力量。尤其在当前中国战略转型的变革和发展中，海外华文媒体可以更有效地塑造中国和平发展的国家形象，推动中国改革开放、民主法制和负责任大国形象在海外的广泛传播。

四、联络两岸同胞感情，推动祖国统一

21 世纪以来，党和国家高度重视侨务工作，强调海外侨胞是中国统一大业的重要推动力量。中共十六大报告中 4 处直接论及了侨务工作，间接涉及侨务问题的有多处，充分表明海外华侨华人在我国完成全面建设小康社会，实现中华民族伟大复兴战略中的重要作用。2005 年侨务工作会议上提出的三个"大有作为"，是对 21 世纪侨务工作一次全面而具体的部署，其间提到"在反对和遏制台独分裂势力，推动祖国统一进程方面大有作为"。2007 年 10 月，党的十七大报告提到"认真贯彻党的侨务政策，支持海外侨胞、归侨侨眷关心和参与祖国现代化建设与和平统一大业"。服务于华侨华人的海外华文媒体，也是促进祖国统一的推动力量，在统一融合进程中发挥独特作用。

海外华文媒体政治色彩相对淡化，更容易让所在国受众接受。保持中立的华文媒体对国际事务和华人事务相对超脱，这是当前海外华文媒体言论中存在的主要立场；对中华民族的发展和国内事务持积极立场的华文媒体，随着大陆新移民的不断增加而迅速崛起，正在成为强势力量。在许多与中国有关的重大事件、在涉及民族分离和国家统一的问题上，华文媒体都会形成共同的关注和立场，如"神舟"飞天、奥运火炬传递、李文和"间谍案"、西藏"3·14事件"以及新疆"7·5事件"等，海外华文媒体都有着积极的表现。对待两岸关系，以促进和平统一为宗旨，在海外华人中形成一致的舆论，推动两岸间的经济、文化、科技、人员交流，希望最后实现两岸统一，实现中华民族的伟大复兴。就此而言，海外华文媒体在促进祖国统一方面的作用不可低估。而且海外华侨华人中有不少长期与我国台湾保持着政治、经济、文化等方面的密切联系，更有许多台湾籍同胞，对两岸关系的看法并不完全一致。秉承求同存异、和而不同的理念，以包容、宽容的心态与他们沟通和交往，培养共识和互信，是海外华文媒体独具特色的优势。发挥优势条件，强化一致舆论，在认同"一个中国"的原则下推动两岸交流，维护两岸和平发展，当成为海外华文媒体应有之责。

中国台湾当局自马英九就职以来，以"两岸"与"经济"作为两大施政重点。两岸关系和平发展取得进展，从过去的"对抗、冲突、敌对"走向"和解、合作、和平"，停摆已久的两会协商重新启动。在此和解背景之下，两岸"大三通"也由梦想变成现实。这为"和谐侨社"提供了有利条件，海外华文媒体在

凝聚侨心、汇聚侨智、发挥侨力方面发挥了独特作用。

五、积极引导华人社会，助力和谐侨社长足发展

2004年9月中国政府提出"构建和谐社会"的重大战略决策，2005年4月胡锦涛在亚非峰会上首次提出"建设和谐世界"的主张。在这个大背景之下，国务院侨办提出要推动构建一个"和睦相融、合作共赢、团结友爱、充满活力"的华侨华人社会。海外华文媒体在推动构建"和谐侨社"方面发挥了国内媒体难以替代的作用，这也是海外华文媒体应尽的责任。

在中国改革开放、经济全球化、世界人口流动加速等背景下，海外侨胞数量剧增，分布越来越广。除东南亚等传统的侨胞聚居地外，北美、南美、西欧、大洋洲及日本、南非等地区已日益成为海外侨胞聚居地，给当地华侨华人社会增添了大量新鲜血液。进入21世纪，海外华侨华人数量持续增长，群体不断壮大，涌现出一大批知识水平高、工作能力强、奋发有为、开拓进取的人才，这些多是近年通过留学、技术移民等方式移居海外的大陆新移民，占到了新生代华侨华人群体的90%。他们给海外华人社会的生存发展、祖籍国和居住国的政治、经济、文化带来了一定影响，构成海外华文传媒的主体受众。为适应主体受众的需求，一大批为新移民服务的华文传媒诞生，成为华人融入当地社会的指南和桥梁。

在构建和谐侨社，引导华人融入主流社会方面，海外华文媒体的作用主要表现为四个方面。一是引导华侨华人自觉遵守当地法律，尊重当地风俗，积极参与当地社会公益活动，促进海外华侨华人与居住国居民和谐相处，努力维护中国人移居海外的国际环境。二是维护华侨华人的正当合法权益，引导他们依法参选和参政，不断提高政治经济地位。对涉及华人利益的议题勇于发出声音，冲击主流媒体和主流社会，取得正面成果。三是在报道中国新闻的同时，也报道当地的文化、历史、宗教和习俗等，引导华侨华人与居住国的前途和发展融为一体，引导他们认识到自己与居住国人民的利益不可分割，互为依存。不同族群融为一体，才能从根本上解决族群间的摩擦问题。四是报道华侨华人对居住国经济发展做出的贡献和对居住国公共事业、慈善事业做出的努力，推动华侨华人融入当地社会的进程。

随着华人社会内部自身的演变及新老代际的更替，华文媒体的开放性日益增强，这为华文媒体融入所在国，加快与主流社会互动的步伐提供了充分条件。同时，世界各地华文媒体影响力的广泛增强，也大大提升了所在国与祖籍国友好交往的深度和广度。侨务工作提出的"凝聚侨心、汇聚侨智、发挥侨力，努力构建和谐侨社"的战略性思路，需要海外华文媒体的积极参与和大力作为。近年

来，主流社会对华文媒体传递的讯息日益关注，陆续有一些华文媒体在主流社会获奖，也有主流媒体和社会主动的合作邀请，这显示出所在国对华文媒体的重视和关注。海外华文媒体具有赢得合作的先机和条件，可以在战略转型之时为全面贯彻党的侨务政策，做好海外侨胞和归侨侨眷工作，起到国内媒体无法替代的作用。

第三节 更好地发挥海外华文媒体传播我国"软实力"的载体作用

对海外华文媒体的功能和作用，过去多是从海外华人社区内部来看待，而新世纪以来海外华文媒体的迅猛发展，已使其成为国际传播格局中一支不可或缺的舆论力量。对其未来的发展，应置于更宏观的视角下，纳入中国国际传播能力提升的大战略框架之中，纳入国际话语体系和全球传播格局。尤其是面对近年来中国在世界影响力的提升，外部世界对中国崛起的忧虑、误解乃至仇恨与敌视，海外华文媒体在中国软实力中的作用日益凸显。向外部世界传递关于中国的正确信息，传递中华文明的精髓精华，塑造中国与全球华人世界的良好形象，而这些内容，正是中国"软实力"的重要构成部分，更是我国"软实力"国际传播的重要途径和载体。未来，海外华文媒体可以在政治、经济、文化等方面更有作为。

一、在"和谐世界"战略中发挥前沿沟通作用

20世纪90年代中期后，中国现代化进程进入新的历史阶段，提出一系列重大战略。"世纪之交，经济的快速发展使得中国已经形成了可观的综合国力，经济全球化给中国带来巨大的机遇和挑战。同时发展中的一些新问题也暴露出来，人们也产生了许多新要求，这就需要对未来进行深入思考和认真谋划。通过制定国家战略形成共同意志，动员各种资源实施国家战略，这是中国的制度优势。"①

建设和谐世界的主张源自2005年4月22日的亚非峰会，胡锦涛在讲话中提出，亚非国家应"推动不同文明友好相处、平等对话、发展繁荣，共同构建一个和谐世界"。这是"和谐世界"理念第一次出现在国际舞台。2个多月后，

---

① 《记跨世纪发展中一系列强国战略的提出》，新华网，http://news.xinhuanet.com/politics/2011-06/26/c_121584959.htm。

"和谐世界"写入《中俄关于21世纪国际秩序的联合声明》,第一次被确认为国与国之间的共识,标志着这一理念逐渐进入国际社会的视野。9月15日,胡锦涛在联合国总部发表演讲,全面阐述了"和谐世界"的深刻内涵。讲话引起与会者的热烈回应,国外媒体也对讲话予以高度关注和积极评价,认为这是向世界传递了中国渴望和平发展、愿做负责任大国,并希望与其他各国共建和平、繁荣、和谐世界的信息。①

和谐世界理念的提出,是基于中国发展的国内环境和外部环境发生的深刻变化,一方面明确了中国在未来国际体系中的国际定位,另一方面也道出了中国参与国际秩序和国际制度建设积极主动但又谦和的外交姿态。

海外华文媒体分布广泛,不仅要向华人传递这一信息,也要向所在国传播中国的这一理念,做和谐世界战略的参与者和践行者。这也是华文媒体由边缘向主流转变,参与国际新秩序并主动发出中国声音的有利机会。20世纪90年代中期,"负责任大国"就开始成为中国政府在很多重要场合为自己公开界定的身份,也成为中国外交实践的基本理念依据之一。亚洲金融危机中,中国被国际社会誉为"唯一采取负责任态度的大国",国际地位和信誉持续上升。之后,阿富汗战后重建问题、参加国际维和行动、解决朝核问题、美国"卡特里娜"飓风救灾援助、主动减免非洲和亚洲等国的巨额债务以及印度洋海啸发生后的表现,均得到了充分体现。这些都表明中国不再是闭关锁国、漠视外部世界的国家,而是要做负责任的大国,要在国际舞台上承担更多的责任与义务。面对当前国际舆论对中国负面报道的声音,海外华文媒体应让世界了解中国的发展目标,体现中国的大国负责任形象。

目前,"国家形象"是中国在国际舞台上面临的最大的"战略威胁"之一,而且正在迅速崛起的中国在国家形象方面最大的问题不是简单的好与坏,而在于中国人自己对中国的想象与国际社会对中国的想象有很大差距。改革开放30年来中国发生了史无前例的变化,经济飞速增长使上亿人摆脱了贫困,市场经济悄然改变着中国的文化与政治环境,新一代中国人充满信心地规划未来生活。但中国在世界的形象并未跟上诸多变迁的步伐。国际社会对中国的国家形象存在不同的看法,误解和猜疑时有发生,尤其是当中国在国际贸易和地区政治问题上发挥更大的作用时,误解和猜疑也明显加剧。树立真实的现代的中国形象无疑是全球华文媒体共同的使命。美国高盛公司高级顾问、清华大学教授雷默先生的观点值得我们思考。他提出,中国需要一种"淡色"的国家形象,将互为相反的东西

---

① 《建设和谐世界:中国外交思想的新发展》,新华网,http://news.xinhuanet.com/world/2006-08/23/content_4993067.htm。

和谐地结合在一起。在雷默看来,"淡"包含了水与火,能把两种相反的、不相容的东西结合在一起,恰如中国自身融合了诸多矛盾因素,化矛盾为和谐的理念是中国延续至今的传统价值观念。中国需要"淡"的国家形象,既能够让世界看到中国富裕繁荣的一面,也不忽视贫穷落后的一面,对社会转型中取得的成绩要广泛传播,同时也不回避改革进程中存在的问题。有了这种坦诚,外国人才能认识到,现代中国的矛盾表现并不代表中国的虚伪,而恰恰代表中国的变化。①

的确,中国已经积累了大量的金融、科技和人力资本,现在需要积累的是"声誉资本",良好的声誉资本可以将巨大摩擦产生的成本降低到很小,而负面的国家形象能使小冲突的成本放大好几倍,内外不一致的国家形象会导致风险增加。海外华文媒体的非官方性、中立性可以更便利地传播中国的成绩与问题,开诚布公地告诉外界战略转型中面临的挑战,尽可能解释为什么中国在国内和国际社会的形象会有所偏差。同时不断强调,中国正处于自我变革的过程中,使国家更加富饶和自由并非一蹴而就的事情。这样的角度和出发点,会使媒体人认识到,中国社会发生的任何一件事情无论在外界看来是好是坏,都可以成为探讨中国问题的很好的机会,而回避和掩饰官员腐败、环境污染和社会不满等事实,反而有损中国在其他问题上的声誉。对于问题,坦然面对总要好于忽视和回避。

二、在"走出去"战略中发挥桥梁作用

2000年10月,党的十五届五中全会审议通过《中共中央关于制定国民经济和社会发展第十个五年计划的建议》首次明确提出"走出去"战略。2001年3月,"走出去"战略正式写入全国人大九届四次会议通过的《国民经济和社会发展第十个五年计划纲要》。2001年年末,中国正式加入WTO,成为我国改革开放进程中具有历史意义的一件大事,一方面意味着中国将在更大范围、更广领域、更高层次上参与国际经济合作和竞争,另一方面为实施"走出去"战略带来更多的机遇。2002年11月,党的十六大报告提出,实施"走出去"战略是对外开放新阶段的重大举措,坚持"引进来"和"走出去"相结合,全面提高对外开放水平。

海外侨胞跨国流动性强,实力不断提升。目前海外侨胞总数约5 000万人,仅改革开放后出去的新华侨华人就接近1 000万人。华商贸易中心遍及世界各

---

① [美]乔舒亚·库珀·雷默:《中国形象——外国学者眼里的中国》,社会科学出版社2008年版,第14页。

地,华商企业的经营也向多元化、国际化以及高科技、资源性领域转型发展,华商经济已经成为世界经济发展的一支重要力量。海外华文媒体在为华商经济牵线搭桥、提供服务平台方面大有可为,有关华人经济生活动态、所在国经济动态、中国经济发展的报道,受到华人圈甚至主流社会的关注。海外华人需要海外华文媒体为他们在中国投资提供信息,也希望为所在国和中国之间的经贸往来提供媒介支持。温哥华《大华商报》看到中加两国在经济合作方面的广泛商机,紧紧抓住"商"字作文章,组织加华创业协会,为大陆新移民投资理财献计献策,每年举办大华商务论坛,邀请政经商界名流及移民中的创业者介绍加中两国的经贸现状、创业环境和创业之道。许多加拿大政府领袖、官员,如加中贸易理事会全国委员会主席奥斯汀、加拿大联邦多元文化国务部长陈卓愉、中国驻温哥华总领事都亲临主讲,还有许多企业家、业内人士和新移民成功者通过论坛交流、分享创业的经验教训及营商方法,为在加拿大华人及华商发展提供了有益参考。再如,澳大利亚的澳华电视传媒就多次承担澳中经贸合作的报道工作。2002年澳大利亚"澳华国际商会"主办"2002年澳大利亚澳华节澳中经贸洽谈会"、"江西省经贸投资说明会"、"南京开发区投资说明会"、"黄河三角洲东营市招商投资洽谈会"、"哈尔滨经济技术开发区投资说明会"等,这些政府或商业机构赴澳参访活动的举办和开展,离不开澳大利亚华文媒体的介绍和推广。

过去30年,海外华文媒体对中国经济发展的参与大多通过招商引资等渠道。随着经济转型成为中国"十二五"规划的重要议题,同时上升为中国的国家战略,智力资源将成为海外人才参与中国发展新的重要优势。近年来中国陆续推行吸引"海归"专才的优惠政策,中科院"百人计划"、教育部"长江学者计划"、中组部"千人计划",预计未来5~10年吸引千名左右海外高层次人才到中国工作,并建立40~50个海外高层次人才创新基地。这不仅彰显了中国更加开放的人才政策,为中国加快经济发展方式转变提供强有力的科技支撑,也会带动中国国力和影响力的进一步提升。海外华文媒体在"走出去"战略中,可以发挥更大的桥梁作用。

三、在"文化强国"战略中发挥"唱和"作用

党的十七届六中全会提出建设社会主义文化强国的宏伟目标,是当前和今后一个时期指导我国文化改革发展的纲领性文件。全会指出,当今世界正处在大发展大变革大调整时期,文化在综合国力竞争中的地位和作用更加凸显,维护国家文化安全任务更加艰巨,增强国家文化软实力、中华文化国际影响力要求更加紧迫。

海外华文媒体既是中华文化的继承者、传播者，也是国际先进文化的引进者、传导者，在民间交流方面具有独特的优势和便利条件。通过提升华文媒体在海外的传播影响力增强中国的"软实力"，对中华文化走向世界以及中国与世界的文化交流都大有裨益。

有学者提出，中国从传统文化到现代文化的转型，最少需要 200 年。前 100 年是 1840～1949 年，后 100 年是 1949 年至 21 世纪中叶。21 世纪整个世界的文化转型，是人类社会继农业文明和工业文明之后的第三个文明发展阶段，这一阶段，将会发生东西方文化主导地位的转换，西方竞争性文化向东方和谐共生文化转变。中国要想从文化上有更高的影响力，就需要对世界文化做到知己知彼，用灿烂的西方文化资源丰富中华文化，这对于我国的文化建设有更深的意义。海外华文媒体身处世界各国，对于西方文化有着更直接的感同身受，在我国实施"文化强国"战略的进程中，主动担当起文化转变、文化融合的推动者。在这一点上，较之国内媒体，海外华文媒体更具优势。

虽然最早从欧美国家展开的现代化已提供了实行现代化的某种示范，然而非西方国家完全可以从自己的文化背景出发，发展具有自己特征的现代化的形式。民族主义和民族传统是所有后发展国家向现代社会转型的基础，离开自己的文化背景和文化特征，照搬西方国家的现代化模式，并不能真正使本民族复兴。但是，任何民族特征的社会发展模式又必须具有可与现代文明相通的现代化因素，只有把现代性因素融入本民族文化传统，对传统进行革命性的转换，刺激传统中可现代化因素的增长，才可能为社会变革提供联系历史与现实以及未来的源头活水。[①]

文化强国战略的提出，是中国实现伟大复兴历史进程中的迫切要求，也是中华文化走向世界的重要切入口。海外华文媒体是世界各国多元文化的重要组成部分，也是中华文明的重要组成部分，对传播中华文明负有光荣的使命。西方对中华文化的兴趣在不断增强，我们对自己民族文化的认识也在不断深化。海外华文媒体在积极融入所在国主流社会的同时，更要注重保持自身的民族特性，更加主动、自觉地学习、传承中华文化，更要创造性地充满激情地向世界介绍中国的创新面貌，传播中国在改革战略规划中倡导的价值观，让这些价值观获得海外华人的认同并通过他们得以体现。因此，海外华文媒体在传播中华文化时，应将华人中睿智年轻的思想家，少数民族艺术家、作家推向前台，展示现代中国的活力和张力，并鼓励他们从个人角度谈论中国的真实生活。

海外华文媒体作为桥梁承办的各种文化活动，要为外国人提供更多接触和了

[①] 高华：《近代中国社会转型的历史教训》，载于《战略与管理》1995 年第 4 期，第 1～10 页。

解中国的机会，而不只是传播中国的消息，要让更多决策者、记者、其他人能从文化活动中窥见现代中国，不只是停留在古老中国的印象上，要形成对创新中国的新认知。

培育和发展海外华文媒体文化产业集群，将一些品牌文化项目做大做强。例如，侨胞走出唐人街，借助春节等民俗节庆活动平台，将更多富含中华民族文化元素的内容呈献给当地主流社会，对此类文化交流活动要实施精品文化战略，做大、做强、做精，增强这一品牌的国际竞争力和影响力，进一步探索海外华文媒体与华侨华人文艺团体之间的合作与交流，并鼓励与主流社会联合举办，扩大中华文化的影响。"增强国家文化软实力，弘扬中华文化，努力建设社会主义文化强国"，海外华文媒体可以发挥自身优势，扩大和加强在海外的影响力。

从历史视角来看，近现代中国社会在曲折的变革道路上经历了"改器物"、"改制度"、"改文化"一系列历史进程。十七届六中全会提出的文化大发展战略，为海外华文媒体和中国发展提供了一个双赢的机遇，对于海外华文媒体向中国引进世界先进文化以及参与中华文化走向世界、提升中国的文化影响力具有重要意义。长期以来，中国的文化输出策略带有浓郁的国家主义色彩和政治宣传的倾向。政治宣传模式的文化战略相对忽略了国际上"国家形象"建构的方式、方法和策略，30秒"中国制造"广告将中国的文化战略从传统的"政治宣传"时代抛进了"美学感染"时代。通过广告这种政治无意识方式，让观众自己去领悟一个非政治意识形态的"中国形象"。就这个叙事策略而言，这是中国全球文化战略的一个重大转型。[1] 进入全球化时代，海外华文媒体在世界舞台上越来越活跃，在中国"十二五"规划以及国家未来发展转型中的作用将会越来越大。

以上从政治、经贸、文化等领域分析了海外华文媒体发挥的作用，而做出这些分析的基础在于对海外华文媒体整体发展趋势的研判。其中需要做多方面的考察和思考：一是海外华文媒体自身的发展态势；二是海外华文媒体与所在地主流舆论、中国大陆媒体之间关系的嬗变；三是中国社会对于海外华文媒体的资讯需求和"角色期盼"。三者构成了海外华文媒体与中国直接或间接互动关系的主要因素，从中可以看出海外华文媒体之所以受到更多关注的背后动因。

首先，海外华文媒体不仅展现出克服国际金融危机影响的生存能力，同时还呈现出内容精品化、经营多元化、媒介现代化的发展趋势。这预示着今后海外华文媒体的国际传播能力将持续走强，对中国社会的影响也将更为广泛和深刻。海外华文媒体已有近两百年历史，目前约有规模大小不等的各种媒体500多家，它们中除为数不多的大报之外，大部分财力有限，生存不易。因此，当2008年国

---

[1] 周志强：《"30秒中国"背后的文化战略转型》，载于《东方早报》2009年12月2日。

际金融危机开始爆发时，学界和业界普遍担心海外华文媒体会受到连带"重创"。而事实上，海外华文媒体在此次金融危机中显示出顽强的生命力，截至2011年冬天，即便世界经济形势仍然阴霾不散、走势堪忧，但海外华文媒体并未发生大范围的"倒闭潮"，而是呈现出稳步发展的势头。

其中，东南亚华文报纸的销量和影响力进一步提升，读者人数庞大的新加坡和马来西亚仍是华文报纸市场化程度较高的国家。2010年，马来西亚的英文和马来文主流报章销量继续下跌，华文报纸销量则逆流而上，读者群持续增长，渗透率也不断上扬。一项调查结果显示，在马来西亚600多万华人中，每天阅读中文报章的人数大约保持在230万～260万人；华文媒体涵盖60%的华人家庭，若剔除20%不懂中文的华人家庭，华文媒体涵盖华人家庭的比例则更高。由此可见，马来西亚华文报章对华人影响很大，发展前景乐观。

在印度尼西亚，目前10家华文报纸整体发展平稳，有些报纸在经营方面进步明显。《国际日报》于2009年推出了网络数字报，手机报也已在雅加达开通，2010年接管了因经营不善而停办的《棉兰早报》和《华商报》，在棉兰创办《苏北日报》。《讯报》从2011年起增扩至24版。总部位于泗水的《千岛日报》2011年实现在雅加达同步印刷。在欧洲和中美洲，一些原来没有华文媒体的国家和地区过去两年开始有华文报刊诞生。比如《北欧华人报》2012年1月1日在瑞典首都斯德哥尔摩创刊。2011年3月25日诞生的《华商周报》，开创了中美洲特立尼达和多巴哥华文报纸的历史。

广电媒体方面，2011年，美国中文电视数位频道63.4实现了24小时中文节目的播出；美国ICN电视联播网启动了两条高清频道，24小时提供华语节目。2010年旧金山先后有华语电台和电视台开播了24小时节目。这两年美国华语电视和广播不断提高节目自采比例，以本地化的新闻节目吸引广告商的投资兴趣。

在欧美传统媒体陷入困境之时，为什么以报刊业为主体的海外华文媒体能够渡过危机？据分析，有以下三大因素。

第一，在商业运作方面，海外绝大多数华文媒体根植于华侨华人社区，有着稳定的受众群，加上规模较小，因此运作起来比较灵活，转型也方便。以西班牙华文传媒集团为例，据该集团社长叶岩松先生介绍，金融危机曾导致当地许多华人公司和餐馆关门倒闭，该集团报纸的广告量急剧下降。面对困难，集团采取了一系列积极应对措施：一方面稳住传统报纸业务，派专人走访新老客户，努力维持原有的市场份额，另一方面加大开发原有的网络平台。西班牙华文传媒集团除了《华新报》和《中国报》两份华文报纸以外，还拥有一个网站"欧浪网"。成立于2006年的"欧浪网"原本以新闻为主，是该集团下属两家华文报纸为依托的单一性网站。2009年，该集团着力将其网站建设成为以新闻和信息交流为重点，包括网络广告、自助网站建设、网络商城等经营内容的综合性门户网站，获得不小的成功。

第二，在于独特的精神支撑。海外华文媒体从业者大都是华侨华人，也有对中华文化感兴趣的外国人，他们在价值追求上与西方主流媒体的从业者存在明显的差别。海外华文媒体以传播文化、服务侨社、联络乡情、维系民族认同为追求，而西方主流媒体以"第四种权力"的执行者自居。海外华文媒体的这种特质，使得他们即使发行量只有千份甚至数百份时，也依然保持着对华文媒体事业浓厚的兴趣和高度的忠诚。在南美洲的石油输出国委内瑞拉，当地最大的华文报纸《委华报》曾一度因资金和人才短缺而难以为继，而该国华人社团始终不愿放弃这份维系乡情的方寸之地，推荐了20多位编辑、翻译以及特约记者和通讯员为报社供职，其中绝大多数都是没有酬薪的志愿者。《委华报》总编辑余贤毅表示，海外华文媒体与当地华人社团密不可分，彼此同兴衰、共荣辱、休戚与共、息息相关、相互依重。

第三，"中国因素"对海外华文媒体的发展日益起到支撑作用。随着中国经济的快速增长、国际地位和影响力的提升，分布在世界各地的华文媒体面临着新的、难得的"中国机遇"。在全球性人口迁移大潮中，因商务、求学和技术等因素的中国移民持续增加。不断升温的全球"汉语热"为华文媒体培育新读者，不断涌现的华文读者又促生着华文媒体的勃兴。同时，中国企业加快"走出去"的步伐将给海外华商提供良机，也为华文媒体带来发展机遇。

以上多种动因构成了华文媒体提升传播能力的坚实基础。以往业界对于海外华文媒体的命运有两种极端的说法：一种观点认为，海外华文媒体随着新移民不断融入主流社会，将面临萎缩甚至消失的危险；另一种观点称，海外华文媒体或将依托日渐崛起的"中国力量"，逐渐做强做大进而谋求国际社会话语霸权。而通过实际考察便可发现，出现此两种情况的可能性都很小。历史经验也证明，无论世界经济和国际关系如何风云变幻，海外华文媒体都会发挥出绵延不断的生命力和影响力。在这种大判断之下，再探究海外华文媒体的内容特点及其对中国社会的影响，方具有理性的前瞻视角和现实意义。

其次，海外华文媒体不断融入所在地主流舆论平台，形成日益扩大的号召力和影响力；同时，与中国大陆机构建立稳定的合作关系，成为中国战略转型的支持者、直接参与者。如前所述，早期海外华文报刊对中国主要发挥了启蒙与示范作用，论战时期具有了引导和促进作用，改革开放后海外华文媒体更多凸显出文化传播交流作用。而考察未来海外华文媒体在中国发展中的独特作用，除了从历史视角总结规律之外，还需要分析海外华文媒体传播方式的变化。麦克卢汉关于"媒介即讯息"的理论虽然有其局限性，但它揭示了一个重要规律：即媒介的形态和传播方式必然会影响到它的传播内容，包括政治取向、专业操守、功能定位等。

一方面，海外华文媒体融入所在地主流舆论平台，需要更加遵守真实、客观、公正、平衡的言论精神，因而将在中国新闻报道中更多采取中立的姿态，做理性的观察者，发挥"参照"和"建言"功能。同时，由于绝大多数海外华文媒体与中国官方不存在直接的管理关系，更容易以第三方的姿态发表客观言论，客观上发挥舆论支持的作用，而中国国内也可以通过海外华文媒体的表现，审视和改进自身发声的方式，争取一个良好的国际舆论环境。

以日本侨报社为例，在促进中日两国人民的相互理解、介绍中国改革开放成果方面，该报社着重推出了以日本作者为主的一系列著作。2007年开始每年推出一本《必读！有趣的中国》，该书由日本丽泽大学教授三潴正道主持的翻译集团"而立会"精心翻译，每年从《人民日报》刊登的大量文章里选译美文60篇，加上图片、短评，向日本读者介绍一年来中国的发展变化。他们认为通过翻译人民日报的文章，发现了很多日本人读不到的好文章，对那些戴着有色眼镜、持有偏见，或者隔靴搔痒的人提供了最好的读物。日本《朝日新闻》曾专文介绍了2008年版《必读！有趣的中国》。2010年版《必读！有趣的中国》发行以后，一些日本企业在培训员工时，把该书作为辅助教材。至2011年5月，已经出版了5本《必读！有趣的中国》，受到日本读者的广泛好评。同时，日本侨报社推出的日本横滨国立大学教授村田忠禧的中日双语版著作《怎样看待尖阁列岛（钓鱼岛）问题》，受到日本读者的广泛关注。村田教授以一个学者的严谨作风，全面考证了钓鱼岛的历史。他在书中明确地写道，"作为历史事实，被日本称为尖阁列岛的岛屿本来是属于中国的，并不是属于琉球的岛屿。"

另一方面，海外华文媒体与中国大陆媒体之间的关系日益紧密。中国国内许多媒体找到了境外合作的伙伴，促成许多合作项目成功，在报纸版面内容提供，广播、电视节目内容提供、节目互换等新闻信息交换方面取得很多成果。如上海《新民晚报》目前与国外27家华文报纸结成战略伙伴关系，在几十个国家出版《新民晚报·海外版》；天津《今晚报》也在海外10多个国家和地区出版了《今晚报·海外版》；《人民日报·海外版》则与海外10多个国家的华文报纸合作，出版了《人民日报·海外版》的多个地区版。中国国际广播电台、中央电视台海外中心也都与多家海外华语广播、电视台建立了合作平台。

海外华文媒体与中国大陆媒体之间的合作互动日益紧密，这一趋势有利于海外华文媒体更深入地关注和报道中国，有利于海外华媒在民生、经济、体制、教育等各领域，对中国发展提出建设性的意见，发挥"建言"作用。例如2012年浙江省"7·23"甬温线特别重大铁路交通事故发生后，引发了海外华文媒体的高度关注。新加坡《联合早报》刊文指出，中国政府这次采取了及早发布事故信息，强调救人第一的原则的做法。本次事故也引发中国国内舆论对铁路部门腐败与铁路安全隐患的讨论。安全性能据称很高的动车发生追尾事件，令专家也感到震惊。另有华文媒体认为，从这次温州的追尾事故来看，可能并不只是一条高速铁路的问题，而是在提醒整个"高铁时代"的交通安全；"欲速则不达，行车安全比经济发展及挑战高速纪录更重要。"这些言论体现了海外华文媒体在中国重大国计民生问题上的积极报道取向，预示着海外华媒将在中国转型时期扮演积极的支持者角色。

最后，一个容易被忽视而尤为重要的因素是，海外华文媒体能够在中国战略转型中发挥影响和作用，还在于中国社会存在相对应的资讯和舆论需求。从清末洋务运动，到辛亥革命、五四运动，再到中华人民共和国成立、改革开放，"睁眼看世界"的学习借鉴心理一直贯穿始终。海外华文媒体虽然大部分都无法直接在中国大陆发行，却很容易通过华侨华人的人际传播、互联网新媒体传播为中国公众所认知。近年来《环球时报》、《参考消息》及其他国内媒体大量转载海外华文媒体报道，逐渐打破了海内外华文媒体的"海关墙"，为海外华文媒体直接影响的中国受众提供了条件。

在信息需求方面，虽然近年来中国大力普及英语教育，但中文仍是国民获知外部信息的最便捷语种。在中国国内媒体在海外的"触角"较为薄弱的情况下，立足五湖四海的华文媒体自然成为中国民众了解国际新闻的一个重要渠道。近年来，中国新闻网、环球网等国内大型新闻网站大量转载海外华文媒体的报道，动辄受到数十家国内网站转载，说明海外华文媒体的报道内容和报道视角，对中国受众来说具有较强的吸引力。在言论需求方面，由于目前中国新闻制度仍处于转型时期，言论尺度和自由度受到国情民情的约束，而海外华文媒体既了解中国情况，又不受中国特殊政策环境的制约，因而更能够满足中国民众的某些言论需求。加上海外华文媒体本身处于"观察者"的位置，视野比较开阔，评说中国较为客观，受到中国民众欣赏。在政策环境方面，随着中国新闻体制的不断开放，与中国具有天然"姻亲"关系的海外华文媒体更容易进入中国，进而在中国社会转型中发挥更大的作用。考虑到以上种种因素，可以预见未来海外华文媒体对中国发展的影响将日渐深入和广泛，其作用也将更为凸显。

第五章

华侨华人社会特征及其对中国发展的影响

——兼以美国新华侨华人为例

中国人迁居四海由来已久。侨民这个词,是随着近现代国家的建立而产生的。大量的史料表明,早在世界近现代国家建立兴起之前很长的一段时间,就有很多中国人迁居异域异国,这些早期迁居异域异国的中国人,与后来迁居异域异国的中国人一起,创造了今天的海外华侨华人社会。华侨华人身居海外,所处社会环境与母国完全不同,但其发展能够延续不断,进而发展成为具有鲜明中国文化特点的华侨华人社会,创造了一个现代意义上新型社会。华侨华人平均生活水平不仅仅远远高于母国的平均水平,即便与所在国相比,华侨华人的生活平均水平普遍也居所在国平均水平之上。2006 年美国一般中等家庭年收入 48 451 美元,美国华侨华人中等家庭年收入平均为 62 705 美元。[①] 在现代工业社会和科技时代的大背景下,华侨华人能够取得这样的社会地位,其中原因非常值得人们思索。华侨华人社会逐步形成并发展的过程,彰显了中华民族传统的美德与价值观,这种"软实力"使得华侨华人社会不断调适与所在国社会的关系,顺应现代工业社会和科技时代的发展,推动华侨华人社会持续不断进步并取得当今的社会地位。

---

① Larry Hajime Shinagawa and Dae Young Kim. *A Portrait of Chinese Americans*, *A National Demographic and Social Profile of Chinese Americans*, OCA and the Asian American Studies Program. University of Maryland, 2008, P. 28.

第一节　海外华侨华人社会特征彰显了中华文化魅力

在海外移民的漫长过程中，华侨华人社会在保持传统中国社会特点的基础上，形成了华侨华人社会软实力主要构成：家庭或家族为社会资本的经济模式；孝亲道德哲学为核心的社会文化；勤劳节俭的社会生存方式；重视教育的社会竞争方式。这种软实力是华侨华人社会的鲜明特征，是华侨华人社会内在的社会品质，使得华侨华人不断地调适与所在国社会的关系，顺应现代工业社会和科技时代的发展，持续不断获得进步并取得当今的社会地位。中国人迁居四海由来已久，关于世界各国或者说中国以外的华侨华人社会研究已经有很多优秀的成果。其中有的是以国家或者区域作为研究对象，有的是以历史发展作为研究脉络，有的研究侧重于研究华侨华人社会内在的某一个方面的特点，有的辟出华侨华人社会与所在国或者中国的某种关系路径。这些研究极大地丰富了人们对于华侨华人社会认识，对我们深入理解华侨华人社会具有重要意义。

华侨华人身居海外，所处社会环境与母国完全不同，但其发展能够延续不断，进而发展成为具有鲜明中国文化特点的华侨华人社会，创造了一个现代意义上新型社会华侨华人社会逐步形成并发展，软实力是其中一个主要原因。它是华侨华人社会内在品质的有机体现，软实力使华侨华人社会不断调适与所在国社会的关系，顺应现代工业社会和科技时代的发展，推动华侨华人社会持续不断进步并取得当今的社会地位。

一、家庭或家族为社会资本的经济模式

传统意义上的中国社会，是一个以家庭或者家族关系为基本纽带形成的社会。家庭或家族成员之间的关系不但包含着牢固的社会关系，同时也包含着稳定的经济关系。这是中国传统社会的社会资本的核心，也是中国传统社会构建社会经济模式的起点，更是华侨华人社会软实力的基础。

华侨华人海外定居，并没有放弃原有的或者既有的家庭和家族关系，恰恰相反，华侨华人社会保持和延续这种关系的能量十分巨大，维系着华侨华人社会家庭和家族关系长期存在。19世纪中期在美国成立的几个有代表性的华侨华人会馆，如三邑会馆和四邑会馆，一项工作是把死亡的华侨华人的骨灰检运后送回国

内，并且明确规定了检运费收取的标准，① 让这些死在异域的人们回到自己故土故里，葬入祖坟，叶落归根，回归自己的家庭和家族。如果不是这样，不能回到自己的故里，不能和自己的家庭和家族的先祖葬在一起，死去的人就会被认为是孤魂野鬼。由此可见，华侨华人为了维系同家庭和家族关系付出了多大的努力。厦门大学潘宏立教授认为，菲律宾华侨华人社会组织宗亲组织与祖籍地的同姓组织联系十分密切，闽南同姓组织实为宗族和宗亲两大组织合成，潘宏立教授专门撰文，论及《菲律宾华人社会与闽南侨乡的同姓组织》，揭示"海外华人同姓组织与闽南侨乡同姓组织的结构及互动状况，阐明其社会原因及作用"。②

华侨华人社会家庭和家族关系的存续，主要源自家庭和家族的绵延不绝，随之而来缔结的家庭和家族成员间的关系也是绵延不绝，并为每一个家庭和家族的不同辈分之间，织就了复杂关系。这种关系生来与共，可以准确地给出每一个人在家庭和家族中的位置，一直传承后代。谓其来者是"福建省福清市林氏家族第多少多少代世孙"，谓其去者是"山东省济南市孔氏家族第多少多少代显祖"。华侨华人社会中的家庭和家族存在的社会关系，从早期移民开始，直到现在还在继续。华侨华人不论是兴旺发达，还是穷困潦倒，不论是新侨还是老侨，都会自然而然地保持和利用这种稳定的家庭和家族关系，稳定地谋求各自的经济利益，取得生存和发展契机。

家庭和家族成员间这种关系的进一步发展形式是华侨华人社会中林立的同乡会。在菲律宾的福建晋江、石狮同乡会，"在性质上更属于宗亲会"，③ 这是一种很客观的结论。宗亲会性质的同乡会，是华侨华人社会中某个地域的，或者某个姓氏的多个家庭和家族的，彼此具有一定血缘关系或者共同区域文化特点的集合体，它包含多个家庭和家族，放大了家庭和家族关系，铺就了一张更大更广泛的社会关系网络。在这个网络中，每个家庭和家族变成了一个联系的节点，一个具有活力的单元，延续和扩大了家庭和家族的关系，家庭和家族成员可以从中获取更大更多的社会资本，在密如织网的社会关系中延伸自己利益的触角，并且同众多家庭和家族一起，造就了华侨华人社会丰富的社会资本。

华侨华人社会中普遍存在的具有宗亲性质的同乡会，在其他国家移民社会中很少出现。其他国家的移民中间出现更多的是行业协会，是一种从事行业的同志集合，更多的是一种职业联盟，而不是家庭和家族之间的宗亲组织。与华侨华人

---

① 李春晖、杨生茂主编：《美洲华侨华人史》，东方出版社1990年版，第179~181页。
② 庄国土、清水纯、潘宏立：《近30年来东亚华人社团的新变化》，厦门大学出版社2010年版，第373~392页。
③ 庄国土、清水纯、潘宏立：《近30年来东亚华人社团的新变化》，厦门大学出版社2010年版，第374页。

社会的宗亲性质的同乡会相比，行业协会亲和力，或者说对于人的凝聚力，远不如家庭和家族以及同乡会之间的亲和力、凝聚力强，这一点起码在华侨华人看来是如此。客观地来说，每个人职业的变化可能随时发生，所以行业协会也可能长期存在，但是具体到某个人，某个基本单元的人则有可能不是长期存在。

长期存在与华侨华人社会中的家庭和家族关系以及它的发展形式同乡会，是华侨华人社会对中国传统社会关系的保持和传承，也是华侨华人社会对传统社会资本的保持和传承。更为重要的是，这种以家族和家庭为主要特征的社会资本，所带动的是华侨华人社会主要的经济模式——以家族和家庭为主要经济形态的社会经济模式，成为华侨华人社会发展的主要经济方式和软实力的基石。

在以工业化为主要标志的商品社会背景下，自给自足的家庭经济是很难实现和发展的。大量华侨华人移居海外，是以出卖自己劳动力为前提的，大量华侨华人用于商品交换的就是自己的劳动力，在商品经济迅速发展时期的社会背景下，华侨华人与其他国家的移居者在初始之时看来并未二致。因为他们都缺乏必要的原始资本，丧失了自给自足家庭经济起码的条件，都是资本主义国家发展中廉价劳动力的提供者。尤其是19世纪中期到19世纪末期出国的华侨华人，他们一旦出国，就等于告别了传统的家庭经济生活，走上了一条充满艰辛生活道路，廉价的劳动力是他们生存的唯一资本。

此种情形在20世纪初期开始发生了变化。在菲律宾20世纪初的10多年间，"华侨华人经营的菜仔店、叫卖商铺……商店和批发店，几乎掌控了菲律宾的零售业，且在批发和进口业也占有重要地位"，"1912年华侨华人零售店有8 455家，从业者约45 000人"，"这些店铺，或雇工一二，或夫妻自理，终日营业"。① 可以明显地看出，此时的华侨华人社会的家庭经济在东南亚各国开始形成，在欧美等国情况也大致如此。这个时期华侨华人社会凭借家庭和家族为主要构成的社会资本，以家庭和家族经济为主要发展模式，适应商品社会经济环境，改变了自己的生存状况，提升了华侨华人社会整体的经济水平。其基本特点就是华侨华人家庭经济开始以商品生产和商品经济的形式，融入了商品经济大潮，为华侨华人社会的发展奠定了基本的经济基础。

据美国人口统计资料，华侨华人在美国兴办的私人企业数量众多，这些企业基本是以家庭和家族为基础。1977年为23 270家，1987年为89 717家，1997年为252 577家，20年间华侨华人在美国的企业数字增长了10倍，增长幅度之大居美国各个少数族裔之首。如果对比其他美国少数族裔的数字，更能看出美国华侨华人家庭经济发展的特点。在美国，每11个华侨华人就有一个属于自己的企

---

① 庄国土、刘文正：《东亚华人社会形成和发展》，厦门大学出版社2009年版，第117页。

业，而其他少数族裔情况就不一样，每 29 个拉美裔有一个自己的企业，每 44 个非洲裔有一个自己的企业。另外华侨华人在美国的企业不论在雇佣人数还是在盈利水平都远远高于其他少数族裔的企业。①

这种经济上适应或者改变的意义十分重要。背负着千年传统文化的华侨华人，在一个自己陌生的文化环境里，找到了源于自己文化传统，又能融入所在国主流经济发展模式的生存方式。从我们现在研究的角度看，他们无疑是用自己艰苦的努力，给了我们一个重要的启示，中国传统的以家庭或者血缘关系为基本纽带的社会资本，在商品社会仍然具有它无限的魅力和巨大的发展空间。

华侨华人社会家庭经济进一步的发展形式是华侨华人家族公司或者华侨华人控股公司的出现和发展，这种情形在华侨华人聚集的东南亚国家和地区尤为显现。20 世纪 70 ~ 90 年代，是这个地区华侨华人家族公司迅速扩张发展的黄金时期。资料表明，在马来西亚资本规模 2 亿美元的华人企业集团有 40 家，其中有 17 家在 4 亿美元以上。印度尼西亚国内最大的 200 家私人公司中，有 167 家属于华人公司。在菲律宾和泰国，华人公司也是颇具规模。1996 年股票市值在 1.85 亿美元以上的 500 家全世界华人企业中，马来西亚有 98 家，菲律宾有 15 家，泰国有 30 家，印度尼西亚有 31 家。② 这些东南亚国家和地区的华人公司，已经成为当地华侨华人社会中的领导型企业，成为所在国重要的经济成分，相当多的这类家族公司成为区域性跨国公司。

二、孝亲思想为核心的社会文化

孝亲思想是我国儒家思想重要组成部分，是中国传统文化的核心之一，在中国古典文献《论语》、《孝经》、《礼记》多有论述。"孝"之起始要义，是人们对祖先的敬畏和一种生殖崇拜，具有自然原始宗教的色彩，祈求先祖对现世家族和未来子孙繁衍的护佑。儒家先哲将"孝"发展成为孝亲思想，贯穿在儒家学说之中，用以规范社会人伦关系，特别是在"仁爱"学说中得到最集中的体现。儒家思想被统治阶级接受后，变成"仁、义、礼、智、信"之五常、与"三纲"一起，是一种治世之道，上升为中国传统社会几千年以来最重要的社会政治思想，也是中国传统社会人们的行为规范。

中国传统社会崇尚的孝亲思想，唯孝唯亲，认为孝亲是绝对的，因为人们的血亲关系是绝对的。基于血亲关系的基本人伦关系应该是孝亲，要求家庭成员对

---

① 周敏：《美国华人社会的变迁》，上海三联书店 2006 年版，第 346 ~ 347 页。
② 庄国土、刘文正：《东亚华人社会的形成和发展》，厦门大学出版社 2009 年版，第 317 ~ 319 页。

上辈和祖辈要孝顺、要孝敬，对自己的同辈人要亲、要礼，对他人要有大爱，对社会要有博爱。孝亲思想规范中国人最基本的思想和行为，使之家庭和谐，社会稳定和社会进步，具有很明显的人伦关系协调功能、强烈的感情因素和永久的社会存在意义。孝亲思想维系着中国传统家庭和家族，也是中国传统社会最重要的社会文化思想，并且是中国传统社会与其他民族社会在社会文化思想上的重要区别。孝亲思想虽然是中国传统社会的重要特征，却与其他民族社会思想并不冲突，身居异域的华侨华人，传承并保留这种中国传统社会的核心思想，并把这种思想变成了具体的行为，凝聚成为华侨华人社会具有强大道德力量的软实力。

中国人民大学李春晖、南开大学杨生茂教授在其主编的《美洲华侨华人史》中指出，"侨汇是华侨同国内亲友保持联系的重要纽带"，① 并在书中详细列举了华侨华人从1864~1948年历年汇至国内的款项表格，前后84年，共计35.1亿美元。侨汇其中的大部分是华侨华人直接汇寄给国内亲人们，用于国内家庭和家族的基本生活费用，是他们在国内家庭和家族成员生活的基本来源或者必要的补充。② 侨汇的界定比较宽泛，一些用于投资的"侨汇"也在其中，但是其中大部分是用于国内家庭和家族成员的基本生活消费。新中国成立以来到20世纪90年代一直存在的"侨汇券"和"外汇券"，也是各种外币汇兑而来一种特种人民币，开始时相当一部分是侨汇汇兑，后来也有国内人们通过各种方式得到外币以后汇兑而来的。侨眷家属在得到国外华侨华人的外币以后，到政府指定的外汇结算银行按照即时的外汇比价，兑现成一定数量的"侨汇券"或者"外汇券"，变成了一种可以在特定场合使用的货币。在当时物资短缺的情况下，使用"侨汇券"和"外汇券"可以购买到很多紧缺的商品，"侨汇券"、"外汇券"被赋予了一种特殊的购买权利。

侨汇和侨资投资有所不同。侨资投资单笔数额较大，满足实业项目的投资需求，而侨汇单笔数额并不是很多，是众多单笔侨汇集而来的，涉及广泛的华侨华人社会。侨资投资目的除了支援祖国建设的社会意义外，取得商业利益也是其中重要的目的，而侨汇很少具有商业利益目的，相当一部分是用于侨眷家庭和家族成员的日常生活消费。侨资投资出现的时间也比较晚，一般是华侨华人已经在国外取得了一定的商业成绩以后才开始的。侨汇是华侨华人家庭或者个体在国外有了基本的生活来源就开始的，有统计的文献数据就有近150年，记载了侨汇大量出现的历史事实，基本与华侨华人社会形成的时间相符。可以看出，侨汇是华侨华人社会广泛的、习惯性和长时间的社会行为，属于华侨华人社会一种优良的体

---

① 李春晖、杨生茂主编：《美洲华侨华人史》，东方出版社1990年版，第722页。
② 李春晖、杨生茂主编：《美洲华侨华人史》，东方出版社1990年版，第723~724页。

现孝亲思想的社会品行。

侨汇并不是华侨华人社会孝亲行为最有为力的论据。由于关于华侨华人社会研究、特别是华侨华人家庭和家族成员赡养关系、亲情关系、家庭教育等方面研究较少,关于华侨华人家庭、核心家庭研究较少,关于华侨华人家庭田野调查样本较少,存在于华侨华人社会丰富的孝亲行为和思想还有待进一步的发掘。但是在相当长的一段时间内,华侨华人在海外的生活境遇并不是很好很富裕,侨汇是他们自己省吃俭用出来的一点钱,克己奉祖、克己奉人,它折射出华侨华人社会保持的中华文明孝亲思想的光芒,反映了华侨华人社会优良的社会文化。

1870年,美国华人中男女性别比大致为20∶1,华人社会男女比例严重失衡。由于当时在美国的华人多数是通过契约的劳工,这些劳工年龄较轻,已婚者也多是只身前往美国,并没有在美国安家落户长期生活的打算,当时的华人社会女性很少,华人社会被称为"单身社会"。他们与在中国的家庭保持着多种联系,其中也包括了美国华侨华人长时间的寄钱奉养家人的关系。在第一次世界大战和第二次世界大战期间,美国华人社会中女性比例开始上升,美国华人社会家庭个数同时增加。到2006年美国华人社会,男女性别比为47.9∶52.1,[1] 美国华人社会的女性人口已经超过了男性人口,说明就男女性别比而言,美国华人有着充分的婚姻条件组成家庭,发扬和传承华侨华人社会孝亲思想。

孝亲思想的另外一种形式是大爱和博爱,在传统思想中,孝亲思想具有由己推人的大爱和博爱的精神,是一种广博的仁爱思想。华侨华人离开祖国多年,他们与祖国仍然有着千丝万缕的联系,时刻关注祖国每一时刻发生的变化,19世纪末期中国民族主义萌生和发展,华侨华人社会中对祖国的民族认同逐步增强,大爱博爱精神表现为对祖国发展的关心和支持,尤其是当中华民族面临重大历史变革的关键时刻,华侨华人顺应历史潮流,对中国社会的历史性巨变产生过积极的推动作用。

1894年在美国檀香山,孙中山先生创办了中国第一个资产阶级革命组织兴中会,1905年在日本东京成立了同盟会。他多次往返美国、加拿大、日本和东南亚国家,宣传自己的革命主张,筹集活动经费,发展革命组织。"从兴中会成立至辛亥革命爆发,孙中山先生曾直接领导发动了10次武装起义,共耗资62万元,80%为各地华侨资助。"[2] 一些华侨华人还是辛亥革命的生力军。1916年,夏重民在加拿大组织"华侨敢死先锋队",反对帝制,维护共和,有数百名华侨

---

[1] Larry Hajime Shinagawa and Dae Young Kim. *A Portrait of Chinese Americans*, *A National Demographic and Social Profile of Chinese Americans*, OCA and the Asian American Studies Program. University of Maryland, 2008, P. 18.

[2] 李春晖、杨生茂主编:《美洲华侨华人史》,东方出版社1990年版,第702页。

华人参加，他们立志回国参加武装讨袁护国运动。辛亥革命时期的华侨华人，参与国内政治的热情极高，他们并不把自己看成是中国社会变革的局外人，认为自己就是这种变革的一种强大力量，华侨华人的身份在这个时期根本不能阻碍他们参与国内政治斗争，没有放弃自己的一份义务和责任。其实对革命派是这样，对保皇派也是如此。革命党的孙中山，改良派的康有为、梁启超等都十分看重华侨华人的作用，他们都曾充分利用了华侨华人社会关注祖国命运的心理，在华侨华人社会中宣传自己的政治主张，建立自己的政党组织，筹集必要的活动经费，并为争取华侨华人社会展开政治斗争。

抗日战争时期，华侨华人中间出现了许多抗日救亡组织，这些组织很多是原来多个华侨华人社团的联合体，抗日救亡是华侨华人组织的一致思想。1935年至1937年7月7日前后，美国华侨华人组织了3个大型以抗日救亡运动为宗旨的总会，联合在美国的200多个华侨华人社团，发表抗日救亡运动声明，号召华侨华人通过各种方式支援国内的抗日战争。在东南亚，1938年新加坡成立了"南洋华侨筹赈祖国难民总会"，统筹南洋各地抗日救亡运动，这个组织在东南亚各地设立了约60个分支机构。在北美、南美、欧洲各国，华侨华人中都出现了类似的抗日救亡组织。这些组织在世界范围内积极宣传抗战思想，招募华侨华人回国参加国内抗战，组织捐款，筹措抗战物资，抵制日货，断绝与日商的经济关系。抗日战争时期滇缅公路抗战物资的运输线上，有4 000多名驾驶员和维修工工作，他们多数来自东南亚各地的华侨华人。当时中国空军中，有大批来自美国、菲律宾和印度尼西亚的华侨华人子弟，成为中国空军飞行员的主要力量。华侨华人为国内抗日战争胜利做出了不朽的贡献，不少人献出了自己的生命。

抗日战争时期华侨华人社会的抗日救亡运动，是华侨华人历史上一次普遍性的社会政治运动，中华民族认同感十分强烈。华侨华人社会在这个时期演绎出大爱和大孝，具有十分典型的族群社会文化特征，是华侨华人社会软实力的一场精彩演绎。

华侨华人对于祖国的这种大爱，其他文化是很难理解的。2001年，美国"百人会"的一项调查表明，有约87%的美国人认为，华裔对中国的忠诚大于对美国的忠诚。[①] 特别要说明的是，这个结果是美国人对华侨华人社会的一个很负面的看法。造成这种情况的因素很多也很复杂，有着不同文化对于祖国的态度不同因素，甚至掺杂着一些政治的因素，但不可否认的是也确有华侨华人社会本身的因素。如何更好地处理祖国和所在国在这个问题上的关系，对美国的华侨华人

---

① The Committee of 100. *American Attitude toward Chinese Americans and Asian Americans.* 2001，http：//www.committee100.org.

显得十分重要，对其他华侨华人社会，这个问题也值得思考。

三、勤劳节俭的社会生存方式

华侨华人勤劳节俭的社会生存方式是由多种原因造成的，其中最主要的来自于对中国传统文化的传承，华侨华人在众多的中国传统文化中选择了最利于自身在异域社会发展的勤劳节俭传统思想，并以此作为华侨华人社会在异域生存的基本方式，为华侨华人社会的发展和兴旺铺就了一条光明大道，构成华侨华人社会软实力的一个重要方面。

勤劳和节俭是华侨华人社会立足异域的根基，多数华侨华人出国不是一种海外投资行为，没有多少钱财，他们把移居海外或者在海外工作看成是一个机会，一个可以实现自己梦想的机会。所有的一切，只能依靠自己的勤劳和节俭。这种将自身作为唯一资本的生存方式，以自身的劳动换取自身的生活资料的生存方式，源于中国传统社会的"克己"思想，它将自己的生存和自己的劳动结合在一起，而不是通过对他人他物的占有获得自己的生存权利，闪耀着中国古老文化文明的光芒，与其他移民社会有着显著的区别。在世界范围内，华侨华人是所有移民族群最大的一支，这固然有中国人口众多的原因，但是就华侨华人移居国外生存方式而言，是依靠自己的勤劳和节俭，并不会对当地人的生存造成威胁，所以中国人移居海外并不会引起移居社会的社会性反对。这种情况起码在中国人移居海外的伊始是这样的，具有十分明显的软实力特征。1882年，美国通过了第一个排华法案，1892年通过了吉里法案，并在以后通过了8个补充法案，直至1943年被废除。在1882年以前，美国虽然也有排华的种族主义思潮和活动，但是很多美国公司招募华人去做工，主要理由就是看到华工勤奋、吃苦耐劳。就是在美国排华最严重的时期，在美国最严厉排华法案中，他们也没有把华侨华人勤劳的品质作为排华一个理由。恰恰相反，很多同情华侨华人的美国人，在为华侨华人质证时，都对华侨华人的勤劳精神作出了客观的评价和公允的说明。美国印第安纳州参议员奥利佛·P.摩顿（Senator Oliver P. Morton）的《摩顿报告》中就重点提到，"他们（指华侨华人）通常在行为上是勤劳、温和和诚实的。"[①]

中国东南沿海地区是近代中国大规模的移民外迁地，这个地区人口密集、土地肥沃，但人均土地面积比较少，农业生产大多数采取轮作方式，一年种植两季或者两季半。为了提高粮食和农作物单产，普遍实行精耕细作。这个地区的手工

---

① 李春晖、杨生茂主编：《美洲华侨华人史》，东方出版社1990年版，第216页。

业生产在 18 世纪发展迅速，如制陶、丝织等产业，已经成为区域性的支柱产业。中国东南部沿海地区是传统的近海渔业生产地，但是这个时期的中国的渔业生产没有使用大机器，仍然依靠风力、人力和经年积累的生产经验，从事渔业生产的渔民维持和发展生产主要通过提高单网产量和出海作业频率实现。农业生产、手工业生产和传统的渔业生产都是劳动力密集型产业，繁重的农业生产尤其是采取轮作方式和精耕细作的农业生产，农民必须付出更多的劳动，一年之内不停地在田间操劳。手工业生产的特点是依靠人力，只使用很少的辅助性机械，生产过程十分辛苦。因为只有勤劳才能获得更多的收获。

李其荣博士在他的著作《移民与近代美国》中，对中国移民对美国近代发展做出的贡献论述的颇为精到，他认为"中国移民具有勤劳的素质"，他引用了多位美国历史学家关于中国移民在美国中央太平洋铁路建设中的客观记述，运用很多具体的实例，认为"华工最能吃苦耐劳，经常担负着繁重而危险的工作"，"中国移民在海外异地谋生，更须勤劳工作"。[①] 李春晖、杨生茂教授主编的《美洲华侨华人史》中对这段历史中华侨华人事迹浓墨记述，其中引用了当时美国政府官员、法官和记者等诸多人士的客观描述，很多人都谈到华侨华人"忠诚勤奋，表现卓著"。[②] 1889 年 5 月 10 日，连接美国中央太平洋铁路和联合太平洋铁路的两颗金色道钉，由华工和白人工人钉进枕木，也把勤劳的华工对美国铁路建设的历史功绩钉进了美国近代发展的历史。华侨华人如此勤劳，除了继承了中华民族的优良品质的原因以外，还与早期华侨华人出国以后低微的社会地位和歧视性的工资待遇有着直接的关系。在美国中央太平洋铁路修建过程中，华工的工资只有白人工人的 1/3 左右，在农业工人中，华人只有白人工人的 1/2 左右，香烟制造工厂，华人工资只有白人工资的一半多一点，在罐头工厂，华人的工资比印第安人的工资还要低，只有他们的 2/3。[③] 华侨华人的低微的社会地位和在许多国家遇到的歧视性工资待遇，一直延续了很久，直到现在还时有发生。

勤劳并不是从事某种职业的华侨华人特有的品质，而是华侨华人社会的共同特征。华侨华人在商业、洗衣业、零售业、手工业等行业中，总是比其他族裔的同行勤劳，他们的工作时间普遍比同行更长，工作的强度也要比同行高出很多，他们用自己更多的汗水换取了比同行更多的财富。直到现在我们仍然可以看到，世界各国华侨华人商店，营业时间普遍比其他商店长，很多华人店铺星期天仍旧照常营业。节俭不仅是中国传统文化对待自然资源和自身消费的基本态度，也是社会财富积累和传承的基本条件。中国人在自己启蒙时期就会接

---

① 李其荣：《移民与近代美国》，中国华侨出版公司 1991 年版，第 181~182 页。
② 李春晖、杨生茂主编：《美洲华侨华人史》，东方出版社 1990 年版，第 123~126 页。
③ 李其荣：《移民与近代美国》，中国华侨出版公司 1991 年版，第 193~194 页。

受"谁知盘中餐,粒粒皆辛苦"的教育,形成了一整套节俭的观念和世代相传的生活习惯,节俭在中国传统文化中被看作成一种美德。这并不是简单的餐桌礼仪、衣着文化或者消费文化,而是一种社会性的普遍心理特征,一种可以在生活各个方面表现出来的行为性的软实力,对于中华民族的繁衍和兴盛具有积极意义。

华侨华人社会节俭很多表现为长期性和普遍性的储蓄习惯,关于华侨华人的储蓄虽然没有确切的统计数字,但是有人估计,华侨华人用于储蓄一般占到自己收入的40%左右。在华侨华人生活的国家,现代银行业一般都比较发达,更加有利于华侨华人的储蓄习惯的形成。就华侨华人所处的国家环境而言,个人消费其实十分方便,但是他们并没有把自己挣来的血汗钱全部用于自己的消费,而是节俭下来用于储蓄,用于接济自己家庭和国内亲属的生活,用于自己子女的教育补贴和自己老年的养老金。即便是消费而言,华侨华人的消费也多是以购置固定资产为主,例如购买住房等,所以华侨华人住房多以自己购买为主,很少租赁住房。

华侨华人所在的国家不同,出国定居的时间不同,在消费和储存习惯上的表现也有区别。在发达国家华侨华人自主创业的比例相对少,所在国家各种福利保险相对高,他们的储存也相对少些。在一些发展中国家,华侨华人自主经营比例相当高,很多华侨华人对所在国家福利和保险依赖度相对低,他们的储存也相对高。但是不论是哪种情况,华侨华人社会善于储蓄,是一种很明显的特点。对比那种彻底消费现在甚至是透支消费未来的海外社会,华侨华人社会只消费过去、储蓄未来的习惯,更加显露出华侨华人社会持久的发展和软实力。这种习惯在当下深陷欧洲债务危机的西方社会中显得更加具有现实意义。百年领跑世界的西方社会已经给他们自己养成了借债生活过度消费的习惯,虽然他们主导的世界金融体系可以通过汇率等金融手段化解部分债务,甚至可以让他人承担一部分自己的债务,把世界经济拖入缓慢增长的轨道,但是有明智的西方学者,他们对中国有一些了解,认为应该学习中国,学习华侨华人,学习储蓄。我们知道,这虽然是有益的一种忠告,可是西方社会很难做到。

当然,现在华侨华人社会勤劳节俭的习惯也有改变的趋势,主要表现在华侨华人中的年轻一代、特别是第二代或者第三代华侨华人的消费习惯和就业观念的转变。他们更多地融入了他们所在的社会,即时享受他们的劳动所得,而不是像他们的祖辈那样辛劳操持。但新的华侨华人由于初到海外,还将依靠自己的勤劳节俭,积累自己在海外社会生存的资本。

四、重视教育的竞争方式

重视教育是一种华侨华人社会的社会性行为选择和社会性尊崇行为，也是华侨华人在海外社会取得竞争优势的软实力。它明显受到中国传统文化中"学而优则仕"的社会竞争传统影响，带有强烈的"万般皆下品，唯有读书高"的社会分工崇拜色彩。华侨华人相信，知识可以改变世界，读书可以改变自己的命运，这种信念深藏于每一个华侨华人心中，成为他们改变自己命运，提高自己社会竞争能力的软实力。

美国华侨华人人口调查显示，在美国出生的华侨华人的普遍受教育程度比例较高，有 70.2% 获得大学及以上学历，高中及以下的比例仅为 12.3%，而且呈现出明显的代际区别，25 岁及以下的美国华侨华人与这个年龄组以上的华侨华人不同。虽然在 2010 年发表的这个调查统计中认为，美国华人获得的较高学历和得到的就业机会，与他们的实际收入和在教育上投入的有些不相符合，[①] 但是这些并不会减少华侨华人对自己和自己的后代教育的投入，让他们忽视教育，采取其他手段和方式取得竞争优势。美国华侨华人家庭收入的实际水平，比美国一般家庭的收入要高一些，这种情况已经是多年以来存在的事实。这其中一个主要原因就是华侨华人社会的教育水平高于美国的一般水平，美国的华侨华人有一半以上约 53.4% 的人就业于管理和专业性工作岗位，有 1/5 约 20.8% 的人从事销售和办公室工作，有 15.4% 的美国华侨华人从事服务型工作。[②] 可以看出，美国华侨华人从事的工作，很多都必须具有相当的文化知识和专业技巧。

由于华侨华人所处的国家和地区不同，华侨华人文化教育表现形态也各有不同。在欧美国家的华侨华人，早期华侨华人通晓所在国语言的人数很少，更难提及了解所在国的文化了。他们急于通过下一代或者自身文化教育，改善自己社会在异国文化中的生存地位和自己的生存状况。他们选择的方式一般是学习所在国的语言和文化，或者让自己的下一代进入当地的学校学习，完成最终的学业。据统计，2006 年，美国华侨华人中，25 岁及以上的人中，拥有大学及大学以上学历的占到了 51.7%，美国华侨华人中不论是男性还是女性，平均教育程度均高

[①] Larry Hajime Shinagawa, Dae-Young Kim. *A Portrait of Chinese Americans. A National Demographic and Social Profile of Chinese Americans*, OCA/aast, 2008, P.59.

[②] Larry Hajime Shinagawa, Dae-Young Kim. *A Portrait of Chinese Americans. A National Demographic and Social Profile of Chinese Americans*, OCA/aast, 2008, P.25.

于美国男性和女性的平均教育程度。① 美国华侨华人的学历教育基本上是在美国的大学里面完成的,这也成为美国华侨华人进入美国社会的一个基本条件。美国的华侨华人中也有不少人接受过中文教育,但是这种教育基本上不是学历性质的教育。早在 1867 年美国华侨华人就有私塾形式出现,教授中国传统文化。1888 年设在旧金山的"大清书院"开始招生,到了 1930 年,美国华侨华人兴办的中文学校中学 6 所,小学 50 多所,私塾 20 多所。② 虽然如此,华侨华人兴办的中文学校也没有成为华侨华人或者美国社会认可的学历教育,更没有高等中文大学出现。

在东南亚一些国家则很不相同。很长一段时间东南亚国家华侨华人的中文学校虽然没有中文大学,但是在高中以下的学历教育中,中文学校则是很多华侨华人家庭的选择。暨南大学华侨华人研究所黄昆章教授的研究和统计表明,1957 年印度尼西亚的中文学校(华校)有 1 800 多所,就读的学生达到 42 500 人。③ 印度尼西亚的中文学校(华校)不仅是华侨华人教育的第一选择,还有不少印度尼西亚家庭也把孩子送进中文学校(华校)学习。这些学校学生高中毕业以后,或返回中国的大学,或到欧美国家的大学继续学习,也有一部分就读所在国大学深造。现在很多国家的中文学校已经不完全是为了华侨华人学习中国文化和科学知识,有相当一部分所在国的人民到中文学校学习中文,了解中国文化。据有关方面的统计,目前世界各国有中文学校 2 300 多所,有超过 3 000 万人在这些学校里学习中文和中国文化。很多学习中文和中国文化的外国人已经不仅仅是为了满足一种对中国文化的兴趣,而是出于各种经济原因努力学习中文。

华侨华人重视教育,通过提高自己的文化素质和学历水平取得社会竞争优势,付出了巨大的努力。在美国,早期华侨华人把进入美国公立大学的机会作为自己民族平等、反对种族歧视的一项主要内容。1943 年美国废除《排华法案》以后,美国华侨华人的孩子得以进入到美国的公立学校学习,这无疑使得他们看到了希望,自己和自己的下一代可以通过教育,改变在美国卑微社会地位。美国华侨华人社会涌现出很多杰出的科学家、工程师等社会精英人物,就是长期以来华侨华人重视教育的直接结果。美国华侨华人得益于教育,提高了自己在美国社会中的竞争能力。

在东南亚各国,华侨华人为了保留中文学校,提高华侨华人社会的教育水平,经历非常曲折的历程。20 世纪开始在东南亚各国华侨华人开始兴办具有现

---

① Larry Hajime Shinagawa, Dae-Young Kim. A Portrait of Chinese Americans. A National Demographic and Social Profile of Chinese Americans,OCA/aast,2008,P. 4.
② 李春晖、杨生茂主编:《美洲华人华侨史》,东方出版社 1990 年版,第 238~240 页。
③ 黄昆章:《印度尼西亚华文教育发展史》,外语教学与研究出版社 2007 年版,第 112 页。

代意义的中文学历教育，中文教育成为东南亚各国华侨华人教育的主要形式，极大的提高了华侨华人社会的科学文化水平。第二次世界大战期间，很多东南亚国家被日本军占领，中文学校的发展受到了限制，大批中文学校被日军关闭，华侨华人子弟大量失学。日本战败以后，东南亚各国的中文学校迅速恢复，但是到了20世纪50~60年代，独立以后的国家纷纷采取各种措施，限制中文学校的发展，华侨华人的教育事业发展受到了很大影响。面对这种情况，华侨华人一方面积极争取兴办中文学校的合理权利，改革课程设置，增加适合当地社会的课程内容。另一方面不得不让自己的孩子进入当地的中小学和大学，继续学业。从东南亚各国华侨华人社会关于教育发展的历程中，我们更加分明地感到，华侨华人社会重视教育，以自身教育水平的提高，获得整体社会的竞争优势的种种努力和成就。

通过重视教育提高社会文化素质，提升社会软实力竞争能力并且取得成功，是华侨华人社会的伟大创造。对于沐浴着21世纪曙光的人们来讲，它或许可以告诉人们，未来社会竞争将会有一种崭新的更加文明的方式。

华侨华人社会软实力是华侨华人社会发展的一个主要原因，具有十分鲜明的中国文化色彩。对于华侨华人社会的软实力，必须秉持客观和科学的态度分析对待，促进华侨华人社会的软实力不断的提升，促进华侨华人社会与所在国社会的和谐发展，促进华侨华人社会软实力与中国软实力的共同发展。华侨华人或可能成为一个时代的热门历史性词语。随着中国社会不断地开放，不论在数量还是社会的各个层面，中国会更多地融入国际社会，中国人会有多种方式在国外工作、居住或者生活，华侨华人也会有更多的人回国工作、居住或者生活。这不但成为中国未来社会的一种变化方式，也会成为人类社会变化的一种方式。华侨华人社会软实力对中国社会软实力的影响和提升将会随着这种良性的互动产生积极作用。同样，中国与世界接触和融合的方式是多种多样的，中国传统的思想和行为方式对世界的影响也可能是多种多样的，很多的外国人是通过华侨华人社会了解中国的。他们和华侨华人为邻，与华侨华人结为商业伙伴，与华侨华人通婚，华侨华人社会软实力同样将会在这种良性的互动中产生积极意义。

改革开放以来大批的中国人走出国门，走向世界各地，他们有的承袭了传统中国人在国外的生存方式，比如经营商铺，开中国餐馆，从事手工业劳动。但是也有相当一批中国人，他们去国外是为了学习国外先进的科学技术和管理经验，另有一些中国人虽然取得了外国的永久居留证或者外国国籍，但他们实际上在中国生活和工作的时间要比他们在国外的时间长得多，他们资产和文化心理的重心在中国和移居国家之间不断的摆动。就是按照我们分析的华侨华人社会的典型特征也开始有一些变化：比如他们的居住地不一定就在传统的唐人街，他们的职业也是多种多样，不一定局限在传统的餐饮业和手工业，他们新办中文学校不一定是为了教育华人子弟，而是为了给当地人教授中文和传授中国文化。但是，家庭或家族为社会资本的经济模式，孝亲思想为核心的社会文化，勤劳节俭的社会生存方式，重视教育的竞争方式，这些华侨华人社会软实力特点在短时间内是不会发生根本性的改变，因为这是一个社会长期以来形成、保留和发展的。华侨华人社会软实力特点过去的几百年发生一些变化，今后还会有不同的表现形式，以适应当地当时社会发展。但是之所以成为侨胞，其核心的社会价值观念是很难发生根本性的改变，这种具有鲜明民族性的软实力特征会长久的成为这个社会的标识。

对于华侨华人社会认识是不同的，进而对华侨华人社会的软实力认识也会有所不同。新加坡国立大学特级教授王庚武先生认为，"他们觉得（华侨华人），比起对过去的古老文明的荣耀和伤感，学习什么是现代文明显得更为重要。这种态度已经充斥于年轻一代，特别是那些在海外出生并在那里受教育的一代。"王庚武教授同时认为："在中国之外，这种文明（指中国古代文明）似乎让人们觉得棱角太硬——人们觉得这是一种展示财富和力量的文明。对于别国来说，它没有太多让人效仿的地方，除了朝鲜和越南之外，在一定程度上也包括日本，没有别的国民选择去直接学习中华文明的核心价值观。"[1] 王庚武教授提出的无疑是一个重要意义的话题，直接考量着中华文明核心价值观在这个世界存在的意义。很明显，当今世界是一个被西方价值观念主导的世界，西方世界软实力十分强大。不但在海外华侨华人社会，就是在中国国内，由于西方文化的浸润，中华文明的核心价值观百年来一直受到各种外来文化思想的冲击。但是，这毕竟只是问题的一个方面。如果我们站在西方文明的视角也会发现，西方文明在世界的风行也不是一帆风顺的，否则就不会有所谓"文明的战争"话题在世界上被广泛地提及。客观地看，西方文明无疑在主导着我们这个世界，西方世界软实力无疑影响着我们生活的方方面面。但是包括中华文明在内的其他文明和软实力还会一直存在下去，这是文化多样性的必然存在。作为一个中国人，如果胸怀一种文明的宽容态度，既不要虚化中华文明，也不要过度夸大中华文明的作用，以至对于中华文明软实力的过度自信和膨胀，我们看待这个世界，可能就会少却很多不必要的烦恼和焦虑，多出很多平和的。

---

[1] 褚国飞：《中华文明与海外华人——访新加坡国立大学特级教授王庚武》，载于《中国社会科学报》2010年12月16日，第5版。

第二节 华侨华人对中国发展的作用与影响

自古以来，东南沿海的中国人，在人多地少的压力下，就有"下南洋"（移民东南亚）的传统习俗。这基本可以视为是华侨华人历史的开端。海外的华人和华侨的生存状态的历史和现实，和中国的国家发展道路是有着密切关系的。大致说来，这种关系经历了四个阶段的变化。第一阶段，1840 年之前；第二阶段，1840～1949 年；第三阶段，1949～1979 年；第四阶段，1979～2001 年；第五阶段，2001 年至今。

"华侨"是指已经在国外取得长期居住资格的中国公民。华侨加入或取得当地国籍，就会自动丧失中国国籍，成为具有中国血统的外国籍人，即外籍华人，简称"华人"。华裔是指中国血统的人在外国生育的后代，并不表明其国籍身份，其中有的具有中国国籍，有的具有外国国籍。"侨民"一词，由来已久，原指寄居或客居外地的人。《隋书》卷 24 指出："晋自中原丧乱，元帝寓居江左，百姓之自拔南奔者并谓之侨人（民），皆取旧壤之名，侨立州县。"清代编的《佩文韵府》说："侨，寄也，客也。"《康熙字典》说："旅寓曰侨居。"至 19 世纪末，才把移居外国的中国人简称为华侨。"华侨"一词首次出现在书中是 1883 年。据专家考证，1883 年郑观应《禀北洋通商大臣李傅相为招商局与怡和、太古订立合同》一文说："凡南洋各埠华侨最多处，须逐布置，亦派船来往。"1906 年，孙中山先生在海外对华人社团演讲时经常使用"华侨"一词，许多海外华人此时也开始以"华侨"自称。宣统二年（1909）二月，清政府农工商部向皇帝上呈关于居住在印度尼西亚（当时为荷属东印度）的华侨国籍问题的奏折中，明确地使用了"华侨"一词。

一、鸦片战争前的海外华侨华人

中国人移居海外的历史悠久，两千多年前的先秦时期即有记载。据说，周武王灭商后，箕子拒不降周，带着封国民众徙居朝鲜，至今在平壤郊外还有箕子陵、箕子井田等古迹。公元前 333 年，楚威王兴兵伐越，一些越国人逃亡到越南。《史记·秦始皇本纪》记载，秦始皇为求长生不老药，派徐福率数千人出海寻求，这些人据说到了日本，现在日本仍有徐福墓和徐福村。也有说他们甚至到了美洲。秦朝时已有中国人经朝鲜去日本，据日本史书《古事纪》和《日本书纪》记述，这些人叫做"归化人"，他们自称"秦始皇的后裔"。汉代以后，更多的中国人前往海外，到了东南亚、南亚地区，有些人经商，有些人从事垦植业。南北朝梁武帝大同六年（540），中国侨居日本的人被称为"秦民"。

从唐宋至明朝前期，华侨人数迅速增加，并广泛分布于海外，人数10余万。他们大多居住在今天的印度尼西亚、新加坡、马来西亚、越南、泰国、菲律宾等地。宋人写的《萍洲可谈》中说："汉威令行于西北，故西北呼中国为汉；唐威令行于东南，故蛮夷呼中国为唐。"直到今天，不少地方的华侨仍称中国为"唐山"，称自己为"唐人"，称汉字为"唐文"，称居住地区为"唐人街"。由于当时妇女极少出国，华侨多与当地女子结婚，《真腊风土记》称"唐人到彼，必先纳一妇女"，开始了同化融合于当地人的过程。

1840年之前，基本上不存在向东南亚以外地区的华人移民。是中国国内的社会经济状况决定了华人移民的意愿、移民数量和流向，而华侨华人反过来对中国的国家发展基本上没有什么大的影响，当然，这只是相对后世而言。事实上由于华侨华人群体的存在，中国和世界各国的贸易进行得更加顺利和有效，有助于明朝和清朝的经济繁荣。虽然中国一度有着世界上最强大的舰队，海军实力一度相当于世界其他各国海军实力之和，但是皇朝帝国时代重农轻商的基本方针，加上中国当时在世界上首屈一指的富裕地位，使得中国的皇帝和大臣们缺乏对海外领地的进取心。结果，华侨华人基本上全体都是经济移民，即农民或商人，他们较少或者根本没有来自中国本土的政治和军事保护。这一点，使得中国的对外移民史和西方各国形成了鲜明的对比。后者不仅有经济动机，而且还有跟进的政治和军事扩张。于是，从明朝华侨史开端，一直到1840年，华侨华人只能作为中国潜在的软实力存在，暂时对中国的国家发展起不到什么作用。

由于中国皇帝的消极态度，海外华侨华人得不到来自本土的支持，因而和当地人口占压倒多数的土著相比，在政治上处于较低地位，这和他们在经济上的成功形成鲜明的对比。这个原因很多，这里主要讲两点。第一，华人以家族或同乡会结成人际网络，拥有事业发展起步时所必需、事业发展起来之后又大有助力的社会资本。这一点，比起有广泛的社会契约精神的欧美人民，算不得什么了不起的事，但总是一种弥补。而比起移入国的其他人群，如来自北非、中东、印度、东南亚的人群，以至于本地土著，华侨华人的社会资本都要胜过一筹。第二，与很多前现代社会的民族不一样，华人早在前现代社会就已经在生活习惯和劳作习惯上达到了与现代工商业社会的相当高的契合。而对欧洲人和美国人来说，这种契合比中国人来得要晚些，是通过工业革命完成的。有人提出"勤劳革命"（Industrious Revolution）的概念，就是一个和"工业革命"（Industrial Revolution）相对应的概念，二者的英文拼写很接近。"勤劳革命"不像工业革命。工业革命是大生产方式,依托科学技术和资本积累谋求发展。在西方世界,工业革命在国内主要是城市化、理性化、工业化,对外的则是移民、殖民、扩张和侵略。西方工业化对内对外共同的特点,都是对资源的无限开采、对环境的严重破坏。而在中国,早在西方工业革命之前,就开始了"勤劳革命"。这是在精耕细作的农业和人口压力之下形成的模式,在有限资源的条件下,依靠密集而辛勤的劳作换取边际效益与整体的增长和发展。其显著特色是没有殖民活动和侵略扩张,不以掠夺和破坏来寻求自身发展。相对于东亚之外的欠发达国家,中国的劳动力及其组织方式在突然面对工业革命的冲击时,在勤劳和纪律方面的准备,要强得多。另外,在世界日益向后工业时代发展的今天,收敛性的"勤劳革命"文化,相对于已经过度扩张的"工业革命"文化,也是其中一种可资利用以纠偏的思想和文化资源。这种思想文化资源既然有着鲜明的中国印记,那么在未来的世界政治经济格局中,也同样会给中国带来潜在的不小的软实力。海外华侨华人社会的这种思想文化资源,在1840年中国近代史开端之前就已经存在。

从明朝中后期海禁开放至鸦片战争爆发前,华侨大量增加,人数增至100万以上,中国周边,从日本、朝鲜到印度、缅甸和印度尼西亚,到处可见华侨踪迹。华侨在东南亚的生产活动分为两种:一是聚居于贸易交通中心,从事商业经营、手工业品制造、蔬菜栽培和货物运输,其中少数人上升为拥资巨万的商业资本家,也有被当地政府任命为高级官员的;二是结成移民集团,在当地政府权力未达地区从事开矿和垦荒活动,他们所开垦的矿山土地后来往往被当地政府划入版图,移民领袖也被任命为官吏或贵族。1840年鸦片战争以后,闭关锁国的清朝政府被迫打开国门,中国和西方之间的商路大开,中西方交往大大深化。海外华侨华人的历史,又揭开了新篇章。而这一次,海外华侨华人社会同母国的国家命运,不再是各行其是,而是变得休戚相关。

二、1840~1949年期间华侨华人在国家发展中扮演的重要角色

鸦片战争至中华人民共和国成立前,华侨急剧增加,遍及世界各地。到"二战"前夕,华侨总数达到1 000万人左右,足迹跨越亚洲,远达美、澳、欧、非诸州。他们有的以自由身份出国,有的则是被骗出国的"猪仔"。他们对当地的资源开发和生产发展作出了不可磨灭的贡献。华侨中小资本在西方殖民资本排挤和压迫的夹缝中获得了微弱的发展,有的开始投资于银行、信托、保险等业和新式轮船公司。这个时期的前半期,以天地会、三合会为中心的华侨秘密会党活动频繁,他们团结广大侨胞,反对外来压迫,保卫自身利益。这个时期的后半

期，在中国民族民主革命高潮的影响下，华侨学校和书报社普遍设立，华侨报刊大量发行，广大侨胞的文化水平、民族意识和政治觉悟显著提高，以实际行动支援了中国的抗日战争。有人认为，近代以来的中国移民潮，"并非自发，而实由外力造成"。① 这个说法，如果单从法律角度讲，是正确的，因为如果没有外国和中国签订的通商条约，中国仍是如旧闭关锁国的话，中国移民潮并不会自发产生。但从当时中国社会经济和人口形势而言，实际上存在相当强烈的自发向外移民因素，只不过从前被闭关锁国的政策禁锢了而已。明代引入了玉米、马铃薯等对土壤肥瘠程度要求甚低却又高产的粮食作物，于是整个中国土地上能养活的人口增加了好几倍。虽然如此，经过数百年的开垦以及人口滋生的康乾盛世，业已大大扩充的土地容纳人口的能力还是渐渐饱和。尤其是在福建和广东，人多地少的矛盾变得很突出。这时候，关闭的国门就像蓄水池的一道闸门，一旦国门开放，池里的水就会外涌。从前池里的水只能流往东南亚，而此时又开始扩展到南北美洲和澳洲。

西方帝国主义于是借此机会，开始大规模掠夺中国华工，从事铁路、矿山、农业等艰苦劳动。这种移民，类似于黑奴被卖到美洲，当时中国人称为"卖猪仔"。但也有相当一部分华人，尤其是前往美国的华人，并不是被贩卖，而是自主自愿的移民。在当时西方国家如火如荼的工业革命的过程中，生活在美国或者欧洲殖民地的海外华人社会也经历了重大的改变。从前只从事商业、手工业和农业，此时主要变为从事铁路、矿山等近代工业。华侨在海外的社会地位虽然低，但是在1840年之后的数十年内，比本土中国人更有机会接触现代工业和商业。虽然在1840~1949年这段时期内，中国的近代工业发展很有限，但是当时还很孱弱的中国拥有一种独特的软实力——华侨华人。中国当时有李鸿章等主导的洋务运动，但近代工业的国内投资者全都是政府，门类很不完全，效率也低。而国内的私人投资，由于保守思想，都不投向当时还是新生事物的近代工业。结果中国的工业发展受到不小的阻碍。这时候华侨华人为化除这个阻碍，做出了不可磨灭的贡献。1872年，华侨商人陈启源开办了继昌隆缫丝厂，这是中国第一家私营的近代工业企业，算是民族资本家的开山鼻祖。如果中国不是有幸在海外拥有侨胞这种软实力，估计这一开创性的举动会推迟很多年，中国的近代工业这种硬实力的发展也会滞后很长时间。此后华侨在中国本土陆续有很多投资，大大促进了中国民族资本和民族工业的发展。这种对母国的贡献，华侨在所有移民族群中不是唯一的，但却是最突出的。也就是说，在这方面的软实力，孱弱的中国在各移出国之中，相对而言可算得相当强。

---

① 刘伯骥：《美国华侨史》，行政院侨务委员会（台北），中华民国六十五年六月版，第3页。

这第二阶段时期（1840～1949年）的华侨，在忍受移入国的不公正待遇乃至公开压迫的同时，却一反第一阶段（1840年前）时期那种对国内政治经济发展基本无影响的局面，在这段时期的国家发展中扮演了非常重要的角色。

除了上面所说的对民族资本和民族工业的巨大贡献之外，华侨对中国的政治发展也做出了极大的贡献。中国革命的先行者孙中山先生数十年的革命活动，经费主要由海外华侨社区筹集，华侨还贡献了不少精力充沛、才能卓著的革命家，为中国民主主义革命做出了至关重要的贡献。某种程度上可以说，没有华侨的捐献，就没有辛亥革命的成功。在中国国家发展的关键时刻，华侨作为中国的软实力，也发挥了相当关键的作用。华侨除了在缔造民国的过程中起到重大作用之外，还在后来的抗日救亡运动中扮演了重要角色。东南亚的华侨华人，对中国的国运非常关心。1937年"七七事变"，抗日战争爆发仅仅过了一周时间，新加坡中国商会就"开会决议，通电中国南京政府，以马来西亚华侨华人的名义，表示支持抗战，坚决抵御敌人。"①

著名华侨领袖陈嘉庚号召广大华侨出钱出力，帮助抗日。在1941～1943年那段对中华民族来说生死攸关的年月里，日本侵略者切断了中国一切来自海路的外国援助（主要是美国和英国的援助），苏联当时正在抵抗法西斯德国的猛攻而无力援助中国，中国失去了绝大部分武器装备和各种战略物资的支援，自身国力又太过孱弱，几乎就要被日本帝国主义压垮。中国只能依靠美国和英国的资金和技术援助，修筑滇缅公路，为中国抗战输送各种装备和战略物资。就在此时，大量的南洋华侨志愿到筑路队充当工程师。路修好之后，又有大量南洋华侨充当司机和机修师，在当时中国军需的大动脉滇缅公路上来回奔波。数以千计的华侨不知疲倦地就此英勇地保卫着祖国的疆土，让祖国喘过了这最艰难的一口气，最终赢得抗日战争的胜利。中国是何其幸运，有这样一批英勇无畏的侨胞，在最关键的时刻，伸出最关键的援手，免除了亡国灭种的悲惨命运。中国依靠这样的"软实力"，在生死悬于一线的战争中生存了下来。

三、1949～1979年期间华侨华人对国家发展所做的贡献

海外华侨华人的历史进入第三阶段（1949～1979年）。新中国成立后至"文革"前，除了台港澳之外，大陆向海外的移民很少，"文革"期间基本处在停滞。

---

① Stephen Leong. *The Malayan Overseas Chinese and the Sino-Japanese War, 1937–1941. Journal of Southeast Asian Studies*, Vol. 10, No. 2 (Sep., 1979), pp. 293–320.

此阶段中，华侨华人对中国发展的贡献，主要体现在对国内的投资，由于国际环境和国内环境的局限，这种投资规模有限，形势也单一，但在新中国百废待兴、缺乏资金的情况下，侨资的作用可谓突出。当时侨资主要来源国是印度尼西亚，投资地主要集中在广东，投资行业涉及民生各方面。此外，侨资的垦植业，也是华侨华人参与国内建设的重要项目，这以海南岛的橡胶种植业为代表，是马来西亚华侨最早兴建。在文教方面，捐资兴学是华侨华人的传统，在高等教育方面，对暨南大学、华侨大学的兴建，侨胞起了重要作用。

毋庸讳言，在此阶段，中国的侨务政策处于摸索和不断检讨的过程中，在新中国成立初期，一些激进的做法客观上影响了中国与华侨华人居住国关系的紧张，也使华侨华人处境受到影响。10年"文革"中，侨务政策也有着重大失误，伤害了广大华侨的爱国爱家的积极性，影响了他们发挥对中国发展的积极作用。

四、改革开放以来海外华侨华人对中国现代化建设发挥的重要作用

1979年以后，随着中国多层次、多渠道、多形式的对外开放，中国人移民海外也进入一个新的发展阶段，留学是移民的主要途径之一。美国、加拿大、澳大利亚、新西兰、法国、英国等是华人的主要迁入国。人们习惯上把这些改革开放以来移居国外的人称为"新移民"。目前，新移民的数量还在持续上升。海外华人社会继续向两极分化，一方面，财富日益集中，出现了若干拥有巨额资本、跨国经营和现代化设备的产业资本和金融资本，另一方面，大量小商小贩和手工业者改行，加入到产业工人和雇员行列。知识分子开始崭露头角，不少人在科学技术上作出重大贡献，成为华人的骄傲。

华侨华人的分布具有"大分散、小集中"的特点。华侨华人集中在一些国家和地区。"二战"前，大约95%的华侨华人聚居于东南亚10国。"二战"后，由于这个地区的政府基本禁止新中国的移民入境，并多次发生大规模排华事件，迫使华人向北美、西欧等发达国家移民。从华侨华人的地区分布看，2 800多万华人居住在亚洲的30多个国家和地区，600多万华人居住在美洲的30多个国家，其余分布在欧洲、大洋洲、非洲等地。世界上拥有华侨华人最多的国家为印度尼西亚、泰国、马来西亚、新加坡、越南、缅甸、菲律宾、美国、日本、韩国等。其中印度尼西亚的华侨华人有1 000万人，泰国有700多万人，马来西亚有600万人，新加坡有230多万人，越南有100多万人，日本有60万人，韩国有40多万人，美国有300万人，加拿大有120多万人，英国、法国各有30万人，澳大利亚有55万人，新西兰有11万人。

在一个国家中，华侨华人多集中在若干地区或若干城市。华侨华人移民东南亚的高潮出现时，正值东南亚现代城市形成的早期，华侨成为这些城市的重要开发者。特别是在菲律宾的马尼拉和宿务，印度尼西亚的雅加达、泗水、棉兰，马来西亚的槟城、吉隆坡、怡保，泰国的曼谷、泰南，越南的胡志明市，日本的东京、横滨、神户，韩国的汉城（现首尔）、仁川等城市，华侨华人尤为集中，华人区也相对较大。在美国，43%的华侨华人居住在加利福尼亚州，17%居住在纽约。在各个城市中，又形成华侨华人聚居区，即"唐人街"、"华埠"、"中国城"等。菲律宾的马尼拉有60万华侨华人，大多居住在巴石河北岸的通多区。美国纽约有名的"唐人街"居住着华侨华人15万人。早期的唐人街不仅是华侨华人经济活动的要地，而且为华侨华人提供了安全保护，是华侨华人保持自己文化和种族特色的中心。每到节假日，各地区的华侨华人都会到"唐人街"、"中国城"来，听听乡音，叙叙乡情，品品家乡风味，以慰思乡之情。

华侨华人在海外多是同乡、同宗聚居，成为华人社区的一个特色。在菲律宾，闽南人占80%；在泰国，潮州人占60%；在印度尼西亚，福建人占40%；在马来西亚，福建人占30%，广府人26%，客家人22%；在新加坡，福建人占40%，潮州人23%；在法国，以祖籍潮州者最多；在荷兰，主要是浙江青田、温州人；在非洲，以山东、河南、河北人居多。同籍而居使这些地方的华人社区形成自己共同的方言，成为华侨华人经济和文化的中心。大致可以说，"海外华人的社会组织和风俗习惯……都是来自中国的农村。长期来看，中国文化的播迁和传承促成了海外华人社会和中国本土的不可分割的联系。"① 具体来说，是血缘、地缘、族缘关系网络把海外华人和中国联系在一起。华人文化传统中的特殊主义人际模式除了"血缘"（家族）与"地缘"（乡土）根基之外，还有第三个根基，即宗族抱团理念，比"血缘"和"地缘"更广泛，姑且称之为"族缘"，这个"族缘"中的"族"既可以是姓氏宗族，也可以是以语言风俗为纽带的"族群"（譬如"广东帮"、"客家帮"、"宁波帮"、"潮州帮"、"潮州人八邑会馆"、"福建帮"和"海南帮"等有浓厚地方性色彩的"商帮"或"会馆"，乃至更大地理范畴的"南洋客属总会"、"潮团联谊年会"与"客家恳亲大会"等团体组织及活动），甚至还可以是更大更广范围的同文同种的"华族"（例如"中华总商会"或"华人公会"等）。② 伯恩斯把这种基于"三缘"的华人社会

---

① Adam McKeown. *Conceptualizing Chinese Diasporas, 1842 to 1949*. The Journal of Asian Studies, Vol. 58, No. 2（May, 1999），pp. 306 – 337.

② 李敢、曹琳琳：《海外华人对华投资的一个经济社会学解读》，载于《思想战线》2012年第1期，第43~47页。

网络称为"信任网络"①,简明扼要地阐明了华人的"三缘"网络在降低交易成本方面的显著作用。

在第四阶段（1979~2001年），海外华侨华人和中国本土的关系，出现了两个从前没有的背景：其一是中国的改革开放，其二是世界经济和文化的全球化。1965~1979年，中国本土和海外华侨华人基本处于隔绝状态，互相谁对谁都影响甚微。而1979年开始，中国以同美国建交为标志，打开国门，情况就发生了急剧转变。经过十年动乱后的拨乱反正，中国决定把主要精力放在经济发展上面。这是中国国家发展方向的一次重大调整，经济要发展，就急需持续的大笔资金投入。这对于很多重新开始面对世界市场、重新和以西方为主导的世界经济打交道的前社会主义国家，都是一个老大难的问题。俄罗斯经济转轨时，就很少有外资肯进入，政府和人民都只能干着急。在中国，情况完全两样。华侨把大量的钱从国外汇到中国，或携带大量资本到中国投资。俄罗斯的侨民总是愿意把钱从俄罗斯转出去，存入美国或欧洲银行，他们不关心国内亲属的生活状况。相反，中国人的家庭和亲属观很浓，即使中国的投资环境比外国略差，也愿意到中国去投资。当然，除了这种天然亲近的因素，海外华人到中国投资，无语言障碍，更无文化隔阂，也是做事业的优势。尤其是刚开始市场经济还不健全的情况下，语言文化方面的因素对办厂做生意有很大的影响。因之外国投资者都持谨慎观望态度。此时海外华人的这种优势非常明显。结果大部分"外资"其实都是海外华人的投资。"从1979~1997年，流入中国的外资超过三分之二来自于华裔，而在过去的10多年来，大约有60%的外国直接投资是经由华裔引进的，他们在华公司占在华外国企业的70%。"② 此外，海外华人的这些经济行为，除了正常的赢利动机之外，还有中国传统文化中的"造福桑梓"、"衣锦还乡"的精神因素在内。这除了能在同等条件下更倾向于对中国而不是其他国家投资之外，还在一定程度上增加了对经济活动的社会效益的考虑，不容易出现涸泽而渔、杀鸡取卵的项目。这对中国经济在最缺乏资金的时段，意义非凡。

改革开放以来，海外华侨华人对中国的现代化建设发挥了重要作用，表现在三个方面。

一是直接投资，参与祖国经济建设。改革开放以来，中国政局稳定，经济强劲增长，与投资相关的法律、法规的制订和不断完善，优惠条件和措施的出台，加上庞大的市场、丰富的人才和劳动力资源等诸多因素，使中国大陆成为海外华

---

① Thomas Menkhoff and Chalmer E. Labig. *Trading Networks of Chinese Entrepreneurs in Singapore. Journal of Social Issues in Southeast Asia*, Vol. 11, No. 1 (April 1996), pp. 128-151.

② David C. Kang. *China Rising Peace Power and Order in East Asia*. New York：Columbia University Press, 2007, P. 6.

侨华人及港澳同胞投资的热点。据统计，截至1997年年底，我国累计批准外资投资企业30.48万家，实际利用外资金额2 218.71亿美元，其中海外华侨华人及港澳同胞的资金占60%~70%。近年来，海外华侨华人的投资金额逐年递升，投资规模日趋扩大，投资地区由东南向西北、由沿海向内地、由祖籍地向非祖籍地延伸扩散，投资领域不断拓展，投资形式趋于多样化，大大促进了我国的基础产业和基础设施建设，为产业结构改造和技术提升作出了重大贡献，成为中国经济快速增长的强大动力。

二是提供宝贵的人才、科学技术和信息资源。华侨华人在为祖国带来资金的同时，也带来了先进的经营管理方法和科学技术。他们生活在实行市场经济体制的国家和地区，精通市场经济规律和运行方式，巧于运筹，在激烈的市场竞争中卓有成效地发展壮大，可以为祖国的经济建设提供宝贵的经验和知识。海外华侨华人，特别是新移民中蕴藏着掌握先进科学技术的人才宝库，为中国的科技进步和经济腾飞发挥了巨大的作用。新中国成立后，大批留学生回到国内，其中60%以上的人进入了大学或研究机构，为开拓和发展新中国的教育、科技、国防事业，建立中国的科学研究体系和工业基础作出了卓越的贡献，中国两弹一星的功臣主要就是这批留学生。出国留学为我国高等学校培养了一大批高层次的学科带头人和各级领导干部。目前，教育部直属高校中，留学回国人员在校长中占78%，博士生导师占63%，国家级、省部级教学、研究基地（中心）重点实验室主任占72%。大批海归在教学、科研等重要岗位占有很大比例，发挥着重大作用。搜狐网的创建人张朝阳就是从美国留学回来的。华人在国际上有密集广阔的商贸联系网络，信息灵通，与国际资本的合作由来已久。在向国际拓展的过程中，华商国际商业网络是我们最有效和最便捷的途径之一。

三是兴办教育和公益事业。海外侨胞一贯热心祖国和家乡的文化教育、公益福利和慈善事业。改革开放以来，华侨华人和港澳同胞建设家乡、兴办公益事业的热情空前高涨。据不完全统计，1979~1995年，全国接受海外侨胞捐赠款物约合150亿元人民币。其中，广东省仅1991~1995年就接受华侨华人和港澳同胞捐赠折合人民币65亿多元。著名侨乡广东开平市的48所中学均建有图书馆（室），其中绝大多数是侨胞捐赠的。福建省接受海外乡亲捐资兴办公益事业的项目和金额也逐年增多。据统计，1992~1997年，福建省海外侨胞、港澳同胞捐资在家乡兴办教育、铺路架桥等公益事业的金额达36亿元人民币。2008年5月12日四川汶川大地震后，全球的华人立即行动起来，截至5月22日，港澳和海外华侨华人的捐款已达近20亿元人民币。

振兴是海峡两岸民众和全球华人的共同愿望，没有祖国的统一，就谈不上真正意义上的民族振兴。为此，海外华侨华人多年来利用自身的优势，多方面、多渠道、全方位地沟通和协调海峡两岸关系，为实现中国和平统一大业进行了不懈的努力，成为祖国和平统一的有力促进者。

"一国两制"构想从提出到实施的过程中，海外华侨华人发挥了积极的作用。1983年，邓小平同志在会见美国新泽西州西东大学教授杨力宇时，首次对"一国两制"的科学构想作了全面论述。海外华文报刊纷纷撰文论述这个构想的科学性、合理性、时代性，在华人社会引起广泛反响，在全世界引起强烈震动。1993年，在新加坡举行了"汪辜会谈"。同样引起了海外华侨华人社会的极大关注，海外华文报刊争相报道，并对实现两岸和平统一寄予厚望。1995年，江泽民主席发表和平统一祖国八项主张，海外各大华文报刊刊登评论文章，对八项主张给予很高评价，敦促台湾当局作出回应。2005年，胡锦涛主席发表了推动祖国统一，发展两岸关系的四点意见后，国民党、亲民党、新党领导人相继访问大陆。海外华侨华人学者和知名人士召开各种形式的座谈会，他们为胡锦涛主席坚定不移的反"台独"决心，高瞻远瞩的和平统一诚意和中华民族的两岸手足情深所感动。认为"胡四点"深刻地表达了海外华侨华人的心声，寄托了海外华侨华人对祖国统一的希望，鼓舞了海外华侨华人推动祖国和平统一的决心。

海外华侨华人成为连接海峡两岸、促进祖国和平统一大业的纽带。祖国的和平统一是大势所趋。海外华侨华人纷纷成立旨在推动祖国统一的社团组织，美国华人成立了中国和平统一促进会、海峡两岸交流会、中国统一国际联谊总会，以及文化交流团体亚美文化协会；巴西侨胞成立了祖国和平统一促进会。美国的中国和平统一促进会成立于1982年，总会设在华盛顿，并在纽约、旧金山等10多个城市设有分会。该会成立后在各地频繁开展活动，出版刊物，举行讨论会，在华侨华人社会的影响日益扩大。近年来，各类华侨华人的世界性、区域性组织不断增加，活动日趋频繁，如世界华商大会、全球华人问题国际研讨会等世界性华人会议，以及国际潮团联谊会、世界海南联谊会等华人区域性会议的召开，使不同国家、不同阶层乃至不同倾向的华侨华人增进了解和团结，为海峡两岸人士的交流创造了良好的条件和氛围，使一些持有不同政见的社团和人士打破了过去严重对立、互不往来的僵局，逐步走向缓和与合作。推动祖国统一的各种社团组织的建立和活动的开展，凝聚了海外拥护和支持祖国和平统一事业的社会力量，壮大了祖国和平统一的声势，对推动两岸关系朝着健康的方向发展起到了积极作用。

抗议和谴责分裂中国的言行。李登辉、陈水扁主政中国台湾地区后，"台独"势力迅速膨胀，1995年6月李登辉访美成行，激起了海内外的强烈不满，各地华侨华人纷纷举行抗议活动，指责美国此举旨在蓄意制造"两个中国""一中一台"，谴责李登辉违背中华民族利益的分裂活动，纽约73个侨团负责人联合致函克林顿，反对美国允许李登辉访美。2006年，陈水扁决定"国统会终止运作、国统纲领终止适用"；2007年，陈水扁又抛出所谓"四要一没有"的主张。这些言行立即遭到海外华侨华人的强烈反对和谴责。

在中国同世界各国政府和人民之间加强了解、加深友谊中，海外华侨华人有着不可替代的桥梁和纽带作用。如果说海外华侨华人是中国人嫁出去的女儿、是住在国的媳妇的话，那么他们一定会从心底里希望娘家和婆家友好相处，他们自己则充当祖籍国与住在国之间的友好使者。我国与东南亚国家的友好关系源远流长，很大程度上是得益于居住在这些国家的华侨华人。历史上，华侨把中国先进的生产技术、传统文明和文化传统传入居住地，为当地的经济发展和社会进步作出了不可磨灭的贡献。今天，华侨华人仍然是我国与这些国家交流来往、发展互利互惠关系的桥梁。而随着华侨华人人数的日渐增多和分布得更为广泛，华侨华人在增进中国同世界各国政府和人民的友好、合作与交流方面，必将发挥更大的作用。

华侨华人作为我国与世界各国发展政治、经济、文化关系的桥梁，扩大了我国对外影响，促进中外和平友好事业的发展。华侨华人遍布世界，许多国家的华人组织发挥民间外交的独特优势，积极主动地与当地政府沟通、联系，增进华人与当地其他民族的友好相处，增进所在国与祖籍国的了解互信，一些华人政治家的活动也极大地推动了中国与世界各国的联系、交往和友谊。近年来，华侨华人在促进我国同一些国家建立外交关系、缔结友好省市、友好城市、发展政府和民间的合作与交流方面做了大量的工作，在中印（印度尼西亚）复交、中韩建交中，华侨华人都起到了促进作用。华侨华人在引进外资和帮助国内企业到海外投资的过程中，起着穿针引线的作用，这种双向交流推动了国际的经济合作和我国经济建设的发展。同时，华侨华人与中国文化交流也日益发展，有许多著名的华人作家、艺术家纷纷来祖国访问，通过开展中外文化交流，把中华文明介绍给世界，也将世界各国文化推荐给中国，促进了各种文化的交流融合。

五、2001年至今海外华人在传播中华文化上的影响力

在第五阶段（2001年至今），海外华人和中国本土的关系，又发生了一个重要的转折，主要表现是海外华人作为投资来源的重要性明显减弱。原因之一在于中国经济环境的变化。随着经济发展，中国无论是国营还是私营企业，都积累了较为雄厚的资金，不再像刚开国门那时对资金那么饥渴了。原因之二，2001年中国加入了世界贸易组织，中外之间的投资和贸易交往和从前不一样了。现在契约和法治的因素日益占有重要地位，于是从前海外华人专长的语言文化优势不断

削弱。来自海外华人的投资重要性大大减少了，但是海外华人和中国本土在文化方面的关系和交流却大大加深了。

随着中国人移民海外，中华文化传播到世界各地。众所周知，海外华侨华人社会历经许多个世纪，面临不同的外部生存环境，进行自我调适，从最初的自存、自保到现在的发展壮大，走过不同的发展道路。这些不同发展道路的形成，与华侨华人社会的自组织能力有着很大的关系，而这种自组织能力既是对中国传统发展模式的继承，也是传统发展模式在新的环境下发生的流变。华侨华人社会发展道路的继承和流变，是华侨华人社会生命力和活力的体现，其释放的强大能量、其具有的灵敏的适应能力，对于我们国家发展道路与模式的研究有较大的影响与参考作用。在全球化背景下，随着发展模式的开放性和多元化趋向的增强，华侨华人社会及其组织方式对我们的借鉴意义将更加凸显。

第三节　移民对国家形象的影响
——以美国新华侨华人为例

国家形象是国内外公众对一个国家在世界体系中的总体认知与态度，它是软实力的重要标志，也是一种重要的软实力资源，关系到一个国家在国际社会的声誉，在建构一种形象过程中，有多种途径和载体，华侨华人便是其中一种重要的载体，它为外部世界提供的是直接的中国印象，同时也是建构国家形象的重要因素。本部分主要解决的问题是华侨华人与国家形象之间的关联性，之所以以美国新华侨华人为例，主要是考虑到与以往老侨相比，新侨在影响力以及力度方面，都是不可同日而语的。另外，美国是中国改革开放以后中国人移居海外最重要的目的地之一，在美的华侨华人的举止行为更是引人注目，以他们为例，也更有说明性。

一、历史上华侨华人在美国传播中国形象方面发挥的作用

在历史上，华侨华人在美国建构或者说是对中国形象的传播方面作用有限，主要是受语言、文化习俗等影响，生活在相对封闭的社会里，美国民众对中国形象主要来自媒体，在信息不对称的情况下，有相当的主观性和片面性。

首先，早期华侨华人向美国民众传递的形象是与美国主流社会格格不入的"异教徒"，成为被排斥的对象。华裔是最早来美国的亚裔移民群体，在美国已

经生活了 150 多年，1850 年前在美国的华裔只有 43 人，随着淘金热的出现，华裔移民人数越来越多，但由于 1882 年排华法出现，限制华人来美，华裔人数剧减，直到 1943 年废除移民法，移民人数才开始回升，但真正回暖是 1965 年移民法改革以及中国大陆改革开放以后（见表 5-1）。

表 5-1　　　　　　　在美华裔人数（1900~2010 年）

年度	华裔人数
1900	118 746
1910	94 414
1920	85 202
1930	102 156
1940	106 334
1950	150 005
1960	237 292
1970	435 062
1980	812 178
1990	1 645 472
2000	2 858 291
2010	3 347 229

资料来源：Mary C. Waters & Reed Ueda, eds. *The New Americans*, *A Guide to Immigration since*1965, Harvard University Press. 2007, P. 341; U. S. Census Bureau. *The Asian Population*：2010. 2010 *Census Briefs*, March 2012, http：//www.census.gov/prod/cen2010/briefs/c2010br-11.pdf.

初到美国的华侨华人，由于语言、生活习惯、着装等方面有独特之处，受到主流社会的排斥，他们遭受了虐待、驱除、抢劫和残害，人身和财产都受到了巨大损失，1882 年《排华法》的通过，开始了长达半个多世纪的禁止华人移民美国的历史。在这段时间里，美国媒体对华侨华人的描述基本上是丑化和负面的，这些丑化了的华侨华人形象也从中折射了当时中国的形象。例如《纽约时报》19 世纪末对纽约唐人街破烂不堪的描述："这里只有半幅窗扇大小的一面小窗子，窗框上覆盖着厚厚的灰尘和其他肮脏的东西！几乎让任何光线都无法进入。房间里昏昏暗暗的，热浪、烟雾和恶臭扑面而来。过了好长一段时间，我们的眼睛才适应了这里昏暗和模糊的光线，才看到房子里有一个面貌憔悴和苍老的清国人。他嘴里叼着一只烟斗，斜靠在一只火红的炉子旁。他在用一口铁锅煮着什么，或许是一只耗子。"① 当时美国社会对于华侨普遍认为是"劣等民族"，由于华侨华人移民进入，把传染病带进来美国，对公共卫生形成威胁等，疾病缠身的鸦片鬼成为中国人的代名词，媒体的鼓噪和描述将这种印象更加强化，形成定式。与此同时，美国文学作品中华人形象也使这种形象恶化，1870年9月新闻记者、诗人布雷特·哈特（Bret Harte）在《陆上月刊》发表诗歌"异教徒中国佬"（the Heathen Chinee），这首诗讲述两个白人在牌局中作弊，试图打败"中国佬"阿新，不料阿新以其人之道还治其人之身的故事。在诗中，对华工阿新的描写是穿着中式长衫，踢着布鞋，脑后垂着一根辫子，个头矮小，尖尖的指甲"涂满了蜡"，说着洋泾浜英语，诡计多端。诗中还借爱尔兰工人之口喊出了"我们被中国便宜劳力给毁了"这样煽动性口号，道出了华人与其他族裔之间的竞争而紧张的关系，一时间"异教徒中国佬"成为中国人的代称，在晚清时期美国对中国的认识非常有限，除了来华传教士的著作（他们的观点往往是负面的），赴美华工对这种认识也产生了影响，主要是华人移民生活在封闭的圈子里，与世隔绝，在社会上没有自己的声音，他们的形象主要是美国媒体或其他作品来传递，媒体的负面渲染形成了华裔不良的现象，不仅成为对华人的刻板印象，也成为中国形象的象征，传递给美国社会的是不好的形象。

其次，"模范少数族裔"具有极大的片面性，但开始肯定华裔的勤奋好学、注重家庭等优点，在冷战背景下，中美两国处于敌对状态，华裔形象的转变有利于中美两国之间坚冰的融化。1966年12月《美国新闻与世界报道》发表了加州大学伯克利分校社会学家威廉姆·彼得森（William Peterson）的文章"一个少数族裔在美国的成功"（Success Story of One Minority Group in the U.S.），"30万华裔通过辛勤工作赢得了财富和尊重，从旧金山到纽约的唐人街，你可以看到年轻人都在努力学习，唐人街是犯罪率最低的社区，那里传递着一个古老的信念，即依靠自己的能力，而不是福利，才能到达幸福的彼岸"②，通篇文章都在赞扬华裔的刻苦勤奋、尊重传统观念、节俭、遵纪守法、谦和礼让、注重家庭。与19世纪末美国媒体对华工形象的描述，将华裔定位为"模范少数族裔"，中国移民的形象有了极大的转变，这种转变得利于两个因素，第一是《排华法》的废除。《排华法》是美国国会通过的有史以来第一个明文排斥单一种族移民的歧视性条文，该条文禁止华工入境，拒绝华侨取得美国国籍。这项法案一直延续到1943年才被废除，直到"1965年移民和国籍法"出台后，才被实质取消。由于该法

---

① 郑曦原、李方惠等编译：《帝国的回忆：〈纽约时报〉晚清观察记》，三联书店2001年版，第426页。

② William Peterson. Success Story of One Minority Group in the U. S. U. S. News and World Report，Dec. 26, 1966.

案，1940 年在美国的华裔只有 10 万人左右，废除排华法后，给予中国移民配额每年是 105 名，一直到 1965 年新移民法颁布。第二是美国 20 世纪 60 年代民权运动时期有关种族政策。民权运动无疑是美国历史上一次意义深刻的运动，在此期间通过的一系列法案如《1964 年民权法》、《1965 年选举权法》及《1968 年民权法》，对黑人参与政治，社会地位的提高起到了积极的作用，黑人的胜利成果也大大地鼓励了其他少数族裔集团，他们也开始为自己的权利而奋斗。相对宽松的社会环境、多元文化的提倡、肯定性行动的实施，使得华裔在经济和学术领域，取得了惊人的成就，经济上得到翻身，学术上佼佼者层出不穷，一改过去"苦力"形象，2003 年 PBS 电视台产出了多集纪录片"成为美国人，华裔的经历"，该片运用大量历史资料，比较客观地叙述了华人在美国的奋斗史，著名的电视人比尔·莫耶斯在片中还进行了大量面对面采访，如著名华人杨致远、丁肇中、何大一、林璎等，展现了新一代华裔的风采。新一代华人相对他们的先辈而言，出生在美国，没有语言障碍，受过良好教育，而且不再像前人那样局限于唐人街，眼界更加开阔，熟悉美国人情世故，自身素质的提高，也为他们进军政坛打下了基础。

从苦力、鸦片鬼到"模范少数族裔"，华侨华人形象的转变，也从一个方面逐步扭转美国对中国形象的认识，尽管"模范少数族裔"从某种意义上看也是一种刻板认识，它忽略了亚裔（华裔）群体中的穷人，也忽略了亚裔依旧遭受着种族歧视，但毕竟肯定了华裔勤奋向上的品质，也反映了华裔形象的提升，与中美关系发生的变化是相关联的。

二、新华侨华人对中国国家形象的影响

1965 年美国国会通过《1965 年移民和国籍法修正案》，该法废除了民族配额，代之以国籍为分配原则，规定东半球国家每年的移民总数为 17 万人，每个国家不得超过 2 万人。西半球每年的移民总数是 12 万人。该法颁布之初，中国这 2 万名移民名额绝大多数是来自中国台湾地区使用的，大陆移民很少，直到 1972 年尼克松访华，中国改革开放，1979 年中美建交，大陆移民才开始进入美国。几经变化，目前中国每年移民美国额度是 6.5 万人，其中中国大陆 2 万人，台湾 2 万人，香港 2 万人，澳门 5 000 人。这种政策上的变化以及中国国内形势的转变，直接导致了美国华人人数的上升，1943 年废除《排华法案》时在美华人仅 10 万人，而根据 2010 年人口普查的资料，华人（在普查中认为自己种族是中国人或台湾人的），而且是单一种族的人口有 334 万人，如果算上混血人群，

总数超过400万人。① 之所以强调华人人口的稳步增长，主要是考虑到移民作为特殊的人群，在与居住国社会的不断接触中，传播着其祖（籍）国的形象，人数多，传播的力度就大，更多的华侨华人在美国，起到身体力行介绍中国的作用，可以让美国人更近地、更客观地认识中国。

此外，新华侨华人中专业人士比重增多，他们工作、居住的环境已经不再局限于唐人街，社会融合度加强，他们本身的形象也成为中国形象的缩影。与以往华工来美，或以亲属关系赴美不同，20世纪80年代以后新华侨华人的很多人经历了留学—工作—移民这样的方式留在了海外。1978年12月26日第一批前往美国的52名访问学者启程，中国改革开放，1979年中美建交，改革开放以后有多少人去美国留学？中国国内没有数据说明确切人数，借用美国数据，人数超过100万了（见表5-2）②。

表5-2　　　　历年中国留美学生人数（1990~2012年）

年度	人数	年度	人数
1990/1991	39 600	2002/2003	64 757
1991/1992	42 910	2003/2004	61 765
1992/1993	45 130	2004/2005	62 523
1993/1994	44 380	2005/2006	62 582
1995/1996	39 613	2006/2007	67 723
1996/1997	42 503	2007/2008	81 127
1997/1998	46 958	2008/2009	98 235
1998/1999	51 001	2009/2010	127 628
1999/2000	54 466	2010/2011	157 558
2000/2001	59 939	2011/2012	194 029
2001/2002	63 211		

这些人中的很大一部分在学成之后留在了美国，依照一位美国学者的研究，2002年毕业的中国学生（博士）5年后的滞留率是92%。这对于中国而言，是智力流失，但从另一方面看，他们在美国展现了一种新华侨华人形象，他们英语流利、熟悉美国文化风土人情，工作居住也不局限在唐人街，甚至婚

---

① U. S. Census Bureau. *The Asian Population*：2010. 2010 Census Briefs，March 2012，http：//www.census.gov/prod/cen2010/briefs/c2010br-11.pdf.

② Institute of International Education. *Open Doors Fact Sheet*：China. http：//www.iie.org/Research-and-Publications/Open-Doors/Data/Fact-Sheets-by-Country/2010.

姻也出现了跨族而婚的状况，他们用自己的行动，从各个方面传递着移民新形象。

第一，积极参政，一改"沉默的少数族裔"的形象。尽管新华侨华人在经济和学术界取得了不俗的成就，但他们的参政之路却充满坎坷。华人在美国长期受种族歧视的困扰，没有政治地位，即便是在社会经济地位提高后，对政治还是漠不关心，与政坛还是绝缘。但残酷事实教育了华人，越来越感到，为了保护自身利益，必须在政府中有自己的声音，李文和案就是一例。随着华人政治上的觉醒，他们参政意识不断提高，华人政治地位不断被刷新。尽管目前而言，出任公职的华人还主要是在美国出生的华裔，如骆家辉、赵美心等，但新华侨华人也在开始加强政治意识，保护自己权益。如在推动《排华法》废除过程中，华美社（Chinese American Society）起了很重要的作用。华美社是由在硅谷的华人专业人士成立的，华美社的第一个行动就是研究1882年排华法案，并推动美国国会就此法案向华人社区道歉。他们撰写了中英文版的《通往自由的坎坷之路》（*The Rocky Road to Liberty*: *A Documented History of Chinese Immigration and Exclusion*），内容包括华人移民历史简介、19世纪美国政府对华工政策的演变、1882年排华法、数宗暴力排华及反华案件的法庭案例等，美国大部分联邦参议员和国会众议员都收到了这本书。

第二，职业突破了华人"三把刀"的陈旧形象，为美国经济社会发展做出了贡献。以下数据从一个方面说明了当今华人受教育程度和职业分布。在拥有学士学位方面，华人移民是23.1%，在美出生的华裔是38.3%，在研究生及以上华人移民是26.3%，在美出生华裔是24.8%，美国总人口中有10.3%具有研究生及以上学位。① 在就业方面，美国华人移民更多地从事自然和应用科学等"专业工作"，这与中国留学生赴美多就读于STEM专业有关，2001~2011年，共计获得了39 165个博士学位，其中理工科36 213个，其他2 952个。② 不同于以往的老移民，多进入美国教育、科技界和商界。依据最新数据，2010年以前出生在中国大陆的华人16岁及以上男性移民职业构成为例，其中从事管理、商业、金融的比例是14.4%，IT行业11.1%，其他科学工程学位13.7%，③ 同期美国16岁及以上男性职业构成，管理、商业和金融的比例总体是16.5%，白人是

---

① 丘进主编：《华侨华人蓝皮书（2012年）》，社会科学文献出版社2012年版，第62页。
② National Science Foundation. *Science and Engineering Doctorates*: 2011. http://www.nsf.gov/statistics/sed/digest/2011/theme1.cfm#3.
③ Kristen McCabe. *Chinese Immigrants in the United States*. January 18, 2012, http://http://migration-information.org/USFocus/display.cfm? ID = 876.

17.6%，IT 总体是 3.6%，白人 3.3%，其他科学工程学位总体 7.7%，白人 7.5%。① 改革开放以来我国留美人员中当选美国国家科学院院士第一人的得克萨斯大学西南医学中心教授王晓东、美国艺术与科学院院士张首晟、美国两院院士施一公等都是 20 世纪 80 年代后留学美国的大陆留学生，是新华侨华人科学家中的佼佼者。根据美国学者的研究，新移民创办的公司，为美国提供了 56 万个工作岗位，2012 年营业额达 630 亿美元，其中华人企业占 8.1%，主要集中在计算机、通信、软件和与创新相关的企业，地区多集中加州和马里兰。② 华人日益提高的社会经济地位，有助于华人形象的改变，而中国的崛起，经济的繁荣，跨国主义的出现，美国朝野开始担心华人高素质人才的回流，这在美国历史上还是第一次，也从一个侧面反映了华人形象的转变，从遭受驱除的"苦力"变为不可或缺的科技精英、栋梁之材了。

第三，居住上的融合，为华人展现了一个广阔的天地。在美国，居住环境在生活中是有着举足轻重的地位，关系到教育、就业、服务设施、邻里、投资等各个方面。传统的移民往往是聚族而居，主要是图着语言、居住生活的便利，以及工作机会的提供，一旦站稳脚，社会经济地位有所改善，跻身中产阶级，就会搬离族裔聚居区，进入白人为主的中产阶级郊区。美国历史上欧洲移民如犹太裔、爱尔兰裔、意大利裔等就是循着这样的模式，逐步融入主流社会的。由于前面所提及的特殊遭遇，华人更是蜗居在族裔聚居区唐人街，直至 1999 年纽约 20% 华人依旧住在曼哈顿老唐人街里。居住在唐人街里的华人基本与主流社会隔绝，只关心本社区切实利益或与祖（籍）国相关的事件，与外界联系较少，也没有政治参与，融合度差。

新华侨华人在居住模式上有了很大的变化，他们中的一部分人跳过了唐人街这种过渡跳板，而是直接进入了郊区中产阶级社区。这种居住模式的变化主要有两个原因，一是新移民中很大一部分人在美国接受高等教育，英语熟练，从事专业工作，收入颇丰，与白人中产阶级在价值观念、生活习惯等别无二致，于是在洛杉矶、波士顿、休斯敦、旧金山和西雅图，在城市郊区或者城外不断出现了新型的"卫星唐人街"，正在渐渐夺取传统唐人街的地位，根据 2010 年人口普查数据，曼哈顿的老唐人街已经不是全纽约华裔人口最多的地区了，老唐人街在萎缩，如华盛顿中国城逐渐"缩水"，从"中国城"变身"中国街区"，再变身为

---

① U. S. Bureau of Labor Statistics. *Labor Force Characteristics by Race and Ethnicity*, 2011. August 2012, http://www.bls.gov/cps/cpsrace 2011 pdf.

② Vivek Wadhwa, AnnaLee Saxenian and F. Daniel Siciliano. *America's New Immigrant Entrepreneurs: Then and Now*. Oct. 2012, http://www.kauffman.org/uploadedFiles/Then_and_now_americas_new_immigrant_entrepreneurs. pdf.

"中国角"。华人从唐人街向这种新型族裔郊区社区（ethnoburbs）转变，标志着社会经济地位的改善，主动地融入当地社会，拓展自己的社交领域，提高自己的社会地位。他们更加自信和从容。从这个角度看，华人走出唐人街，是华人大胆地走出自己的小圈子，开创新生活的开始。第二个原因就是与美国全国居住模式的变化有着相关性，有研究说明，近30年来，美国居住区的种族隔离指数在降低，在居住区中阶级因素在上升。① 这也是华侨华人能够走出唐人街的社会大背景。

最后，华侨华人媒体形象也有了极大的改善，这种改善也扩展到中国整体形象的变化。如前所述，华人遭受排斥的历史上，华人不论在报纸，还是文学作品、电影中是负面形象，而美国一般民众也就是通过这种扭曲的形象认识了中国，认识了中国形象，这种情况在近年来有了很大的改善。前面提及的2003年PBS电视台出品了多集纪录片《成为美国人，华人的经历》（*Becoming American，Chinese Experience*）该片的撰稿人和执行导演比尔·莫耶斯在节目中认为长期以来华人和其历史被忽视，华人经历是美国历史重要组成部分，我们确实没有公正对待华人，现在是该还其本来面目的时候了。② 该片引起了一定反响，《纽约时报》、《旧金山纪事报》、《波士顿环球报》等做了推介和评论，如《纽约时报》认为该剧在短短几个小时里将华人在美国近两个世纪历史浓缩展现给观众，有利于扭转华人在社会上的形象。③ 对于此部纪录片，华人社区的反响不一，有人认为尽管以前也有类似的影片，但只有这部真正汇集了大量资料。但也有华人对篇名有异议，为什么我们是变成美国人？我们就是美国人。④ 有华人学者认为，莫耶斯过于乐观，尽管片中讲述了华人受迫害，遭歧视经历，但最后还是成为"模范少数族裔"，有了一个光明的结尾。⑤

对于华人的正面报道，还可以姚明为例。姚明2002年被休斯敦火箭队选中，加入NBA，成为美国家喻户晓的天皇巨星。以《纽约时报》2002～2008年（5

---

① John R. Logan. *Racial and Ethnic Diversity Goes Local：Charting Change in American Communities Over Three Decades*. US2010 Project，Sept. 2012，http：//www.s4.brown.edu/us2010/Data/Report/report08292012.pdf.

② Peter Hartlaub. *Series Explores Saga of Chinese Americans – PBS Sheds Light on Immigrants' Struggles*. San Francisco Chronicle，March 25，2003.

③ Dwight Garner. *Television Review – From China to the American Dream*. The New York Times，March 25，2003.

④ Terry Hong. *The Struggle and Triumph of Chinese – American are an Integral Part of US History*. The Christian Science Monitor，May 8，2003.

⑤ Cheryl Lu – Lien Tan. *Helping Us All Understand*. Baltimore Sun，May 6，2003.

月以前）对姚明报道为例，利用"世界各国报纸全文库"（Access World News）①进行检索，以关键词"yaoming + 时间"（2002～2008 年）检索，如果以"yaoming"在"全文"中出现，共有 623 篇，如果在"第一段落"中出现，有 147 篇，如果在"标题"中出现，共有 75 篇。《纽约时报》对姚明的报道基本是客观正面的。如 2002 年 12 月一篇文章中，称赞姚明亲和、温文尔雅、慷慨，认为他吸引了美国一般民众，而且由于姚明的成功，使得 NBA 将眼光转向中国这个"世界上最大的消费者市场和经济发展最快的国家"。② 2004 年另一篇文章，则把姚明描绘成与其他 NBA 球员大不同，没有刺青，不去参加赛后的狂欢胡闹，而是喜欢一个人躲在屋里看录像。③ 除了《纽约时报》外，美国其他主流媒体，如 ESPN、CNN 以及国家地理频道等，都可以看到姚明的身影。媒体之所以关注姚明，主要出于市场需要，篮球深受美国民众喜爱，姚明是来自异国球星，2002 年成为 NBA 状元秀加盟休斯敦火箭队，有卖点，可以吸引民众的眼球。但另一方面，可以说是来自姚明本身，他在篮球运动上出色才能和人格魅力，得到了美国民众的喜欢，成为真正进入了大众层面的华人形象，扭转了美国人心目中"傅满州"、"陈查理"的华人形象。

综上所述，在美国的新华侨华人向美国社会展示的自身形象和传递的中国形象是正面的，但美国社会对华人的误解和猜忌，"永远的外国人"的形象也不可避免地影响到中国的国家形象。目前美国社会对华人最负面的看法就是对美国的忠诚度不够，根据 2001 年"百人会"（the Committee of 100）的调查，发现总体上美国社会对华人看法是积极的，如 90% 的人认为华人有强烈的家庭观念，77% 的人认为华人做生意诚实，67% 的人认为华人注重教育，56% 的人认为华人对美国的文化生活有所贡献，47% 的人认为华人比其他族裔群体工作勤奋，35% 的人认为华人比其他族裔群体犯罪少等。④ 对华人的负面看法包括，87% 的人认为华人忠于中国多于忠于美国，82% 的人认为华人对美国高科技影响太大，46% 人认为华人给中国提供情报是个问题，68% 的人认为中国是威胁，对于华人是否遭受种族歧视，只有 15% 的人有此感受，而对于黑人和拉美裔相应数字是 35% 和 28%。此外中国非法移民问题、唐人街黑帮问题也一定程度上影响了华人的形象，进而影响到中国的国家形象，关联到国家形象的建立和变化。

---

① 世界各国报纸全文库（Access World News）是美国 NewsBank 公司最具代表性的数据库之一，提供 1 800 余种世界各地主要报纸，涵盖各个领域。
② Jere Longman. *Yao's Success Speeds NBA's Plans for China. The New York Times*, December 15, 2002.
③ Julia Chaplin. *Early to Bed. The New York Times*, October 10, 2004.
④ The Committee of 100. *American Attitude toward Chinese Americans and Asian Americans, 2001*. http://www.committee100.org.

三、移民在中国软实力建设中的作用

尽管目前学术界对软实力的内涵外延认识上还存在分歧，但软实力变得越来越重要，以及它体现出的一个国家精神的力量是不用质疑的。移民这个特殊的群体，由于其移居他国，用走出去的方式，彰显了祖（籍）国的文化、传统美德、价值观念等，实际上有形无形地在提升祖（籍）国软实力地位起了重要作用。在这方面，应该有三个方面事情值得注意。

第一，移民对祖（籍）国的认同在构建软实力方面起了基础作用。以美国的华侨华人为例，尽管新移民观念上已经从过去的"落叶归根"发展到现在的"落地生根"，没有了以往"暂居者"的心态，但对祖（籍）国中国的感情没有变，这主要指的第一代移民。移民对祖（籍）国的认同主要体现在族裔认同和文化认同上，美国华侨华人的中国情结体现在多方面，如重视孩子的中文教育，希望下一代能够传承中国文化和传统。此外唐人街在春节等中国传统节日依旧保持中国的传统习俗，如游行、舞狮等，纽约将中国春节定为公假日，也是华人多年争取的结果。这种族裔和文化上的认同，还表现在祖（籍）国有困难时，积极援手支援，从抗震救灾的捐赠到申奥的支持，从招商引资到回国效力，涉及方方面面。1995年美国向李登辉发放赴美签证，引起中美关系紧张，40位来自中国大陆的学生、学者、专业人士联名致信克林顿总统，抗议李登辉正式访问。这种族裔和文化上的认同是华侨华人保持传统价值观、文化的前提和基础。

第二，华文学校、华人媒体、华人社团"华人三宝"将中华文化传遍了全球。以美国的华文报纸为例，除了知名的《侨报》、《世界日报》、《星岛日报》和《国际日报》外，目前美国华文报纸近百家，其中1/3以上为中国大陆新移民所办，有大量的读者群，对于华人融入主流社会、凝聚华人文化、维护合法权益、宣传大陆政策、加强与各族群沟通互动、介绍祖国进步和繁荣、促进国内外华人商业活动等都具有非常重要的作用。

第三，软实力不仅是文化的感召力，而且还表现在其价值观念等影响力、吸引力方面，这些因素只有借助人的载体表现出来，而移民就是最好最直观的载体。前面所述美国华人公众形象的历史演变折射反映了近现代中国的历史巨变与今日中国的崛起、中美关系的变化，在美新移民通过自己行为，展现了中国形象，如勤劳向上、善良、开放、谦虚、包容的中华民族优秀品格，中国文化的博大精深等。但另一方面，由于以下的制约因素，使得美国华侨华人在提升中国软实力方面，作用受到限制。一方面，受到所在国美国的社会环境限制。尽管相对民权运动以前，美国目前种族环境宽松了很多，但对少数族裔的歧视还存在。对于华人而言,"永远的外国人"的偏见在美国社会根深蒂固,并不因华人社会地位的提高,经济实力的增强而有所变化。从"百人会"2001年和2008年两次有关如何看待华人的民意调查就可以看出,2008年依旧有34%的受访者认为,华人忠于中国甚于美国,2001年相应数字为87%。鉴于这种情况,相对于其他少数族裔群体,如犹太人,华裔在中美关系中作用还没有充分发挥。另一方面,受到本群体自身限制。华人中有来自中国大陆,也有来自中国香港、澳门和台湾地区以及东南亚等地,政治倾向不同,影响凝聚力。华人老一代的移民倾向共和党,年轻的倾向于民主党。另外,居住过于集中,60%的华人生活在以纽约市、旧金山、洛杉矶、芝加哥、费城、华盛顿特区、波士顿和达拉斯为首的少数城市,华文报纸、社团等也都集中在此,就全国而言,华人的声音还是有限。

综上所述,中国国力的持续增长和国际地位的稳步提升,改善了华人在美国的社会、经济甚至是政治地位和声望,华侨华人通过自身的形象,树立了良好的中国的国家形象,这是提高中国软实力,提升国家形象的战略途径,但需要说明的是,华侨华人所起到的作用是国家形象的载体和重要力量,构建国家形象的关键,还在于国家这个主体本身。

第六章

重要移民输出国的侨务工作及对我国的提示

中国既是人口大国也是移民大国。中国侨务工作有很长的历史和丰富的经验，但从提升中国软实力的视角研究侨务却是新的课题。众所周知，"软实力"一词是美国前助理国防部部长、哈佛大学教授小约瑟夫·奈在20世纪90年代提出来的，它虽是古老智慧的一种新表达，但具有当代的新内容。就世界而言，这是美国为维护其世界霸权地位而提出的，也是当今世界处于大发展、大变革、大调整时期，世界多极化、经济全球化深入发展，文化在综合国力竞争中的地位和作用更加突出的表现。就中国而言，软实力建设，尤其是文化建设既是我国全面建设小康社会进入现阶段的历史任务，也是中国与世界关系发生历史性变化所面临的前所未见的挑战，而对侨务工作而言，除考虑世情、国情的深刻变化外，尚需考虑侨情的重大变化，显然，在重大的历史性变化面前，仅靠过去动员华侨参加祖国抗战救亡、革命建设的经验是不够的，需要进一步开阔眼界，掌握更多的国际知识，多角度思考问题。

华侨华人源于中国海外移民，中国海外移民是全球国际移民的组成部分。本部分从国际移民的视角考察全球化时代各国政府对待海外移民的态度、侨务工作的实践经验，以及借助国际移民这一特殊群体提升国家软实力的情况，希望借此扩大知识面，拓展思维空间，从中发现一些具普遍性和带规律性的现象，吸取国际经验和教训。我们先从宏观角度了解近二三十年来各国政府对侨民问题的一般态度和政策走向，然后再根据需要和可能，选择六个过去和现今移民流量和存量巨大且有一定代表性的移民输出国进行较为深入的考察。其中英国、意大利和爱尔兰大体上反映了发达国家中移民输出国对移民的态度和政策，而印度、墨西哥和菲律宾则反映发展中国家的不同态度和政策。①

第一节 概况与趋势

自 20 世纪 80 年代以来,随着全球化进程的加速、国际移民人数的增加和移民模式的变化以及侨汇数额的快速增长,世界各国对海外移民的态度发生了重大变化,许多国家纷纷成立侨务机构开展侨民工作,形成一股"侨务热"。② 据不完全统计,目前建立官方机构程度不同地开展侨务工作的国家已达七十多个,其中既有发展中国家也有发达国家,既有移民输出国也有传统的移民输入国。这些国家国情不一,移民情况各异,各国对侨民的重视程度与侨务工作方针政策和具体做法也大不相同,但加强侨民工作,发挥海外移民的作用,从不同层面借助侨民的力量改善本国人民的处境,提升国家综合实力与国际地位的愿望和趋势却是相似的。特别是发展中国家,这种愿望更加强烈和迫切。③

据 2012 年国际移民组织(IOM)与美国移民政策研究所(MPI)联合发表的一份最新的研究报告,④ 在他们调查的 56 个国家的 400 个涉侨机构中,有 77 个属于正规的侨务机构。到 2011 年为止,已有 26 个国家建立了中央或联邦政府部级侨务机构:亚美尼亚、阿塞拜疆、孟加拉、格鲁吉亚、海地、印度、马其顿、摩洛哥、巴基斯坦、塞内加尔、斯洛文尼亚、斯里兰卡、阿尔及利亚、贝宁、科摩罗、多米尼加、印度尼西亚、伊拉克、以色列、黎巴嫩、马里、尼日尔、塞尔维亚、索马里、叙利亚、突尼斯。其中前 12 个国家的侨务部是单独型的,如印度的"海外印度人事务部",后 14 个国家的侨务部是与中央其他部合并的,如多米尼加的"贸易、工业、消费与海外侨民事务部"。这 26 个国家的部级侨务机构名称、2011 年移民存量及其与全国总人口的百分比和最主要移居地情况见表 6-1。

---

① 以色列是散居全球各地犹太人建立的国家,不是移民输出国,各地犹太人也大都不是以色列海外移民,情况特殊,拟另做研究。

② 丘立本:《外国侨务工作新动向及其原因与启示》,载于《侨务工作研究》2005 年第 2、第 4 期,http://qwgzyj.gqb.gov.cn/ygqw/123/197.shtml。

③ Alan Gamlen. *Diaspora Engagement Policies: What are they, and what kinds of states use them?* COMPAS Working Paper, No. 32, University of Oxford. 2006.

④ Dovelyn RannveigAgunias and Kathleen Newland. *Developing a Road Map for Engaging Diasporas in Development*, International Organization for Migration & Migration Policy Institute 2012.

表 6–1　　　　　　设立部级侨务机构的国家及其机构名称

国家	机构名称	2011年移民存量，与全国总人口之百分比	最主要的移居地
亚美尼亚 +	海外移民社群部 Ministry of Diaspora	870 200 28.2%	俄罗斯联邦
阿尔及利亚	民族团结、家庭与侨务部 Ministry of National Solidarity, Family and the National Community Abroad.	1 432 600 3.4%	法国
阿塞拜疆 +	国家海外移民社群事务委员会 State Committee on Affairs of the Diaspora	1 432 000 16%	俄罗斯联邦
孟加拉 +	海外就业与居民福利部 Ministry of Expatriates' Welfare and Overseas Employment	5 380 200 3.3%	印度
贝宁	外交、非洲联合、法语社区与海外贝宁人部 Ministry for Foreign Affairs, African integration, the Francophone Community and Beninese Abroad	513 600 5.8%	尼日利亚
科摩罗	外交与移民社群合作部 Ministry of External relations and Cooperation of the Diaspora	38 600 5.6%	法国
多米尼加	贸易、工业、消费与海外移民社群事务部 Ministry of Trade, Industry, Comsumer, Diaspora Affairs	69 300 104.1%	美国
格鲁吉亚 +	国家海外移民社群问题部 State Ministry for Diaspora Issues	1 057 700 25.1%	俄罗斯联邦
海地 +	海地海外居民部 Ministry of Haitians Living Abroad	1 009 400 9.9%	美国
印度 +	海外印度人事务部 Ministry of Overseas Indian Affairs	11 357 500 0.9%	阿联酋
印度尼西亚	人力与跨国移民部 Ministry of Manpower and Transmigration	2 502 300 1.1%	马来西亚

续表

国家	机构名称	2011年移民存量，与全国总人口之百分比	最主要的移居地
伊拉克	移民与离散人员工作部 Ministry of Migration and Displaced	1 545 800 4.9%	伊朗
以色列	情报与海外犹太人部 Ministry of Information and Diaspora	1 019 900 14.%	加沙西岸
黎巴嫩	外交与出境移民部 Ministry of Foreign Affairs and Emigrants	664 100 15.6%	美国
马其顿+	出境移民事务部 Agency for Emigration	447 100 21.9%	意大利
马里	海外马里人与非洲联合部 Ministry of Malians Abroad and African Integration	1 012 700 7.6%	科特迪瓦
摩洛哥+	摩洛哥海外社群管理部 Ministry Charged with the Moroccan Community Residing Abroad	3 106 600 9.3%	法国
尼日尔	非洲联合与海外尼日尔人部 Ministry of African Integration and Nigerians Abroad	386 900 2.4%	尼日利亚
巴基斯坦+	海外巴基斯坦人部 Ministry of Overseas Pakistanis	4 677 000 2.5%	印度
塞内加尔+	海外塞内加尔人部 Ministry of Senegalese Abroad	632 200 4.9%	冈比亚
塞尔维亚	宗教与海外社群部 Ministry of Religion and Diaspora	196 000 2%	奥地利
斯洛文尼亚+	政府海外斯洛文尼亚人办公室 Government's Office for Slovenians Abroad	132 000 6.5%	德国
索马里	海外移民社群事务部 Ministry of Diaspora and Community Affairs	812 700 8.7%	埃塞俄比亚
斯里兰卡+	促进海外就业与福利部 Ministry of Foreign Employment Promotion and Welfare	1 847 500 9.1%	沙特阿拉伯

续表

国家	机构名称	2011年移民存量，与全国总人口之百分比	最主要的移居地
叙利亚	外交与海外居民部 Ministry of Foreign Affairs and Expatriates	944 600 4.2%	约旦
突尼斯	社会事务、团结与海外突尼斯人部 Ministry of Social Affairs, Solidarity, and Tunisian Abroad	651 600 6.3%	法国

注：有+号者为独立部。

世界银行的算法是将输出国人口减去移民人数作为总人口来与移民存量做比较，故有移民存量为总人口的104.1%的现象发生。

资料来源：Dovelyn RannveigAgunias and Kathleen Newland. *Developing a Road Map for Engaging Diasporas in Development*. International Organization for Migration & Migration Policy Institute, 2012.

报告指出，有17个国家设立部属司、局级侨务机构，它们是：阿尔巴尼亚、巴西、波西尼亚与黑塞哥维那、布隆迪、智利、埃及、萨尔瓦多、埃塞俄比亚、厄立特里亚、德国、加纳、墨西哥、荷兰、秘鲁、菲律宾、罗马尼亚以及乌拉圭。这些国家部属的侨务机构的具体名称见表6-2。

表6-2　　　　　设立部属侨务机构的国家及其机构的名称

国家	机构名称
阿尔巴尼亚	外交部海外移民社群司 Ministry of Foreign Affairs, Diaspora Department
巴西	外交部海外巴西人社群次长 Ministry of Foreign Affairs, Undersecretary General for Brazilian Communities Abroad
布隆迪	外交部移民社群主管 Ministry of Foreign Affairs, Directorate of Diaspora
智利	外交部领事与入境移民事务办公室、海外智利人办公室；内政公安部入境移民与移民局 Ministry of Foreign Affairs, General Office for Consular and Immigration Services; Office for Chileans Abroad. Ministry of the interior and Public Security, Department of Immigration and Migration

续表

国家	机构名称
埃及	人力与移民部出境移民局 Ministry of Manpower and Emigration, Emigration Sector
萨尔瓦多	外交部海外萨尔瓦多人事务次长 Ministry of Foreign Affairs, Vice Ministry for Salvadorans Abroad
埃塞俄比亚	外交部海外移民社群事务总局；能力建设部海外移民协调办公室 Ministry of Foreign Affairs, Diaspora Affairs, Directorate General, Ministry of Capacity Building, Diaspora Coordinating Office
厄立特里亚	外交部海外厄人局 Ministry of Foreign Affairs, Department of Eritreana Abroad
德国	德国技术合作部移民与发展部门规划署 German Technical Cooperation, Sector Project on Migration and Development
加纳	内政部国民移民处 Ministry of interior, National Migration Unit
墨西哥	外交部北美事务次长；境外墨西哥人工作机构 Ministry of Foreign Affairs, Sub secretariat for North America; Institute for Mexicans Abroad
荷兰	外交部国际移民与发展局 Ministry of Foreign Affairs, International Migration and Development Division
秘鲁	外交部海外秘鲁人次长 Ministry of Foreign Affairs, Undersecretary for Peruvians Abroad
菲律宾	劳工部海外劳工福利署、海外就业署；外交部海外移民劳工事务次长办公室 Department of Labor, Overseas Workers Welfare Administration; Department of Labor. Philippine Oversea Employment Administration; Department of Foreign Affairs, Office of the Undersecretary for Migrant Works' Affairs
罗马尼亚	外交部海外罗马尼亚人关系局 Ministry of Foreign Affairs, Department for Relations with the Romanians Abroad
乌拉圭	外交部领事与海外居民联络总署 Ministry of Foreign Affairs, Directorate General for Consular Affair and Expatriate Ties

资料来源：Dovelyn RannveigAgunias and Kathleen Newland. *Developing a Road Map for Engaging Diasporas in Development*. International Organization for Migration & Migration Policy Institute, 2012.

报告指出，有 17 个国家建有由总统、国会或国务院直辖的侨务机构，即保加利亚、智利、埃及、危地马拉、匈牙利、马里、墨西哥、摩洛哥、尼日尔、尼日利亚、菲律宾、波兰、葡萄牙、塞拉利昂、斯洛伐克、瑞士和中国。这类机构的名称见表 6-3。

表 6-3　设立其他形式的全国性侨务机构的国家及其机构名称

国家	机构名称
保加利亚	政府海外保加利亚人办事处 State Agency for Bulgarians Abroad
智利	海外智利人社区事务部际委员会 Interministerial Committee for Chilean Communities Abroad
中国	国务院侨务办公室 State Council, Overseas Chinese Affairs Office of the State council; Overseas Affairs Committee
埃及	移民高级委员会 Higher Committee on Migration
危地马拉	危地马拉移民全国委员会 National Council for Migrants from Guatemala
匈牙利	匈牙利海外居民事务秘书处 The Secretariat of Hungarian Living Abroad
马里	移民协商机构 Consultation Framework on Migration
墨西哥	境外墨西哥人社区全国委员会 National Council on Mexican Communities Abroad
摩洛哥	部际委员会 Interdepartmental Committees
尼日尔	主管移民事务委员会 Committee in charge of migration
尼日利亚	技术工作组与移民事务部际委员会 Technical Working Group and interministerial Committee on Migration
菲律宾	总统办公室海外菲律宾人委员会；海外劳工事务委员会 Office of the President, Commission on Filipinos Overseas; Committee on Overseas Workers Affairs

续表

国家	机构名称
波兰	移民问题部际工作组 Interministerial Team on migration Question
葡萄牙	部长理事会，移民与文化对话高级委员会 Council of Ministers, High Commission for immigration and intercultural Dialogue
塞拉利昂	总统办公厅海外移民办公室 Office of the President Office of the Diaspora
斯洛伐克	斯洛伐克共和国政府办公厅海外斯洛伐克居民事务办公室 Government Office of the Slovak Republic, Office for the Slovaks Living Abroad
瑞士	联邦移民办公室 Federal Office for Migration

资料来源：Dovelyn RannveigAgunias and Kathleen Newland. *Developing a Road Map for Engaging Diasporas in Development.* International Organization for Migration & Migration Policy Institute，2012.

有5个国家还在地方一级建立侨务机构：萨尔瓦多、印度、墨西哥、索马里和中国。其名称见表6-4。

表6-4　　　设有地方一级侨务机构的国家及其机构名称

国家	机构名称
萨尔瓦多	全国各州移民秘书处 National Secretariat for Migration（Various states）
印度	喀拉拉邦政府，邦籍印侨事务部；古吉拉特邦政府，邦籍印侨事务部 Government of Kerala, Department of Non-Resident Keralites's Affairs; Government of Gujarat, Non-Resident Indian Division
中国	上海市人民政府侨务办公室 The Overseas Chinese Affairs Office（SOCAO）of Shanghai Municipal People's Government
索马里	庞特兰海外移民合作与发展办事处 Office for Development and Partnership with the Puntland Diaspora Community
墨西哥	州级移民办公室全国协调局 National Coordination for State-level Migrant Offices（various States）

资料来源：Dovelyn RannveigAgunias and Kathleen Newland. *Developing a Road Map for Engaging Diasporas in Development.* International Organization for Migration & Migration Policy Institute，2012.

许多国家还在海外利用领事馆等机构开展侨务工作，墨西哥在美国就设有 50 个领事馆。多米尼加、以色列、摩洛哥、墨西哥、马里、马耳他、秘鲁和韩国都有准政府侨民机构，摩洛哥建有以国王命名的"哈桑二世摩洛哥海外居民基金会"，还有一些国家建有侨务咨询委员会如马里海外移民高级理事会等，① 见表 6 – 5。

表 6 – 5　　国外设有准政府海外移民机构的国家及其机构名称

国家	机构名称
多米尼加	总统海外多米尼加人社区事务委员会 National Presidential Council for Dominican Communities Abroad
以色列	以色列犹太代办处；美国犹太人分配委员会 Jewish Agency for Israel；American Jewish Joint Distribution Committee
摩洛哥	哈桑二世摩洛哥海外居民基金会；摩洛哥海外社区理事会 Hassan II Foundation for Moroccans Resident Abroad；Council on the Moroccan Community Abroad
马里	马里海外移民高级理事会 High Council of Malians Abroad
马耳他	马耳他海外移民委员会 Malta's Emigrants' Commission
墨西哥	境外墨西哥人工作机构咨询委员会 Consultative Council of the Institute for Mexicans abroad
秘鲁	咨询委员会 Advisory Council
韩国	海外韩国人基金会 Overseas Koreans Foundation

资料来源：Dovelyn RannveigAgunias and Kathleen Newland. *Developing a Road Map for Engaging Diasporas in Development*, International Organization for Migration & Migration Policy Institute 2012.

上述这些侨务机构约有 1/3 是在 2005 年后才建立起来的，它们的实际工作效率如何还有待于实践的考验和证明。虽然如此，它们的出现本身足以说明许多国家尤其是发展中国家对海外移民的重视和期待。下面我们分别对几个海外移民

---

① Dovelyn RannveigAgunias and Kathleen Newland. *Developing a Road Map for Engaging Diasporas in Development*, International Organization for Migration & Migration Policy Institute 2012.

存量和流量巨大且具代表性的发达国家和发展中国家进行进一步考察。

第二节 国别考察

一、英国

我们先从英国开始，因为英国是工业化最早的国家，也是历史上欧洲向外移民占人口比例最高的国家。据美国社会学家马赛（D. Massey）的估计，1847～1924年间，欧洲向外移民约为欧洲1900年总人口的12%而英国向外移民占了英国1900年总人口的41%。1853～1913年英国向外移民人数达到1 300万人，主要移至北美、澳大利亚、新西兰和南非。① 第二次世界大战后，英国对外移民人数逐渐减少，入境移民人数逐年增多。因此，英国宣称它已成了移民净输入国，英国移民政策主要针对外来移民而制定，英国学术争论的话题也都围绕着如何利用、限制和整合外来移民问题。

然而，2006年伦敦公共政策研究所公布的一项题为《海外英国人》（Brits Abroad）的研究报告表明，虽然英国年年都有大量移民入境，但在1966～2005年，英国净流失的英国人多达270万，平均每年流失67 500人。滞留国外的英国国民约有50万，因此，大约每10个英国国民中就有1人全年或部分时间居住在国外，也就是说，居住在外国的英国人实际上远比居住在英国的外国人多。海外英国人分布在世界各地，主要集中在澳大利亚、西班牙、美国、加拿大、爱尔兰、新西兰、南非、法国、德国和塞浦路斯等10国（见表6-6）。

表6-6　　　　　　英国海外人口最为集中的10个国家

国家	长期居民	长期与短期居民	领养老金者
澳大利亚	1 300 000	1 310 000	245 311
西班牙	761 000	990 000	74 636
美国	678 000	685 000	132 083
加拿大	603 000	609 000	157 435

① Massey, Douglas S. *Patterns and Processes of International Migration in the 21st Century. Paper prepared for Conference on African Migration in Comparative Perspective*, Johannesburg, June 2003.

续表

国家	长期居民	长期与短期居民	领养老金者
爱尔兰	291 000	320 000	104 650
新西兰	215 000	217 000	46 560
南非	212 000	214 000	38 825
法国	200 000	261 000	33 869
德国	115 000	126 600	33 034
塞浦路斯	59 000	65 000	11 742

资料来源：BBC News：*Brits Abroad*. http：//news. bbc. co. uk/2/shared/spl/hi/in_depth/brits_abroad/html/.

该研究报告宣称，如果将上述数字加上世界各地自称为英国后裔的人数，那么，海外英人群体（英国侨民及外籍英人）总量达到 5 800 万人。[1] 虽然海外英国人数量远比海外印度人和海外中国人多，但值得注意的是，英国官方从来不加张扬。在揭示上述真相的 IPPR 报告发表后，BBC 虽做过报道，学术界仍然连篇累牍地大谈外来移民进入英国后该如何处置的问题，很少谈及英国人进入其他国家引起的社会问题，好像英国人入居他国是理所当然的事，没有什么可讲的。

值得注意的还有，不论英国侨民还是外籍英人，他们虽在侨居地建有若干小型社区和协会（主要是苏格兰人或和威尔士人）却都未见在侨居国建立全国性的侨民组织，更未见他们像意大利和希腊等国移民那样建立全球性的移民机构。英国议会也没有像许多欧洲国家那样给其海外侨民保留议席，政府也没有专为海外英国人专门设置服务机构。因为许多英国移民已在前英国殖民地建立起以英人为核心的独立政权，成为新国家的公民，无须通过侨民机构与祖籍国的关系来维护自己的利益。近年来，英国虽已授予海外英国侨民选举权，但大选时，600 万侨民中只有区区几万人参加投票。

当然，上述情况并不说明英国对海外英国人完全漠不关心，也不表明英国政府不重视软实力的运用。事实上，英国海外侨民中有 100 多万是养老金的领取者，英国政府每年要为他们支付大约 20 亿英镑的养老金（这在经济不景气的今天对英国纳税人是不小的负担，这也是伦敦公共政策研究所发表这份报告的原因之一）。英国政府还给不少高级科技和专业人士到海外获取高收入提供诸多方便。而居住在前英自治领事和英联邦内的英国人后裔至今还享受着大英帝国往昔的余惠，对母国并无更多的诉求，因此母国也就无须在政府和议会内设置特殊的

---

[1] Dhananjayan Sriskandarajah and Catherine Drew. *Brits Abroad*, *Mapping the Scale and Nature of British Emigration*, *Executive summary* IPPR. 2006.

机构来反映他们的特殊利益和要求了。英国的实力虽然已大不如前，但它还可以通过英联邦和各种国际机构，通过英语作为全球最通用的国际语言的优势和英国在法律、金融、海事、教育等制度规则制定者的先发优势发挥作用。成立于1922年的英国广播公司（BBC）是世界最有影响的新闻媒体之一，它每天使用多国语言向全球发布广播新闻和播送电视节目。而创建于1934年的英国文化协会（the British Council）更是世界闻名的公共外交机构。该协会现在世界109个国家200多个城市设有分部，每年吸引世界各地1 000多万青年参加其活动，仅"志奋领"奖学金（CHEVENING）目前每年资助约2 200名世界各国青年人到英国留学，以接受英国的文化、技术、贸易和投资理念。因此，英国目前主要依靠其健全的文化产业开展强势的公共外交，而不特别重视借助海外移民这一特殊群体来提升其软实力。

当然，对英国来说，海外英国人也不是无关紧要的。除了人数众多的海外移民外，英国每年因公因私短期出国的人数多达6 000万人次，超过英国人口总数，因此英国的政府和议会对保护其公民在海外的人身与财产安全问题向来不敢有丝毫的疏忽。2005年兰德公司的一项研究表明，英国领事保护工作是全球首屈一指的，领事保护不仅直接关系到每个英国公民的利益与安全也关系到英国政府的形象和国家的荣誉。① 近年来，随着英国国力日渐式微，英国民间要求政府以其他欧亚国家为榜样，加强海外移民的工作，发挥移民对母国的增援作用的呼声渐起，但当局至今尚未有大的政策出台。②

由英国移民为核心建立起来的美国至今虽仍是移民净输入国，但在全球化的今天，美国海外侨民和流动人口数量也不少，但美国也未见有强大的世界性的侨民组织，美国国会和政府也没有专门留给侨民的议席和维护侨民的机构，只有领事保护而已。美国搞颠覆，搞颜色革命，宁愿依靠非政府组织，依靠名目繁多的基金会，寻找美籍外国移民充当代理人而不轻易起用当地的美国侨民，因为那么做容易被人抓住把柄。美国正力图以软硬兼施的"巧实力"来维护其霸权。

二、爱尔兰

爱尔兰是英国最早的殖民地，也是世界上人口流失最为严重的国家。1814年爱尔兰人口820万，到1961年只剩下420万。根据官方最新的统计，目前爱

---

① Mirjam van het Loo, Susanna Bearne, Pernilla Lundin, Hans Pung Amanda Scoggins Miriam Shergold. *International Review of Consular Services*. Rand Europe, Vol. Ⅱ, 2005.

② Tim Finch, Holly Andrew, Maria Latorre. *Brits Abroad, Making The Most of British Diaspora. Executive Summary and Recommendation IPPR*, 2010.

尔兰人口也只有440多万人，海外侨民310万人，其中80万人出生于爱尔兰，而自称具有爱尔兰血统的人数估计达7 000万人。

爱尔兰侨民主要居住在英国（约200万）和美国（约50万），自称祖先为爱尔兰人者，则多集中在美国（约为4 000万）、加拿大（380万）、澳大利亚（约为190万）和阿根廷（50万）等地，而占当地人口比例最大的是澳大利亚（30%）、英国、加拿大、新西兰等地。①

1801年英国正式吞并爱尔兰。在英国统治下，1846～1851年，爱尔兰发生了大饥荒，死了150多万人，向外移民100多万人。1949年，爱尔兰人民经过长期曲折斗争取得独立，但其北部仍为英国所占领。在内忧外患情况下，爱尔兰经济长期不振，政府无力顾及海外移民问题，爱尔兰移民只得依靠自身的力量，在世界各地，艰苦创业，对于母国也爱莫能助。1973年爱尔兰加入了欧洲共同体后（欧盟的前身）情况有了好转。80年代后，由于政府调整经济发展战略，将软件业作为经济发展的支柱，吸引世界知名软件公司到该国投资，带动一系列新兴产业的发展，爱尔兰经济终于出现转机。2000年，爱尔兰的GDP增长率达到10.7%，成为经合组织中连续6年经济发展速度最快的国家。进入21世纪后，爱尔兰人均国民收入位列欧盟第二，出现了"凯尔特之虎"的经济奇迹。

正是在这样的经济背景下，爱尔兰政府开始对海外移民及其后裔给予关注。1990年爱尔兰总统玛丽·罗宾逊（Mary Robinson）在其就职演讲中首次提出"7 000万爱尔兰后裔"问题。她说："在我们国外，存在一个庞大的爱尔兰移民社群，这个社群，不仅穿越我们许多代人'家外之家'的邻近岛屿，还穿越北美、澳大利亚和欧洲。目前，全球有7 000万人自称为爱尔兰后裔，我为我能代表他们而感到自豪。"1999年爱尔兰宪法通过全民公决做了重要的修改。新宪法的第二条向世人宣告："爱尔兰国家十分珍惜她与生活在国外的爱尔兰后裔之间的特殊关系，他们与我们有着共同祖先，共同的认同，分享着共同文化遗产。"②据此，2001年12月，爱尔兰政府成立了"海外移民政策专门工作组（The Task Force on Policy regarding Emigrants），于2002年8月向外交部部长提交的题为《爱尔兰与海外爱尔兰人》的政策报告。"③该政策报告认为，爱尔兰社会经济近期的发展和宪法第二条关于爱尔兰民族国家的重新界定，为考察爱尔兰移民和满

---

① Kingsley Aikins, Dr Anita Sands, Nicola White. *The Global Irish Making a Difference Together*. The Ireland Funds, 2009.

② Walter, B. Gray, B., Almeida Dowling, L. And Morgan, S. *A Study of Existing Sources of Information and Analysis about Irish Emigrants and Irish Communities Abroad*, 2002, P. 26.

③ Mr. Brian Cowen, T. D. *Ireland and the Irish abroad*：Report of the Task Force on Policy regarding Emigrants to the Minister for Foreign Affairs to the Minmister for Foreign Affairs, 2002. http：//www.dfa.ie/uploads/documents/task.

足他们的诉求提供了新的视角和机遇。政府不仅应当考虑爱尔兰侨民的利益还应考虑海外爱尔兰后裔的诉求，鉴于海外不同地区的爱尔兰人社区有着不同的需要，原则上不能用单一方法加以应对，必须根据不同情况以不同方式加以处理，必须考虑他们的权利，尊重他们的意见。据此，政策报告提出了四点政策目标、三项服务行动规划和五方面的组织和资源保证。四点政策目标即：使出国者能有充分准备；使流落他乡者能得到政府的关怀；使回归者得以重新融入社会；使宣扬爱尔兰文化者受到鼓励和支持。三服务是指做好移民离境前服务、出国后服务和归国时的服务。

报告提出，由于爱尔兰具有移民传统，即便在经济繁荣的时期，每年也有两万多人移居海外，因此，政府必须做好移民出国前的服务工作，要在学校设置专门课程培养学生独立生活能力，要为有意出国者提供全面可靠的资讯，要支助自愿机构使其得以对移民提供持续的情报和警示。报告强调，对定居海外的爱尔兰人的服务工作，首先应加强政府机构和民间自愿团体之间的合作，增加财政支持力度，对海外爱尔兰社区的活动和爱尔兰的文化体育活动给予赞助，要开发互联网潜力，建立交流中心以增进国内外爱尔兰人的联系，建立奖励制度，表彰作出杰出贡献的海外爱尔兰人。对于归国者，报告提出，要设立基金会，关怀老年归侨生活，帮助他们解决住房困难；实施"回爱尔兰度假"计划，为老侨民实现回国观光的愿望，对年轻归侨加强就业培训。五方面的组织和资源保证即：授权外交部全权负责对外移民政策的制定，在外交部属下设立"海外爱尔兰人工作组"，扩大外交部编制并增加预算等。

2003年，上述政策报告经部际会议通过由政府实施。此后，爱尔兰政府虽有所更替，但报告提出各项措施逐步得到落实。2004年外交部已设立"海外爱尔兰人工作组"（the Irish Abroad Unit）。目前，培养学生独立生活的课程编辑工作已初步完成，为移民提供情报和警示和宣扬海外爱尔兰人业绩和贡献的网站已在运作。美国独立宣言签署人中有13人为爱尔兰人及其后裔，澳大利亚1929~1949年7位总理中有6位总理是爱尔兰后裔，新西兰首任总理、阿根廷海军创始人和智利独立后首任政府首脑也都是爱尔兰人或其后裔，这些事迹已广为流传，美国前总统肯尼迪、尼克松、里根和克林顿都是爱尔兰后裔更是家喻户晓。2003~2006年，政府的"移民支助计划"（Emigrant Support Programme）拨款已从308 700欧元增至1 182 600欧元，其中约86%用于救助英国的爱尔兰侨民，10%用于救助美国的爱尔兰侨民。从2007年起，海外爱尔兰百岁老人已可获得总统嘉奖。让老年侨民晚年回国观光的计划已经起动，回乡寻根续谱的活动更受海外爱尔兰人的欢迎。总之，由于上述政策的实施，爱尔兰政府与海外爱尔兰人在政治、经济、文化、社会各方面的联系空前密切了，海内外爱尔兰人的自信心和自豪感提高了,爱尔兰民族的凝聚力和向心力大大增强了,爱尔兰的国际形象大大改善了。世人对欧洲"凯尔特虎"无不刮目相看。

2009年,美国金融危机祸及欧洲,继冰岛之后,爱尔兰也陷入主权债务危机之中。为了摆脱空前严重困境,爱尔兰除向欧盟和国际机构求助外,更寄厚望于海外爱尔兰人。2009年9月,爱尔兰政府召开"全球爱尔兰经济论坛"(Global Irish Economic Forum)邀请全球各地130位爱尔兰裔的经济界和文化界的领导人与国内各界要人、政府各部官员与反对党人士,共商国是,寻求摆脱危机的办法。2011年10月国会和外交贸易部又联合邀请40多个国家的300多位各界爱尔兰人精英,参加在都柏林举行的第二届"全球爱尔兰经济论坛",更加广泛地听取各方意见,集中各方智慧,力求通过金融、经贸、文教、科技、旅游等领域革新,恢复爱尔兰经济,挽回爱尔兰的声誉。[①] 值得注意的是,在主权债务危机时刻,爱尔兰政府始终不忘海外爱尔兰弱势群体,坚持执行"移民支助计划"(Emigrant Support Programme)即时发放救济金。[②]

爱尔兰人口只有欧盟人口的1%,GDP也只有欧元区整体GDP的1.7%。这样的小国,不可能在欧洲争霸,更不用说在世界争霸了。他们之所以重视海外爱尔兰人的工作,为的是传承"凯尔特文化",发扬爱尔兰人艰苦奋斗,辛勤创业的精神,提高全球爱尔兰人的自信心和自豪感,提高自己的经济和政治地位,让子孙后代有尊严地自立于世界之林。爱尔兰的所作所为,可视为当今许多小国的范例。

三、意大利

意大利是欧洲古代文明中心之一,也是文艺复兴的策源地,有着丰富的文化资源和很长远的对外移民的历史。就近代而言,从1861年统一时起到1976年止,意大利国际移民出境有过几次高潮,总人数达到了2 600万,其中大约2/5出自意大利南部,约一半分布在美洲,另一半分布在欧洲。[③]

意大利由于资源贫乏,工业化进程长期滞后,失业现象严重,使大量人口长期外流。但自20世纪60~70年代后,意大利适时调整经济政策,工农业生产出现转机,工资显著增长,人民生活水平快速提高,因此,移民出境的人数逐渐减少,移民入境的人数急剧增加,移民历史发生大逆转,由移民净输出国逐渐变成

---

① The Report of the Second Global Irish Economic Forum, 2011. www.globalirishforum.ie.
② Emigrant Support Programme. http://www.dfa.ie/home/index.aspx?id=292.
③ Daniela Del Boca Alessandra Venturini. Italian Migration. Institute for the Study of Labor, IZA. http://ftp.iza.org/dp938.pdf

移民净输入国。虽然如此，意大利境外移民及其后裔的存量仍然很大，意大利现有人口约5 700万，侨民约400万人，而海外意大利血统人估计多达6 000万~7 000万。

由于一个半世纪来大量人口外流对其本国社会政治经济产生重大影响，意大利政府向来重视海外侨民工作。我国学者陈里特在20世纪30年代已注意到这点，编译出版《意大利移民政策》一书，向国人做过详细介绍。① 20世纪90年代中期起，随着经济的快速发展，意大利政府在应对外来入境移民时，不忘加强侨民工作，曾一度在外交部内，任命一内阁部长，专门管理海外意大利人的事务，其下设"海外意大利人与移民政策司"和5个处，该司目前已扩充为7个处，分别处理有关海外侨民的政策、文教、领事、法律、入境、签证和选举等事宜。同时建立24小时值班的危机应对机构，利用国际外交领事网络，采取必要措施，保护海外意大利侨民。

为加强意大利侨民和本国的联系，意大利议会于1992年通过了公民法，(Citizenship law) 允许已获得外国公民权的意大利人保持其意大利公民权。2000年10月意大利议会通过决议，给海外意大利人在上议院保留6个席位，下议院保留12个席位，由侨民团体选举产生。2001年年底，议会还通过法律，允许海外意大利侨民可通过邮寄方式，不必亲自回国，参加总统和国会的选举和公投。意大利还允许海外意大利公民参加欧洲议会选举，选民可在居住地或意大利投票。

在组织海外意大利人方面，据统计，1950年海外意大利人社团总数为3 755个，1970年增至5 857个。1985年，意大利政府鼓励海外移民在3 000人以上的领事管辖区内，建立侨民委员会（COMTE）与意大利领事馆、国内协会以及世界各地的意大利移民组织取得联系，维护海外意大利人的权益，促进意大利经济文化发展。侨民委员会设正副主席、秘书、财政委员等职，5年一届，由选举产生。

1989年意大利政府建立了"意大利侨民总会"（General Council of Italians abroad，CGIE），该会由95个团体成员组成，其中65个成员由海外侨民组织推举，其他成员由政府指定。在政府指定的成员中，除官员外，7人出自国会中的政党，9人代表工会和慈善机构，1人代表全国报业联盟，1人代表海外意大利报业机构，1人来自边区工人组织。侨民总会每年召开一次会议，由外交部部长主持，就意大利海外移民社会的问题，如教育和职业培训，民族认同等问题向政府提供咨询，并向国会提供年度报告。

---

① 陈里特：《意大利移民政策》，商务印书馆1936年版。

为了广泛团结海外意大利人，2000年12月11~15日，意大利政府在罗马召开了海外意大利人会议（Conference of Italians abroad）。与会者除676位海外意大利社区的代表和169位意大利本土代表外，还有380位记者和众多观察员。会议由总统致开幕词，足见政府的重视。会议通过一项决议，要求国会授予海外意大利移民投票权，要求政府加强领事工作，并支助各地意大利人对当地意人社会的研究活动。

2000年，意大利政府还召开了"意大利裔的外国国会议员会议"。据官方统计，在欧洲、南北美洲、澳大利亚和新西兰27国中，意大利裔的国会上下议员多达349人。参加此次"外国意大利裔国议员会议"的议员多达166人，包括法国国会议长、秘鲁国会副议长等。会议决定建立由现任与卸任议员组成"世界意大利裔议员协会"，利用这些国会议员的经验和活动能力，增进居住国与意大利的联系，在居住国建立国会游说团，维护意大利的政治与经济利益。美国意大利裔议员就曾劝说美国支持意大利出任联合国安理会常任理事国的申请。

2000年12月，意大利召开了首届意大利领事会议，邀请劳工代表、企业家、商家、媒体、科学和文化界人士参加，研究如何提高领事工作效率，改善意大利在海外的形象，加强政府与民间社团的合作，推销意大利产品，吸引国外投资和在意大利侨民中开展活动问题。

意大利政府重视海外新生代的教育，强调民族文化的传承的重要性，积极支持海外社群开展具有意大利民族特色的文化艺术和体育活动，对移民社区的意大利语教学提供经费支助。意大利政府设有奖偿制（Order of the Star of Italian Solidarity），奖励对意大利做出过重大贡献的杰出的海外意大利人和外国人士。意大利侨民在购买土地和其他物产时与国人同等待遇，意大利侨民在意大利就业者的养老金可通过使馆领取。政府在财政税收方面还对海外意大利人实施优惠政策。①

20世纪90年代末，意大利人均国民收入已达19 278美元，超过了西班牙、葡萄牙和希腊等南欧国家，成为世界七强之一，但其经济和军事实力仍不及英、法、德等国，更不用说是大西洋彼岸的美国。意大利没有英联邦那样的机构可利用，因此，在全球化进程日益加速，国际竞争日益激烈的情况下，意大利政府从20世纪80年代起，更加重视海外意大利人的工作，力图发挥海外移民众多，网

---

① 上述意大利侨务机构、议会立法、侨民组织以及侨务政策的实施等资料见 The Italian Diaspora. In Report of the High Level Committee on the Indian Diaspora, 2002. pp. 322 – 325. Hans Jorgen Helms (ed.). Democratic Rights of European Expatriates. 2004. pp. 15 – 20. www. euromondenet.

络普及全球的特点,巧用海外移民资源,提升其软实力以利于国际竞争。[①]

沿地中海的南欧国家如希腊、葡萄牙、西班牙等国和意大利一样,有过辉煌的历史,但后来衰落了,成了劳动力输出国,直至20世纪末,才乘全球化之机得以重新崛起。相似的经历,使得他们在对待人数众多,存量巨大的海外移民及其后裔采取大体上相似的做法,如重视侨务机构的设立,加强与侨民的联系,依托全球性侨民组织开展侨务工作,重视民族语言文化的传承,国会留有一定的席位以反映侨民意见和诉求等,因此,意大利可作为进一步深入研究一般发达国家特别是南欧国家借助侨务提升国家综合国力(包括软实力)的案例。

四、印度

印度是世界人口大国也是世界移民大国,目前生活在印度境外的"海外印度人"(包括印度侨民和外籍印度人)已超过2 500万,分布在五大洲的130个国家(见图6-1),其中印人在10万以上的有48个国家,50万人以上的有11个国家,即缅甸(300万)、马来西亚(170万)、沙特阿拉伯(150万)、美国(168万)、英国(120万)、阿拉伯联合酋长国(100万)、南非(100万)、加

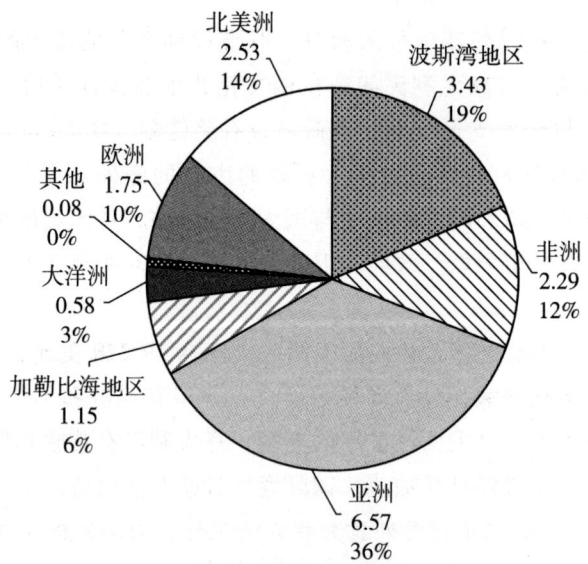

图 6-1 海外印度人地域分布 (2001)

[①] Marina Murat, BarbaraPistoresi and Alberto Rinadi. *Transnational social capital and FDI evidence from Italian associations worldwide Marina*, 2011. http://www.jed.or.kr/full-text/36-4/1.pdf.

拿大（85万）、毛里求斯（72万）、新加坡（70万）和特立尼达和多巴哥（50万）。在一些国家里，海外印度人的绝对人数虽不多，但占总人口的比例却很高。如在毛里求斯（高达70.10%）、斐济（47.75%）、苏里南（35.90%）、特立尼达和多巴哥（35.25%）、圭那亚（30.30%）和尼泊尔（27.12%）。①

  海外印度人的这一全球分布，是由英印殖民时期和印度独立后多次向外移民潮形成的。19世纪的30～40年代。由于英、法等国先后废除黑奴贸易，殖民地劳力奇缺，英、法、荷、葡等殖民政府便从印度输出大量劳力以契约劳工（indentured labors）的形式，运往毛里求斯、乌干达、特立尼达和多巴哥等殖民地取代黑奴。1852年后，由印度本土的"工头"（Kangani）开始组织劳务输出，又将大量劳工输往斯里兰卡、缅甸和马来亚等地的种植园。19世纪末20世纪上半叶，又有一批印度的小商贩、工匠、小业主、文员和其他职业人士，以自由人身份前往缅甸、马来西亚、东非和南非等英殖民地，估计1846～1932年，印度输出劳工多达2 800万人。印度独立后，大规模对外移民始于60年代，主要流向海湾地区。这批以技术工人为主体的移民，往返于输出与输入国之间。从20世纪80年代开始，印度大批留学生、专业人士、知识精英，纷纷前往美英等发达国家升学、就业，形成新的移民高潮。总之，当今海外印度人在全球的人口布局是在重商主义、殖民主义和全球化的历史大背景下经历了多次不同形式对外移民而形成的，是由不同地区、不同语言、不同文化、不同信仰的许多不同的群体构成的，正如"海外印度人事务部"年报所指出的："海外印度人群体（diaspora）很难说是一个统一的印度人大群体。"海外印度人数量众多，分布极广，但长期以来，印度政府对他们的态度却相当冷漠，在印度独立后长达50年，国大党政府对独立前从印巴次大陆移居海外的人员，尤其是19世纪中叶出去的契约劳工的后裔不予承认。1964年缅甸政府逼迫30万印人离境，1972年乌干达，驱逐5万印人出境的严重排印事件，印度政府也只低调处理，消极应对。

  印度政府长期忽视海外印度人，有多种原因。一是英国人占领之前，在现今印度次大陆上，并没有形成统一国家和统一的民族和文化。"印度"作为一个统一的政治实体是大英帝国的殖民地，移居海外的印度次大陆的早期的契约劳工，并没有视"印度"为祖国的明确的政治概念，也没有"印度民族"的明确概念，有的只是朴素的家乡观念和宗教认同。印度作为一个"民族"是次大陆居民在共同反抗英殖民统治的过程中逐渐形成的，而作为一个独立的统一的"民族国家"则是在摆脱英国殖民地统治才建立起来的，然而，就在建国之时，印度次大陆又发生了印巴分治和由此而出现的次大陆内人口的大迁移，随后又有孟加拉

---

① Ministry of Overseas Indian Affairs. *Annual Report*：2008 – 2009. www.moia.gov.in.

国的独立，因此，独立前移居海外的次大陆居民，在国籍身份和民族认同上面临多重选择的巨大困惑。独立后的印度政府，对海外移民，特别是独立前离开印度并已加入当地国籍的次大陆移民是否还认同于印度，一时也难以识别。二是刚刚立国的印度，正需加强国人的凝聚力，在印度领导人看来，为追求个人利益而离开印度，甚至加入别国国籍，远非爱国行为，政府没有关心和保护这类移民的义务。三是由于印度是和平共处五项原则的倡导者之一，不结盟运动的领导人。印度的海外移民大都居住在第三世界，在印度领导人看来，过于关注印度移民的命运，出面支持和维护他们的利益，容易引起外交纠纷，损害印度的作为第三世界和不结盟运动领导者的国际威信。四是独立后的印度，长期实行闭关自守的计划经济政策，缺乏引进外国资本和技术的内在动力和机制，对海外印度人的资源不予重视，何况当时海外印度人的实力也很有限。由于上述多种原因，在国大党执政时期，印度政府始终视海外印度人为负担，采取甩包袱的消极做法。直到人民党上台，印度政府对海外印人的政策才有了实质性的变化。

1977年3月，长期执政的国大党在独立后首次大选中落选，人民党（后来的印度人民党）上台。人民党与印度教有着密切关系，而海外印度人中，印度教徒占86%，该党对海外印度人自然比国大党更为关心。当时出任外长，后来担任总理的瓦杰帕伊大力推动国内外学术界开展印度侨民问题的研究，在海德拉巴大学成立了首个"海外印度人研究中心"。

推动印度政府改变侨民政策的更为重要的动力是1991年正式启动的经济自由化改革，这一改革，标志着印度历史进入了一个新时期。在这个新时期里，为了吸引国际资本和引进科技人才，印度政府越发感到了解海外印度人的实际情况，加强联系，制定新侨民政策的必要。2000年，瓦杰帕伊总理决定建立"海外印度人问题高级委员会"对海外印度人的状况进行全面深入的调查。该委员会在政府各部门、各相关学术团体和海外印度人士的大力支持下，终于在2001年年底完成了一份长达38章、570页的详细报告，全面反映世界不同地区的印度人在政治、经济、文化、教育、医疗等领域的现状和面临的种种问题与诉求。

该调查报告表明：印度建国半个世纪以来，海外印度人社会已发生了极其深刻的变化。海外印度人的整体经济地位已显著上升。全球海外印度人的总购买力已接近印度全年国内生产总值。除个别国家外，世界各地印度人的收入水平都有很大的提高，不少地方印度人的收入高于当地人的平均收入水平，原因是海外印度人教育水平的提高，科技队伍的扩大，新兴产业如IT产业的发展。例如，硅谷地区印度人人均年收入达20万美元。全美印度人年购买力估计约为200亿美元。世界各地印度人的政治地位已大为提高。海外印度人中已先后产生过3位总统、3位总理、68位部长和250位议员。在英国，曾有4位印裔人士被选为下院议员、11 位为上议院员、3 位欧洲议会议员，在地方一级，已有 250~300 位印裔人士当选为地方议员，成立了"英印地方议员协会"（British – Indian Councillors Association），还有十多位当上地方的市长。在加拿大，有 6 位印裔人士当选为国会议员，印裔加拿大人杜尚吉（Ujjal Dosanjh）则当选为不列颠哥伦比亚省的总理。在美国，印裔美国人的政治组织在国会参众两院的议员中进行游说，他们在参议院 435 个立法议员中，争取到 118 位加入印度干部会议（India Caucus）。海外印度人仍保持着印度固有的价值观和行为方式。虽然海外印度人群体是由不同地区、不同语言、不同文化、不同信仰的许多不同的群体在不同的历史背景下构成的，但他们仍然深情地怀念着自己的故乡，保持着印度固有的价值观和行为方式即所谓"印度性"（Indianness）。这是维系他们与印度之间最为宝贵的纽带。

调查报告全面如实反映世界各地印度人的各种不同的意见和要求，并向印度政府提出诸多对策建议，为了尽快落实报告提出的各项政策建议，2003 年 1 月 9~11 日，印度外交部与印度工商联合会在新德里举办了首届"海外印度人节暨海外印度人奖颁奖大会"。参加这次节日活动的多达 61 个国家的 1 904 位国外代表和 1 200 位国内代表。年会由印度总理瓦杰帕伊亲自主持，由总统为 10 位有杰出贡献的海外印度人士颁奖。这次盛会开创了印度历史上组织全球印度人大规模聚会的先例，搭建起全球印人交流的绝好平台，对印度公众了解海外印度人的成就与诉求以及海外印度人对印度近期的发展和母国对他们的期望起了重大的作用。

为了更加有效地实现报告提出的各项政策，2004 年 5 月印度中央政府建立了"印度侨民事务部"（Ministry of Non – Resident Indians' Affairs）。同年 12 月，重新上台的国大党为表明其继承和发展此前的政策，将该部更名为"海外印度人事务部"（the Ministry of Overseas Indian Affairs，MOIA），明确其服务对象不仅是印度侨民（NRI）还包括已加入外国籍的印度血统人（PIO）。"海外印度人事务部"成立后，印度政府迅速集中相关资源，先后将原外交部侨民司和劳动就业部海外移民司的业务归并到"海外印度人事务部"中，由一名内阁部长（Cabinet Minister）领导，下设"海外印人社区服务司"（Diaspora Services Division）、对外移民服务司（Emigration Services Division）、经济财务司（Financial Services Division）以及行政管理司（Management Services Division）4 个司，以保证该部工作的顺利进行。

从成立至今，"海外印度人事务部"各个司已做了大量工作。

在为海外印度人社区服务方面：一是在 2003~2012 年期间印度已举办了 10 届"海外印度人节暨海外印度人奖"活动，从 2007 年起，又在美国的华盛顿、新加坡、荷兰的海牙、南非的德班、加拿大的多伦多等海外印度人集中的地区举办小型海外印度人节日活动（mini PBD）以扩大影响。二是顺利实施"海外印度人公民身份证"发放计划（Overseas Citizens of India OCI），并对此前所谓"双重国籍"问题做了澄清。三是根据总统关于给予印侨选举权的承诺，完成印侨参选的主要法律程序。四是设置海外印度人子弟奖学金，开办海外印度人大学，推行"认知印度"与"寻根"活动，大力加强对海外印度人新生代的工作。五是先后与尼赫鲁大学、美国宾夕法尼亚大学签订研究合同，开展国际移民趋势与印度侨民工作战略研究。六是加强对印度海外妇女婚姻救助。

在对外移民和劳工输出与保护方面，印度海外劳工约 500 万人，约占海外印度人口的 1/5，每年汇回印度赡养家室的侨汇，约占印度侨汇总量的 40% ~ 45%。对外移民服务司组建后，立即制订对外移民与劳务工作新原则，迅速开展工作，以应对全球劳动市场的新变化：一是推动立法部门修改 1983 年移民法，改革移民体制，推行电子管理法，以利于劳动力合法流动，提高印度在国际劳动力市场的竞争力。二是加强移民总监的监督工作，加强对劳工招募中介的管理，严厉打击人贩子和人口走私活动以制止非法移民。三是设立印度海外就业委员会（the Indian Council for Overseas）摸清国际劳动市场的需求，为印度寻找机遇。四是设立海外劳工资源中心（Overseas Workers Resource Centre）向印度公众公布海外劳工市场的行情，使出国劳务者免受人贩子的欺骗和盘剥。五是建立劳工福利基金（Indian Community Welfare Fun, ICWF）由印度海外使团支配，为海外劳工救急之用。六是与阿拉伯联合酋长国、科威特、也门和马来西亚等劳工输入国签署劳务合作备忘录（bilateral Memoranda of Understanding）以保障海外劳工的权益。七是与丹麦等欧洲国家建立劳工流动伙伴关系与双边社会保险合作（Labour Mobility Parnership and Bilateral Social Security Agreements），以确保劳务供销市场的稳定和双方职工的权益。八是与国际移民组织（IOM）签署"亚—欧劳务对话规划"，开展移民管理能力建设。

在引进海外印资、印智方面：一是设立海外印度人协助中心（Overseas Indian Facilitation Centre, OIFC）促进海外印资的流入。二是建立全球印度人知识网络（Global - Indian Network of Knowledge, GLOBAL - LNK）引进科技，建立"虚拟智库"，以创新和高科技手段绘制出解决印度发展重大问题的途径，确定印度第 11 个五年计划（2007 ~ 2012）优先发展的领域和重点，推动印度社会的改革与创新。三是设立"海外印度人发展基金会"（India Development Foundation of Overseas Indians, IDF）加速慈善事业的发展。四是设立由总理主持的全球咨询委员会（Prime Minister's Global Advisory Council）作为最高层直接掌握情况和决策的机构。

在行政管理服务方面：一是设立华盛顿、阿布扎比和吉隆坡 3 个海外印度人中心（Overseas Indian Centers）深入实际，加强地区分类指导。二是在首都筹建海外印度人的活动中心"肯德拉"（Prvasi Bharatiya Kender，PBK）为全球印度人提供固定的日常经济文化交流场所。

海外印度人事务部在短短的 8 年里，做了上述大量工作，取得可喜成绩：首先，印度公众对海外印度人的成就和诉求有了更多的了解，中央和地方政府各部门对海外印度人工作的重视程度有所提高。其次，印度与海外印度人之间以及世界各地印度人之间的交往空前密切，全球印度人的民族凝聚力大大增强，对母国向心力也大为增长。最后，由于修改移民法，改革移民制度和实施一系列保障海外劳工安全和权益条例，在国际劳工输出因国际金融危机而普遍减缩国际侨汇大为减少的情况下，印度劳工的输出不减反增，印度的侨汇由 2007 年的 308 亿美元增加到 2008 年的 435 亿美元，增长了将近 45%，其中大约 40% 是由中东和马来西亚的劳工汇回的。又次，由于"海外印度人公民身份"计划的顺利实施；目前已有将近 75 万海外印度人取得了"海外印度人公民证"，其中美国、加拿大、英国、澳大利亚等发达国家的外籍印度人占了很大的比例，为这些国家的印度裔科技人员、IT 产业人士，打开回印创业之门。此外，受到印度经济高速增长的鼓舞，海外印度人媒体大量报道印度各方面的成就，提高了印度的国际形象。美国印度裔社会人士的院外游说活动尤其活跃，他们向美国国会宣传印度的政策，促使美国取消对印度因核试验而实施的所有制裁，与印度签订了《民用核协议》，使印度未在《不扩散核武器条约》上签字的情况下免受国际社会的制裁。而发展中国家的印度裔政界人士，也对印度外交与内政给予积极的配合。最后，由于受到母国的肯定和嘉奖，又有日益强大的母国做靠山，海外印度人对印度传统文化的传承更加自觉，对印度民族的创新能力更加自信，他们更加主动地组织起来，更加积极地参与当地政治活动，努力提高印度人的地位，争取自身的权益。在这种形势下，充满儿女亲情和欢歌笑语，美化印度社会生活的宝来坞电影不但风靡海外印度人和南亚人社会，而且在东亚、中东和非洲找到广阔市场，甚至进入欧美主流社会，而印度的肥皂剧、音乐、舞蹈、瑜伽、咖喱等也越来越受到世界各地民众的欢迎。

但是，外国直接投资（FDI）的不足一直是制约印度经济发展的"瓶颈"，据印度官方的统计，2000~2009 的 10 年间，印度的外国直接投资只有 1 600 多亿美元，平均每年不足 170 亿美元，这说明外国直接投资环境的严重缺失，绝非给予海外印度资本一些优惠所能解决的。虽然如此，经过海外印度人事务部的不断努力，海外印度人直接投资数量还是有所增长。据报道，2009 年 4 月至 2010 年 2 月已有 3.53 亿美元的侨资投入生产领域。

总的来说，印度侨务工作起步较晚但起点较高，近年来的侨务工作，可圈可点，给了我们许多启示，值得我们深入探讨。

五、墨西哥

墨西哥也是当今移民大国，但与上述的几个移民国家有所不同，它的移民不散布到世界各地，而是集中于美国。据最新的资料，墨西哥境外移民95%居住在美国，其中出生于墨西哥的估计已达1 200万人，超过墨西哥全部人口的10%（约700万为非法移民），而出生在美国的墨西哥人后裔则多达1 900万人。这些墨西哥出生和当地出生的移民，83%又集中在美国的10个州，尤其聚集在洛杉矶、圣何塞、凤凰城等15个大都市区，空间分布相对集中在加利福尼亚、得克萨斯和伊利诺伊等州。墨西哥与美国之间有着1 000多公里的陆地边界线，墨西哥移民不用漂洋过海而是由陆路过境，因此，严格说来他们不是"海外移民"而是"境外移民"。墨西哥移民是在20世纪80年代以后才大量涌入美国的，2000年墨西哥加入北美自由贸易协定后，随着美墨之间经济联系的日趋密切，美墨边界合法来往人数年均多达1亿多人次，因此，墨西哥又是全球化时代跨国移民现象最为突出的国家。

由于上述这些显著的特点，墨西哥政府对待移民的政策也具有两大鲜明特色：一是直接由外交部出面，通过领事馆在境外墨西哥人团体中（不分侨民与非侨民，也不论其合法与非法）大张旗鼓地开展工作；二是公然号召和鼓励美国境内的墨西哥人加入美国国籍，融入美国社会，在争取自身权益的同时对墨西哥做出贡献。

众所周知，墨西哥将近一半的领土是在美军入侵后，根据1848年瓜达卢佩—伊达尔戈条约（Treaty of Guadalupe - Hidalgo）被美国强行拼入其版图的。墨西哥独立以来，历届墨西哥政府大都反对人口外流，但由于政局长期不稳，仍有一些劳工北上，墨西哥政府于是通过领馆与侨民取得联系予以力所能及的保护。第二次世界大战前夕，由于美国劳力严重不足，美国和墨西哥签订了"客工协定"（Bracero Program，1942~1964）吸引墨西哥劳工入境，由此，墨西哥移民日渐增多，至1960年已达450万人。1964年该客工条约到期，美国不愿与墨西哥再就移民问题达成新的协议，墨西哥政府遂对移民出境采取"没有政策的政策"，任其自流。1986年美国通过并实施新"移民改革与控制法"（Immigration Reformed and Control Act）使300万非法移民获得合法地位，成为永久居民（其中多数为墨西哥移民）。受此移民改革法的刺激，墨西哥移民从1980年的870万人猛增至1990年的1 340万人，侨汇也随之大幅增长，移民对美国和墨西哥的经济与政治影响日益明显，于是美墨双方政府都不能不予以重视。

在此新形势下，1988年上台的墨西哥总统沙林纳斯（Carlos Salinas）于1990年在外交部设立"墨西哥境外移民社区工作规划办公室"（the office for the Program of the Mexican Communities Abroad，西语字首为PCME）加强领事工作力度。随后继任总统佐地罗（Ernesto Zedillo）在1996年通过宪法修正案，实行双重国籍法并取消境外侨民参加选举的限制。2000年在选举中获胜的国家行动党人福克斯（Vicente Fox）上台后更进一步建立"境外墨西哥人工作总统办公室"（the Presidential Office for Mexicans Abroad，OPME）委任一位双重国籍的墨西哥人为办公室主任，执意打破墨西哥侨民与外籍墨西哥人的界限，绕过各地领事馆直接与境外墨西哥社团组织取得联系，与此同时，福克斯政府还积极与布什政府就美墨之间长期悬而未决的移民问题进行认真的谈判，以期建立起平等共管的移民体制。当时布什政府似乎也有意达成某种协议，但"9·11"突发事件的发生使得美国态度发生变化，谈判因之中断。为此，福克斯总统采取单方的行动，于2003年，先后建立了三个相互配套的机构来加强境外墨西哥人的工作：第一，设立由总统亲自领导，由外交部部长为书记的"境外墨西哥社区工作理事会"（Consejo Nacional para las Comunidades Mexicanas en el Exterior 联系，与此同时，福克斯政府还积极与布什政府就美墨之间长期悬而未决的移民问题进行认真会谈，CNCME）作为最高决策机构。理事会由11个涉及境外墨人工作部门的代表组成，在总统领导下统筹墨西哥与美国之间有关移民的重大方针政策。第二，将此前的PCME和OPME两个机构合并组成新的"境外墨西哥人工作机构"（Institute of Mexicans Abroad，IME）。新机构（IME）设在外交部内，但独立于外交部，它派出自己的人员进驻墨西哥驻美国的50个领事馆主管境外墨西哥人工作。第三，设立"IME咨询委员会"（Consultative Council of the IME，CCIME）。该委员会由境外墨西哥人社区自行选出的125名代表，全国机构的10名代表，外交部邀请的10名特级顾问以及移民出境人数众多的州政府代表组成，具有十分广泛的代表性，足以反映墨西哥移民中不同身份、不同阶级、不同社区的意见和诉求，确保IME的工作能符合广大墨西哥人的实际利益。

作为政府移民方针政策的执行机构，"境外墨西哥人工作机构"（IME）这些年来主要做了下列工作。

一是组织形势通报会和各种专题研讨会，向境外墨西哥人通报墨西哥国内政治经济发展情况，宣传政府对境外移民的各项政策，就移民的权益、教育、卫生保健、侨汇等问题广泛征求专家意见，促进美国各地墨西哥人的相互了解并物色移民团体中的领导人才。

二是建立"维系"（Laos）作为机关的电子刊物，即时向境外移民反映国内动向，传达政府的声音。福克斯总统每周在这一电子刊物上向境外移民发表谈话，其谈话通过美国的 35 个西班牙语电视台传达到 98% 的西班牙语节目收视家庭。总统的谈话还通过墨西哥移民聚集区的西语电台和 Fiesta Mexicana 1460 WVOX 电台周六节目向广大听众播送。驻纽约总领馆每周在当地电台有半小时的专题节目，介绍政府的移民政策，解答听众的问题。从 2005 年起，驻美的 46 个领事馆的接待室均设有闭路电视，播放来访者关心的节目。

  三是组织两国健康周活动（Bi-National Health Weeks，BHW）。墨西哥移民多集中在建筑业、制造业和服务业，从事体力劳动，工伤事故频发，但他们当中仍有 56% 享受不了健康保险，47% 的人未能获得正规的医疗救助。针对这种情况，墨西哥卫生部、外交部和美国的一些地方机构、基金会以及民间团体在 2001 年发起两国共办健康周活动，动员社会各界关心移民的健康，研究移民中防止疾病和救助患者的办法，宣传卫生知识以及引导患者通过正确渠道获得救治。健康周活动受到美国和墨西哥各界人士的广泛支持和响应。2007 年，美国已有 33 个州的 6 500 个机构积极支持这项活动，许多拉美国家也参与其中。墨西哥驻美领事馆还设立了常设的"健康柜台"（Ventanilla），在其辖区内帮助墨西哥移民患者获得必要的治疗，并为联邦、州和地方公共卫生规划招募合适的年轻工作者，为卫生部门提供有关该区墨西哥移民健康的信息。到 2007 年，美国已有 17 个州的墨西哥领事馆设立了此类"健康柜台"，深受移民欢迎。

  四是实施移民教育规划（Educational Programs）。教育是提高国民素质的关键。2007 年，在 25 岁以上的移居美国的 920 万墨西哥成年人中，60% 的人未获高中文凭。为此，IME 把实施移民教育规划视为最为迫切的任务。为克服学生随父母跨国流动和墨美两国教育体制和课程不同给学生带来的种种困难，IME 促使美墨两国实现交换教师和交流教学经验的计划，组织双方互换学生档案，免费分发教科书。针对成年移民的情况，IME 积极推行其"移民社区教育"规划（Community Plazas）即以移民社区为单位，在领事馆的帮助下，借用当地学校和机关场所开办业余补习学校。该规划根据受众的不同需求开设不同内容的课程，如识字班、中小学基础班、计算机的运用等实用课程。此项教育规划于 2001 年实施后，广受移民大众欢迎，2007 年已推广到美国的 35 个州的 373 个移民社区。IME 还与两国教育部门合作，开设远程教育，通过专业课程，帮助移民提高专业水平，同时还经由领事馆发放奖学金，帮助移民青年进入美国高等大学深造。

  五是增进移民的理财知识，促进银行汇款和投资。墨西哥移民每年汇回国内的侨汇数量相当可观。2008 年仅通过正规的途径汇入款就多达 260 亿美元，相当于墨西哥 GDP 的 3%。虽然如此，据调查还有大约 53% 墨西哥移民因为没有银行账户或存折而在汇款时蒙受重大损失。为增进移民理财知识，促使移民经由银行安全汇款，减低汇费，并投资于公共事业，IME 制作了录像带和多种文字资料引导移民向领馆索取该馆发放的"墨西哥人身份证"（matricula conlar），该证可证明领取者为墨西哥人而不涉及身份是否合法问题，便于无合法身份者在银行开户与汇款。经 IME 多年努力，目前美国已有 400 家金融机构对该证予以认可，并与 17 个墨西哥领事馆签署了 45 项相关的协议。为吸引境外墨西哥人同乡会将侨汇投资于地方建设，墨西哥政府还在一些地区推行"三加一"的计划，即每汇回 1 美元用于家乡公共事业，联邦、州和市镇当局便各补贴 1 美元参与其事。这项计划已在许多地方实施多年，并为拉美一些国家所效法。

从以上列举的这些工作可以看出，新世纪以来，墨西哥政府根据时代的特点和墨美两国间历史、地理、经济、政治的特殊关系，开展别具一格的侨务工作。有学者认为，"境外墨西哥人工作机构"（Institute of Mexicans Abroad，IME）实际上也是墨西哥在美国的"公共外交机构"，类似英国著名公共外交机构 BBC 广播公司和英国文化协会（the British Council），所不同的只是它通过对墨西哥移民的工作，改变墨西哥人的社会地位和形象，间接地影响美国人。对此，一些美国白人学者对墨西哥政府的做法深表忧虑。哈佛大学教授亨廷顿在 2004 年的一篇论文《西班牙裔的挑战》说，墨西哥移民具有不可同化的特点，"墨西哥化运动"会加速国家的分裂。墨西哥政府反驳说，我们是在提高墨西哥移民的基本生活水平和文化素质，争取公平的待遇和权益，反对种族主义的歧视，而不是搞"墨西哥化"。"墨西哥人认同美国民主自由的价值观，愿为美国的发展贡献自己的力量，有什么可指责的，美国不是最讲自由、民主、平等的吗？"当然，墨西哥政府的政策在墨西哥国内也有不同的反应，他们认为美国虽对墨西哥政府这种政策无可奈何，但据此，墨西哥也就更加依附于美国，难以成为独立自主的国家了。

六、菲律宾

菲律宾是当今移民占总人口比例较高而分布极广的国家。根据"海外菲律宾人委员会"（CFO）2007 年的最新资料（见图 6-2），菲律宾海外移民为 872 万人，约为菲律宾总人口的 10%，其中短期劳工 413 万人，占海外移民总数的 48%，永久居民 369 万，占海外移民总数的 42%，非法移民 90 万占 10%。菲律宾海外移民分布在世界各地近 200 个国家与地区，就地区而言，美洲占 42%，中东占 25%，亚洲占 14%，欧洲占 11%，其他占 8%。而就国家而言，前五位为沙特阿拉伯（12%）、阿拉伯联合酋长国（6%）、马来西亚（3%）、英国

（2%）和日本（2%）。菲律宾劳工可分为陆上作业和海上作业两大类，陆上作业者约占79%，海上作业者为21%。此两类劳工合计约占菲律宾全国总劳力的1/4。从2006年起，菲律宾每年输出劳工100万，其中一半为女工，近一半持有学院文凭，成为当今世界最大的有组织劳工输出国。

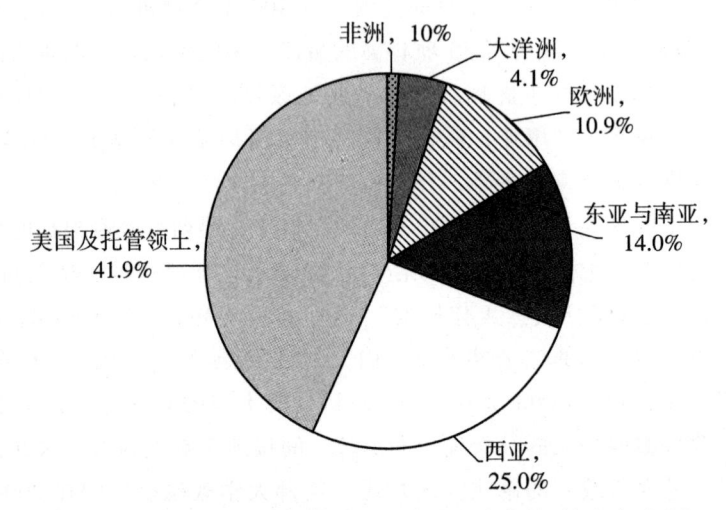

图6-2 到2007年年底872万海外菲律宾人分布比例

资料来源：海外菲律宾人委员会。

菲律宾大量输出劳工始于20世纪70年代，此前，菲律宾对外移民人数不多，主要前往美国。70年代后，由于国内失业现象严重，政局不稳，而此时主要工业国家正缺少劳力，尤其是中东产油国急需劳工开展基建工作，菲律宾政府便乘机输出劳工以缓解国内的局势。

1974年菲律宾通过了劳工法令，开始制定一系列劳工移民政策大规模输出劳工，从那时起到2006年，菲律宾年输出劳工由1975年的3.6万人增至2006年的100万人，增加了25倍。菲律宾劳工已走遍世界190多个国家，其海员已占全球海员的30%。对如此迅速增长的海外劳动大军，菲律宾政府自然不能不予以重视。早在1980年菲律宾政政府便在劳工与就业部之下设立"海外劳工福利署"（Overseas Worker Welfare Administration，OWWA）。1982年又建立"菲律宾海外就业署"（Philipine Overseas Employment Administration，POEA），主管海外就业事务。1995年又设立"移民劳工事务法律援助办公室"（Office of the Legal Assistant for Migrant Workers Affairs，OLMWA），以法律保护劳工在海外的权利，随后又在菲律宾移民劳工2万以上的国家里设立"移民劳工与海外菲律宾人资源中心"（Migrant Workers and Overseas Filipinos Resource Centres，MWOFRC）就地及时解决移民的各种困难。此外，针对永远移民需求，菲律宾还建立了"海外菲律宾人委员会"（Commission on Filipinos Overseas，CFO）由副总统金戈纳（Teofisto T. Guingona）出任该委员会的主席，作为协调政府各部门与非政府组织开展侨务工作的最高机构。该委员会定期出版《菲律宾侨民手册》公布政府有关侨民的政策、法令和各种优待侨民的服务项目。至2005年《手册》已发行第7版。

在国会方面，菲律宾在20世纪80年代初就已通过立法将海外劳务输出逐步纳入法制轨道。1995年国会又通过共和国第8042法令即《移民劳工与海外菲律宾人法》（Migrant Workers and Overseas Filipinos Act），上面提到的有关保护菲律宾侨民机构如"移民劳工事务法律办公室"、"移民劳工与海外菲律宾人资源中心"等就是根据这项法律成立的。2003年8月菲律宾国会通过了共和国第9225号法令即关于双重国籍的法令，该法令已由阿罗约总统签字生效。为了肯定菲律宾海外移民的成就和贡献，阿基诺总统不但称菲律宾移民为"当代英雄"，而且在1988年签署了276号告示（Provlamation No 276）宣布每年12月为"菲侨月"（Month of Overseas Filipinos），在此期间举办各种活动，表彰菲侨的业绩，发扬他们为国奉献的精神。总统还奖赏在服务菲律宾同胞方面做出杰出贡献和在专业工作上的卓越成就海外菲律宾人个人和团体。自1991年总统奖赏的做法制度化以来，已有35个国家的156个菲律宾移民个人和机构受到表彰。

随着劳工移民人数的倍增和政府对移民工作的迅速开展，菲律宾的侨汇也大幅增长。1975年其侨汇为1.03亿美元，2001年为65亿美元，2008年更增至170亿美元，占菲律宾GDP的13%。在全球侨汇收入排行榜上，排在印度、中国、墨西哥之后，居第4位。侨汇剧增有助于菲律宾国际收支的平衡，也有助于部分移民家庭生活的改善，但也付出相当代价。由于移民夫妻长期分离破坏了移民家庭结构，影响了下一代的健康成长，引发诸多社会问题；虽然菲律宾输出劳工中近半拥有学院文凭，但在国外从事的是低端的职业，如医生出身的人到国外当护士，工资收入和生活条件虽然比国内好，但用非所学，因此，谈不上引进多少先进科学技术。大学和学院为满足移民国外就业的需求，降低教学水准，滥发文凭。政府的政策，没有提高全民族的文化素质，增强民族的内聚力，而是产生所谓"移民文化"使得人心涣散，都想到国外寻找个人出路，各奔前程。政府即甘当"世界劳力的提供者"，无长远宏伟的工业化计划，只能永久依附于国际资本所控制的劳动分工，在国际劳动市场上赚一点血汗钱，维持生计。2008年，菲律宾的人均GDP已大大落后于马来西亚、泰国、印度尼西亚，更不要说新加坡了。

由于上述事实，一些有识之士对菲律宾政府缺乏自力更生精神，甘当"世界劳动力提供者"的政策颇为不满，对重重叠叠、名目繁多的保护海外劳工机构的实效表示怀疑，对菲律宾的现状和前途深表失望和忧虑。看来菲律宾对海外移民的政策和做法，虽在技术层面上有些参考价值，但在战略层面上，无论从发展国家的硬实力还是软实力方面，都不成功，有待于人们认真分析和总结。

第三节　思考、借鉴、商榷

以上我们了解了各国的一般动向，又对6个各具特点的国家做了进一步的考察，大体上了解了发达国家和发展中国家，在对待其海外移民的基本态度和侨务政策以及借助海外移民（包括侨民和外籍移民）这个特殊群体提升国家软实力的做法。初步比较和分析这些国家的实践可以发现，各国都有许多值得我们进一步研究和借鉴的具体思路和做法，例如，英国的文化产业建设和公共外交以及领事保护，意大利侨民组织工作和外籍议员国会游说工作，爱尔兰对海外弱势群体的关怀与救助，印度高起点的诸多侨务举措，墨西哥领事馆工作及其吸引同乡会参与地方建设的"三加一"计划以及菲律宾过分依赖劳力输出的教训等等都有助于我们拓展思维空间。除此之外，从宏观的角度看，我们发现还有三个现象特别值得关注和思考。

第一，在全球化进程加速的今天，虽然许多国家对待海外移民的态度有了重大改变，纷纷建立机构，开发移民资源，并力图在国家软实力建设中发挥他们的作用，但仔细观察时就会发现，并非所有的国家对其海外移民都给予同样重视。从本章第一节引用的2012年国际移民组织（IOM）与美国移民政策研究所（MPI）联合发表的最新研究报告中可清楚看到，设有正规侨务机构的56个国家中，亚、非、拉发展中国家占了50个，发达国家只有6个。在总数77个侨务机构中，发展中国家拥有69个，发达国家只有8个，在26个中央部级侨务部中，发展中国家占有25个，发达国家只有1个（以色列）。在17个部属侨务机构中，发展中国家拥有15个，发达国家只有2个。在17个其他形式的全国性侨务机构中，发展中国家占了15个，发达国家只有2个。5个设有地方侨务机构的国家全为发展中国家，8个国外准政府的侨民机构中有5个属于发展中国家，3个为发达国家所建（其中2个为以色列所建）。

从目前所能得到的上述官方数字可以清楚看出，发展中国家和发达国家对其海外移民的重视程度和做法有着很大的差异。为什么会有这么大的差异呢？发展中国家重视侨务工作比较容易理解。问题是发达国家为什么不利用它们的强势地位建立强有力的侨务部门，团结海外族人，增强族群的凝聚力和国家的向心力以发挥他们不可取代的独特作用而是采取相反的策略，漠然置之呢？为什么越是发达的大国就越是淡化其族群关系呢？他们这样做，有什么客观的必然性和主观的必要性？原来发达国家发达后，凭借自身强大的经济、政治、军事力量，可以在世界各地获得必要的自然资源和人力资源，可以借助国际金融机构获得流动资金，可以依仗其雄厚科技实力，品牌效应和跨国公司网络占领国际市场，不必再像过去那样依靠海外族人的支助，因而也就对本国海外移民不予重视了；另一方面，发达国家的移民大多已加入当地国籍，融入当地社会，不同程度地进入当地社会的中层和上层，有的甚至建立以自己为核心的政权，如美国、加拿大、澳大利亚等国的盎格鲁撒克逊人，他们在政治和法律上已成了不同国家的公民，而经济上也早已实现利益主体多元化，因此，他们虽为同族人却各有各的国家主权和核心利益，再也不愿事事听从老祖宗的指令，唯祖籍国马首是瞻。在这种情况下，祖籍国以旧的形式保持原先的族裔关系，要求外籍族人像过去那样效忠自己，已不可能了。他们之间的许多问题都必须在国与国的层面上加以处理。于是族群关系的主导地位就不得不逐步让位于国际关系，仅以语言文化和宗教等形式继续维系传统关系。于是最发达的国家除了通过外交领馆护侨外，也就没有在国会和政府部门内建立侨务机构的迫切需要了。上述事实清楚表明移民输出国对其移民的关注程度与其自身社会经济发展阶段有着密切关系，揭示出这种社会经济发展的阶段性差距如何造成了对移民关注度明显反差。

  这种反差现象的出现必然引起迅速崛起的发展中国家的关注，因为他们很快就将面临发达国家遇到过的问题。看来并不是国家越发达，海外移民的政治经济地位越提高，族群关系就必须绑得越紧，才对国家对移民有利，恰恰相反，随着国家经济跨阶段的发展而步入发达国家行列，随着海外移民更深入地融入居住国社会，发达国家需要不失时机地淡化族裔关系，调整族群间与国际社会的关系，兼顾祖籍国、海外移民和移民居住国三方的利益才能各得其所。21世纪迅速崛起的发展中国家自然不可能像19世纪西方列强那样拥有殖民地，它们的移民也不可像盎格鲁撒克逊人四处建立以它们为核心的政权并与英国建立那种特殊的关系，但它们仍然面临着如何理顺族群与国际社会关系问题。时代不同了，它们将何以应对，需要我们密切观察。

  第二，不仅处于不同经济发展阶段的国家对其海外移民的态度和政策有很大的不同，就是处于相同的经济发展阶段的国家由于国情不同，海外移民历史与现状各异，各国在侨务机构的设置、政策制定和方法的运用上也都各具特点。英国、意大利和爱尔兰同属发达国家，它们之间的差异已见上文。这里再举一例，在对待双重国籍问题上，英国向来十分宽松，意大利较为严格，而爱尔兰则一贯加以拒绝。所以如此，都因国情不同所致。爱尔兰本身只有400多万人口，世界各地拥有爱尔兰血统的人多达7 000万，双重国籍法实施，会使这个小国冒丧失独立与主权之险,为捍卫国家的独立与主权,免遭不测,爱尔兰顶住各方压力,至今仍拒不实行双重国籍。可见在借鉴与汲取国际经验之时,必须深入了解该项政策的具体内容和该国的国情与政策出台的社会背景,不仅知其然而且知其所以然。从报纸上剪下几条外国新闻,未经核实,也不了解该国的情况及其社会背景,便举之为例,引以为据,做起文章,谈论借鉴与汲取,这种的研究方法不可取。要知道,了解具体国家的国情和某项政策出台的社会背景是我们借鉴和汲取国际经验的必要前提,而立足中国国情更是制定我国侨务政策的根本依据。

  第三,从上述国家的实践经验可以看出,软实力的基础是硬实力,国家贫困落后,政局不稳,民不聊生,有何软实力可言。国力不强,虽有古老的文明也只是资源而已,并非现实的软实力。软实力的发挥也还有赖于文化产业的建设和传播实体的支撑。软实力主要通过政府外交、公共外交和民间外交等渠道发挥作用,侨务工作只起配合作用,因为海外移民是一个国籍不同,成分复杂,政见不一,宗派繁多,难以统一行动的特殊群体,政府在软实力方面不可能对他们寄以过多过高的期望。只能努力争取一部分移民并通过他们开展国际文化交流和民间外交活动。发达国家由于基本上实现了工业化和现代化,各有一套比较完整的政治经济制度,其涉侨部门的工作重点是外向的,即主要借助海外移民向外宣扬其成就,以提高其竞争力,而大多数发展中国家的侨务重点却是内向的,即争取海外移民帮助国家早日摆脱贫困与落后状态,实现工业化和现代化,以求自立于世界之林。也有内外兼顾、以内为主的,如印度、墨西哥那样正在迅速崛起的发展中国家,这类发展中国家虽然开始起飞,但由于工业化、现代化进程远未完成,社会政治经济制度尚在逐步建设之中,一时还拿不出一套令人信服的东西让世人效法,他们的做法主要是通过海外移民引进外资,吸收国外的先进文化和科学技术,在增强国家硬实力同时,帮助国家建设自己的文化产业,增加民族的凝聚力和自信心,与此同时向世界显示国家民族精神和自立的能力,改变国家形象,抵御霸权的欺辱,为祖国、祖籍国顺利登上国际舞台扫清障碍。

第七章

增强侨务工作为中国软实力服务的能力

《国家侨务工作发展纲要（2011~2015年）》提出，侨务工作要更好地为增强中国软实力服务。① 侨务工作是党和国家一项长期的战略性工作，中央几代领导核心都对华侨华人（这一中华民族重要的资源宝库）和侨务工作给予了很高的评价。本部分系统地阐述了华侨华人和侨务工作可以、能够并已经在政治、经济、文化、社会领域为构建、提升中国软实力发挥独特的作用。如何把捍卫国家、民族利益的原则性和争取国家、民族利益最大化的灵活性结合起来，充分展示中国的影响力，增强国家的软实力是本书的出发点。

第一节 华侨华人对祖（籍）国的认同和支持

谈及中国侨务工作在构建、提升中国软实力方面的作用，自然离不开海外几千万华侨华人的作用。华侨华人从作为一个特殊群体出现以来就一直是中国革命、民族独立、人民解放、建设发展、改革开放、中华复兴的坚定支持者和参与

---

① 国务院印发的《国家侨务工作发展纲要（2011~2015年）》，是中国侨务史上国家对侨务工作制定的第一份纲要。研读这份《纲要》，可以看到国家在"十二五"期间对侨务工作提出的新要求，在侨务工作指导思想表述上的新提法。其中关于侨务工作与国家软实力关系的表述就不同于以往。此前，凡是涉及和提侨务工作与国家软实力关系的文件、讲话，都表述为侨务工作要"为提升和增强国家文化软实力服务"。《纲要》提出，侨务工作要更好地为增强国家软实力服务，虽删减了"文化"二字，却为侨务工作的开拓创新指出了一片广阔的天地。

者。"软实力"是 20 世纪末才提出的新概念,但华侨华人在构建、提升中国软实力方面的作用从中华人民共和国建国就已经充分显现出来了。

一、华侨华人是展示中国形象、维护中国利益的重要力量

新中国成立之初,帝国主义对新生的人民共和国实行全面封锁,试图把新中国扼杀在摇篮之中。就在国际反动势力对华实施封锁、扼杀政策的同时,世界各地的华侨华人纷纷以通电、登报、张挂五星红旗、集会庆祝和直接回国投身祖国建设等方式支持中华人民共和国的诞生。旅法华侨最早(1949 年 10 月 1 日)发来庆祝新中国成立的贺电;东南亚华侨"驰电","向中国共产党及毛泽东致敬,向中央人民政府致敬";美国侨团致电毛泽东主席:"我们遥望太平洋彼岸,看见你高举的火炬,那五星闪耀的红旗。我们愿接受你的号召,拥护和支援祖国的革命和建设。"① 由中国留美学生组成的"留美科协"致信中国科学工作者说:"我们一致决心在最短的时间内回国,回到我们所来自的中国科学工作者兄弟的行列,投入于建设新中国的巨潮。"据统计,从 1949 年 10 月到 1952 年年底,留学生回国人数就达 2 400 人,约占解放初期中国在外留学生总人数的一半。② 1955 年,中国科学院首届 172 位学部委员中,海外回国的专家学者就有 158 位。王淦昌、华罗庚、钱伟长、钱三强、李四光、邓稼先、冰心、老舍……都是在建国初期毅然返回祖国的。这支了不起的力量在政治上产生的支持新中国建立、成长和壮大的影响是巨大的。难怪当时的美国海军次长金布尔极力阻止钱学森离开美国,他放出狠话:"钱无论走到哪里,都抵得上 5 个师的兵力,决不能让他离开。"③

新中国成立初期,与我国建交的国家不多,即使在邦交国我国使馆的力量也很有限,但无论是建交国还是未建交国,在中国领导人的出访活动中,都可看到华侨华人自愿组织起来,从欢迎接待到担当保卫,乃至粉碎敌特的阴谋,发挥了无可替代的重要作用。他们以各自不同的方式,积极推动中国与世界的友好交往,为新中国的成立、成长做着自己的奉献。诚如外交部部长助理吴红波在"侨务工作与改革开放 30 周年座谈会"上所说,为推动双边政治关系,"广大华侨华人充分发挥自身优势,通过不同方式,向住在国政府和主流社会积极传递中国和平发展的政治理念,增进中国与住在国之间的政治互信。回顾历史,我们不

---

① 任贵祥主编:《海外华侨华人与中国改革开放》,中共党史出版社 2009 年版,第 38 页。
② 石汉荣:《探解中国侨务》,中国评论学术出版社 2004 年版,第 254、255 页。
③ 《人民会永远记住"航天之父"钱学森》,新华网,2009 年 11 月 1 日。

会忘记,华侨华人为促进中国同有关国家建立和发展外交关系做出的重要贡献。放眼今天,我们高兴地看到,海外华侨华人组织和社团正积极从事促进双边关系发展的各项活动,为住在国政府发展对华关系建言献策,增信释疑,向外国宣传中国的内外政策。"①

为维护中国的形象和核心利益,华侨华人与"五毒"("台独"、"藏独"、"东突"、"法轮功"、"民运分子")展开了坚决的斗争。自 2000 年以来,为反对"台独"的倒行逆施,全球五大洲 80 多个国家和地区的华侨华人成立了 180 多个"反独促统"组织,召开了 30 多次全球、洲际或区域性的"反独促统"大会,"在全球对'台独'形成强大压力,为推动涉台外交形势向于我有利的方向发展发挥了重要作用。海外华侨华人以坚持'一中'、反对'台独'为己任,通过不同渠道和方式,向当地政府、主流社会和民众宣介台湾问题的历史和中国政府的对台政策,对住在国的对华涉台政策施加积极影响,促进了国际社会对我统一大业的理解和支持。"② 2005 年 3 月 14 日,全国人大十届三次会议高票通过的《反分裂国家法》就深含着海外华侨华人的建议、推动和拥护。2010 年 4 月 8 日,美国"百人会"将"国际杰出成就奖"颁给中国国民党荣誉主席连战,以肯定连战先生以国民党主席的身份,前往大陆进行破冰之旅,促成两岸关系历史性转变。这又一次在海外树起了华社民心民意的风向标。

达赖是西藏问题的麻烦制造者。海外华侨华人对达赖集团混淆视听、分裂祖国、破坏民族团结的行径深恶痛绝。2009 年,拉萨发生"3.14"暴乱事件后,达赖的窜访活动遭到了海外华社更加强烈的反对和抵制。美国华侨华人以集会示威和飞机拉横幅("达赖:你的笑脸让人着迷,你的行动使人受伤。")的形式抗议达赖访美,揭露达赖的伪善;澳大利亚华侨华人倡议全球华侨华人积极参与"向达赖说不!"活动。2010 年 3 月 10 日,法国多名巴黎市议员发表声明,谴责巴黎市政府在市政厅广场悬挂"藏独"旗帜。议员们认为,此举伤害旅法华侨民族感情,破坏中法友谊。③ 在议员们的声明中,清晰地反映出法国华侨华人维护中国统一的坚决态度对他们的影响。2009 年,新疆发生"7·5"暴力事件后,"世维会"在德国慕尼黑老巢举办了一场所谓揭示事件真相的新闻发布会。华侨华人在会上当场要求"世维会"提供爆料证据和信息来源,并以充分的事实揭

---

①② 《吴红波在侨务工作与改开放 30 周年座谈会上的讲话》,载于《侨务工作研究》2008 年第 5 期,http://qwgzyj.gqb.gov.cn/syinc.shtml。

③ 《巴黎市议员谴责市政府挂"藏独"旗》,中国西藏网,2010 年 3 月 12 日,http://www.tibet.cn/news/xzzw/szfl/201003/t20100312_553427.htm。

露了"7·5"事件真相,迫使这场所谓的新闻发布会狼狈收场。① 海外华侨华人对新疆"7·5"暴力事件真相的澄清和表态,有力地反击了"东突"分裂分子的挑拨和蛊惑。中国军控和裁军协会理事徐光裕将军认为,在维护国家主权和领土完整方面,民间的声音和行动同样十分重要,可以成为外交行动的有效倍增器。②

华侨华人对"法轮功"沦为西方敌对势力反华的政治工具深恶痛绝。英国华侨华人集会揭批"法轮功"反人类、反科学、反社会的邪教本质;西班牙华侨华人成立了反邪教协会;美国华侨华人联名致函反对"法轮功"在当地注册。"民运分子"则深感前景暗淡,叹吁"民运无法依托海外华人的力量"。③ 海外华侨华人自发开展的"反分裂、反抹黑"活动充分证明,海外华侨华人是维护中国形象、捍卫中国核心利益、反对民族分裂的重要力量。

二、华侨华人是中国基本经济制度形成的推动者、参与者、贡献者

经济力量是一个国家硬实力的重要指标,但经济制度、经济体制、经济发展模式及其影响力则属于软实力的范畴。经过30年的改革开放,中国走过了西方发达国家用了上百年才走完的路程,探索出了一条具有中国特色的发展道路。今天,中国的经济总量已经处于世界第二的位置。但是,中国人民不会忘记,中国改革开放的历史不会忘记,30年前是海外华侨华人帮助封闭和被封闭的中国打开、扩大了与世界的联系。他们以侨引侨、以侨引外,带来了资金、技术、人才,带来了市场经济的理念和现代企业的管理经验。他们积极参与和推动了中国的改革开放;积极参与和推动了中国社会主义市场经济和以公有制为主体、多种所有制经济共同发展这一我国基本经济制度的确立。温家宝总理说,"中国的改革开放,特别是特区的成立,都是从侨乡开始的。四个经济特区都在侨乡。……在中国改革开放的初期,我们华侨是有功劳的,功不可没。你们可以算得上是开拓者、参与者和贡献者。"④ 在中国现代化建设的进程中,无论是推动中部地区崛起、西部大开发、振兴东北老工业基地,还是响应低碳环保经济、转变经济发展方式都有华侨华人的踊跃参与和积极贡献。

---

① 《德国华人拆了"疆独"发布会的台》,载于《环球时报》2009年7月14日。
② 《保钓,两岸三地应形成合力》,载于《环球时报》2010年9月27日。
③ 《海外"民运人士"被曝内斗丑闻》,载于《环球时报》2009年6月1日。
④ 温家宝总理2008年在接见出席中国侨商投资企业协会成立大会代表时的讲话,参见《温家宝寄语侨商:预祝取得"两个成功"》,人民网,http://politics.people.com.cn/GB/1024/6786145.html。

中国改革开放的历史不会忘记,"中国制造"的大国影响最初就是由华侨华人一个个蛇皮袋、一个个集装箱地把标有"Made in China"的商品推向世界各地的。尽管中国的侨资企业还没有一家进入世界500强之列,但中国侨资企业对中国的投资早于世界500强,中国侨资企业对投资中国的信心坚定于世界500强,中国侨资企业对中国的投资总额也傲立于世界500强。虽然中国生产、出口几亿件衬衣才能换回一架波音飞机,但中国经济发展、崛起的过程已完全改变了世界历史和人类社会的发展轨迹。中国以自己的原始积累方式,论证了一个大国的发展和崛起完全可以摒弃剑与火的血腥方式,走出一条和平发展的新路。如果说有"中国模式",那么这就是经典的"中国模式"。

今天,在经济全球化的进程中,华侨华人又是当代"丝绸之路"的积极开拓者。任何企业的发展无不依赖社会各方面的支持与合作,中资企业在海外,对当地法律、文化、社情的熟知是实现与利益相关方良好沟通的基础,在这方面华侨华人的优势就充分体现出来了。欧洲中华联合商会首任会长徐存松说:"我是一个中国人,又在意大利生活了多年,应该利用自己多年来的生活经验和学到的知识,在欧陆与华夏之间架起经贸合作之桥,促进中欧之间的文化交流和经济发展。"[①] 随着改革开放的深入,中国的海外利益和影响也在延伸扩大。然而风云变幻,使政治的、经济的、文化的、社会的以及自然环境的各种原因和因素都可能影响和危及中国的海外利益。中国企业要走出去、立得住,即使在发生危机时刻也能把损失降到最小,就必须对投资国进行全面综合的评估,诸如当地的安全风险、法律法规、宗教信仰、社会习俗,以及如何处理好与当地员工和社会各方的关系、如何承担相应的社会责任和义务,而这些方面正是海外华侨华人可以、能够也正在发挥积极作用的。

任何一种商业模式、品牌、服务都有其文化内涵和价值取向。华侨华人遍布全球的经济网络、众多国际化大公司的华人全球经理人才和"以义为利"、"量入为出"、"处盈虑竭"的经营方式都在中华民族软实力的构建中发挥了积极的影响和作用。走出国门的侨资企业不仅是中国经济实力的外延,也是中国形象和中国文化的宣传载体。可以说遍布世界各地的任何一家保留、传承着中华文化的华侨华人企业,都是一个准文化的宣传机构,它们扩大了中国的影响,不仅把一个开放的中国,也把中华文化、中华民族的价值观直接或间接地传播给了居住国的民众。

---

① 《儒商·智业·仁心》,载于《中国侨商》第 23 期,http://paper.people.com.cn/rmrbhwb/html/2010-11/09/content_667130.htm。

三、华侨华人是传播中华文明的友好使者

俗话说,有海水、有太阳的地方就有华侨华人。遍布世界各地的中餐馆、中医院所、华文学校、中华武馆以及数以千万计的华侨华人在以中华美食、文化、艺术为谋生职业的同时,也在播撒着中华文明的种子。他们担当着文化使者、推动了文化交流和融合。

据中国中医药学会联合会介绍,目前中医药文化已传播到世界160多个国家和地区。据中医业内估计,海外中医业者总人数约在30万~50万之间。① 据国家汉办介绍,许多孔子学院的外方院长是由华人担任的,2009年美国64所孔子学院中就有45所的外方院长是由华人担任的。许多孔子课堂更是直接设在了华侨华人开办的华文学校。侨务部门介绍,全球有几万所华文学校,几十万华文教师在传承中华文化,传播中华文明。中国社科院中国现代化研究中心提交的《中国现代化报告2009——文化现代化研究》显示,中国文化影响力指数位居世界第7位,中国文化竞争力指数位居世界第24位。如果把这些抽象的指数转换成海外实例,展现在我们面前的是一个个华侨华人担当着中华文化友好使者的鲜活身影:聂华苓早在20世纪70年代就把毛泽东诗词翻译介绍给世界人民;韩素音在中国改革开放之初把《第三次浪潮》介绍到中国,减少了中国发展进程中的弯路;黄锦波、靳羽西把改革开放的中国介绍给了美国人民和世界人民;张纯如的《南京大屠杀》改变了西方社会几十年对日本军国主义制造的这一历史惨案视而不见、充耳不闻的状况。还有把中国元素融进作品,介绍给世界的谭盾、姚迪雄、周龙……文化学者余秋雨说,"今后,文化交流主要不是以国家话语、行政活动的方式,而是以有魅力的桥梁式人物为中心来展开的。"② 如果我们再将获得诺贝尔奖的杨振宁、丁肇中、有"东方居里夫人"之称的吴健雄、被誉为"现代建筑大师"的贝聿铭、数学大家丘成桐、医学专家何大一、"光纤之父"高锟、生化学家钱永健……计入进来,则更增添了这座桥梁的魅力。因为进入世界一流水平的华人科学家、文学家、艺术家、建筑师、医生、教授越多,其本身就构成、体现、提升了中华民族的软实力。这就是为什么西方国家不断有人炒作"黄谍"案抹黑中国的同时,西方社会仍然认为没有华人学者的大学和研究所算不上是一流学府和研究机构。耶鲁大学校长理查德·莱文更是感慨地

---

① 《中医推广主要靠针灸》,载于《环球时报》2010年3月19日。
② 《中国处于"文化孤立"之中吗》,载于《环球时报》2006年10月9日。

说："失去中国学生，耶鲁将黯然失色"。①

2010年意大利"中国文化年"活动组委会成员徐存松说："中国的文化在意大利将进行为时一年的展出，包括经贸科技成就展示、书籍书法作品展、文艺演出等各个方面，这对于帮助中国'文化走出去'肯定能起到很好的作用。我力争当好这个文化司机！"② 正是有众多像徐存松这样的文化司机、文化使者的推动，中华民族的春节、元宵、端午、中秋以及舞狮、舞龙、赛龙舟等民俗节庆娱乐活动也逐渐成为华侨华人住在国的一道风景。在伦敦，中国春节已成为一个盛大的节日。英国《旗帜晚报》刊文说，"中国的新年已成为伦敦文化不可或缺的部分，备受人民喜爱。虎年到来之际，成千上万的人涌向特拉法加广场，欣赏炫目的武术和杂技表演。"③ 首相（布朗）秀汉语，市长（约翰逊）耍狮头参与春节庆典活动已成为伦敦唐人街的佳话。④ 在荷兰，春节庙会已举办了10届，"春节是中荷两国民众共同的节日"成为节庆活动的口号；法国的春节活动已连续举办了21年；有的国家（或城市）还把春节定为公共（众）假日或法定假日。路透社这样写道："全世界都在迎接中国新年，只要有华人生活的地方都将上演庆祝活动。"⑤

四、华侨华人是公共外交的重要力量

历史、文化、民族的差异使中国与世界各国在社会制度、价值观念、生活习俗等方面存在许多不同和差异。华侨华人作为公共外交的重要力量，他们以各自不同的方式在中国与住在国之间担当着民间大使的重要角色，在中国和世界之间架起了增进了解、理解的桥梁和纽带。

公共外交的特征是多元互动。1997年中美两国峰会在北京举行，其中就有美国华侨华人的影响和作用。当时美国朝野对中美首脑是否举行会晤存在不同的声音甚至争议。新任美国总统克林顿邀请华侨华人到白宫，以咨询他们对中美峰会的看法。美国密歇根州立大学终身教授尹晓煌认为，他们（受邀华侨华人）的观点缓解了美国朝野当时对中美首脑会晤之争议，有助于白宫加深理解中国对

---

① 《巨款捐耶鲁，试探国人雅量》，载于《环球时报》2010年1月11日。
② 《儒商·智业·仁心》，载于《中国侨商》第23期，http://paper.people.com.cn/rmrbhwb/html/2010-11/09/content_667130.htm。
③ 《英报：没有中国这个朋友，我们会变穷》，载于《环球时报》2010年2月25日。
④ 《首相秀汉语，市长耍狮头》，载于《潇湘晨报》2010年2月19日，http://epaper.xxcb.cn/xxcba/html/2010-02/19/content_2258159.htm。
⑤ 《全球十大唐人街》，载于《参考消息》2011年2月4日。

美国政策之立场，促使了中美两国峰会顺利进行。① 无独有偶，2008 年英国时任首相布朗也在访华之前，邀请华侨华人到唐宁街 10 号 "喝茶"，为他的中国之行加分；2009 年，美国前众议院议长佩洛西对中国进行访问。这位动辄就对中国挥舞 "人权" 大棒的 "反华斗士" 在访华期间只字未提中国的人权问题。据说，这与她听取了华人朋友关于为客之道的建议不无关系。

　　争夺话语权是公共外交的重要内容。2008 年，"藏独" 分子阻挠北京奥运圣火海外传递活动激起了海外华侨华人的愤慨，他们以各自不同的方式影响着周围的当地民众。影星陈冲在《华盛顿邮报》撰文反对诋毁中国；留法学生李洹在巴黎共和国广场用法语发表演讲，反对破坏奥运火炬传递。留法学生沈祺在那段时间，每天都与房东夫妇讨论中国的政治、民主和西藏问题。就在萨科奇不顾中方反对坚持面晤达赖后，沈祺的房东主动对他说："亲爱的沈祺，我们为我们的总统感到羞耻，我们必须诚挚地向你道歉……"② 4 月 9 日，北京奥运火炬在旧金山传递时，美国有线电视新闻网（CNN）主持人卡弗蒂发表辱华言论，中国外交部对此多次抗议并要求 CNN 和卡弗蒂道歉。面对 CNN 的置之不理、态度傲慢，华人梁淑冰、华侨李丽兰两位女士愤然对 CNN 及其主持人卡弗蒂提起诉讼，指出被告侮辱和污蔑全体华人；对中国人造成精神伤害；要求赔偿 13 亿美元。终迫使 CNN 不得不以公函的形式向原告委托的律师道歉，函中并附有卡弗蒂对攻击中国人民的辱华言论感到后悔（regret）和他认为这使得在中国的公民和生活在美国的华人受到侮辱，表示对不起（sorry）的道歉。梁、李的委托律师说："相对于前一段时间 CNN 对中国人民的抗议置之不理、表现出极度傲慢的态度来说，现在 CNN 终于用正式公函的形式向我们表示道歉。这是世界上全体华人努力抗争的结果。"③ 同年，美国 15 个华社团体联合署名致函众议院议长佩洛西，坚决反对佩洛西置事实于不顾的反华立场，坚决反对佩洛西主导的抵制北京奥运的议案。信件选择从佩洛西议员所在的加州选区寄出。④ 展现了华侨华人开展公众外交的智慧和艺术。

　　2009 年，中国第一次作为主宾国亮相法兰克福国际书展。这本是一次东西方文化交流的盛会，但德国电视二台（ZDF）偏有好事者利用中方参展人员对德国人民的友好感情和不谙德语的弱点，调侃、抹黑中国。德国华侨华人发现了好

---

① 尹晓煌：《浅析美国华人移民对中美关系之参与及影响》，载于《北美华侨华人新视角——华侨华人研究上海论坛文集》，中国华侨出版社 2008 年版，第 133 页。
② 《新中国的 "温度"》，载于《南方周末》2009 年 7 月 23 日。
③ 《纽约华人状告 CNN 案取得进展　律师收到道歉公函》，人民网，2008 年 5 月 8 日，http：//media.people.com.cn/GB/40606/7215751.html。
④ 《全美促统会团体致信佩洛西：反华立场有损美国利益》，搜狐新闻，2008 年 4 月 19 日，http：//news.sohu.com/20080419/n256393097.shtml。

事者的卑劣，当面予以谴责并要求 ZDF 为自己低俗的恶意辱华行径道歉。华人学者关愚谦更是挺身而出，在书展上与 ZDF 展开现场辩论，指出德国存在对中国的曲解和误读。关先生还以自己对中德两国的了解，撰书（《中国人眼里的德国人》）告诉德国人，德国媒体用莫名其妙的语言讽刺、诽谤、污蔑中国和中国人，使德国人在中国人心目中的地位降低，对中德两国的友好和经济往来都不利。德国前总理施密特赞扬该书对德国人有教育意义，并为之序跋："我已经记不起，我是什么时候读过像这样富有信息、又有趣味的书了。我建议，那些不怕把自己的观念和成见拿到'试金石'去进行检验的人，应该好好读这本书。"以上事例足以证明，海外华侨华人已经成为反对国际话语霸权和对华不实报道，并能迫使西方媒体为自己的辱华言论进行道歉的正义力量。以上事例也足以说明，海外华侨华人参与的公众外交改变了中国以往在应对涉外事件时，只有通过单一的政府外交渠道的状况。

举世公认北京奥运会和上海世博会充分、形象、生动地展示了中国的软实力。这两次盛会从申办到举办，涌现出许多华侨华人感人的故事，构成了北京奥运和上海世博的成功、精彩和难忘。从北京奥运花车开进美国玫瑰花车游行队伍到"万人太极迎奥运"，从海外华侨华人奥运志愿者到海外华人体育兵团，世界各地的华侨华人都将自己对北京奥运的关心、支持和参与汇聚、凝结在了"这是一次无与伦比的奥运会"（国际奥委会主席罗格语）之中。"水立方"这个由107 个国家和地区、35 万海（境）外同胞，集资 9.4 亿元人民币捐建起来的现代化游泳馆，一洗"东亚病夫"的历史耻辱，傲然地矗立在北京奥运中心，吸引着世人的眼球，彰显着中华民族顽强拼搏的民族精神和万众一心的民族凝聚力。海外华侨华人与世博会有着太深太深的情结。由于历史的原因，早期世博会的中国馆都由洋人摆布，展示的是鸦片烟具、缠足绣鞋。在海外华侨华人的抗议下，中国才收回了世博参展承办权。中国第一次参展的南洋劝业会就是由华侨华人提供经费、协助展陈，并承担着参会的亏空；1915 年，美国举办太平洋万国博览会时正值推行排华法案时期，华侨华人在饱受排华法案迫害的同时，仍为中国在此届博览会获奖 1 218 枚做出了贡献；1939 年，金门万国博览会举办时，中国正在遭受日本军国主义铁蹄的践踏，海外华侨华人获悉国民党政府放弃参展的消息，深感有损华夏声威，于是自发在海外组成"华商展览场总公司董事局"，集资建成了是届博览会最大的展馆——"中国村"。① 虽然这些努力在积弱积贫的旧中国谈不上什么"软实力"，但华侨华人用自己的行动维

---

① 《华人华侨：上海世博的生力军》，载于《华人时刊》第 299 期，第 8 页；《1939 年旧金山大振华夏声威的中国村》，华语广播网，2009 年 8 月 7 日。

护着中国的形象和尊严。

2008年，美国因金融危机表示将放弃参加上海世博会。美国弃展虽无碍上海世博会的举办，但对中国首办世界盛会不能不说是一缺憾。为推动美国参会，美籍华人蒋一成先生多方斡旋并为之奔走筹款，终使美国馆亮相上海世博。① 丹麦华侨华人推动促成"美人鱼"出使上海世博会；爱尔兰馆的工作人员全部由清一色的华侨华人担当；巴拉圭（未与我建交国）华侨华人积极推动巴参展上海世博；奥地利华侨华人资助奥国家馆举办馆日活动；泰国华侨华人包机百架赴沪观世博；印度尼西亚华人祖孙三代数十人扶老携幼看世博……华侨华人朋友说，"中国举办世博会，值得全球华人去支持、参与。"正是全球华侨华人的热情支持和参与更加增添了上海世博会的成功、精彩和难忘。随着中国国力的增强，海外华侨华人在构建和提升中国软实力方面的作用和影响将会更加显现，担当的角色也将更加多元。

第二节 中国侨务工作为构建、提升中国软实力做出了独特贡献

民族凝聚力是中国软实力的根基。中国侨务工作肩负着维护侨益、凝聚侨心、汇集侨智、发挥侨力的重任，为中国的建设和发展，为在国际政治、经济、文化、社会领域的大舞台上注入更多的中国元素发挥着独特的重要作用。

一、侨务工作在政治领域为构建和提升中国软实力发挥了积极作用

中国是一个侨民大国。早在中国民主革命时期，孙中山先生就发动华侨华人争取世界民主进步力量的支持，推翻了清朝封建统治，使具有5 000年文明的中国，跻身于民主共和的世界大潮之中……翻过百年的屈辱历史，中国人民站起来了。新中国的诞生引海外华侨欢欣鼓舞，也不免使华侨众多的周边邻国心存忧虑。周恩来总理以坦诚的外交政策和侨务政策正确处理了东南亚国家为之担心的中国侨民问题。中国政府不搞双重国籍、鼓励华侨选择住在国国籍的政策化解了东南亚国家对中国和中国侨民（第五纵队）的疑虑，也使"出嫁

---

① 《上海世博璀璨背后的外交秘密》，载于《参考消息》2010年5月11日。

的女儿"依然情系着血浓于水的桑梓，成为促进祖籍国与属籍国友谊的纽带和桥梁。

"文革"是中国历史的一段梦魇。乘改革开放的春风，侨务部门下大力气进行拨乱反正，平反了10多万件涉及海外侨胞和归侨侨眷的冤假错案，清退了4 000万平方米的华侨私房，清理了60多万归侨侨眷职工的档案。"一视同仁、不得歧视、根据特点、适当照顾"，侨务战线的同志用情、用心抚慰了"左"的错误给海外侨胞和归侨侨眷造成的心理创伤，重新凝聚起几千万海外侨胞和归侨侨眷对祖国母亲的向心力，极大地激发了他们积极投身改革开放和现代化建设的热情。1990年9月7日，第七届全国人民代表大会常务委员会第十五次会议通过了《中华人民共和国归侨侨眷权益保护法》，这是中国侨务法制建设的重大建树。2004年，中华人民共和国国务院令颁布《中华人民共和国归侨侨眷权益保护法实施办法》，全国30个省区市也相继颁布了本省区市的实施办法；2006年，全国人大常委会就该法执法情况进行全国大检查；"归侨侨眷权益保护法"纳入国家普法规划，这些活动进一步提高了全社会对侨务政策的认识和重视，也向国际社会展现了中国政治建设、法制建设和政治文化建设、法制文化建设的社会主义特色。中国特色社会主义为中国侨务工作提供了广阔的时代舞台，中国侨务工作也为社会主义中国的建设和发展增添了鲜明的中国特色。有利于海外侨胞的长期生存和发展，有利于发展我国同海外侨胞住在国的友好合作关系，有利于推进我国现代化建设和祖国统一；注意外籍华人与华侨的国籍区别，尊重外籍华人的族裔感情，增进他们与祖籍国的亲情乡谊；遵循相关的国际条约和惯例，公开、合法开展侨务工作，这些中国侨务工作的基本方针、政策和原则，构成了中国特色社会主义理论和实践的重要组成部分。据学者统计，今天世界上已有70多个国家设立了侨务工作机构。这与国际移民的频繁现象和认识到侨民工作的重要作用不无关系，也与中国侨务工作的影响、示范和成效不无关系。有的国家领导人向我国家领导人请教侨务工作，有的国家派员来华考察、了解、学习侨务工作，有的国家甚至完全比照中国的侨务机构成立本国的侨务机构。如果说有"中国模式"，中国侨务应该忝列其中。

自21世纪始，中国涉侨部门每年邀请海外华侨华人回国（来华）列席全国政协大会。迄今已有数十个国家、数百名海外华侨华人代表列席了全国政协大会、旁听国务院总理向全国人大作《政府工作报告》。邀请海外华侨华人列席全国政协大会，为华侨参政议政、华人建言献策提供了平台，极大地激发了他们关心、参与和宣介中国建设发展的积极性。来自日本的列席代表姜维撰文说："全国政协邀请海外侨胞列席代表出席两会，是海外侨胞政治生活中的一件大事，随着中国国力日渐强大，海外侨胞同祖国的血脉相依之情就更加深厚，让海外侨胞近距离了解国情也是中国执政党的自信所在。"① 列席代表以亲见亲闻的与会感受向住在国人民介绍中国特色的民主政治,介绍中国人民参政议政的人大、政协制度和中国共产党领导的多党合作、政治协商制度不仅符合中国的国情,而且比西方议会民主成本更低、效率更高。来自澳大利亚的列席代表唐林在参加全国政协大会后说,中国的崛起已势不可挡,但又阻力重重。宣传中国的巨大成就,凝聚广大海外侨胞力量;宣传中国的和平崛起,增进与住在国民众的共识,是我们的责任。

涉侨部门积极支持海外华侨华人成立"反独促统"组织,开展"反独促统"活动;许多传统亲台社团和人士相继访问大陆,实现了"破冰之旅",在海外华社形成了一支"反独促统"的强大力量。2005 年,"第三届世界华侨华人社团联谊大会"在北京发表了《大会宣言》和"海外华侨华人致台湾同胞书";2008 年元宵节,侨务部门推动海峡两岸同胞和海外华夏儿女共同在福建成功举办了"海峡西岸闹元宵,全球华人盼团圆"活动,情景令人动容。与 2000 年华侨华人首次举办"全球华侨华人推动中国和平统一大会(德国柏林)"时仅有一位台湾同胞与会相比,2010 年举办的"全球华侨华人促进中国和平统一大会(中国香港)"有 600 多位台湾同胞踊跃参会,其规模成为历次同主题大会之最。传媒称,这是全球华侨华人继辛亥革命和支持抗日战争后,掀起的第三次爱国运动高潮。涉侨部门还因势利导,积极支持海外华社开展反对、抵制"藏独"、"东突"分子分裂、祸乱中国的活动,宣示、维护、捍卫了国家的核心利益。

二、侨务工作在经济领域为中国软实力的构建和提升奠定坚实的基础

改革开放以来,海外华侨华人和港澳同胞在中国大陆创办的企业和投入的资金一直保持着约占我国外资企业总数的 70% 和实际利用外资总额的 60%。许多省市的第一家外资企业就是侨资企业,中国成为吸引外资的主要国家,侨务工作功不可没。侨字企业还是中国企业"走出去"的先行者。1993 年,香港中国旅行社在美国投资建设的"锦绣中华园"(以下简称"中华园")在佛罗里达奥兰多迪士尼世界主题公园旁隆重揭幕。据时任我国驻美使馆参赞彭湛东回忆,"中华园"开园正值中美关系处于建交以来最为严峻和困难的时期,就在美国政府中断对华高层接触、实行对华制裁的情况下,美国前总统尼克松、前国务卿黑格、美中关系委员会主席康纳布尔等政界高层欣然受邀参加了开幕庆典委员会。

---

① 《华侨华人热议两会》,载于《中国侨商》第 22 期,第 25 页。

中国政协副主席钱伟长、国务院侨办主任廖晖和佛州州长出席了"中华园"开幕式。中国驻美大使李道豫和夫人借"中华园民族服饰表演团"赴美演出，分别邀请亚洲驻美使团馆长和各国驻美使馆馆长夫人观看表演。一次普通的商业活动、两场中华服饰表演，就在美国本土打破了美国政府坚持的对华制裁。

近年，按照国家经济结构调整和区域协调发展战略，侨务部门积极组织侨资企业开展"侨资企业西部行"、"兴国利侨——牵手西部"、"侨资企业东北行"等活动；积极引导华侨华人参与中部地区崛起、西部大开发和振兴东北老工业基地的战略实施。侨务部门在引资、引智为国家和地方经济社会发展服务的同时，坚持以"为侨服务"为宗旨，以科学发展观涵养侨务资源，保持其与中国经济同步发展和可持续发展。涉侨部门联合开展为侨服务行动年活动，不遗余力地为侨资企业维权解忧，推动解决涉侨经济纠纷。在维护侨益、凝聚侨心、汇聚侨智、发挥侨力的同时，也进一步推动了我国投资环境的完善和优化。

综合实力的竞争就是人才的竞争。侨务部门广泛与海外华侨华人专业人士、团体建立和加强联系，充实海外人才数据库，积极为国家引进人才，围绕国家人才强国和科教兴国战略，组织创业政策咨询报告团赴海外介绍国情、宣介政策；举办"华侨华人专业人士创业创新项目交流会"、"华商企业科技创新合作交流会"、"海外华侨华人高新科技洽谈会"；开展海外华裔杰青华夏行、"海外人才为国服务博士团"活动。这些活动突出了国家科技创新、节能环保、经济发展方式转变的战略主题，为海外人才回国创业、为国服务，提供了平台、架起了桥梁。2008年，美国普林斯顿大学分子生物学家施一公毅然放弃美国国籍和千万美元的研究经费返回中国。《纽约时报》评论，施一公及其他知名科学家相继回国表明，中国正以更快的速度缩小与发达国家的科技差距。[①] 除施一公外，陈十一、饶毅、李学龙、李东升等一批海归人士也先后汇入了中国"千人计划"的宏伟蓝图。2010年，全国政协副主席、科技部部长万钢在第六届"世界华人论坛"开幕式上介绍，改革开放以来大批海外留学人员学成回国，已成为我国科技领军的重要生力军。目前，中国留学人员已占国家重点学科项目带头人的72%，两院院士的80%。国家引进高层次人才的"千人计划"，已有829人回到祖国。[②] 江苏侨务部门以"引天下英才、聚海外智力"为目标，经过10年的努力，一个海外人才创业带已经在扬子江两岸初步形成。进入留学人员创业园的"海归"企业超过1 000家，汇聚海外专业人才逾万人。据江苏省人事厅介绍，海归仅在江苏创业园开发的高新技术项目就达2 700多项，拥有国家专利386

---

① 《美报：中国政府吸引"明星海归"回流》，载于《参考消息》2010年1月8日。
② 《万钢对话海外侨胞：祖国是施展才华最佳舞台》，新华网，2010年7月26日，http://news.xinhuanet.com/overseas/2010-07/26/c_12374208.htm。

项，完成国家和省级重点攻关项目 163 项。在"海归"的带动下，2007 年江苏省的光伏产能超过 1 000 兆瓦，占国内总量的 3/4，全球总量的 1/4，走在了世界光伏产业的前列。据不完全统计，2009 年，全国已建有各类留学人员创业园 150 多个、入园企业逾 8 000 家、在园留学人员 2 万多人。华侨华人专业人才在中国现代化建设进程中发挥的社会影响力和科技影响力，在中国软实力构成要素中产生了 1 + 1 > 2 的综合效应。

三、侨务工作在文化领域为构建和提升中国软实力发挥独特作用

中华文化是中华民族共同的精神家园，是维系国家统一和振兴中华的精神纽带。帮助海外华侨华人传承和弘扬中华文化，是侨务部门一项长期而艰巨的基础性工作。多年来侨务部门一边组织编写适合不同地区、国家的华文教材，一边培训海外教师和外派教师并举，以满足分布在全球几万所华文学校，几十万华文教师，几百万华人学生传承中华文化的需要。为更大范围地满足海外华侨华人的精神文化需求，侨务部门在五大洲许多国家设立了华星影库和华星书库，提供图书、影像资料、报纸杂志，深受海外华社的欢迎。侨务部门还积极探索与华侨华人住在国教育部门合作，开展华文教育双边交流，为华侨华人在居住国传承中华文化营造宽松的外部环境，也拓宽和丰富了汉语教育国际推广的路径。

吸引、延揽人才的能力反映了一个国家思想文化和科学技术的影响力和创新力。美国长盛不衰的原因之一就是通过大学招生，吸引、汇集了全世界最优秀的人才。有资料显示，一些伊斯兰国家在掀起举国反美的浪潮时，也没有改变本国青年向往赴美留学的理想。学生时期是长身体、长知识，形成世界观、价值观、人生观的关键时期，即使短暂的留学经历也可能影响其一生。据教育部统计，截至 2008 年，中国各院校累计接受国际学生 146 万余人次；2008 年共接受各类来华留学生 22.35 万人。[①] 按同时段统计，侨务系统的院校（暨南大学、华侨大学、北京华文学院和粤、桂、滇华侨学校）接收的国际学生为 83 278 人次和 5 904 人，虽然仅分别占全国总数的 5.7% 和 2.6%，但若和全国招收境外学生院校总数相比，侨务系统的院校数尚不足全国招收境外学生院校总数的 2‰。可见中国侨字院校在海（境）外的吸引力和影响力。

中国新闻社被廖承志誉为"我国新闻战线的奇兵"。新中国成立初期，为了打破西方反华势力的干扰和阻隔，中国新闻社除发文字稿外，还开设"中国新

---

① 《146 万留学生选择来中国》，载于《环球时报》2009 年 7 月 31 日。

闻广播电台"用短波频率对外播音,以让海外侨胞直接了解来自祖国的讯息。今天,中国新闻社作为国家对外报道的主要渠道和重要窗口,以平均每天播发新闻电讯稿 100 余条,每月提供专电、专稿 300 篇左右,播发重大新闻和专题新闻图片 1 000 多幅,供五大洲几千万华侨华人了解祖(籍)国的信息。特别是在乌鲁木齐"7.5"事件中,中新社发出了"第一篇中文报道"、"第一篇图片报道"、"第一家披露权威伤亡数据",及时报道事件真相,回应了国际社会的关切;有效抑制了谣言传播,赢得了话语权和主动权。

为了让世界人民了解中国,以"影响有影响力的人"为目标的《中国新闻周刊》(以下简称《周刊》)遵循市场规律,不断开拓对外传播路径,已先后在日本、美国、韩国、意大利和南亚地区出版发行当地文版。2007 年,《周刊》日文版进入了日本的书店、报亭、地铁站,使中国主流媒体的信息直接传递到了日本民众的手中。《周刊》日文版还进入了日本前三家最大的手机电信运营商网络和 iphone、ipad,以及谷歌 Android 用户终端。为纪念《周刊》日文版创刊,日本前首相羽田孜率日本友好代表团赴京参加纪念活动。中国新闻出版总署副署长李东东评价,《周刊》落户日本是中日传媒界交流与合作史上的里程碑。① 在中日关系冰点之际,《周刊》进入日本,不仅拓展了中国主流媒体海外发展的空间,也为中日关系融冰发挥了积极作用。2009 年,《周刊》英文版又走进美国,受众对象包括美国州、市长、研究所、图书馆、外交机构、中国儿童领养家庭、二、三代华人,发行量逾 5 万册。《周刊》还进入了国会山赠送到了美国参、众议员的案头,这在中国对美国国会的工作缺乏突破性进展的当下,无疑是一个重大进展。

自 1984 年始,侨务部门就在春节、中秋等佳节思亲之际组派文艺团组赴世界各地慰问华侨华人,与他们共度传统佳节。2010 年,"文化中国·锦绣四川"艺术团的赴美演出还秀进了联合国总部,展示了丰富多元的川蜀文化和汶川灾区抗灾复建的精神风貌,扩大和增强了中国文化的影响和感染力。至 2011 年,侨务部门已连续三年在春节期间组派"文化中国·四海同春"艺术团分赴五洲四海,在中国人民和世界人民之间架起了一座文化交流的桥梁。"文化中国·四海同春"海外巡演,使华侨华人备感祖(籍)国的温暖和与友族民众同庆"春节"的自豪。多个国家的政要或向演出活动发来贺词或亲临现场观看演出。加拿大总理哈珀称,"四海同春"演出展示了无与伦比的中国文化,在国际上形成了奇妙的文化外交;南非总统夫人恩盖玛两次观看"四海同春"演出,她认为,中国

---

① 《〈中国新闻周刊〉日文版创刊号销量突破 4.2 万册》,中国新闻出版报,2007 年 8 月 2 日,http://www.chinaxwcb.com/xwcbpaper/html/2007 - 08/02/content_5389.htm。

文化丰富了南非的文化多元性，两国应继续加强文化交流；美国观众称"四海同春"是"来自中国最好的礼物。"① 旧金山和纽约市还分别将"文化中国·四海同春"艺术团在当地的演出日定为"文化中国·四海同春日"和"中国农历新年庆祝日"，以志欢迎和纪念。充分展现了"文化交流比政治交流更久远，比经济交流更深刻"② 的无穷魅力。

四、侨务工作在社会领域为拓展公共外交开辟了广阔天地

华侨华人散居在世界各地、分属于不同阶层、工作在不同领域，中国侨务工作借助他们的支持和配合，为拓展公共外交开辟了一片广阔的天地。

1992年侨务部门首组中医慰侨团访问泰国（当时中医尚未得到泰国政府的承认）。中医团借助泰华社会的人脉关系和泰华社团的社会影响，成功拜访了泰国卫生部，并为泰国僧王、政府部长、将军、府尹和社会民众2 600余人进行了询诊，取得积极成效。泰国朋友说，中泰友好，交往频繁，但像中医团这样在泰国社会广受民众喜爱，所到之处都有传媒跟踪报道，为中国访泰团中所少见。中医团的询诊效果和社会影响引起泰国卫生部门的重视。泰卫生部副部长亲自持花到旅店看望中医团并郑重表示，泰卫生部决定派员赴华考察中医并邀请中国中医师到泰讲学，以加强中泰两国在传统医药领域的交流合作。③ 2000年，侨务部门又组中医团赴印度尼西亚慰问华社。在华人朋友的协助下，中医团与印度尼西亚社会各界进行了广泛的接触，印度尼西亚执政党总部、省、市长官邸、军营驻地、政府医院、华人诊所、社团会所都成了中国医师进行询诊，宣介中医、开展友好交流的场所。印度尼西亚国会卫生、劳工、移民、社会福利委员会主席对中医的四诊八纲非常诚服。他特意安排印度尼西亚电视台采访中医团，以让更多的印度尼西亚人民了解中国和中医文化，并表示要在印度尼西亚国会提出废除将华文刊物列为违禁品法令的议案，以推动中国与印度尼西亚文化的交流。④ 截至2010年，侨务部门已组织了20多个中医慰侨团，出访亚、澳、非、南美洲数十个国家，在慰侨服务的同时，也为当地人民提供询诊，增进了当地人民对中华文化的了解和感情，推动了中医文化的国际化。

---

① 《"四海同春"展示中国文化影响力》，载于《中国新闻》2011年3月4日。
② 温家宝总理2010年10月6日在欧盟总部"中欧文化高峰论坛"开幕式发言。
③ 次年，泰卫生部官员来华考察；1994年中泰合作成立泰国中医研究所；1995年泰方与上海中医药学院合作在曼谷开设中医院，标志着中医在泰国正式取得了合法地位。
④ 当年，印度尼西亚国会即废除了将中文刊物与毒品、武器、淫秽物品一起列为违禁品不许入境的法令。

侨务部门每年接待成千上万名华裔青少年来华参加以"寻根之旅"为主题的各种夏（冬）令营活动，为侨务资源的涵养和侨务工作的可持续发展注入了新的源流。凡参加过夏（冬）令营活动的华裔青少年，增强了对"根"的意识、"魂"的情感和"梦"的追求。① 他们返回居住国后，纷纷向同学和朋友讲述参营见闻，成为一支无形地向外国青少年群体宣介当代中国的宣传队。中国侨务部门教育华侨遵守住在国法律、尊重住在国社会、民族、宗教习俗，与当地人民和睦相处；鼓励华人融入主流社会，为住在国的发展和住在国与我国的友好合作发挥积极作用。侨务部门在华侨华人社团中，倡导建设"和谐侨社"，进而宣介中国政府倡导建设"和谐世界"的主张和理念，在海外华社和华侨华人聚居国产生了积极影响。只要全球化的趋势继续发展，只要国际还存在移民现象和移民问题，只要和平、发展、合作的人类主旋律没有改变，中国侨务工作倡导华侨华人推动"和谐世界"建设的主张和理念将会在更广的范围产生积极的影响。

将几千万华侨华人和归侨侨眷的力量聚合起来，积极参与公共事务，通过体现人类进步价值的社会活动形成一种风气，一种凝聚力和吸引力，就是社会软实力的一种体现。据不完全统计，改革开放以来，海外华侨华人兴办公益事业和扶贫济困的捐款已逾800亿元人民币。海外华侨华人捐建的公益项目从综合性大学到希望小学，从科技馆到图书馆，从医院到幼、老院，切实推动了中国社会建设的发展。2008年我国南方地区遭受特大雪灾、汶川地区发生特大地震。侨务部门在第一时间启动了"抗雪救灾温暖行动"和"抗震救灾温暖行动"，实施"双百项目建设计划"，② 引导和组织海外华侨华人和国内归侨侨眷向灾区捐款捐物，奉献爱心，帮助灾区民众抵抗灾害，尽快恢复正常生产生活秩序。仅这两次特大灾害，就汇集了来自国内和世界各地的侨界捐赠15亿元人民币，有力支持了抗雪救灾和抗震救灾。侨务部门还组织海外华社共同举办"全球华人悼念汶川大地震遇难同胞烛光晚会"，组织"携手共建——知名华商四川行"、"情系汶川——中外青少年心连心"夏令营等活动，充分体现了中华民族的凝聚力和携手灾区同胞重建家园的互助精神。经济学家厉以宁在四川汶川特大地震发生后曾感慨地说："民族的凝聚力是最宝贵的财富，它会迅速转化为生产力，不仅有利于灾区迅速恢复重建，而且将使全国上下增加振兴中华的精神力量。"③

"三农问题"是中国经济社会的重要问题。侨务工作服务国家发展大局，

---

① 习近平副主席在2010年海外华裔及港澳台地区青少年"中国寻根之旅"夏令营开营仪式上对营员们说，团结统一的中华民族是海内外中华儿女共同的"根"，博大精深的中华文化是海内外中华儿女共同的"魂"，实现中华民族的伟大复兴是海内外中华儿女共同的"梦"。

② 双百项目建设计划即引导和动员侨界力量在地震灾区捐建100所侨爱学校和100所侨爱卫生院。

③ 《我对当前中国宏观经济形势的看法》，载于《北京日报》2008年7月7日。

积极引导、推动、组织侨界开展"万侨助万村"活动,充分发挥和调动侨界力量关注"三农问题"参与社会主义新农村建设。侨务部门组织"百名博士西部行"活动,为中西部地区农业生产的发展、农村产业的调整、农民生活水平的提高、农村生态环境的改善建言献策;组织侨界专业人士深入乡村,开展农业技能培训、村民自治讲座、法律咨询和医疗服务,直接为农民提供公共服务;引导华侨华人参与和支持农村敬老扶贫帮困活动和"好婆婆"、"好媳妇"精神文明评比活动,推动乡风文明和农村社会和谐,促进了民族团结和老少边穷地区的发展。一大批侨爱(侨心)学校、卫生院、敬老院、村民活动中心、文化站、图书室……犹如烂漫山花绽放在老少边穷地区。据统计,自2008年"万侨助万村"活动开展以来,已经对接落实各类项目3 000多个,惠及农民群众1 500万人,推动了我国农村公益事业的发展、城乡二元结构的改变和城乡经济社会一体化进程,也推动了社会主义新农村建设、提高农村人口素质和农村精神文明建设。在城镇,侨务部门努力实施"归侨侨眷关爱工程",开展慰侨送温暖活动让贫困归侨侨眷和空巢老年归侨侨眷充分感受到社会的关心和温暖;组织下岗失业归侨侨眷开展职业技能培训,构筑困难归侨侨眷救助体系;引导归侨侨眷发挥自身优势参与社区建设,倡导"社区为侨服务好、侨为社区贡献多"的和谐氛围。这些活动充分显示了侨务工作的社会属性,有力地支持了社会保障和社会救助事业,为探索、创新我国的社会建设和社会管理工作做出了贡献。

第三节 增强中国侨务工作在构建和提升中国软实力上的能力

21世纪的国际竞争是硬实力的比拼,也是软实力的较量。侨务工作能否站在新的历史起点上,继续解放思想、开拓创新,决定了侨务工作能否实现历史跨越,为构建和提升中国软实力做出新的贡献。

一、阐释"中国模式",传播中国核心价值观,提升中国软实力

美国学者福山面对"中国经济令人惊异的快速发展",改变了其在《历史的终结》一书中做出"美国模式优于任何发展模式"的断言。福山说:"客观事实证

明，西方自由民主可能并非人类历史进化的终点。随着中国崛起，所谓'历史终结论'有待进一步推敲和完善。人类思想宝库需要为中国传统留有一席之地。"①英国学者雅克在其《当中国统治世界》一书中写道："中国绝对不会走上西方民主化的道路，只会选择一条不同于西方世界的发展模式；中国的崛起将改变的不仅仅是世界经济格局，还将彻底动摇我们的思维和生活方式。"对于雅克的"热捧"，我们非常清醒。中国从未想统治世界。"不称霸"是中国对世界的庄严承诺，"和谐世界"是中国的一贯主张。但"中国，正在改变世界"，雅克先生是清楚地看到了。

中国是对全球经济产生重要影响的国家，又是摒弃剑与火的方式走和平发展道路的国家。中国的成功，标志着中国的政治、经济、文化、社会制度符合中国的国情，中国人民的探索为人类社会发展道路提供了借鉴。"中国模式"（抑或中国道路、中国经验、中国案例）作为一种发展形态已经引起国际社会的不同解读，主动、客观、全面地介绍中国特色社会主义的发展道路，有助于国际社会对中国的认知，有助于中国软实力的提升。"模式"、"道路"、"经验"的优劣不是看它如何自我标榜，而是看它能否回答和解决人类社会面临的诸多难题和挑战。西方国家标榜的"自由"、"民主"、"人权"显然已不足以解决当今世界人类社会面临的诸多问题。西方媒体敏锐发现，2009年美国国务卿希拉里访华淡化了双方在人权问题上的争议。在与中国外长的会谈中，这位新任国务卿坦言："人权无法改变现如今的全球经济危机、环境危机以及安全危机。"②

中共十七大报告提出，"建设社会主义核心价值体系，增强社会主义意识形态的吸引力和凝聚力"，充分体现了中国共产党人的自信心。十七大后，时任英国首相布朗曾要求皇家国际事务研究所将中共十七大报告中的科学发展观、和谐社会、民主建设等内容汇总呈报，并组织内阁成员集体研读。③也有西方政治家断言，中国不会成为世界大国，因为中国出口的是电视机，而不是思想观念。的确，在思想、文化观念的"贸易"上，中国所占的份额还很小。如何让中国的思想观念为世界理解、认同，我们尚有艰巨的路要走。如何从政治层面提升中国软实力，我们也还经验不足。一说到软实力，往往首先想到的是文化层面，增强、提升软实力的力度往往也侧重在文化层面。经过30年的改革开放，中国探索出了一条"中国特色社会主义道路"。这是一条历经了西方社会预言"中国崩溃"、散布"中国威胁"、要求"中国责任"、又指责"中国傲慢"的发展道路。其中有抹黑、唱衰中国的宣泄，也有酸楚或叵测的"热捧"。长期以来，西方舆论"中国观"的流变掌控着国际社会"中国观"的话语权。既然"中国崛起"

---

① 《"捧杀"中国，以"中国模式"的名义？》，新华网，2010年1月24日。
② 《希拉里如何聆听中国》，载于《中国新闻周刊》第409期，第52页。
③ 《布朗为何命其内阁学习中共十七大报告》，载于《北京日报》2008年5月12日。

已经成为本世纪的最大新闻，中国对世界的影响力和面临国际舆论的压力也将进一步增大，消除偏见，向世界介绍中国的政治体制保持了中国经济平稳、较快、可持续发展；化解疑虑，向世界介绍中国的政治体制可以保证中国走和平发展的道路，就尤显重要了。

当今世界是一个多元发展模式竞争的时代。介绍"中国模式"（抑或中国道路、中国案例、中国经验）就是介绍中国对他国发展经验的借鉴；就是介绍中国对资本主义市场经济的扬弃；阐释"中国模式"就是阐释各国应根据自己的国情，选择自己发展道路的主张；就是阐释"我们搞的是有中国特色的社会主义，是不断发展社会生产力的社会主义，是主张和平的社会主义"。① 彰显"中国模式"就是彰显和平、发展、合作的理念；就是尊重差异、包容多元；就是要将和平发展、互利共赢、和谐世界的理念推广成为人类社会的普世价值。有学者说，没有中国发展模式和发展理念的广泛传播与认同，就没有中国的真正崛起。诺贝尔经济学奖得主布坎南说："中国是个谜，（有些方法）看上去不合理，可是却管用。"如何把中国快速发展这个"谜"科学地解读给世界人民？如何使管用的办法成为合理的逻辑？如何把"中国模式"的成功经验形成一套与西方沟通的话语逻辑？如何用中国的核心价值观构建和提升中国的软实力？历史地落在了当代中国人的肩上。

二、以侨为桥，沟通中国与世界，侨务工作尚有创新、拓展的空间

章启月大使谈出使比利时的感受说，今天许多欧洲人还是通过看埃尔热的《丁丁历险记》了解中国的。她任大使期间，做了上百次介绍中国的演讲，演讲后还要回答听众诸多问题。她说，"中国的"这个词在比利时还有"搞不懂"、"很难懂"、"很复杂"的意思。② 一任大使作上百次演讲可谓不少，但就是比利时这样一个千万人口的国家又有多少人能听到章大使的演讲？欧洲议会议员、欧中友好小组主席德瓦认为，欧盟国家民众对中国不满的原因有二：一是欧洲民众对中国实际情况知之甚少，往往只听信西方媒体的一面之词；二是遇到问题，中国又不善于根据欧洲人的习惯进行及时有效的解释和反驳。而西方国家民众对中国缺乏了解和误解，正是某些反华人士散布夸大疑虑和威胁的最好土壤。可见，改变中国对西方社会"信息逆差"的现状，是构建和提升中国软实力需要着力

---

① 邓小平语。
② 《大使说事》，崔永元博客，2009 年 7 月 27 日。

解决的症结。

"中国的外交是人民的外交，公共外交的智慧也来自人民"。[①] 几千万华侨华人遍布世界各国，他们熟知住在国的情况，与住在国人民朝夕与共，最便于和世界人民话语互动开展公众外交。如果有千分之一的华侨华人在涉华问题上能够提醒身边的当地民众摘去"有色眼镜"，帮助他们理解、欣赏中国这幅"水墨画"；[②] 如果有万分之一的华侨华人能担当阐释中国立场、促进邦谊、争取对我理解和支持的"民间大使"，这将是一支何等壮观的队伍和力量！2009年，在海外华侨华人同庆中华人民共和国成立60周年之际，《加中时报》刊文指出，海外中华人民共和国国庆活动已转为大张旗鼓的社区活动，但主流社会的认知偏差仍未消除，如何搁置歧见，消除偏见，将中国近几十年来的真实发展状况传播于主流社会，这恰是真正考验华人社区活动的重要之处。如果缺乏与主流社会普通民众互动、融合共庆平台，缺乏主流社会传媒的公关宣传，庆祝活动、宴会等只是处于华人圈中，又有多少主流民众能够感同身受，投入更多关注，了解更多中国故事？移民来到新居地，故园自不可忘，唯有付诸行动，让主流社会真切认识中国的变化，那才是真正爱国之举。[③] 海外华侨华人的认识已经达到如此高度，侨务部门又将如何给予引导和支持呢？

侨务工作为了鼓励华侨华人融入主流社会，曾经提出"走出唐人街"（唐人街曾被看作是陈旧、老化、封闭、保守、落后、脏乱的代名词）。然而唐人街不仅是海外华侨华人聚居的社区，是海外华侨华人民族情、中华魂的寄托所在，也是外国民众（尤其是绝大多数没有到过中国的外国民众）了解、认识中国的窗口。无论是从华社自身建设、维系族群感情，还是维护国家形象，提升中国软实力的维度去考量，侨务工作都应走进唐人街、深入唐人街。侨务工作如能充分发挥遍及在世界各地的唐人街的作用，引导和支持唐人街（海外华社）加强自身建设（自我服务、管理、约束、维权），推动和促进华侨华人与当地人民和睦相处、倡导和鼓励海外华社团结互助、诚信守法、回馈社会；支持海外华社通过举办中华民俗节庆、中国文化周、月、年等活动扩大唐人街的影响，把唐人街建设成为当地民众喜闻乐见、感知中国的窗口，无疑将大大提升和扩大中国的形象和影响。

中国侨务外宣积60年之经验，形成了世界华文传媒的主导地位，但在影响

[①] 2010年3月8日，杨洁篪外长在十一届全国人大三次会议记者会上的讲话；他以"水墨"和"油彩"比喻中西文化的差异，以"有色眼镜"比喻偏见。

[②] 杨洁篪外长在十一届全国人大三次会议记者会上以"水墨"和"油彩"比喻中西文化的差异，以"有色眼镜"比喻偏见。

[③] 《视角》，载于《福建侨报》2009年9月25日。

国际主流舆论、设置话题、主导话语权方面，侨务外宣还未破题。"话语权"是语言学中一个新名词。按照国家语委副主任李宇明的解释，话语权分为三个层次：发言权、影响力、话题权。李宇明介绍，在非传统安全理念时代，美国政府已经注意把语言问题"安全化"，并实施了"关键语言"战略，用"语言武器"装备美国军民。法国哲学家茱莉亚·克里斯蒂娃（中国加入联合国后首批邀请访华的西方学者）在"中欧文化高峰论坛"期间说："世界喜欢被理解的语言。中国如果想要走向世界，就要看它能不能找到一种可以令世界接受的、跟它有共同语境的语言。"① 海外几千万华侨华人是中国改革开放的拥护者、参与者、受益者，也是"和谐世界"的宣传者、推动者、建设者。他们能够在国际社会通用的语境下与世界对话，他们能够用住在国人民听得懂的语言介绍中国的发展道路和成功经验，这不仅有利于中国的和平发展，也有利于世界的和平发展。如何开发和善用华侨华人这一人口语言资源，则需要侨务部门用心、用力。

"5·12"汶川特大地震周年之际，侨务部门邀请了20多个国家和地区的华文媒体赴川采访。海外华文媒体记者采写了一批"灾后重建成绩令人称奇"、"灾区百姓坚强乐观让人感动"、"社会和谐稳定有序使人振奋"等内容的报道，报道了灾后重建取得的巨大成就。如果华文（人）媒体在向华侨华人讲述"开放中国"、"现代中国"、"和谐中国"、"真实中国"、"友好中国"故事的同时，也能用英语（文）、用华侨华人住在国的语言（文字），用互联网让世界人民了解这些故事，其作用和意义岂不更大！根据国际舆情学者郭可研究统计，当今全球互联网信息量的80%为英语信息，中文信息（包括海外的华语地区和国家）仅占互联网信息总量的5%。② 可见，要使民族的成为世界的，还须在民族元素中注入国际性、时代性的元素。侨务外宣要提升国际传播能力，必须跟上时代的节奏和国际化的脚步。也许有人认为这超出了"侨务工作"的范围，但站在侨务工作三个大有作为的舞台，这又何其不是侨务工作的职责范围，因为它符合侨务工作两个服务的统一和"三有利"的原则。

三、探索国际文化传播的新途径，是中国大侨务的题中应有之意

电影导演贾樟柯谈参加国际影展体会时说："中国的经济发展特别快，世界对中国的关注特别多。大家都想通过文化来了解这样一个庞大的经济体在想什

---

① 《世界喜欢可以被理解的中国》，载于《中国新闻周刊》总第490期。
② 《应增强对国际舆论的容忍度》，载于《环球时报》2010年11月23日。

么，它的感情是什么。……我几乎有点不敢去国际影展，因为每次去，都会被问及很多不是电影的问题，比如政治、经济，甚至历史等，这说明国际社会渴望了解中国，但我们的文化输出力度明显还不够。如果有更多的电影、文学、美术等输出的话，我们会从感情上跟国际社会沟通，彼此间的误解会少很多。"① "中国图书对外推广计划"负责人吴伟认为，"现在中国的产品制造，已经誉满全世界。外国人从中国的产品开始认识中国，但是我们的文化传播没有跟上。结果就导致中国越发展，它觉得你越威胁他。"② 比较而言，英国原文化事务大臣乔维尔说，"英国在过去 300 年里走进世人眼光的因素有很多，但英国的文化小说书籍绝对是不容忽视的关键。"③ 英国前首相布朗也曾自豪地说，中国向英国出口各种商品收益的总和抵不上英国英语教学一项从中国所获得的收益。④ 英国人的自信反映了传播方式的重要及其效果的不同。现今，国际文化传播的方式大致分为非产业性传播和产业性传播两种途径。非产业性传播主要是政府行为，产业性传播则政府行为和民间行为都有。根据传播学的研究，与非产业性传播相比，产业性传播的受众接受度和互动性更高。中国是个文化大国，但还不是文化产业的大国。长期受计划经济的影响，我们还习惯于政府行为的非产业性传播。

当今世界综合国力的竞争日趋激烈，谁占据了文化发展的制高点，谁就在激烈的国际竞争中赢得主动。文化的繁荣和发展又是经济发展、社会进步的标志。中共十七大提出，"解放和发展文化生产力"，并把它作为社会主义本质要求在文化领域的必然体现。推动我国文化产业成为经济发展新的增长点，成为国民经济的支柱产业，进而提高文化产业在国民经济中的地位和作用，有助于增强中华民族的凝聚力和扩大中国文化的国际影响力。2009 年，国务院提出了《文化产业振兴规划》，标志着我国的文化产业已经上升为国家的战略产业。侨务工作作为党和国家一项长期的战略性工作，侨务文宣当应负起促进传播中华文化和提高文化产业国际竞争力的历史责任。

互联网是年轻人的世界。2008 年奥巴马在总统大选中获胜的主因是借助互联网得到了大量年轻选民的支持；许多信息指向，这次北非、中东国家街头政治的主要参与者大都是 30 岁左右的年轻人，他们受互联网的影响最大（所谓的"茉莉花革命"、"阿拉伯之春"都是通过互联网进行组织和串联的）。难怪美国国务卿希拉里力推互联网的"全球串联"，她强调，"我们要通过新型社交媒体与全世界的年轻人沟通，我们要用最直接的方式将美国的政策传到这些年轻人的

---

① 《文化输出，感情诚实很重要》，载于《环球时报》2009 年 3 月 20 日。
② 《有时候，我们说的不是他想要听的》，载于《南方周末》2009 年 10 月 22 日。
③ 《四学者谈中国文化输出》，载于《环球时报》2008 年 9 月 5 日。
④ 《中华文化传播要重视民间渠道》，载于《北京日报》2008 年 7 月 21 日。

耳朵里。"① 因为她看到了"互联网才是21世纪的公共场所，是全球民众的市区广场、教室、集市、咖啡馆。"② 中国人民大学公共传播研究所副所长胡百精说："舆论场就像一个大容器，你公开注入的信息越充分，其他人的意见空间和回击余地就越狭促。"③ 当今社会，网络已进入千家万户，成为一种大众媒介、一种文化现象。有人将其比喻为当今人类在吃住行之外第四件须臾不可离去的事情。特别在传播方式已经进入"第五媒体"时代，云计算已经进入商业应用，如果我们的传播方式还囿守于平面媒体，不仅受众少、时效慢、成本高，连注入信息的时空也会变的狭促，又何谈中国软实力的提升呢？无论是开展新华侨华人工作还是加强华侨华人新生代工作，抑或是涵养侨务资源、拓展侨务工作，加强侨务外宣网络建设都势在必行、刻不容缓。

四、广泛团结各界华侨华人，壮大海外友我力量

侨务工作是做人的工作。无论是联谊服务、反独促统、文宣华教、引资引智、维权慰侨、扶贫救助等，侨务工作都是围绕"人"开展工作的。可以断言，侨务工作的重点会随着世情、国情、侨情的变化而变化，但侨务工作做人的工作的性质永远不会改变。

清华大学龙登高教授在美国考察时发现，华人基督教会近十年已发展为美国最大的华人社团，其影响日益超过传统社团。许多大陆新移民从无神论者转变为基督徒。④ 广东省侨办的调研报告指出，美国华人宗教组织规模庞大令人震撼。在洛杉矶地区88个区市中，华人教会组织就逾120个；洛杉矶华社普遍认为，洛杉矶华人信教人数占洛杉矶华人总数的一半以上；"西来大学"（台湾星云和尚开办）面向全球招生；明月居士林的居士达三四千人；教会组织中高学历人士不断增加，在大型高科技工业区还出现了"博士教会"；洛杉矶千橡市经常参加活动的信徒中95%以上是博士、工程师、研究员……⑤ 即使我们将这些数字作为参考，也应认真考虑将华侨华人信教群体纳入侨务工作的对象。历史上，中国与新加坡早期关系的发展就有新籍华人佛教徒的推动；现实中，美国中国和平统一促进会会长就是虔诚的摩门教徒；澳大利亚有位敢与法轮功当面抗衡的女性是

---

① 《社交网站冲上美国外交火线》，载于《环球时报》2011年2月25日。
② 《软实力竞争，西方从未停下脚步》，载于《环球时报》2011年3月3日。
③ 《速读》，载于《中国新闻周刊》第407期，第14页。
④ 龙登高：《海外华人社会的新现象及其解释》，载于《华侨华人历史研究》2009年第4期，第10~11页。
⑤ 黎静、马碧雯、欧阳伏：《特殊的华人群体——华人宗教组织》，华夏经纬网，http://www.huaxia.com/wc/hrsj/2007/00627499.html。

基督教救世军上尉。1994年，涉侨部门与中国佛教协会和法国华社共同在法国组办的"中国佛教文化展"，引起法国社会的极大关注，法国文化部部长到场祝贺、红衣大主教会见全团……展出活动促进了中法文化交流、宣传了中国的宗教信仰自由政策，扩大了法国华社的影响，也有力地反击了西方国家挥舞的"人权"大棒。2005年，侨务部门组中医慰侨团访澳在布里斯班佛光山开展询诊活动，该寺从住持到信众都是旅澳台胞，且没有一人到过大陆，初时气氛凝重，领队一句"我们的医生是来行菩萨愿，布无畏施的"，顿时拉近了两岸同胞的距离。法师和信众热情邀请全团在寺内参观、撞钟、用斋，并表示一定要去大陆走走看看。以上例证说明，拓展侨务工作的路径，可以扩大和提升国家的形象和影响；开展华侨华人信教群体的工作，有利于广泛团结不同信仰、不同阶层、不同地区、不同民族、不同年龄、不同职业、不同需求的华侨华人。

中国文化"走出去"的第一道门槛是翻译。据文化学者王岳川调查统计，自1900～2000年的100年间，中国知识分子前赴后继翻译了106 800册西方书籍；但这百年间，中国的书籍（包括古代书籍）被西方翻译的只有800多册（新闻出版署的调查结果是100∶1，大致相同）。[1] 联想著名归侨翻译家杨宪益[2]遗体告别仪式上不乏金发碧眼的外国友人，他们都是通过大师的译著了解、懂得、热爱中国的。有人说，杨宪益走了，中国自此将进入文学对外翻译的"大师断层"期。据国家外文局常务副局长郭晓勇介绍，中国目前有几十万翻译从业人员，但"还是缺少像杨老那样学惯中西，能通过翻译将中国文化介绍到外国的高级翻译人才"。[3] 针对这样的"还是"，侨务部门可以、应该，也能够在引导、推动，发掘华侨华人专业人才方面发挥作用、有所作为。推而广之，海外的中医师群体、华人体育兵团、文艺兵团……都可以也都在为扩大中华文化影响、提升中国软实力发挥无可替代的独特作用，这些华侨华人群体应该成为侨务工作为构建和提升中国软实力向更高层面、更广领域、更深层次拓展的工作重点。

五、尊重文明差异，避免软实力硬包装

"文明冲突论"使亨廷顿成为国际学界富有争议的人物。尽管亨氏观点逻辑

---

[1] 《中国连一个文化学术名词都没喊出来》，载于《羊城晚报》2010年12月13日。
[2] 杨宪益，归侨，1934年留学英国，抗战时在伦敦华侨中做救亡工作，并向日本国内寄发谴责侵华的宣传材料，1940年返回战乱中的祖国。杨宪益先生把中国古典文学经典《离骚》、《红楼梦》、《聊斋》等作品和当代文学精品《鲁迅文集》、《白毛女》等作品介绍给西方，并发起和主持了旨在弥补西方对中国文学了解空白的"熊猫丛书"系列，拓宽了中国文学对外沟通的窗口。
[3] 《杨宪益辞世引发思考：翻译这座桥还牢？》，中国新闻网，2009年11月30日。

混乱，但其提出了一个需要认真思考的世界性问题。亨氏观点的现实意义在于提醒我们不同的文化之间是有可能引起冲突的，而且这种冲突曾经发生并还在发生。如果认为文化是软实力，在文化传播、输出中过点度，问题不会太大；如果认为软实力冠以文化二字就可以放开推行则是十分错误和非常危险的；任何事物的过度都会出现偏颇，"过度"也不是中国传统文化的价值观。

2008年，海外华侨华人在反对"藏独"、护卫"奥运圣火"、维护国家尊严的大是大非面前，让世界领略了中华民族的凝聚力。海外华社振聋发聩的如虹气势，来自中华民族心底百年的压抑。这种民意表达的方式来得突然而迅猛，值得尊敬，也值得思考。如果我们作理性的反思或从科学发展观的角度看问题，与许多华侨华人在住在国打着横幅、喊着口号，挥舞着五星红旗表达爱祖（籍）国的激情方式相比，笔者更赞赏英国华侨华人戴着口罩，举着西藏"3·14"动乱真相和北京"人文奥运"的图板，无声地站在BBC广播大楼和国会前表示抗议的方式。与前者引起的冲突相比，后者吸引了众多英国民众的驻足观看。这种无声的抗议符合西方主流社会言论表达的价值观，又让英国民众了解了事实的真相，揭露了西方媒体的虚伪，冲击了西方社会被扭曲的是非观。应该说，这种有理、有利、有节的表达方式效果更好，反击更有力，它既有利于中国影响和形象的提升，也有利于华侨华人的长期生存和发展。随着中国国力的日益强盛，一些国家对我国的疑虑、猜忌、指向中国的各种吐沫和小动作也会增加，如何引导海外华社做出正确回应，提高危机应对能力和政治公关能力，化消极影响为积极影响，化不利因素为有利因素，已成为中国和平发展过程中侨务工作面临的新课题。在现代社会关系中，民意属于利器，其力量和影响越来越大；民意又受文化、习俗、情绪等诸因素的影响，表现形式也纷繁复杂。一国（族群）民意的表达方式、程度有可能引发相关国家（族群）民意的不满和对决，而民意对决则意味着矛盾升级、甚至引起局面失控。因此，尊重、慎用、善用、引导民意反映了一个政府或一个国家对矛盾和纠纷负责任的态度。北京师范大学张胜军教授认为，慎重对待民意与发挥民间力量并不矛盾。在国际关系中，民意表达注意理性化和专业化效果更好。表达民意不是比声音大小，不是比情绪激烈，而是要摆事实、讲道理、追求正义，以理性化和专业化争取人心、支持和尊敬，让中华文明的力量跨越国界，和谐万邦，成为全球文明发展史中有益的组成部分。① 2010年8月，西班牙巴塞罗那市中心赫然出现一条"中国人滚出西班牙"的标语。西班牙中国侨民协会对此情况没有组织华侨华人抗议，而是通过当地媒体邀请标语书写者在媒体陪同下与中国侨民对话，以坦诚观点沟通意见。中国侨民协会还

---

① 《民意表达，我们还需要学习》，载于《环球时报》2009年3月6日。

与标语地社区联系,希望通过社区与标语涂写者进行沟通。虽然邀请没有得到标语书写者的回应,却得到了西班牙民众在原标语旁书写的一条"种族歧视者滚出这里"的新标语。① 西班牙华侨华人冷静理智面对反对声音,妥善化解危机,为生存发展营造良好社会舆论环境的做法,正是侨务工作需要去关注、去研究、去推而广之。

法国史学大师布罗代尔在《论历史》一书中指出,一种文化至少具有时空、借鉴、抵制三种特性。即每种文化都有其历史传统和地域范围,当外来文化有利当地发展时才会予以借鉴和吸收,否则就会予以拒绝和抵制。这在文化成为现代国家"软实力",甚至是"民族意识形态"的当今世界体现得尤为明显。"己所不欲,勿施于人",己所甚欲,亦勿施于人。只有让不同的国家、不同文化的人民从中华文化和中国发展道路中悟出对自己民族发展有益的启示,才能让世界真正理解中国,理解中国人民,理解中国的发展,才能使中华文明更具价值,这才是我们构建和提升中国软实力的目标。

中国侨务工作是中国特色社会主义理论和实践的有机组成部分。中国侨务工作在国际上已具有相当的影响,侨务工作可以、能够并已经在政治、经济、文化、社会多个领域为构建和提升中国软实力发挥了积极的作用。然而,中国软实力的构建和提升又是一个动态的开放系统。中国侨务工作要在新的历史时期实现新的更大跨越,在倡导、推动和谐世界建设中发挥更加积极有为的作用,则还需要全局性、国际性、前瞻性的战略思维和开拓创新的勇气。机遇和挑战并存,如何通过侨务工作在国际政治、经济、文化、社会领域注入更多的中国元素?如何把捍卫国家、民族利益的原则性和争取国家、民族利益最大化的灵活性结合起来?充分展示中国的影响力,增强国家的软实力,这正是我们研究、构建、提升乃至运用软实力时需要十分注意把握的。

---

① 《排华标语惊现巴塞罗那》,载于《环球时报》2010 年 8 月 23 日。

第八章

华侨华人与中国软实力建设的路径构建

——兼以集美侨务工作为例

当前,我国正处于工业化、城市化、信息化、国际化的重要阶段,也是可以大有可为的重要时期。在全球化背景下,国家之间的竞争不仅越来越表现为国家硬实力的竞争,也是中国软实力的较量,因此,在国家硬实力不断提高的同时,高度注重中国软实力建设及其路径构建已经迫在眉睫。关于中国软实力的路径构建,多数学者强调将重点放在中国文化的传播上,他们认为文化是软实力的核心,而中国是一个有着5 000年历史的文明古国,拥有深厚的文化底蕴,传统文化对现代社会的影响十分深远,因此构建中国软实力的着力点自然就落到了传统文化的开发和挖掘上来。[1] 还有的学者将中国软实力的建设归结为对"中国模式"的宣传和传播,他们认为一个国家的社会发展模式,不仅反映着一个社会发展的规律和该国人民对于社会的认识与改造能力,而且这种模式的实践效果如何往往也表明该国是否具有对人类社会的共同发展提供可借鉴经验的能力水平,在此基础上才能产生对该国的发展模式及其内在价值观的"认同"效应,这本身就构成一国"软实力"的重要内容。[2] 彭伟步和陈奕平(2012)认为,无论是作为软实力核心的文化传播,还是"中国模式"在海外的影响,华侨华人无疑是最好的桥梁,他们本身就代表中国存在于世界各地,是中国与住在国之间的重要纽带,华侨华人对增进国际社会对现实中国的了解,改善中国国际形象,提升

---

[1] 苏晓、彭云峰:《构建中国软实力的战略思考》,载于《战略决策研究》2012年第1期,第14~20页。

[2] 陈宇翔、薛光远:《我国政治转型与文化软实力之构建》,载于《湖南师范大学学报(社会科学版)》2010年第6期,第47~50页。

中国国际影响力具有重要作用。因此，充分发挥华侨华人在构建中国软实力中的作用，就必须从认识层面、目标层面、操作层面等加以系统布局，做好差别化的路径设计。

第一节　华侨华人与建设中国软实力路径构建

一、普遍性路径

当前，我国正处于工业化、城市化、信息化、国际化的重要阶段，也是可以大有可为的重要时期。在全球化背景下，国家之间的竞争不仅越来越表现为国家硬实力的竞争，也是国家软实力的较量，因此，在国家硬实力不断提高的同时，高度注重中国软实力建设及其路径构建已经迫在眉睫。关于中国软实力的路径构建，多数学者强调将重点放在中国文化的传播上，他们认为文化是软实力的核心，而中国是一个有着5 000年历史的文明古国，拥有深厚的文化底蕴，传统文化对现代社会的影响十分深远，因此构建中国软实力的着力点自然就落到了传统文化的开发和挖掘上来。① 还有的学者将中国软实力的建设归结为对"中国模式"的宣传和传播，他们认为一个国家的社会发展模式，不仅反映着一个社会发展的规律和该国人民对于社会的认识与改造能力，而且这种模式的实践效果如何往往也表明该国是否具有对人类社会的共同发展提供可借鉴经验的能力水平，在此基础上才能产生对该国的发展模式及其内在价值观的"认同"效应，这本身就构成一国"软实力"的重要内容。② 彭伟步和陈奕平（2012）认为，无论是作为软实力核心的文化传播，还是"中国模式"在海外的影响，华侨华人无疑是最好的桥梁，他们本身就代表中国存在于世界各地，是中国与住在国之间的重要纽带，华侨华人对增进国际社会对现实中国的了解，改善中国国际形象，提升中国国际影响力具有重要作用。因此，充分发挥华侨华人在构建中国软实力中的作用，就必须从认识层面、目标层面、操作层面等加以系统布局，做好差别化的路径设计。

---

① 苏晓、彭云峰：《构建中国软实力的战略思考》，载于《战略纵横》2012年第1期，第7～20页。
② 陈宇翔、薛光远：《我国政治转型与文化软实力之构建》，载于《湖南师范大学学报（社会科学版）》2010年第6期，第47～50页。

（一）增强对华侨华人与建设国家软实力的重要性认识

华侨华人是存在于海外的代表中国的特殊群体，他们是拉近中国与世界各国距离、促进中国与其住在国的经济文化交流、让中国融入世界和让世界了解中国的桥梁和纽带，是构建中国软实力，提升国际话语权不可或缺的力量。因此，必须从战略的高度加以重视。

我国外交和侨务工作实践证明，海外华侨华人虽然身处异乡，但是他们与祖（籍）国血脉相连，他们凭借自身优势，在配合我国外交工作、增进中国与其他国家的友好往来、促进我国人民与其他国家人民的交流和合作、引进外资促进中国经济发展方面都发挥了独特的积极作用。他们不仅是向世界展示和宣传中国最好的"民间大使"，也是中国了解世界的重要渠道和发展国际民间友好事业的促进力量，更是支持和促进中国和平发展、维护祖（籍）国统一的重要支撑。通过他们这一独特的桥梁和纽带作用，既可以把世界先进文化、先进理念和资金技术等带到中国市场，直接为建设国家硬实力服务，也可以借助他们所处的独特地位把中国文化、中国道路、中国理念、中国模式传播到海外，进一步增进国际社会对中国的全面了解，树立起良好的中国国家形象。因此，"中国软实力及华侨华人作用问题是一个具有重要现实意义和战略意义的研究课题"，[1] 必须引起各级党委和政府以及全社会的高度重视。一是要树立宏大视野，从全球战略的高度充分认识华侨华人能够凭借他们的优势和所处的环境，在建设中国软实力中发挥无法替代的作用。二是要充分考虑华侨与华侨华人身份的差异性，在基于住在国政治、经济和社会环境等客观因素的基础上做好"顶层设计"，谋划好可操作性的差异化路径，让他们的行为成为软实力建设的一种文化自觉。三是要制定好策略，营造良好环境，制定保障措施，使海外华侨华人在建设中国软实力中都能够找到自己的位置，发挥好自己的作用。四是要提供相应的法律保护和援助，鼓励华侨华人为国家的软实力建设建言献策，使他们真正认识到，只有祖（籍）国的强大，他们才能拥有真正的尊严和平等。

（二）为华侨华人搭建发挥作用的有效平台

平台建设是海外华侨华人更好地发挥自身优势服务中国软实力建设的关键环节。近年来，经过侨务部门和各地民间组织的努力，华侨华人和祖（籍）国的关系正日益密切，但由于他们人数多、分布广，加上许多华二代、三代成长在海

---

[1] 张小欣、陈奕平：《和谐与共赢：国家软实力及华侨华人的作用国际学术研讨会召开》，载于《华侨华人历史研究》2012 年第 2 期，第 75~77 页。

外,对其祖(籍)国了解甚少,构建海内外交流平台,加强交流,增进与海外侨胞的情感已经刻不容缓。

第一,构建海外联络平台,推动多边交流与合作。一是要依托海外社团,密切与他们的联系和合作。要重点扶持有实力、有影响、讲团结、做实事的对祖(籍)国友好社团,使之成为当地华侨华人社会的主导力量。二是要重点支持一些具有重要影响力的友好社团在住在国举办的世界性、区域性联谊恳亲活动,以增强华侨华人之间的了解和友谊,搭建起回到祖(籍)国探亲、旅游、求学、经商创业的桥梁,让新生代华侨华人在活动中更多地认识和了解中国文化,增强认同感和归属感。三是打造信息交流平台,及时收集反馈华侨华人对祖(籍)国诉求的各种信息,密切乡情,倾听乡音。四是利用华侨华人熟悉国外法律法规、了解市场的有利条件,积极拓展中国文化品牌市场,提升中华文化的海外影响力。五是利用现有的活动平台拓宽华侨华人民间组织的工作面和工作深度,扩大工作范围,在延伸中争取更多的人加入到中国软实力建设中,发挥力所能及的作用。六是定期组织一些有规模、有影响力,能够代表国家文化水平的大型文化活动,并使之逐步形成常规化,每年在固定时间举办一次,以活动为媒介来促进不同背景的华侨华人群体之间的了解,增强他们对中华文化和中华民族的认同。[1] 七是从国家到地方每年尽可能多邀请有实力、有政治经济影响力的华侨华人回到祖(籍)国参观访问,让他们感受祖(籍)国的发展和变化,深化认识,加深理解,为传播中国模式奠定思想和理念基础。八是有条件的侨乡可以设立"华侨之家"、"侨乡论坛"等平台,宣传华侨华人爱国爱乡的举动,丰富侨乡文化内涵,同时为归侨侨眷、海归人才定期举办活动提供场所便利。

第二,构建传播平台,推介弘扬中华文化。首先,要以丰富多彩的形式积极开展侨务对外宣传工作,不断加强与海外乡亲的文化交流。一方面要发掘中华传统文化的精髓,把代表中国传统文化的艺术产品奉献给海外华侨华人,增强中华优秀文化的辐射力和感染力;另一方面还要大力支持海外华侨华人在中国传统节日多开展丰富多彩的活动,如在中秋月组织赏月、端午节赛龙舟包粽子、过春节舞狮等;更要利用权威信息网络将祖(籍)国和家乡的新发展新变化推介给远在海外的华侨华人同胞,增强他们的家乡情结和对祖(籍)国的认同。其次,要从华侨华人住在国的角度出发,做好住在国华文媒体工作。我国应该采取措施重点支持一批有重要影响力的海外华文媒体的发展,鼓励他们在服务侨胞、促进华侨华人融入当地主流社会的同时,积极宣传介绍中国的发展成就,弘扬中华优

---

[1] 杨刚、王志章:《美国硅谷华人群体与中国软实力构建研究》,载于《中国软科学》2010年第2期,第14~25页。

秀文化，宣传中国发展模式，客观公正地介绍中国发生的重要事件，阐释中国的外交政策与政治立场，积极推动住在国与中国的交流与合作，让中国的软硬实力形成海外合力。

第三，构建教育平台，凝聚侨情侨心。教育既是传承中华文明的载体，也是维系华侨华人的纽带，更是向西方传播中国声音的桥梁。一是要采取一切措施，拓宽渠道，让华侨华人懂得祖（籍）国的所思所想，理解中国的立场观点，然后通过自己的语言广泛传播中国声音，阐释中国观点。二是国家要在全球办好孔子学院的同时，更要加大对华侨华人社团创办华文教育的智力、经费支持力度，创新模式，扩大辐射面，以增强华侨华人和华二代、华三代对中华民族的认同感。三是要加强华文教育的基础建设，为华文学校提供教材、现代化的教育手段，输送高素质的教育专家，尤其是要把在世界各国各地建立的各种海外华侨子弟学校工作列入侨务工作的重点，所需费用应当列入政府年度预算，为海外华文教育健康有序发展提供财力支撑，帮助解决后顾之忧。四是要通过组织形式多样的文化活动如暑期夏令营、寻根问祖团等，让华侨华人子女多接触祖（籍）国，亲身感受丰富多彩的、具有中华特质的社会现象、风土人情，学习更多的文化知识，创造条件让华侨华人子女在社会环境中认知、体验中华文化的独特魅力，提升自信力，自觉成为传承中华传统文化的使者和中华文化软实力建设的参与者。

（三）以侨为桥，积极传播中华优秀文化

首先是要以中华传统文化为基础生产出更多更好的文化艺术作品。中国是一个文化资源大国，但同时也是一个文化"赤字"大国。要做好新时期的中国软实力建设工作，就必须紧紧抓住文化这条红线，以"传播中华优秀文化"为基础，以侨社需要创新导向，通过挖掘华侨华人文化、杰出人物资源，创作出更多既能反映中国传统文化，又能体现当代中国与世界各国友好关系、展示中国道路、中国人物风貌等各种载体的文化文艺精品，以满足华侨华人和国际社会的需要。其次，国家涉侨涉外部门应该加大与文化艺术部门协作力度，精心创作一批反映侨情、再现侨心的好作品来，以此开创新时期侨务文化工作的新局面，并通过文化艺术作品的传播消除世界对中国产生的误解。最后，要依托海外华侨华人庞大群体中的高端人才，积极发展文化产业，积极拓展市场，实施侨务文化"走出去"战略，使更多适销对路的文化艺术产品能够走进侨社，融入主流消费群体之中。国家应该出台相应的政策，开放领域，吸引更多的华侨华人文化创意人才回（来）中国，与本土化有效结合，创作生产输出更多适合全球市场的文化产品。最后在以侨为桥进行侨务文化自身创新的同时，也要重视华侨华人文化自身发展的需要，协助他们做好中华文化与本土化文化的融合与创新工作，让更

多的中华文化元素能够巧妙地融入主流社会。

二、分领域的路径建设

（一）借助华侨华人资源优势积极实施侨务公共外交

开展侨务公共外交，就是要鼓励海外侨胞以多种方式向住在国及主流社会介绍中国的基本国情、中国的发展模式和中国的内外政策，帮助他们客观看待和认识中国的发展进步。① 海外侨胞经过长期的努力和发展，大多已经融入住在国的主流社会，他们中的一些人在住在国取得了一定的经济和政治成就，社会地位不断上升，具有开展"侨务公共外交"的优势和有利条件。但要做好这项工作，必须抓好以下几方面的工作。

首先，侨务部门要不断加强和海外侨胞的联系，经常通过一些重大节事活动，定期或不定期地邀请他们回到或来到中国开展各种交流活动，亲身体验和感受侨乡的发展变化，以增强他们对现实中国发展政策和发展模式的了解，并鼓励他们将自己的所见所闻通过语言文字自觉不自觉地介绍给住在国的主流社会，客观、全面地把中国带到世界面前。

其次，要重视海外华侨华人社团和华文媒体的作用。一是要充分认识华文媒体在开展侨务公共外交方面的纽带作用，多邀请海外华侨华人社团和华文媒体的负责人联合组团来华采访和交流，引导他们正确认识中国的国情。同时还要借用"巧实力"帮助海外一些具有重要影响力的华文媒体做大做强，多承担起传播中华民族文化，增进住在国对中国国情、中国道路、中国实践的认识和了解，塑造中国良好形象的历史使命。二是鼓励和扶持华侨华人社团积极开展丰富多彩的文化经贸活动，以活动为载体传播中华文化，密切华侨华人与祖（籍）国的关系。

最后，要团结一切可以团结的力量，建立起中国软实力建设的最广泛的"统一战线"。一是要做好海外华侨华人中技术精英、政治精英人士工作，通过他们的桥梁和纽带作用，积极争取中间人士，密切与住在国上层的关系，培养亲华群体。二是有选择的邀请有影响力的中间派人士与华侨华人精英一起参访中国，增进了解，借助他们所谈参访感想，撰写刊发文章，增进国际社会对中国的全面了解。三是鼓励华侨华人精英利用自身的影响力宣传中国在国际事务中的一贯负责任的立场、观点和态度，以及在对外交往中坚持平等互利、和平共处的外

---

① 金正昆、臧红岩：《当代中国侨务公共外交探析》，载于《广西社会科学》2012 年第 5 期，第 1~6 页。

交政策，帮助塑造中国良好的大国形象。

（二）为华侨华人在构建中国软实力中发挥作用提供法律保障

我国政府历来重视侨务立法工作，已相继出台了一系列涉及华侨华人和归侨侨眷问题等法律法规，例如，《中华人民共和国国籍法》、《中华人民共和国公民出境入境管理法》、《中华人民共和国归侨侨眷权益保护法》、《中华人民共和国护照法》，等等，为维护华侨和归侨侨眷合法利益起到了重要作用。但随着中国国际地位的提高，华侨华人回国投资创业、回国定居、工作及探亲旅游等越来越多，加上他们特殊的身份，现有的政策法规和措施已经不能完全满足深层次交流的客观需要，进一步健全和完善法规制度，为他们履行职责和义务创造条件，提供法律保障刻不容缓。

首先要利用各种形式加大向全社会和海外侨胞宣传侨法的力度，提高特别是政府行政机关保护归侨侨眷合法权益的意识，同时也要让广大归侨侨眷自觉运用法律武器维护自身的利益，努力在全社会营造依法护侨的社会氛围。同时也要畅通各种渠道，经常听取华侨和归侨的建议和意见，及时处理好他们的问题和困难，帮助解决后顾之忧。其次，坚持实施有区别的工作原则。在发挥华侨华人在建设中国软实力中的作用时，国家要充分考虑他们所处的特殊地位，为他们履行职责创造良好的法律环境。1980年9月10日我国颁布实施的《中华人民共和国国籍法》，既声明保护华侨的合法权益，也反对双重国籍，不搞"双重效忠"，鼓励并支持华侨华人选择住在国的国籍，同当地人民友好相处，为住在国社会经济的发展做出贡献。有了这一法律上的保障，海外华侨华人在建设中国软实力中就有了清晰的身份定位、角色定位、使命定位。但在具体工作中，全社会对华侨与华侨华人身份随时随地要有区别，要讲究策略，不能搞政治宣传、强制性规定，要在营造宽松的环境中让他们的行为完全出于自觉。

（三）建立预警机制，高度关切海外华侨华人的人身安全

随着中国的强大，海外针对华侨华人的事件频频发生，充分利用外交手段关注和协助海外华侨华人改善他们在住在国的处境，建立安全预警机制，保护华侨利益不仅直接攸关他们对祖（籍）国的向心力和亲近感，而且也有利于调动他们自觉参与中国软实力的建设的积极性。为此，一是我国有关部门要加大从理论和实践两个层面的研究力度，进一步制定保护境外中国人和海外华侨的有效途径和方法，通过规范相关工作使之制度化。二是国家应从战略的高度充分认识加强海外华侨突发性事件预警系统建设的重要性、必要性和紧迫性，从安全预警系统开发、全球网点构建、预先发布警告、安全预案制定、保障措施和财政投入支

持、民间参与和海外力量借用、理论研究与政策支撑等方面做好宏大构架，不断增强海外华侨突发性事件安全预警的前瞻性、科学性、针对性和准确性，变被动为主动应对，最大限度地降低安全风险和人身财产损失，全面提升华侨突发性事件的预警能力和水平。三是依托国家有关职能部门组建统一的海外华侨突发性事件预警领导协调机构和办事机构，本着平时预警，事时应急的原则，积极推进涉侨安全预警的法律法规建设，为国内实际工作部门提供政策导向，为海外华侨社团传递安全信息和业务指导；精心做好预警情报收集、预警信息分析、社会安全环境监测监控、专家安全咨询、具体业务指导等工作；编制、审核涉侨突发性事件应急预案并组织实施等。四是切实做好海外华侨突发性事件预警系统建设的理论研究和制度设计。国家应加大经费投入，鼓励并依托涉侨部门、高等学校、科研单位和海外华侨社团等，整合研究力量，坚持以问题为导向，从理论、应用、政策几个层面积极开展海外华侨突发性事件预警系统的理论研究和对策研究，强化应对华侨突发性事件预警的法律法规建设，做好国家在安全预警、社会风险评估、预警施救、实施保障等方面的制度设计，确保预警系统科学、可行、高效、运转有力。五是充分发挥国际合作在华侨突发性事件预警中的作用。海外华侨突发性事件具有异域的广阔性、涉事的群体性、诉求的多样性、应对的特殊性、施救的及时性等特点，加强我国政府与华侨住在国政府之间、与华侨社团之间以及国际组织、友好人士之间的合作必不可少。六是要积极探索与华侨住在国政府通过签署一系列突发事件的互助协定，拟定侨民保护合作预案和领事保护合作方案，为华侨提供全方位的保护。七是要通过与华侨社团、中资企业等合作，不断强化华侨和海外工作人员的安全意识、风险意识和自救意识，建立起突发性事件自我应对机制。八是要加强与国际组织和非政府组织的合作，以国际法的准则切实维护海外华侨的基本人权和财产权。九是要利用好在我国海外企业中工作的一些友好人士的作用，最大限度地施加个人和群体影响，帮助保护华侨的基本权益和人身安全。十是要加强海外华侨突发性事件信息反馈机制。构建起由我国驻外使领馆、中资机构、华侨社团、留学生组织、友好人士参与的全球华侨突发性事件预警网络，开发出海外华侨生存安全预警机制数据库；充分利用现代信息技术实施预警全天候联报；设计海外华侨生存安全预警指标体系、建立动态数据库、构建分类预警模型和监测预警体系，确保信息来源畅通、有效，为国家政府职能部门制定突发性事件应急预案提供技术和数据支持，确保应对施救迅捷、及时。

（四）为实施华侨华人与中国软实力建设提供理论支撑

华侨华人与中国软实力建设是一个庞大的系统，它涉及面宽，范围广，敏感性强，处理不好两者关系，会适得其反。通过对国内权威检索工具中国知网

CNKI 进行文献检索，发现以华侨华人和中国软实力作为主题的研究，截至 2012 年 6 月仅有 9 条记录，这说明对于华侨华人在中国软实力构建中的理论研究还相当匮乏。因此，加强华侨华人与中国软实力建设理论研究十分紧迫。

当前，要处理好两者之间的关系，就必须从理论和实践两个向度解决好几个问题，如何发挥华侨华人的优势提升中国软实力、在中国崛起的背景下如何提高中国侨务工作水平、健全有效机制、策略手段如何构建？如何处理好华侨华人自身利益与住在国和祖（籍）国的关系问题等。为此，一是国家应该加大研究经费的投入，增加专门的华侨华人研究理论研究机构，明确方向、制定规划、汇聚学者、加强联系，推动华侨华人与中国软实力的理论和实践研究，尽快培育具有中国特色的"华侨华人学"新兴交叉学科。二是要依托高校进行华侨华人与中国软实力建设的专项研究，增设相关重点研究基地。例如整合学科资源，进行"中国海外人口生存和投资安全预警协同创新中心"的建设，并鼓励更多专家学者参与到华侨华人与中国软实力建设的研究中来，以丰富理论研究成果，为党政部门做好这项工作提供理论支撑、决策依据和政策建议。三是要清醒地认识到我国在华侨华人和中国软实力建设方面的研究空白，注重相关人才的培养，鼓励学术争鸣。在丰富学术理论的同时，更要将已有的理论成果转化为政策工具，为华侨华人在中国软实力建设中发挥更好的作用创造条件。

（五）建立健全侨情信息反馈机制

建立健全侨情信息反馈机制是发挥海外华侨华人在建设中国软实力中作用的客观需要和重要保证。改革开放以来，我国海外华侨华人成员结构正在发生变化，尤其是随着中国的和平发展和综合国力的增强，他们的社会地位和对祖（籍）国的态度也在改变。当前做好海外华侨华人数据库建设已经时不我待。为此，一是要高度重视广大侨力资源，就海外华侨华人的分布、软硬实力、社会结构等进行科学普查，并在此基础上建立起比较完整的数据库，打造开放性的共享平台，及时听取他们的心声，了解华侨华人需求，帮助解决实际问题，激发他们在建设中国软实力中的积极性。当前要重点调查了解诸如经济、政治、科技三个领域的杰出人士，建立专门的数据库，重点了解他们的专长和成就、投资领域、产业布局、有无回国合作的意向等，全面、准确地掌握侨情信息，细致分析侨情特点，提高侨务工作的针对和有效性。二是以平台建设为抓手，有目的地加强国内与海外社团组织、华侨华人专业人士、华侨华人企业家的有效联系，并以此为节点建立资料更新网络，实现资源共享，提高信息使用的效率。三是建立信息跟踪反馈机制。华侨华人长期身居国外，对住在国的情况甚是了解，也时刻关注着中国的发展，他们的建议往往具有很强的现实意义。在信息化和网络化的今天，可以利用网络平台定期收集海外华侨华人的建议和意见。同时还要通过主办连续性的资政内刊及时向党中央国务院呈报海外华侨华人的谏言良策，为做好海外华侨华人工作提供决策参考。

三、路径构建中应注意的几点

第一，中国经济总量虽已世界排行第二，但就人均国民收入而言还是落后的。我国现阶段还是个发展中国家，全面实现工业化和现代化尚有一段路程，因此，在现阶段和今后一段时期，我们和许多发展中国家一样还必须十分重视海外移民资源的开发和利用，人数众多的中国海外移民及其后裔对祖国和祖（籍）国也还有诸多不同的诉求，因此那种主张在当前就削弱甚至取消侨务的意见是不可取的，持这种意见者既不了解全球化时代国际移民发展趋势和发展中国家的政策走向，也不了解现阶段中国作为移民输出国所处的位置和特点。对中国来说，当前的问题，不是要不要开展侨务工作而是如何跟上时代的步伐做好侨务工作。当然，由于中国经济的快速发展和国际地位的迅速提高，我们还应当重视开展前瞻性研究，考察发达国家对待其海外移民的政策，研究他们处理族群关系与国际关系的经验与教训，并根据中国的特点和国家发展的进程，积累统筹族裔关系与国际关系的实践经验，以适应我国在可预见的未来，由发展中国家向发达国家过渡所面临的问题。

第二，中国不仅是最大的发展中国家而且是处于初级阶段的社会主义国家。坚持社会主义道路，坚持和平崛起是中国的国策，也是我国侨务不同于其他发展中国家侨务的地方。坚持这个特点，发挥社会主义的优越性，既给我们带来机遇也带来严峻的挑战，我们应当以科学的态度，认真研究，细心探索，不断总结实践经验，逐步形成有中国特色的侨务理论以进一步指导今后的工作。

第三，发挥海外移民这一特殊群体在提升中国软实力的作用。由于我们是个快速崛起的发展中国家，我们可以借鉴印度等快速发展国家的经验，内外兼顾以内为主的做法，即重点放在吸收和借鉴世界各国优秀文明成果，引入各国文化建设的先进理念和有益经验，支持文化事业和文化产业建设，与此同时发挥他们在文化交流和民间外交中的作用，使他们成为中外文化交流的友好使者、沟通中国与世界的重要桥梁，让中国更好地了解世界，也让世界更好地了解中国，认识中国人民对人类文明的贡献，了解新中国成立以来特别是改革开放以来取得的辉煌成就，理解中国的和平外交政策，消除各种疑虑，共同为建设和谐世界而努力。

中共中央关于深化文化体制改革，推动社会主义文化大发展大繁荣若干重大问题的决定，没有太多涉及海外华侨在中国文化软实力建设中的作用问题，只说

"支持海外侨胞积极开展中外人文交流"。中央这一提法是实事求是的,没有对华侨华人提出过高的要求,强调文化软实力建设关键在于国内深化文化体制改革,推进社会主义文化大发展、大繁荣。中央文件这一提法也是平实而慎重的,没有对他们寄予不切实际的期望,因为中国海外移民及其后裔70%~80%已经加入居住国国籍,成为外籍华人。他们在各自居住国里,作为该国的新公民还远未获得当地主体民族的充分信任,人们对他们是否忠于入籍国还有所怀疑,有些国家实际上把他们当成二等公民对待,因此,我们不能不考虑他们的处境,多为他们的生存和发展着想,他们能在中外人文交流中起到桥梁的作用已属不易,不能对他们有过多的要求和不切实际的期望。

目前有些做法颇令人担忧,即把华人与华侨以及港澳同胞混为一谈,不加区别地赋予他们同样的历史重任,并且层层加码,令外籍华人左右为难,诸多困惑。在某些敏感地区还引起华人内部的争执,影响华人内部的团结。笔者认为,我们还是实事求是地回到中央文件的平实的提法上来,即回到"支持海外侨胞积极开展中外人文交流"为好。时至今日,外籍华人已占中国海外移民的大多数,华侨和港澳同胞只占少数,这已是不争的事实,我们不能回避这个客观事实,忽略这个大多数,以对待本国公民的要求来要求占大多数的外籍华人。

当前,在研究华侨华人与中国软实力问题的过程中,还有几种时常出现的提法值得商榷。必须明确,我们这里研究的是作为国家综合实力的软实力而不是一般概念的软实力,如企业的软实力等。作为国家综合实力的软实力涉及国家间的博弈,所以必须注意如下几点。一是不宜把华侨华人说成是中国的软实力。国家软实力是相对于国家经济、技术、军事等硬实力而言的精神力量,主要指构成公民的认知能力、精神面貌、民族凝聚力和国际影响力等文化因素,其核心是蕴含价值观的精神力量。软实力的发挥固然需要通过人和其他物质载体表现出来,但人和其他物质载体不等于软实力。海外华侨华人是一个包括多种国籍、多种政治认同、多种价值观取向的特殊群体,怎能笼统地说成中国的软实力?这种说法在实践上产生很大的负面影响,因为它无异宣布华侨华人是中国的代理人,置他们于十分尴尬地位,不利于他们生存与发展,也不利于中国与中国移民住在国之间政治上相互信任。值得注意的是,西方一些学者正是从霸权主义理论出发,把华侨华人说成中国的软实力,把中国海外移民说成中国对外扩张的工具。我们切莫人云亦云。二是不宜把外籍华人的成就都说成中国的软实力。例如,作为我们的亲戚,我们有理由为美国华人和新加坡华人的成就感到高兴,但把美国华人和新加坡华人的成就说成中国的软实力,这不符合客观事实,有贪天功为己有之嫌,不为美国华人和新加坡华人和他们的政府所认可,也不利于我们实事求是地认识自己。三是不宜把中外文化交流不加分析地简单等同于中国的软实力。在世界多极化、经济全球化深入发展的今天，文化在综合国力竞争中的地位和作用固然更加凸显，但中外文化交流可以实现不同文明的相互包容和尊重，互相借鉴和交融，共同为丰富和发展世界文明的多样性做出贡献。已故费孝通教授关于不同文明和文化之间应该"各美其美，美人之美，美美与共，和而不同"的提法有助于我们建设和谐世界，而将中外文化交流说成中国软实力，把我们的和平意愿和霸权主义者的别有用心混为一谈，却容易让人觉得我们是在对人施压，来者不善。何况，吸收中华文化者，各有各的目的，未必都是对华友好，不能简单地等同于中国的软实力。历史上日本曾大量吸收中华文化，但正是这个国家的统治者发动了惨无人道的侵华战争，给中国人民带来极大的伤害，历史的教训岂可遗忘。可见"软实力"这一概念的应用，不仅要分清其性质，还须注意是在什么层面、什么场合、什么意义上使用，不能当成时髦之词，不加分析地到处套用。

总之，华侨华人与软实力关系是历史性新课题，不仅需要认清软实力这一概念自身的含意，分清其内含与外延，注意其向与量的统一，更需要将侨务工作置于中国与世界关系发生历史性变化这个时代新格局中思考，需要我们开阔眼界，从全球视角进行探索，善于借鉴国际经验，又要我们从中国的实际出发，充分发挥社会主义的优越性。我们要敢于突破传统观念，勇于创新，又要避免无意中陷入西方霸权主义布下的理论迷局。我们应该在科学发展观的指导下，花大力气，深入研究，创建自己的科学语汇和理论，紧紧掌握话语权。

第二节　挖掘中华文化的核心精神价值，发挥地方侨务的创新能力

——以集美区发扬嘉庚精神推动侨务工作创新为例

国家主席习近平 2013 年 3 月在莫斯科国际关系学院发表题为《顺应时代前进潮流　促进世界和平发展》的重要演讲，强调"实现中华民族伟大复兴，是近代以来中国人民最伟大的梦想，我们称之为'中国梦'，基本内涵是实现国家富强、民族振兴、人民幸福"。经过三十多年的改革开放和快速经济发展，中国日益受到世界的关注，而国家富强的标志不仅仅是经济实力的攀升，大国崛起的全面性和可持续性更要求中国的发展必须有坚实的道德性支撑——在经济性崛起之后，是道德性崛起的最佳时期，才能保证此后的军事性和制度性崛起不被视为国际体系的挑战者而导致的体系阻击最终导致既有经济性崛起成果的消失。"得道多助，失道寡助"，实现道德性崛起的核心，就是要准确判断世界潮流并提出

能触及人类心灵深处最敏感神经的口号。如美国的崛起就是提出了深刻把握人类发展特别是人类自由主题的威尔逊主义,开辟了新的国际体系格局。2014年4月,国务院总理李克强在博鳌亚洲论坛2014年年会开幕式上进一步提出利益共同体、命运共同体和责任共同体的"三位一体"思想,进一步阐明"我们要实现的'中国梦',不仅造福中国人民,而且造福各国人民"。那么,落实到地方、落实到实践,应该怎样设计和助力国家发展的大战略,共同为实现中华民族的伟大复兴,而且是实现造福世界人民的以"利益共同体、命运共同体和责任共同体"形态的"中国梦"?从根本上说,中国软实力的核心和切实得到提高就在于"中国梦"这个理念的推广和践行。"中国梦"的提出实际上正是中国在大外交时代实现道德性崛起的核心概念,而"中国梦"并不只是一个口号,它需要切切实实的实践来支撑,需要除了中央政府以外包括地方政府、非政府组织、企业等各个层面共同参与这项实践。如果说前面着重论述提升中国软实力的普遍性路径,那么此部分则聚焦于地方政府在侨务工作上面的能力创新以一窥这些普遍性路径可以得到何种实践。在教育部哲学社会科学2010年重大委托项目"华侨华人在中国软实力建设的作用研究"的基本研究积累和基础之上,课题组还结合所在地的便利和优势,对集美区的侨务侨情做了深入的调研和资料采集,从包括侨务工作一线和侨民访谈中获得大量一手资料,试图对侨务工作如何推动华侨华人参与到中国软实力建设进行了一个现实考察和论证,为理论研究的上层设计提供实验场,并期望能够对其他地区利用侨情侨务开展实际工作提供可资借鉴的模板。

总的来说,中国不同区域本身的特性是有利于地方政府的自主性发挥的。正如麦格·瑞思迈(Meg E. Rithmire)在《中国"新地区主义"》一文中总结的那样,由于中国不同区域在各自制度、理念以及社会政治发展历史等方面存在的差别,地方政府有着不同的行为表现,不同区域也因此展现出不同的政治经济绩效。① 当然,这也意味着不同区域的地方政府之间彼此的竞争成为政策扩散的加速器,如果一个地方由于政策创新而经济快速发展,那么各地自然就会出现模仿和学习,事实上中央政府也鼓励这样的创新和学习。如国务院在批准上海自贸试验区时要求形成"可复制、可推广"的经验。中国改革开放历程中很多成功的改革措施都起始于地方创新,随后被中央政府所肯定并随之推广,比如著名的农村家庭联产承包责任制就是源于安徽省小岗村的地方探索,还有诸如简化审批程序、公开政府信息等地方实验,甚至包括各地保税区对深圳的借鉴,乃至于上海

---

① Meg E. Rithmire. China's 'New Regionalism': Subnational Analysis in Chinese Political Economy. World Politics, Vol. 66, No. 1, 2014. pp. 165 – 194.

建设自贸区的样板工程，都是地方创新的典型。不夸张地说，地方性创新已经成为中国包括政治转型在内的进一步改革的基础。在哈耶克（Friedrich Hayek）看来，没有一个计划者可以掌握所有的知识来做出理性判断，相反，很多知识都是地方性的。① 因此，从某种程度来说，地方性创新不仅是"中国梦"落到实处的必要步骤，也是知识创新进而回馈给中央政府进一步完善"中国梦"理论的基础。中央需要地方迈出创新的步伐，提供可以复制、推广的经验。

一、集美基本侨情与侨务工作经验分析

从17世纪到19世纪，厦门一直是中国海外移民的最重要口岸，"厦门记忆"是世界1/3华侨华人挥之不去的情怀。19世纪以来，厦门及其代表的福建，一直是海外侨资的重要投资地之一，也是海外侨胞返乡颐养天年的最佳选择。从13世纪开始，闽南海商主导东亚海上丝绸之路500年。自17世纪以来，厦门一直是中国海商的主要发舶地，是中国海洋开拓的先驱，是东亚海洋商圈的枢纽，早为东南亚和西方各国所熟知。以厦门为中心的闽南地区，一直引领中国的国际化。厦门是闽南金三角的核心，与台湾隔岸相望，闽台共同构成东亚海域经济的枢纽地区，辐射范围遍及日本海以南、赤道以北的西亚太海域。集美区原是厦门市郊区，属于农村地区，以第一产业为主，但人均耕地面积不足1亩，乡民维持生计艰难，自明清以来，纷纷下南洋谋求出路，使得集美区逐渐形成拥有众多海外乡亲和归侨侨眷的侨乡。据2006年重点侨情普查结果显示，全区旅居海外的乡亲（不包括台胞）84 249人（华侨华人74 049人、香港同胞9 687人、澳门同胞513人），归侨侨眷23 009人（归侨1 655人、侨眷21 354人）②。这属于较为保守的数据，而实际人数可能超过若干倍。集美区拥有众多的海外乡亲，加上陈嘉庚先生创办的集美学村校友遍布世界，与母校所在地有着深厚的感情联系，是开展各项侨务工作丰富的资源宝库。

集美区基本侨情

1. 嘉庚精神是集美独特的灵魂品牌

以"忠公、诚毅、勤俭、创新"为核心的嘉庚精神一直为世人所钦佩，陈嘉庚一生倾资办学、爱国爱乡的情怀一直为世人所称颂，他的实践和精神形成了独特而又丰富的嘉庚精神，其核心是爱国主义。鉴于嘉庚精神的传统价值和现代

---

① 哈耶克著，冯克利、胡晋华译：《致命的自负：社会主义的谬误》，中国社会科学出版社2000年版。
② 陈永健：《集美区侨联志》，厦门市集美区归国华侨联合会2008年版，第3页。

意义，海外同胞一直不懈弘扬嘉庚精神。2013年值陈嘉庚创办集美学校100周年，来自13个国家和地区的数百名归侨、侨眷、校友、侨企负责人前往集美参加纪念活动，并强烈表达续写"嘉庚精神"新百年辉煌的心声。陈嘉庚、陈六使后裔参访团以及新加坡怡和轩俱乐部、汪氏总会等海内外社团成员等还提出具体愿望，希望能在集美举办国家级嘉庚论坛，以便在全世界弘扬嘉庚精神和促进中国最美侨乡的建设。

爱国爱乡是陈嘉庚先生兴教兴学的力量源泉，也是嘉庚精神的核心之所在。翻开集美百年校史，深深感佩嘉庚先生强烈的对国家对民族尽国民之义务的责任感和浓烈的家国情怀。他自言"对于轻金钱、重义务、诚信果毅、嫉恶好善、爱国爱乡诸点，尤所服膺向往，而自愧未能达其万一，深愿与国民共勉之也"。秉持"教育为立国之本，兴学乃国民天职"之理念，在南洋兴业获得成功后，他即"思欲尽国民一分子之天职"，毅然携资回家乡兴学报国，创办了包括幼儿园、小学、中学、各类职业技术专门学校在内的规模宏大的集美学校。他亲历亲为，做规划、选校址、觅校长、定学科，"不牺牲金钱，竭殚心力"，他概视之为"尽国民之义务"，不为名、不图利，无论是集美学校还是海外的学校，没有一所学校、没有任何一栋楼宇冠以他的名字。受陈嘉庚先生模范行动与精神所感召，其胞弟陈敬贤先生受命返乡集美经营校舍，延揽师资，倾尽心力，而后又接理新加坡工商业务，为筹建校经费拼命工作，积劳成疾，不幸英年早逝。其女婿李光前先生，其族弟陈六使、陈文确先生都曾为集美学校捐过巨资，海内外的校友也支持赞助，直至今天仍在延续。受嘉庚精神的感召，南洋华侨回乡、在侨居地创办文化教育更是蔚然成风。正是此种爱国爱乡并一直薪火相传的嘉庚精神，成为集美打造中国"最美侨乡"的最重要的精神资源，也是构筑中国"最美侨乡"的精神支撑与不竭动力。

19世纪德国军事家和历史学家克劳塞维茨曾说："历史最能证明精神因素的价值和它们的惊人的作用。"中国现代化探索的艰辛历程及当代成就，对克劳塞维茨这句话作出了最为生动的诠释。可以说，经过几千年的沧桑岁月，十几亿的海内外中华儿女之所以能够紧紧凝聚在一起，离不开中华民族共同培育的民族精神、共同凝结的时代精神、共同坚守的理想信念。中国共产党历来重视共同思想基础和精神力量的作用。毛泽东指出，党要有"共同语言"，社会主义国家要有"统一意志"。邓小平指出，"我们这么大一个国家，怎样才能团结起来、组织起来呢？一靠理想，二靠纪律。组织起来就有力量。"江泽民指出，"一个民族、一个国家，如果没有自己的精神支柱，就等于没有灵魂，就会失去凝聚力和生命力。"胡锦涛指出，要增强"民族精神"，巩固"精神支柱"、形成"共同理想信念"。习近平总书记在第十二届全国人民代表大会第一次会议上的讲话中强调指出："实现'中国梦'必须弘扬中国精神。这种精神是凝心聚力的兴国之魂、强国之魂。"

诚然，中国精神是实现"中国梦"的必要要求，但在当今的现实层面上，虽有中国精神作指引，各类问题形势依旧严峻。政治问题凸显，从中央到地方，各层级"裸官"现象、贪污腐败屡见不鲜；社会分层固化，流动性不足，易引起局部性动乱；经济总量虽跃居世界第二，但产业结构依旧不合理，缺乏核心技术与复合人才；教育资源分配不均，缺乏自主创新能力。而此类问题的涌现，或可被认为是中国精神、中华民族精神缺失的具象体现。而在国际上，美国高调宣布重返亚太，日本军国主义势力抬头，南海各国因主权问题争执不休，蓄意对中国施加压力，控制国际舆论，将"中国梦"解读为新一轮的"中国威胁论"。有鉴于此，一味地空谈"中国梦"的理想与信念已不足以应对当前的形式需求，"中国梦"需要真正的践行者与标杆楷模。伟大的事业需要并将产生崇高的精神，崇高的精神支撑和推动着伟大的事业。要破解当前中国社会遭遇到的转型难题，进一步推进中华民族复兴的伟大事业，无疑需要崇高的精神支撑与推动。这种崇高的精神，在当代中国主要表现为社会主义核心价值体系。社会主义核心价值体系内涵丰富、意蕴深厚，是一个有机统一的整体，而中国特色社会主义共同理想、以爱国主义为核心的民族精神和以改革创新为核心的时代精神，是其重要的组成部分，可以概括为"中国精神"。中国改革开放和社会主义现代化建设的历史进程波澜壮阔，是前所未有的壮举。但是我们需要一系列标志性的符号、代表性的人物和史诗般的中国故事，来记录中国奇迹、演绎中国经验、展现中国人的心路历程；我们也需要把30多年发展成就、获得的精神财富和生存智慧体现在中国形象上，转化成中国的软实力。只有用各种各样的文化形式、国际通行的语言风格讲述当代中国的故事、展示当代中国的形象，才能让世界上更多的人了解中国奇迹背后的内涵，了解当代中国人丰富的精神世界和理想追求，才能让当代中国的形象更有亲和力和影响力。只有善于挖掘、表现革命、改革和现代化建设中的故事，用人们喜闻乐见的形式讲述好、演绎好这些故事，才能使昨日探索的结晶成为明日奋斗的精神动力。这样的中国故事、中国形象才是对中国精神的最好展示，才是中国精神传承和传播的最好载体。因此，"中国梦"的实现、中国精神的弘扬，要靠演绎好中国故事和塑造好中国形象来展示、传承和传播。

"实现'中国梦'必须弘扬中国精神。这就是以爱国主义为核心的民族精神，以改革创新为核心的时代精神。"习近平总书记的这一番讲话，深刻揭示了中国精神的本质和核心，阐明了实现"中国梦"的强大精神动力，而这也与以"忠公、诚毅、勤俭、创新"为核心的嘉庚精神所契合，成为嘉庚精神在新时代语境下的诠释方向。首先，嘉庚精神与中国精神同样是内涵丰富多元、内部相互联系的完整体系。其次，把嘉庚精神和中国精神置于中华民族精神的大视阈中考察，二者都是中华民族精神的区域表现与组成部分，是中华民族精神在特定阶段的时代表现。嘉庚精神的核心是爱国主义，居于首位，中国精神也是把爱国情怀放在首位，凸显了爱国情怀是中国精神的根本和核心，而爱国主义正是民族精神的核心。最后，从二者的精神作用看，陈嘉庚堪为我们在新时期学习、践行社会主义荣辱观的榜样，嘉庚精神是进行社会主义荣辱观教育的宝贵资源。而中国精神深刻蕴含着社会主义核心价值体系的丰富内涵，具有鲜明的思想导向作用，这二者在国家的发展中都有过、并将继续发挥其精神支柱作用和不竭的动力源泉作用，赋予社会主义核心价值体系建设鲜明的故土情怀和时代特色。最为重要的是，嘉庚精神与中国精神在民族精神、时代精神和共同理想方面高度契合。民族精神是激发海内外各族中华儿女团结一致、奋起直追的精神力量。它表现全世界中华儿女所具有的强烈的民族自尊心、自信心。落后就要挨打的历史教训，在无形中催生出一种压力感、紧迫感和责任感，激起中国人民奋起直追，从而变成进行社会主义现代化建设、实现"中国梦"的强大精神力量。其次，它表现为中华儿女自强不息的奋斗精神。中华民族自古以来就是一个自强不息、不甘落后的民族，是一个虽历经沧桑但坚信"长风破浪会有时"的民族。这种不屈不挠的奋斗精神，是我们实现"中国梦"、追赶先发国家的弥足珍贵的精神力量。中华民族自强不息的民族精神，弥合了国内各民族、各阶层之间的隔阂，凝聚了海外华侨华人的情感，形成了一种强烈的民族归属感、凝聚力和向心力。

嘉庚精神与中国精神的高度契合绝非偶然，而是由广大中华儿女的民族性所凝练的共同信念。"中国梦"的实现离不开中国精神，更离不开嘉庚精神，新时期的嘉庚精神更需经过"中国梦"的淬炼，从而被赋予新的时代内涵与精神品格。

以实现中华民族伟大复兴为目标的"中国梦"，代表了海内外中华儿女的共同愿景、共同福祉和共同追求，凝聚着海内外中华儿女的共识、道出了海内外中华儿女的心声，是中华民族走向伟大复兴的精神旗帜，也是引领广大侨胞团结奋斗的前进方向。华侨华人既继承了中华传统文化内涵，又融入当地社会，是中国公共外交的践行者。他们作为嘉庚精神、中国精神的继承者和"中国梦"的播种者，可从住在国基层民众着手，改善舆论环境，重塑国际社会的舆论导向，并通过国内、国际两个层面的联动，潜移默化地影响国内的社会氛围。而在住在国具有号召力与影响力的侨领更是成为侨务工作的重点资源，自20世纪前期以来，陈嘉庚先生是迄今仍为东南亚各籍侨胞信服的唯一侨领，嘉庚精神更是凝聚东南亚华侨华人的重要纽带。当前，中华民族的精神缺失问题日益凸显，严重阻碍了以实现民族伟大复兴为目标的"中国梦"。而要解决此类问题，运用以爱国主义为核心的民族精神或是一剂良药。而前文也有所提及，为了应对世情、国情、侨情的变化，对于"中国梦"的诠释应跳出理论禁锢，塑造具体的践行者形象。陈嘉庚先生一生爱国爱乡、海纳百川、乐善好施、敢拼会赢的精神形象深入人心，成为每一位中华儿女的楷模。从这一角度而言，陈嘉庚先生便是"中国梦"的最佳诠释者，其所遗存的嘉庚精神也理应是属于全体中华儿女的共同精神宝库。以爱国主义的国家叙事提升传统纠缠在乡梓情节中的陈嘉庚形象，使"陈嘉庚"不再仅仅停留于爱国华侨这一层面，而是在特定的时代背景下，中华民族的优秀精英以自己的实践和行动探求"中国梦"的典型形象。

陈嘉庚先生的一生孕育了伟大的嘉庚精神。嘉庚精神的内涵集中反映在爱国主义精神，还体现在重义轻利、公而忘私的奉献精神，诚实守信、嫉恶好善的重德精神，刚健果毅、坚忍不拔的自强精神，艰苦朴素、勤勉节俭的清廉精神，与时俱进、革故鼎新的创新精神五个方面。而贯穿陈嘉庚先生一生的主线，就是崇高的爱国主义精神。陈嘉庚先生视祖国的利益为人生的最高利益，视祖国的需要为人生的最大需要，视祖国的富强为人生的最终目标。爱国主义是陈嘉庚先生一生恪守的信念，也是他一生行为的准则，更是嘉庚精神的核心。

爱国爱乡、民族振兴也是陈嘉庚先生兴教兴学的源泉。他说："国家之奋强，全在于国民，国民之发展全在于教育，教育是兴国之本。"在南洋兴业获得成功后，他即毅然携资回家乡兴学报国，创办了包括幼儿园、小学、中学、各类职业技术专门学校在内，规模宏大的集美学校和被誉为"南方之强"的厦门大学，所兴办的学科、专业莫不为了民族的振兴、国家的强大。如他兴办水产航海专科学校，为的是"造就渔业航业中坚人才，以此内利民生，外振国权"，"开拓海洋，挽回海权"。中华民族在历史发展的长河中形成了一系列优良的传统和精神品质，构成了我们的民族精神——爱国主义、团结统一、独立自主、自强不息、诚实守信、勤劳俭朴、艰苦奋斗、追求崇高人格等。陈嘉庚先生的思维之识、道德情操、品质意志、言行举止正是中华民族精神在他身上的具象体现，嘉庚精神正是继承和发扬中华民族优秀文化传统的硕果，它的多元内涵，均能从中华民族精神中寻获源泉。党的十八大指出："要大力弘扬民族精神和时代精神，深入开展爱国主义、集体主义、社会主义教育，丰富人民精神世界，增强人民精神力量，倡导富强、民主、文明、和谐，倡导自由、平等、公正、法治，倡导爱国、敬业、诚信、友善，积极培育和践行社会主义核心价值观。"集美文教区要做到文化提升需具备地方特色的文化基点与内核，创新嘉庚精神、弘扬嘉庚精神、学习嘉庚精神，就是实现上述目的最直接、最生动的切入点。这是打造中国"最美侨乡"的精神标杆，也是共筑"中国梦"的现实要求。

2. 学村文化和校友资源

著名爱国华侨领袖陈嘉庚先生创办的集美学村已有近百年的历史，教育资源丰厚，拥有从幼儿园、小学、中学、职校到大学的完善的教育体系和完备的教育设施。目前文教区已有中科院环境研究所、集美大学、华侨大学厦门校区、厦门理工学院等 14 所高等院校及科研院所、10 多万师生，目标是建成全省高级人才培育中心、科研与交流中心、创新中心与产业化基地。"学在村中，村在学中"和独具的侨乡文化特色，提升了集美的文化品位和对外影响力。

集美文教区丰富的侨务资源大致可分为两类：一是自近代以来从集美区迁移至港澳台地区及世界各地的华侨华人及其后裔；二是正在或曾经在集美学村内各学校学习的港澳台胞及海外侨胞。

集美区原是厦门市郊区，属于农村地区，以第一产业为主，但人均耕地面积不足 1 亩，乡民维持生计艰难，自明、清朝代以来，纷纷下南洋谋求出路，使得集美区逐渐形成拥有众多海外乡亲和归侨侨眷的侨乡。据 2006 年重点侨情普查结果显示，全区旅居海外的乡亲（不包括台胞）84 249 人（华侨华人 74 049 人、香港同胞 9 687 人、澳门同胞 513 人），归侨侨眷 23 009 人（归侨 1 655 人，侨眷 21 354 人）[①]。这属于较为保守的数据，而实际人数可能超过若干倍。集美区拥有众多的海外乡亲，加上陈嘉庚先生创办的集美学村校友遍布世界，与母校所在地有着深厚的感情联系，是开展各项侨务工作丰富的资源宝库。

2013 年正值陈嘉庚先生创办集美学校 100 周年之际，在举办系列纪念活动期间，便有来自全球近 2 000 名华侨华人、集美学校校友、陈嘉庚先生后裔、社会各界知名人士莅临盛会。集美侨务部门也充分利用此次契机，结交新朋友，热络老朋友，扩大了交友面，以心交心、争取人心，与更多海外同胞取得了联系。集美侨胞不仅数量众多，且相当部分在侨居国属于"四有"人才、重点人士并热心助力集美发展。如孙炳炎（新加坡）、陈共存（新加坡）、陈超群（新加坡）、陈根本（马来西亚）、李雅和（马来西亚）、陈天赐（泰国）、周谭友（印度尼西亚）等便是其中的代表。他们在闯南洋期间，发扬中华民族吃苦耐劳、奋力拼搏的精神，从当苦力、打工、经营小本生意等逐渐发展致富。这些侨胞一旦事业有成，首先便想到回报家乡，如乡贤陈文确、陈六使昆仲，在鼎力资助陈嘉庚创建的集美学村发展的同时，还在家乡赈灾济贫，扶助乡邻生产自救，施药和创建同民医院等公益；新加坡孙炳炎先生受陈嘉庚委托，不断资助重建、扩建孙厝乐安小学；旅缅乡贤陈水成、陈占梅、陈天主先生联络了缅甸仁安里公会同仁捐资于 1956 年在家乡集美建成灌口中学校舍；新加坡益友公司董事长王文博先生于 1962 年、1963 年先后捐资在集美兴建了珩山小学和珩山中学。集美区侨联恢复活动后，陈永和、陈嘉禾、陈嘉麟、陈共存、周美珠、周谭友等许多侨胞

---

① 陈永健：《集美区侨联志》，厦门市集美区归国华侨联合会 2008 年版，第 3 页。

陆续捐款资助教育、建立慈善基金等公益事业。

3. 侨资企业

外商投资企业，是指依照中华人民共和国法律的规定，在中国境内设立的，由中国投资者和外国投资者共同投资或者仅由外国投资者投资的企业。[①] 侨资企业属于外商投资企业，企业注册时只标明投资者国籍，没有对侨资企业进行界定和登记，因此没有侨资企业统计口径。侨资企业是经国家有关部门批准，由华侨、外籍华人、港澳同胞在中国内地投资兴办且其资本占投资总额25%以上的企业（不含国外及港澳中资机构在境内的投资企业）[②]。改革开放以来，侨资企业数量在全国外商投资企业中约占70%，投资额约占我国利用外资总额的60%。华侨华人、港澳同胞作为我国引进外资的"领头羊"，在我国改革开放和现代化建设中发挥了不可替代的重要作用，邓小平同志誉之为中国大发展的"独特机遇"[③]。

集美区是全国著名的侨乡，旅居海外的乡亲遍布世界各地，他们都共同关心家乡建设。改革开放以来，有来自新加坡、马来西亚、泰国、菲律宾等国家和地区的华侨华人，先后在集美签下98个投资项目，总投资额达3.36亿美元，协议利用侨资2.29亿美元，投资领域涉及房地产开发、服装加工、精密电子、现代农业、旅游、医药等方面。20世纪80年代初，已年近古稀的爱国侨领陈嘉庚先生的侄儿陈共存发动新加坡乡亲集资36万美元，在集美开办了厦门第一家"三来一补"的侨资企业——集美制衣厂，后改成中外合资的星集制衣有限公司，为家乡人们提供了上千个就业机会。集美区的区位优势逐渐在招商引资中显现，成为许多海外华侨华人投资兴业的热土。

根据集美区工商管理局注册科统计，截至2014年7月15日，集美区现有外商及港澳台投资企业850家，其中港澳台投资企业共有561家，约占66%。港澳台投资企业的561家中，第一产业9家，占1.6%；第二产业388家，占69.16%；第三产业164家，占29.23%。三次产业的企业数比例为：0.016∶0.692∶0.292。从注册资金方面进行统计，注册资金≥300万美元的港澳台投资企业119家，占21.21%，注册资本总额为182 676.728万美元，投资总额为353 764.809万美元。[④] 根据集美区侨办提供的侨资企业名单，现有侨资企业大约74家，约占外商及港澳台投资企业的8.7%，集美区的侨资企业占外商投资企业比例较低。其中，厦门南辉艺品有限公司、厦门金龙礼宾车有限公司、厦门开源冷作有限公

---

① 360百科：外商投资企业，http：//baike.so.com/doc/549458.html。
② 360百科：侨资企业，http：//baike.so.com/doc/6967516.html。
③ 360百科：侨资企业，http：//baike.so.com/doc/6967516.html#6967516-7190182-2。
④ 数据来源：集美区工商管理局注册科。

司、弘大（厦门）旅行用品有限公司、三达膜科技（厦门）有限公司、富尔泰（福建）实业有限公司、伟士（厦门）体育用品有限公司、厦门塔斯曼生物工程有限公司、世纪宝姿服装（厦门）有限公司（原现代时装（厦门）有限公司）、IOI（厦门）置业有限公司、厦门利安茶业有限公司是规模以上著名的侨资企业。

　　经过调研走访发现，集美区侨资企业主要有如下四个特点：一是虽然投资环境好，但是侨资企业总体数量偏少。著名爱国华侨领袖陈嘉庚，是一位伟大的爱国主义者，一位杰出的实业家。他倾尽所有兴办教育，先后创办和资助了近百所学校，其中规模宏大的集美学村就由他亲手兴办，成为中国乃世界倾资兴学第一人。如今浓厚的教育氛围已经深深扎根集美。集美学村的校舍也因其个性张扬的闽南侨乡建筑风格成为厦门乃至全国著名的人文景区。独具特色的侨乡文化提升了集美的文化品位和对外影响力。再加上集美区交通网络便捷发达、新城建设全面推进、产业经济发展迅速。集美区作为我国著名的侨乡，对于海外华商投资企业来说，投资环境和条件具有优势，但是侨资企业目前总体数量偏少。二是重视台资企业，引进侨资企业力度不够。长期以来，区委、区政府工作重心倾向台资企业，杏林、集美两个国家级台商投资区分别于1989年和1992年经国务院批准设立，经过20年的快速持续发展，投资区共引进台、外资项目900多个，累积利用外资超过30亿美元，其中台资超过20亿美元。至2012年，杏林台商投资区现有企业近500家，其中台资企业近300家，产值占该投资区工业产值78%。集美台商投资区现有企业450多家，台资企业达200多家，产值占该投资区产值的72%。区委、区政府始终坚持推进对台交流合作，先后建立台商投资区服务中心、项目建设管理中心、台商投诉中心、外商服务中心等，实行双月座谈会、台商座谈会、外商座谈会等制度，做好对企业的服务工作。区委、区政府充分发挥侨乡优势引进台资企业，对侨资企业没有足够的重视，引进侨资企业的力度不够。三是投资行业分布广泛。侨资企业的投资领域不断拓展，由初期单纯的工业加工，逐步扩大到纺织服装、房地产开发、生物工程、高新技术等许多领域。如厦门塔斯曼生物工程有限公司已建成省内大规模的铁皮石斛快繁中心和铁皮石斛产业化种苗供应基地。公司现代智能温室，基本实现运用物联网技术全程管理。由加拿大华人、宝姿国际集团总裁陈启泰投资100多万美元成立首邦制衣有限公司，产值节节攀升，3年后，又增资1 000多万美元新建现代时装有限公司。经过几年苦心经营，集美已成为宝姿（国际）集团在东亚的总部，产量连年成倍增长。四是投资规模不断扩大。马来西亚IOI集团的全资子公司IOI（厦门）置业有限公司的大型城市综合体项目"IOI棕榈城"总投资80亿元。厦门开源冷作有限公司的"开源"注册商标多次被评为厦门市著名商标。集美区侨资企业不仅在生产上对全市各行业的发展做出积极的贡献，而且在增加全市财政收入上也表现突出。厦门开源冷作有限公司连续多年被评为市、区纳税大户，2012年被市国、地税两局联合评定为2010~2011年纳税信用等级A级。现代时装公司还成为集美区年纳税超千万元以上的纳税大户。厦门开源冷作有限公司出口产品被福建省机械装备出口基地商会评为2012年度福建省名优产品出口供应商。

4. 侨乡特色

第一，特色侨房。集美区依山傍海，海岸线绵长，海上交通便利。明清以来，大量人口不断外出南亚、东南亚等国家和地区谋生创业，使集美逐渐成为拥有众多海外华侨和归侨侨眷的著名侨乡。集美海外华侨在异国他乡艰苦创业，积累了一些钱财，怀着浓厚的家乡情怀，寄钱回国，或归国返乡，在故乡兴建住宅、院邸。这些点缀在集美乡村、城镇中的特色侨房不仅镌刻着数代华侨在海外艰辛创业和成就辉煌的历程，也蕴含着丰富的建筑艺术和不同的文化内涵，是嘉庚精神、闽南文化的独特载体，是闽南建筑中的奇葩。集美侨房主要分为闽南传统红砖民居和西式洋房两种类型。红砖民居建于清末至民国初期，采用中国传统建筑的中轴线对称布局，以居中的前后二落大厝及中央天井组成大四合院，加上左右两侧护龙以及院前大埕，有的还添加"后界"或者"倒座"排屋，形成占地面积巨大的建筑群。红砖民居以红瓦、红墙、红地面为特点，规模较大者也称"大厝"，以后浦的"汾阳大厝"、马銮的杜氏小宗和锦园的"新大厝"最具代表性。西式洋楼则在西式建筑中融入许多闽南乡土建筑特点，形成独特的建筑语言。它们以外观颜色或以造型特点被村民们称为"红楼"、"黄楼"、"八角楼"、"番仔楼"，也有取意祥瑞的"安居楼"、"引玉楼"，还有以建筑主人名字命名的"凤翔楼"、"建业楼"、"登永楼"等。这些楼房既采用闽南传统建筑风格，又吸收侨居国的建筑特色，中西结合，形成特色侨房，是当地最靓丽的风景线。

第二，嘉庚式建筑。久负盛名的嘉庚建筑有以下五个主要特点，这些特点之中都体现着主持建造人陈嘉庚先生对中华民族传统历史文化和闽南文化的独到理解。一是穿西装，戴斗笠。著名建筑学家陈从周曾评价说："陈嘉庚先生的思想与艺术境界是乡与国，乡情国思跃然于其建筑物上。"嘉庚先生在南洋的经商活动中，饱受帝国主义、殖民主义的欺凌，这必然会在某一个方面反映出来。在他建造的欧式大楼顶上，都会加上中国传统的歇山顶燕尾屋顶，很像闽南农民戴的斗笠。以中华民族的传统"压制"欧式建筑，塑造了强烈的闽南地域特色。陈嘉庚说："每个民族都有他的历史传统和民族性的建筑艺术，趋同于异族而抹杀自己民族的建筑文化艺术，是没有国性的。"这种"穿西装、戴斗笠"的建筑，不土不洋，既土又洋，风格独特，气势灵动，秀美出众，被中国建筑界所认同。道南楼、黎明楼、延平楼及南薰楼等教学楼都采用了这种建筑风格。二是三曲燕尾脊。闽南红砖民居，其主厝使用的燕尾屋脊，有单曲和双曲之分；护厝的马鞍脊,有方形、锐形、曲形、直形、圆形之别。燕尾马鞍两相匹配,表现出闽南红砖民居的曲线美、形体美。但陈嘉庚先生却创造性地使用三曲燕尾,一幢红瓦双坡欧式主体的屋顶上,左右六个燕尾高高扬起,在蓝天白云下振翅欲飞,匀称美丽得无以比拟,难怪著名诗人郭小川会赞道:"好似天堂仙景,又似海底龙宫"。这在闽南乃至福建都找不到类同的,为中国建筑形式增添了新元素。三是彩色出砖入石。陈嘉庚勇于创新,他把闽南红砖民居的出砖入石方法优化到了极致,利用厦门盛产多色花岗石的优势,在建筑主体和立面以及柱子上也使用彩色花岗石镶成图案,色彩本原,美观大方,稳重和谐,使整体的美感大增,个性更加鲜明,这种彩色的出砖入石建筑工艺,陈嘉庚先生是中国创新的第一人。道南楼、黎明楼和延平楼等采用的就是这种建筑风格。四是梁檩桁柱不油漆。厦门地处沿海,气候温湿,油漆了的梁檩桁柱头尾部分容易遭温湿侵袭,滋生白蚁。陈嘉庚先生严令工匠不准油漆梁檩桁柱,而让整根木材暴露在空气中,任凭海风吹拂,这样反而不易生长白蚁,房屋更加安全。所以,凡陈先生督造的建筑,建造时匠人的手印、泥水痕迹等都原封保留。道南楼和黎明楼等就采用了这种方法。五是创新嘉庚瓦。在闽南的红砖民居中,传统使用的瓦片是薄而易脆的仰合平板瓦。陈嘉庚先生对这种传统的瓦片进行了改进,将小片的平板瓦改成可以搭挂的大片"改良瓦",工艺简单且又牢固,很快被建筑界所接受,称其为"嘉庚瓦"。后来,嘉庚瓦还从红土烧制发展到用水泥制作,这种水泥改良瓦风行了几十年,直到改革开放后出现新型的S瓦,水泥瓦才淡出建材市场。集美学校集中拥有极具特色的嘉庚风格建筑,陈嘉庚创办的校园建筑蕴含着强烈的爱国思想和浓郁的乡土情结,在几十年校园的建筑活动中,始终坚持将西方实用的建筑形式与中国传统的建筑形式和营造技法有机地糅合在一起,在单体建筑上形成了西式屋身和中式屋顶相结合的建筑形式,人称"穿西装,戴斗笠"的嘉庚式建筑。在组群布局中,必以中式大屋顶建筑为中心建筑,西式屋顶为辅助建筑,中心建筑较辅助建筑体量高大、气势宏伟。著名建筑学家陈从周先生曾评价说"具有厦门地方性的陈嘉庚风格建筑,在近代建筑史上具有不可磨灭的地位","陈嘉庚先生的思想与艺术境界是乡与国,乡情国思跃然于其建筑物上"。陈嘉庚创办的校园建筑都极具嘉庚风格,是中国近现代校园建筑的典范,也是嘉庚精神在集美的具象呈现。

第三,闽南风俗文化。整个集美文教区可以说是具代表性的闽南小镇,这里传承着源远流长的当地风俗文化,其中传统端午民俗保留地相当完整,而位于集美学村中的福南堂也是闽南传统高甲戏传承剧团——金莲升高甲剧团的活动中心。端午节在厦门地区是仅次于春节的民间最盛大传统节日,其中最热闹的场面是赛龙舟,俗称"划龙船"。清代道光年间编印的《厦门志》记载:"龙舟竞渡于海滨，龙舟他五色，惟黑龙不出。富人以银钱、扇帕悬红旗招之，名曰插标，即古锦标意，事竟，各渡头敛钱渲戏，仔船为主，或十余日乃止。"集美学村是端午节民俗活动的集中地，而其中主要的民俗活动包括龙舟赛和抓鸭子比赛。集美龙舟池赛龙舟文化源远流长，每年端午节时，都会有外地和本地的健儿驾着七彩龙舟，劈波斩浪，奋勇争先。岸上喝彩，水上声嘶，竞渡场面，十分热烈。端午期间，厦门还有民间传统竞技活动"抓鸭子"，就在龙舟竞渡时，南薰楼前面的泳池里横着的桅杆上挂上一个里面藏着鸭子的笼子。桅杆横放，由岸上伸向海面，杆上涂抹油脂，自愿参加抓鸭子的人，要沿着桅杆快速走向海面，能到达桅尾抓住笼子，这时鸭子飞入海中，再游泳追赶把鸭子抓住。据说这是当年民族英雄郑成功操练水兵的方法沿用下来的。高甲戏又名"戈甲戏"、"九角戏"、"大班"、"土班"，最初是从明末清初闽南农村流行的一种装扮梁山英雄、表演武打技术的化妆游行发展起来的剧种，也是闽南诸剧种中流播区域最广、观众面最多的一个地方戏曲剧种。它的足迹曾遍布于晋江、泉州、厦门、尤溪等闽南语系地区和台湾地区，还流传到华侨居住的南洋一带。2006 年 5 月 20 日，高甲戏经国务院批准列入第一批国家级非物质文化遗产名录。厦门市高甲戏剧团在闽南城乡享有盛誉，其中最负盛名的高甲剧团即集美学村福南堂的金莲升高甲剧团，集中活动场所是集美学村的福南堂。位于集美学村的福南堂影剧院（原名福南大会堂）是陈嘉庚先生生前为丰富集美学村的文化生活而亲自主持修建的电影放映场所，是集美学村的主要配套设施，现今已成为集美学村的文化活动公共场所，更是闽南传统戏剧——高甲剧的传承基地。

说到某地的风俗文化，就不能不提到当地的特色美食。集美的灌口小吃可以作为打造集美最美侨乡环境美的一个切入点。灌口在历史上有"八闽重镇"之称，几百年来，由于陆路、海路畅通，商业渐渐集中到灌口，各种特色小吃也随着市场的繁荣而诞生，并逐渐遍布大街小巷。步入小镇便可以看到卤鸭、牛肉羹、蚵仔煎、牛鸟肉粽、猪蹄膀、阿大水饺、盐鸡、盐鸭、聪仔肉丸、白氏肉丸、亚扁白斩鸭、济阳咸粥店、麻糍、红龟、馒前粿、碱仔粿等小吃近 50 种。这些独具特色的风味小吃目前已经"走"出灌口，在各地举办的各类活动中大出风头。集美靠山临海，得天独厚的地理环境不仅为市民游客带来美味鲜嫩的海鲜，还可以品尝原汁原味的特色农家菜。如集美滨海西大道的船舫海鲜大排档深受当地居民青睐，坐在船舫上，吹着海风，一边品味鲜活的鱼虾，一边领略水上无限风光，惬意非常。味友食府的鸭面线，临家闽南乡土酒楼，华舒酒店的"中洲鱼"，集志农庄推出一系列的以驴肉为主材的菜肴等，都是集美当地颇具特色的美食。总之，风味小吃和特色佳肴作为一个地区的味觉代表，是打造地方独特印象不可缺少的环节。

集美区丰富的侨务资源一部分来源于在集美学村学习、生活的校友,还有一部分则是从近代以来移居海(境)外的集美区居民。这一部分华侨华人及其后裔与集美区保持着地缘、族缘、神缘的特殊纽带,与仍居于集美的宗亲形成一个跨区域型宗族网络。宗族,是在家庭基础上形成的,以血缘关系为纽带,以家长或族长制为组织形式,以祠堂、族产等为共有财产,以家规家法和共同祭祀为行为规范和情感纽带的最基本的社会群体组织。传统宗族文化具有血缘性、聚居性、等级性、礼俗性、农耕性、自给性、封闭性、稳定性等特点。① 对于从集美走出去的广大华侨华人而言,宗族是不能舍弃的情怀,祖先是不能割舍的情愫。闽南宗族祭祖习俗相对盛行,特别是对于身处海(境)外的华侨华人,多建置祠堂祭祀祖宗,燃香点烛,缅怀祖先的恩德,祈求祖先神灵的保佑,并向他人显示光宗耀祖的自豪感。② 祠堂是宗族成员祭祀祖先,进行集体宗族活动的主要场所。一般的家族,不但有一族合祀的宗祠(也称总祠),还有族内的各房、各支房的支祠,以奉祀各自的直系祖先。祠堂是宗族文化的物质载体,是探究宗族关系的重要文化符号,但是近年来随着集美区社会经济的发展需要,部分古建需要重新进行规划,这其中也包括了华侨华人定期或不定期回乡祭祀的各类祠堂。作为重要的感情寄托祭祀场所,如何合理平衡宗族情感与城市建设,成为当前集美涉侨工作又一需要攻坚的难题。

以位于集美区的具有典型性的兑山村为例,兑山村有关宗族的古建现存有:总宗祠李氏家庙一座,各房大小祖厅共 20 间。家庙与祖厅也是兑山李氏广大海内外宗族活动的中心,宗族文化的物质载体,宗族情感的寄托。祠堂数目如此多,然而又面临建筑损毁、倒塌,以及拆迁之艰难命运。如何协调拆迁与宗祠建筑的保存已经是迫在眉睫的任务了。在现代化进程中,如何实现经济发展与文化心理的平稳过渡是集美涉侨部门、规划部门需要共同理清的一个重要问题。

5. 华侨社团

厦门市集美区是全国著名的侨乡,目前集美拥有旅居海外的华侨华人约 6 000 多户、6.3 万人,归侨侨眷 3 200 多户、约 1.8 万人。集美区的华侨华人海外社团主要分布在缅甸、马来西亚、新加坡、菲律宾等国家。从 20 世纪 50 年代中期开始,东南亚各国的华侨陆续加入了居住国的国籍,原有的华侨社团也逐步转变为华人社团,身处政治大变革背景下的集美籍同乡社团也在不断进行自我调适,以更好适应居住国社会和国际环境变化之需。

根据集美区重点侨情调查办公室已公布的《福建省海外华侨华人、港澳同

---

① 王沪宁著:《当代中国村落家族文化对中国社会现代化的一项探索》,上海人民出版社 1991 年版。
② 张黎洲、谢水顺主编:《福建名祠》,台海出版社 1998 年版。

胞社团情况调查表》，并结合网络资料研究发现，集美区主要海外华侨华人社团举办过的社会活动主要有：庆祝传统节事（神灵诞辰祭祀、春祭、春节、中秋节、中元节等）、互助联谊活动、颁发渡岁金、奖学金和助学金等、寻根谒祖活动、捐资公益事业，详见表8-1。

表8-1　　　　　　　　海外集美籍华侨社团信息

名称	成立时间	社团性质与宗旨	主要活动
新加坡同安珩山王氏公会	1993.12.3	敬先追远、敦睦宗谊、服务社会	每年农历11.12为庆祝二使公祖、三使公祖圣诞而举行庆祝盛典，并同时设联谊会
新加坡孙氏公会	1941.6.30	联络旅星族人，密切感情联系，维护族人的权益和福利，关心社会慈善事业	互助活动、春祭、每年农历9.6庆祝孙真人千秋圣诞、设立宗亲子女奖学金
新加坡同安会馆	1931.5.31	弘扬传统文化、推广华文教育、促进社会福利、融入新移民、开创和谐社会并参与国家建设	每年颁发渡岁金、奖学金和助学金，主办传统活动如新春团拜、中秋晚会和中元节。寻根谒祖、联谊活动
新加坡平阳汪氏公会	1940.5.2	由为宗亲服务逐步扩大到努力促进社会之发展	回乡谒祖、捐资修葺祖祠、南岳宫、资助小学、修建道路、捐资公益事业
新加坡板桥儒林张氏公会	1947.6.1	为张氏族亲服务	"宗亲子弟教育优秀书籍奖励金"
集美侨领与怡和轩俱乐部	1895	联谊新加坡及各地华侨，扶助会员商务上的发展	会员轻松休憩闲聊养神的场所，大力推动社会福利工作
马来西亚槟城李氏乡谊会	1946	促进族亲情谊、崇敬李氏祖先、办理福利互助及慈善事业	联谊活动、谒祖寻根、捐资修建兑山宗祠官庙、捐资助学、兴建教学楼等
马六甲孙氏公会	1926	敦睦乡谊、守望互助	联谊活动

资料来源：根据网络资料综合整理。

海外华侨华人社团发挥了重要的作用。一是为集美区侨办和侨联牵线搭桥、拓宽海外联谊面。通过举办的传统文化节事、交流联谊活动，捐资公益事业等，不断巩固和加深与海内外集美乡亲和相关社团情谊。海外华侨华人社团充分发挥他们与海外乡亲联系多、关系紧密的优势，不断扩大联谊面，宣传集美，增进海外华侨华人对家乡的了解。而集美区侨办和侨联积极参与海外社团开展的各类庆典活动，加强对外联系，进一步提升区侨办和侨联的影响力。二是以举办各类活动为平台，传播集美文化。海外华侨华人社团是海外侨胞自我服务、自我管理的公益性组织，也是海外华侨华人对外传播集美文化的平台。社团通过开展各种活动，积极传承和弘扬祖籍地文化，也促进了中外文化交流与互动。如举办传统春节联欢会、中秋晚会和中元节等，让更多的华侨华人后裔以及居住国居民了解侨乡文化。三是华侨的捐赠文化，为建设美丽侨乡做出了贡献。海外侨胞热心家乡公益事业是集美华侨华人的传统美德。海外华侨华人社团在组织华侨华人回乡谒祖、捐建学校、道路、捐资公益事业、对族亲以及对祖籍国同胞设立的各项资助基金活动让海内外民众看到了海外侨胞不忘故土、爱国爱乡的形象。同时，侨团在建设故乡，支持家乡侨务工作自始至终发挥的作用功不可没。

二、集美区打造最美侨乡的工作经验

集美侨务工作概况

集美区侨务工作已实际已由区侨办与区台办合署办公，区侨联、区委统战部以及集美海外联谊会等相关部门进行配合。集美区的侨务工作一方面遵照从国务院侨办到福建省侨办再到厦门市侨办一以贯之的各项规定与指示，一方面结合集美当地独特的条件与资源，制定实施符合中央精神、具有地方特色的侨务方针政策。虽然在不同的历史时期，各级侨务政策的侧重点有所不同，侨务政策的内容和形式各有不同，但是贯穿其中的核心原则就是保护华侨和归侨侨眷的正当、合法权益。一直以来，各级政府的侨务工作也是围绕这一核心原则，并根据海外侨胞特点，发挥其优势，为民族的解放和振兴、为国家的繁荣和富强发挥积极作用。

一般而言，中国的侨务政策大致可以划分为三个历史时期：新中国以前、新中国成立初期到改革开放以前、改革开放以来。中国的侨务政策萌芽于抗日战争时期，中共将海外华侨视为民族统一战线的重要组成部分，尽管当时处于艰苦环境中，中共的侨务政策一开始就强调维护侨胞的权益。瓦窑堡会议通过的《关于目前政治形势和党的任务决议》明确指出："一切国民党政府引导华侨沦为奴隶牛马的政策均当彻底铲除，而代之以积极保护华侨的政策。"新中国成立伊始，中共高度重视侨务工作，一再强调保护华侨权益，提高华侨地位，并在国家建设和对外关系中发挥他们的作用。从1978年到20世纪80年代后期，侨务工作在拨乱反正、落实侨务政策中重新起步，彻底打破了"海外关系复杂论"的禁锢，重设侨务工作机构，在这一时期，集美区各涉侨部门，如侨办、侨联等也开始恢复职能与活动。而随着中国改革开放进程的深入，侨务工作重点不断调整、工作领域不断拓展。进入 21 世纪，特别是 2011 年"十二五"规划开始实施以来，各级侨务部门需要围绕当前和今后一个时期的侨务工作总体要求，在更广领域、更高层面、更深层次发挥侨务工作的优势和作用，且需突出强调重点抓好以下几项工作：一是服务国家经济社会发展，引荐华侨创新创业领军人才，服务经济社会的发展；二是围绕国家总体外交战略，拓展侨务公共外交；三是积极引导海外侨胞推进两岸关系和平发展和祖国统一大业；四是围绕提高国家文化软实力的战略，加强海外华文教育，努力把中华文化推向世界；五是建立健全工作机制，依法维护侨胞的权益，促进侨届民生改善。

  从近年来国务院公布的政府工作报告中也不难发现，中央的侨务政策在坚持维护华侨华人及归侨侨眷权益的基础之上，与时俱进，不断丰富侨务工作的内涵。2010 年的政府工作报告指出："要继续加强侨务工作，维护海外侨胞、归侨侨眷的合法权益，充分发挥他们在促进祖国统一和民族振兴中的独特作用。"① 2011 年、2012 年，措辞进行了微调："全面贯彻党的侨务政策。维护海外侨胞和归侨侨眷合法权益，支持他们积极参与祖国现代化建设与和平统一大业。"② "继续加强侨务工作，保护侨胞的正当权益，保护归侨和侨眷的合法权益，充分发挥他们在促进祖国统一和民族振兴中的独特作用。"③ 突出强调维护的权利的正当性、合法性。2013 年，有关表述调整为："认真贯彻侨务政策，依法保护海外侨胞和归侨侨眷的合法权益，侨务资源的优势得到进一步发挥。"④ 表明对于侨务资源的运用，在一定程度要上淡化华侨华人的政治色彩。在 2014 年 3 月发布的国务院政府工作报告中，对侨务工作的表述为："团结海外华侨华人和归侨侨眷，发展侨胞参与祖国现代化建设、促进祖国和平统一、推进中外人文交流的独特作用，使海内外中华儿女的凝聚力不断增强。"⑤ 虽然其中并没有使用"维护或保护海外侨胞、归侨侨眷"等字眼，但其实这一理念已经内化到具体的侨务工作之中，成为心照不宣的准则，而新的措辞则进一步要求对于侨务资源的运用要扩展至经济、政治、文化等多个层面。

  福建省侨办与厦门市侨办也依据中央的相关指示，对有关侨务政策、涉侨法规进行了调整，使之更为科学化、合理化。如 2013 年福建省侨办的侨务工作要

---

① 温家宝：《2010 年国务院政府工作报告》，2010 年 3 月 5 日。
② 温家宝：《2011 年国务院政府工作报告》，2011 年 3 月 5 日。
③ 温家宝：《2012 年国务院政府工作报告》，2012 年 3 月 5 日。
④ 温家宝：《2013 年国务院政府工作报告》，2013 年 3 月 5 日。
⑤ 李克强：《2014 年国务院政府工作报告》，2014 年 3 月 5 日。

求认真贯彻落实党的十八大和福建省委九届六次全会精神,紧紧围绕《国家侨务工作发展纲要(2011~2015年)》及福建省实施意见和全国侨办主任会议、全省侨务工作会议的部署,以"服务经济建设、服务对台工作、服务侨胞侨眷为主线,以实施服务经济发展'八项行动'为重点,以建设'五个平台'为抓手,进一步解放思想,开拓创新,真抓实干,攻坚克难,努力开创侨务工作新局面,为福建科学发展跨越发展做出新的贡献"。年度侨务工作着眼于7大重点,分别是:大力开展侨务招商;着力推进侨务引智;持续深入涵养侨源;深化拓展华文教育;积极推动侨务对台;切实加强为侨服务;进一步强化自身建设。并在此基础之上,明细为21项具体措施:主动掌握经济需求;拓展侨务招商渠道;强化侨务招商机制;打造侨务招商品牌;建立引智平台;创新引智模式;引导侨智创业;密切与华侨华人重点人士的联系;加强新华侨华人和华裔新生代工作;积极推进和谐侨社建设;进一步完善华文教育工作机制;加大侨务宣传力度;大力推进华侨文化建设;支持侨商参与闽台合作;依法维护侨胞权益;大力实施"归侨侨眷关爱工程";促进华侨农场改革发展;加强华侨捐赠管理工作;加强调查研究;加强党风廉政建设;加强侨务干部队伍建设。① 而厦门市侨务工作则是在认真贯彻党的十八大和全国侨务工作会议精神基础上,扎实开展党的群众路线教育实践活动,围绕"美丽厦门 共同缔造"发挥优势、主动作为、创新工作,以求真务实的工作作风推动侨务工作全面顺利开展。并着力于以下7个方面:统一思想认识,深入开展群众路线教育实践活动;着力提升会议实效,侨务工作部署有新目标;着力服务中心大局,引资引智工作有新成效;着力网格精细管理,为侨服务水平有新提升;着力联谊涵养资源,侨务工作领域有新拓展;着力海外华文教育,侨务外宣工作有新加强;着力干部队伍建设,选人用人工作有新举措。②

2014年厦门市侨办将进一步领会党的十八大精神,贯彻落实《国家侨务工作发展纲要(2011~2015年)》,认真开展党的群众路线教育实践活动,以"美丽厦门 共同缔造"为主线,以为侨服务为重点,在创新工作中求发展、求突破,做好新形势下侨务工作,主要思路有:以群众路线教育为契机,强化队伍建设;以美丽厦门建设为主线,强化职能发挥;以侨界民生为重点,强化为侨服务;以联谊交友为关键,强化资源涵养;以弘扬文化为重点,强化宣传推介。集美区在以上顶层设计的原则之上,加强基层的管理,牢牢把握主题,积极作为、拓展领域、提高水平、增强实效,多层次、全方位地构建统筹协调的侨务工作

---

① 福建省人民政府侨务办公室:《福建省侨办2013年工作要点》,2013年2月4日。
② 厦门市人民政府侨务办公室:《厦门市侨办2013年总结2014年计划》,2013年12月9日。

体系。

近年来，打造以"嘉庚精神"为支撑的"中国最美侨乡"成为集美侨务工作的重点与亮点，也是与厦门市所倡导的"美丽厦门 共同缔造"相呼应的具有地区特色的主题口号。集美是陈嘉庚故里、风情浓郁著名的侨乡，嘉庚式建筑林立，嘉庚精神更是一盏耀眼的明灯。通过整合资源、形成合力，通过凝聚侨心、汇聚侨智、发挥侨力、维护侨益，着力建设侨乡环境美、为侨服务美、归侨生活美、华侨精神美和侨助家乡美的"中国最美侨乡"。2013 年，集美侨务工作以建设"中国最美侨乡"为重要理念，结合纪念陈嘉庚先生诞辰 140 周年活动，与相关部门和集美各校共同组织开展"嘉庚精神宣传月"活动，传承嘉庚爱国精神，提升嘉庚精神的影响，加强与集美校委会、嘉庚公园、陈嘉庚纪念馆联系，发挥陈嘉庚纪念馆"全国爱国教育基地"的作用，共同弘扬嘉庚精神，深入开展各项侨务工作。

2014 年，集美区侨务工作要求进一步发挥侨台优势，积极建设"中国最美侨乡"并深化拓展了其内涵：一是要摸底调查侨房，保护侨乡风貌。继续进行侨房调查，建立"一房一档"的侨房数据库，针对每一栋侨房制定具体的保护利用措施，逐步实现侨乡环境美的目标。二是要加强侨联建设，升级为侨服务。进一步加强侨联机构建设，利用新的集美校友会总会和侨联大厦的平台，升级为侨服务层次，落实"知侨、爱侨、为侨、富侨"的具体措施，逐步实现为侨服务美的目标。三是落实侨情调查，关心归侨侨眷。完成全区侨情和侨务进行调查研究，有针对性地关心扶持不同类型的归侨侨眷，大力改善归侨侨眷的生活水平，逐步实现归侨生活美的目标。四是要加大宣传力度，塑造精神楷模。继续弘扬嘉庚精神，加大对海外华侨的爱国爱乡精神的宣传，营造爱国爱乡、支持家乡建设的浓厚氛围，让华侨精神美成为建设中国最美侨乡的最闪亮的名片。五是要发挥侨资侨力，建设美丽家乡。发挥广大侨胞作用，充分利用侨资侨智侨力，投资项目、开办企业、促进转型升级、推动社会发展，为集美区的建设"美丽集美"出资出谋出力。

同时，集美侨务工作也体现出"以人为本"的原则，在工作中深化交心融合，促进海内外同胞关系的和谐。在新的历史时期，需要深化交心式的工作方式，与广大同胞以心换心、以心交心，用诚心、爱心和关系，换取广大海内外同胞的信心、真心和爱国爱乡之心。发挥海联会的积极作用，以真情实感打动人、以照顾利益凝聚人、以教育引导团结人、以共同理想激励人。以海联会为平台，加强海联会会员联络，到达同胞融合共赢发展的目标，促进海内外同胞的关系更上一个台阶，进一步为侨务工作的顺利发展助益。

可以说，集美侨务工作在坚持中央到地方的指导原则之外，又在一定程度上融合当地的特殊情况与特色资源，做到与时俱进、因地制宜地规划好战略、沟通各渠道、实践相关政策，取得了显著的成效。2013 年，集美侨务工作以百年校庆为契机，加强了与海外同胞的联系。为了迎接集美学校百年校庆，集美区政府共投资 5.2 亿元，对含集美小学教学楼在内的 4 大类 24 个项目进行了重建、整修或美化。充分利用了此次陈嘉庚先生创办集美学校 100 周年纪念活动的举办，加强了与来自全球近 2 000 名华侨华人、集美学校校友、陈嘉庚先生后裔、社会各界知名人士的沟通交流，特别是加强了与重点人士、华裔新生代等的交流，结识新朋友，热络老朋友，扩大了交友面，以心交心、争取人心，与更多海外同胞取得了联系。同时还以海联会换届为抓手，促进海内外同胞的团结。积极推行"请进来"、"走出去"战略，加强与海内外华侨华人及社团的联系，持续开展互动的交流活动。2013 年，在集美区海联会副会长连明富会见国民党荣誉主席连战时，在接待马来西亚滨州中华总商会理事长、拿督李雅和一行时，在赴新马及香港会见集美校友、华人团体和陈六使之孙、马来西亚拿督陈锡远时，着重向嘉宾们介绍集美经济社会发展的新变化，介绍集美新城建设、灌口小城镇开发等重点项目情况，加深他们对集美的了解，充分践行"中国最美侨乡"、"嘉庚精神"等理念。此外，还利用集美区海联会第四届理事会和第七次归侨侨眷代表大会召开之际，与来自 13 个国家和地区的数百名归侨、侨眷、校友、侨企负责人，特别是陈嘉庚后裔参访团、文确六使后裔参访团以及新加坡怡和轩俱乐部、新加坡汪总会等海内外社团成员深入交谈、真诚交心、强化交情，充分肯定广大侨胞侨眷心系桑梓、情注故里、为家乡经济社会和教育事业的发展做出的巨大贡献，表达出希望各位嘉宾继续支持家乡的建设，为家乡开发开放、引资引智牵线搭桥，以此促进海内外同胞的团结。

除此之外，集美区还以侨办（台办）和侨联为平台，推进侨务工作进一步发展。"2013 年海外华裔青少年'中国寻根之旅'夏令营"、"2013 年中国文化行——金辉福建八闽营"等四个主题夏令营，吸引了上千人的参与，培养了新生代华侨华人对祖国、对家乡的感情，促进侨务工作的可持续发展。仅 2013 年期间，集美李厚公益基金等 6 个侨捐公益基金共颁发各类奖金 30.5 万元；共 453 位集美学校师生获得集友陈嘉庚基金会提供的奖教奖学金；195 名各类学生获得曾通先生创设的唯美爱心基金所发放的 2 000 ~ 30 000 元不等的奖助学金；南顺投资董事长陈少宏先生向集美大学教育发展基金会捐赠人民币 600 万元等支持教育的爱国爱乡行为不胜枚举，同时一批华侨捐助项目相继开工或落成，体现了集美区海外侨胞热心家乡公益事业的优良传统。集美侨务工作也把优化护侨维权工作落实到了春节期间对侨界的慰问走访，落实到了带上慰问金、慰问品对困难归侨的走访，落实到了归侨低保户每月 100 元的补助，落实到了涉侨来信来访的及时办结以及维护好华侨华人和归侨侨眷的合法权益。随着集美校友会会馆暨集美侨联大厦正式落成,广大集美校友和海外同胞、侨胞及侨眷有了一个属于自己的"温馨之家",将进一步扩大集美学校校友的联谊工作,拓展"中国最美侨乡"的推广平台,促进集美区侨务工作迈入一个新的阶段。

相较而言,集美区侨务工作既延续从中央到地方一以贯之的指导精神,又从实际出发,把握集美当地的具体实情,树立了"中国最美侨乡"、"嘉庚精神"等特色品牌,且对侨务资源的运用更为合理,从政治领域扩展至经济、文化等各个领域,通过举办具有地方优势的主题项目,在实际工作中一方面维护了海外侨民和归侨侨眷的合法权益,另一方面增进了本地区与侨民居住地之间的良好关系。并在此基础之上,践行中央侨务工作在"十二五"期间的主要任务,包括:服务经济社会发展;维护和促进祖国统一;拓展侨务公共外交;弘扬中华优秀文化;培育壮大友好力量;依法依规维护侨益;等等①。未来,集美区侨务工作也将继续围绕"中心思想"与"地方特色"相结合的理念,坚持与时俱进、因地制宜,制定实施既贯彻中央、省市的指导,又符合集美区地方实情的侨务方针政策。

三、集美侨务工作所取得的成效以及不足之处

(一)成效

集美侨务工作除了历年例行的基本工作外,每年均会推陈出新,出台具有创新精神、地方特色的重点推广项目,这也成为评价其侨务工作开展情况的测量标准。由于概念是思维的抽象,不可观察。因此,如果要测量(将观察结果进行分类)集美侨务工作所取得的成效,就需要运用变量,即概念的测量结果。② 在这里进行可操作化的方式便是通过搜索各大门户网站,对相关项目的报道量等数据进行整理和分类,以此为基准进行分析。

作为集美侨务工作特色品牌的"中国最美侨乡"、"嘉庚精神"以及近年来重点推广的重点项目,如2010年"首届孙氏世界联谊大会筹备会暨第21届'世界舜联'国际大会"、2011年"第七届海外乡亲夏(冬)令营"、2012年"积极推动集美侨联大厦建设"、2013年"集美学校百年校庆"以及2014年的

---

① 徐又声:《"十二五"时期侨务工作有六项主要任务》,中国新闻网,http://www.chinanews.com/zgqj/2011/06-08/3098207.shtml。

② 彭玉生:《"洋八股"与社会科学规范》,载于《社会学研究》2010年第2期,第180~211页。

"纪念陈嘉庚先生诞辰140周年活动"成为此次测量的重要指标，具体结果如表8-2所示。

表8-2　　　　　　　门户网站对集美侨务工作的报道情况

关键词	搜索引擎	相关结果
集美　中国最美侨乡	百度	约1 860 000
	必应（bing）	约404 000
集美　嘉庚精神	百度	约1 280 000
	必应（bing）	约531 000
集美　首届孙氏世界联谊大会筹备会	百度	约755
	必应（bing）	约20 800
集美　第七届海外乡亲夏（冬）令营	百度	约1 630
	必应（bing）	约23 100
积极推动集美侨联大厦建设	百度	约2 870
	必应（bing）	约38 700
集美学校百年校庆	百度	约713 000
	必应（bing）	约148 000
纪念陈嘉庚先生诞辰140周年活动	百度	约89 800
	必应（bing）	约40 400

虽然两组不同的搜索引擎自动生成的数据具有较大的差异，但是其趋势则相对保持一致，即"中国最美侨乡"、"嘉庚精神"具有最高的关注度，2010～2013年重点推广项目的数值逐年增加，2014年的"纪念陈嘉庚先生诞辰140周年活动"由于贯穿全年，下半年的相关系列活动还将持续获得关注和报道。

除此之外，中国新闻网（中新网）、厦门网、台海网等作为较有影响力的涉侨网站，是否对相关新闻进行报道也可作为集美侨务工作开展的重要测量指标（见表8-3）。

表8-3　　　　　　　涉侨网站对集美侨务工作的报道情况

关键词	网站	标题
中国最美侨乡	中新网	厦门集美聚侨心侨力　打造中国最美侨乡[①]
	台海网	集美扎实推进"美丽厦门示范区"建设[②]
	厦门网	把集美建成中国最美侨乡[③]

续表

关键词	网站	标题
嘉庚精神	中国共产党新闻网	厦门集美区用"嘉庚精神"教育党员干部④
	中新网	福建集美投700万元开拍《侨女日记》弘扬嘉庚精神⑤
	厦门网	嘉庚精神引领　彰显人文魅力⑥
孙氏世界联谊大会	鹭风网	世界孙氏宗亲联谊会首次国际大会或将在厦召开⑦
海外乡亲夏（冬）令营	中新网	福建厦门集美区举办第七届海外华裔冬令营⑧
集美侨联大厦	福建省侨联网站	集美校会会馆暨集美侨联大厦举行落成典礼⑨
集美学校百年校庆	中新网	厦门集美学校开展迎百年校庆系列活动⑩
纪念陈嘉庚先生诞辰140周年活动	闽南网	纪念陈嘉庚140周年诞辰　青少年教育体验活动开幕⑪
	凤凰网	纪念嘉庚先生140周年诞辰系列活动已启动⑫

注：①http：//www.chinanews.com/zgqj/2013/10-25/5426744.shtml。
②http：//www.taihainet.com/news/xmnews/gqbd/2014-05-06/1246818.html。
③http：//www.xmnn.cn/jimei/ttxw/201311/t20131104_3572395.htm。
④http：//dangjian.people.com.cn/BIG5/n/2013/1018/c117092-23253074.html。
⑤http：//www.chinanews.com/qxcz/2013/03-29/4686781.shtml。
⑥http：//www.xmnn.cn/jimei/ttxw/201407/t20140723_3964698.htm。
⑦http：//www.xmweekly.com/ShowArticle.asp?ClassID=7&ArticleID=1002。
⑧http：//www.chinanews.com/zgqj/2012/12-09/4393791.shtml。
⑨http：//www.fjql.org/xqybz/2441.htm。
⑩http：//www.chinanews.com/hwjy/2012/06-06/3943890.shtml。
⑪http：//www.mnw.cn/xiamen/news/770774.html。
⑫http：//xm.ifeng.com/travel/lvyou/xiamen_2014_04/23/2177183_0.shtml。

由上述两组数据可得以下结论：首先，集美区结合地区特色、利用地区优势所树立并推行的品牌与项目，不仅与中央的指导精神一脉相承，而且获得了民众的关注与支持，取得了较好的社会反响与影响力，诸多网络媒体对此也是给予了高度的褒奖与肯定。与其他地区相比，集美侨务工作主题更鲜明、内涵更丰富、受关注与报道的程度也更高。集美区领导对于侨务工作的开展也是充满信心，对于继续推行特色品牌项目更是不动摇。以"中国最美侨乡"为例，多位集美区领导在不同场合给予支持与宣传。在 2013 年 10 月举行的集美区海外联谊会第四届理事会暨集美区第七次归侨侨眷代表大会上，集美区委书记倪超提出要把集美建成"中国最美侨乡"，并要求区海外联谊会和侨联进一步发挥优势，调动一切积极因素，整合更多资源，为扩大交流合作提供更加广阔的舞台；希望广大侨胞、侨眷围绕这一目标，进一步发挥独特优势，为推进转型发展做出新贡献；进一步倾注爱乡热情，为推进和谐发展做出新贡献；进一步加强对外交流，为推进融合发展做出贡献。① 2014 年 3 月召开的集美区侨联七届二次全委会上，集美区委常委、统战部长范启德在讲话中对区侨联在过去一年里紧紧围绕区委、区政府中心工作，在做好侨界群众工作，依法维护侨益，积极参政议政，拓展海外联谊等方面所做的工作给予了充分肯定。他要求区侨联在新的一年里要着眼集美实际，大力推动"集美——中国最美侨乡"建设，为"美丽厦门示范区"建设作出积极努力。② 2014 年 4 月，在集美陈文确、陈六使陈列馆举办集美海外华裔子女夏令营开营暨南洋大学校友会中国联络处揭牌仪式上，集美区领导李辉跃说，近年来在海外乡贤的热心关注和鼎力资助下，集美区紧抓机遇，勇当跨岛发展的排头兵，各项事业均取得跨越发展。希望海外华侨和南大海外校友秉承文确、六使先生爱国爱乡的优良传统，进一步弘扬嘉庚精神，发挥桥梁纽带作用，共同缔造美丽集美，合力把集美建成中国最美侨乡。③

其次，近年来集美侨务工作不断推陈出新，且加大了对相关活动的宣传力度，受到的关注度也相应增加，呈现出逐年递增的态势，特别是 2013 年重点的项目——"集美学校百年校庆"，更是受到了海内外华侨华人、归侨侨眷以及普通民众的瞩目，有关于此次校庆的报道不仅是媒体数量众多的，而且是全方位、多层次的。早在 2012 年，中新网开始对此进行了报道称："2013 年是厦门集美学校校庆 100 周年，为弘扬集美学校创始人陈嘉庚先生爱国兴学的伟大精神，从侨务渠道鼓励海外集美校友以多种方式向当地社会和民众介绍厦门市情，拓展侨务公共外交，展示中华民族的悠久历史和灿烂文化，弘扬闽南文化，促进海内外校友的交流往来，集美校友总会及海内外集美校友会积极组织策划了系列纪念庆祝活动"。④ 并对三个前期工作进行了预热：一是集美校友总会策划系列活动献礼百年校庆；二是香港集美校友会组团参访集美区感受故乡巨变；三是北美集美校友会举办成立庆典服务集美校友。进入 2013 年后，中新网更是对此进行了连续的跟踪报道，例如，2013 年 3 月 14 日的题为"福建厦门集美区侨联部署 2013

---

① 中国新闻网，http://www.chinanews.com/zgqj/2013/10-25/5426744.shtml。
② 集美区政府官方网站，http://www.jimei.gov.cn/ywkd/jmbxw/201403/t20140331_87503.htm。
③ 厦门网，http://www.xmnn.cn/jimei/ttxw/201404/t20140421_3808260.htm。
④ 中文新闻网新闻，http://www.chinanews.com/hwjy/2012/06-06/3943890.shtml。

年三件大事"的新闻中提出:"集美区侨联日前召开六届七次全委会,提出今年重点配合相关部门做好创办集美学校100周年校庆,举办侨联大厦落成典礼,以及召开侨联换届三件大事。"① 2013年10月正值集美百年校庆月,中新网对此连发数篇报道,包括"厦门集美学校迎百周年:数代同堂皆校友"、"厦门集美学校迎百年:走过的校庆再回眸"以及"厦门各界纪念侨领陈嘉庚创办集美学校100周年"等。中新网作为以台港澳同胞、海外华侨华人和与之有联系的外国人为主要服务对象的国际性通讯社,对此进行大量的追踪报道,足见此次"集美学校百年校庆"系列活动的影响力之显著。而其他的涉侨网站,如中国侨网、福建侨网、台海网等也对此进行了大规模的报道。

最后,诸多门户网站提供了集美侨务工作多样化的推广、宣传平台。目前,包括中新网、台海网、福建省侨联网站、闽南网、厦门网、厦门市归国华侨联合会网站、集美区政府官方网站、集美区侨联网站、集美海外联谊会网站等在内的覆盖从中央到地区的多个网络平台持续关注并报道有关集美侨务工作的开展与成效情况,且多是给予正面的报道与评价。

集美侨务工作将拥有的侨务资源、平台资源、网络资源相结合,配合独具特色的品牌项目,推广侨务方针政策、打造地区特色品牌、传递侨务理念深入人心,获得了良好的社会影响与认同。可以说,集美侨务工作正在逐步实现科学化、合理化、创新化,统筹兼顾上级领导与基层群众的意见与建议,坚定不移地走特色发展之路,且成效显著。

(二)经验与不足之处

一般而言,中国整体侨务工作任务包含五个方面:一是为侨服务,涵养侨务资源;二是发挥侨力,为国家经济社会发展服务;三是发挥侨务优势,维护和促进祖国统一;四是拓展侨务公共外交,为国家总体外交服务;五是以侨为桥——沟通中国与世界,为提升中国软实力服务。落实到侨务部门具体的职能则包括:一是制定和实施保护、扶持海外华侨华人和归侨侨眷的政策和措施;二是推动侨务法制的建设与完善,依法施行侨政;三是把握侨情和国家大局的变化,适时调整侨政措施及建立相关应急、协调、预警机制;四是建立密切联系华侨华人、归侨侨眷的机制和平台;五是主导与华侨华人的经济、科技、技术、文化、教育、政治及非政府组织的合作;六是与其他部门合作推动涉侨工作和以侨务推动其他工作的开展。

集美侨务部门对以上六个方面的职能均有涉及,而作为地方级别的侨务部门

---

① 中文新闻网新闻,http://www.chinanews.com/zgqj/2013/03-14/4641836.shtml。

更是结合当地的特色与优势，着重于第四和第五方面。侨务工作说到底就是做人的工作，集美侨务部门坚持联谊、服务、引领的基本方法，通过建立密切联系华侨华人、归侨侨眷的机制和平台，加深了解、增进情谊、凝聚侨心。就海外华侨华人而言，集美侨务部门不断深化"请进来、走出去"的工作，注重依托亲情乡谊与合作交流，发展同海外侨胞的交往，广交新朋友，深交老朋友，努力拓展工作面。着力做好在政治上有影响、社会上有地位、经济上有实力、专业上有造诣的海外侨胞的工作，充分发挥他们的影响力。加强了新华侨华人和华裔新生代的工作，确保侨务资源科持续发展。发挥集美侨务丰富的侨务资源优势，重点做好以下五类人士的工作：一是侨领，通过世界华侨华人社团联谊大会、海外高级侨领研修班等形式密切了与海外侨团、侨领的联系；二是杰出人士，以集美区侨联和海外联谊会等平台凝聚海外杰出侨胞；三是著名侨商，以陈嘉庚后裔、陈文确、陈六使后裔以及新加坡怡和轩、新加坡汪氏总会等为桥梁凝聚著名华商；四是高端专业人士，以华侨大学（厦门校区）、集美大学、厦门理工学院等高校为平台密切联系华人高端人才；五是新华侨华人和华裔新生代，通过已有的"海外华裔青少年'中国寻根之旅'夏令营"、"中国文化行——金辉福建八闽营"等形式，结交和培养侨社新生力量。而对于归侨侨眷，集美侨务部门积极联系和团结归侨侨眷，通过为其提供服务，排忧解难，进而保持密切联系，并进一步充分发挥他们的优势。

　　主导与华侨华人的教育、文化合作则是集美侨务工作的优势与亮点。华文教育是一项具有战略意义的基础性工作，而位于集美区华侨大学（厦门校区）则是中国著名的华侨高等学府，也是国家面向海外开展华文教育的重要基地，积极践行"为侨服务，传播中华文化"的办学宗旨。做好华文教育工作，有助于华侨华人传承和弘扬中华文化、保持民族特性；有助于维系华侨华人与祖籍国的亲情和联系、促进中外交流。同时，集美侨务部门也积极开展同华侨华人文教社团、学校及侨胞住在国教育机构的交流和合作。并进一步发挥海外侨胞熟悉中外文化，了解当地民众风俗习惯、思维方式、审美情趣的优势，加强了与华侨华人在促进中外文化交流的合作，努力把嘉庚精神、中华文化推向世界。引导海外侨胞支持和参与集美在海外举办的各类文化活动，支持侨胞与主流社会共同举办中华民族节庆活动，展示中华优秀文化；加强与海外华文媒体合作，扩大中华文化影响力；借助海外侨胞引进外国有益的经验与先进的文明成果，促进文化交流借鉴。此外，集美区侨务部门积极与华侨华人进行经济合作，以服务华侨华人经济视野发展为着眼点，以服务国家经济建设为立足点，坚持把华侨华人的生存发展需要与集美区的经济建设结合起来，实现双赢。

　　集美区的侨务工作突出特色鲜明的特点，这也给其他各级侨务部门开展侨务工作提供了经验与借鉴。各地区、省市自治区的侨务工作需要坚持与时俱进和因地制宜相结合，把握当地实际侨情，合理运用侨务资源，贯彻"以人为本"的原则，实现侨务资源与优势的可持续发展。

诚然，集美侨务工作在树立典范的同时也不免存在部分的不足之处。在现行的制度框架下，从中央到地方的侨务工作经过了多年的实践，形成了以"五侨"机构为主，其他相关部门配合，共同开展侨务的工作格局。这种侨务施政分权机制有其存在的必然性和合理性，但也因此产生了一系列的弊端：多头对外，重复工作、对侨界人士给予礼遇或安排缺乏平衡，不利于凝聚侨心；涉侨部门出访缺乏协调，致使海外侨胞接待过多过滥、不堪重负；一些部门制定涉侨政策，事先未征求其他侨务部门意见，部分政策未充分考虑"侨"的特点和实际情况，导致华侨与归侨侨眷的权益得不到保障；华侨回国投资、创业增多，其合法权益被侵犯屡有发生，政府侨务部门却缺乏必要的维权手段；一些部门与侨胞交往时，不注重华侨与华人的国籍区别，容易引起有关国家疑虑；一些部门职责交叉，服务对象趋同，易造成资源浪费和矛盾。总之，这些普遍性问题的存在不利于海内外同胞关系的和谐，不利于华侨华人在海外的长期生存发展，在一定程度上甚至影响到地区乃至国家的形象。为了改变这一局面，各级侨务施政已在经过多年的探索的基础之上，在部分地区形成了形式多样、多层次的集中机制，在一定程度上减少了侨务施政分权的负面影响。厦门市便成立了侨务工作领导小组，由市委、市政府分管领导任正副组长，以政府各相关部门和涉侨部门为成员单位。集美区在此方面还没有采取有效的行动措施，特别是当前区侨办与台办合署办公的局面下，面临的形势更加复杂化，需要认真处理施政的分权与集中机制，保证侨务工作的顺利开展。

此外，虽然集美侨务工作被大量报道，但多见于国内媒体，缺乏权威的海外媒体、华文媒体的相关新闻报道。华文媒体、华文社团和华文学校作为海外华人社会的三大支柱，随着海外华侨华人数量不断增长，海外华文媒体也在增加。据统计，海外华侨华人已有 5 500 万之众，华文媒体则有 500 多家，分布在世界各地，为当地侨胞提供丰富的精神食粮，为传递祖籍国的乡音乡情，为传播中华文明，为促进华侨华人融入当地主流社会，为促进祖籍国与住在国之间的友好往来，发挥了不可替代的桥梁纽带作用。而作为重要华文媒体代表的《联合早报》、《世界日报》、《星岛日报》、《明报》、《侨报》、《欧洲时报》等对集美侨务工作的相关报道较少、也较为分散，并没有形成如同国内涉侨媒体般的有针对性的系列报道。对于诸多海外华侨华人而言，华文媒体既是祖国信息的来源渠道和精神寄托，又是维护自身合法权益，表达自我、展示自我，实现与社会沟通与交流的重要平台。面向海外是侨务工作的重要环节和着力点，如果要进一步扩大集美侨务工作对华侨华人和当地社会的影响力,海外华文媒体是不可忽视的平台与渠道。

第三节　对集美侨务工作的建议

一、宏观层面的思考

（一）树立大侨务观

当前,我国正处在加快发展的重要战略机遇期和全面建设小康社会的关键期,广大海外侨胞拥有雄厚的经济实力、丰富的智力资源和广泛的商业网络,他们在促进中国经济结构调整、推进科技进步和创新方面;在维护和促进祖国统一、反对分裂、维护国家核心利益方面;在中国积极推进同各国关系,拓展公共外交,促进中国人民和世界人民友好往来方面;在提升中华文化国际影响力、改善外部舆论环境、提升中国形象、增强中国软实力这四方面正发挥重要而独特的作用[①]。因此,进一步发挥侨务资源优势,实施"大侨务战略",对于集美侨务工作的开展具有十分重要的战略意义。

包括集美区在内,我国在各个层级虽然已经形成党委、人大、政府、政协的各涉侨部门和致公党以及侨联等群众团体共同开展侨务的工作格局,并在实践中建立了多式多样的侨务施政集中机制,但距离"大侨务"的实施要求还有一定的差距,需要在以下几个方面做出能进一步的努力。进一步充实侨务部门的工作力量。基于侨务工作战略地位的重要性,集美区党委、政府应当加强对侨务工作的领导、将侨务工作摆在突出位置,进一步充实侨务工作的力量,在机构、人员、经费三个方面加大支持力度。当前,集美侨务机构还不健全,应根据集美实际,科学设置侨务机构,按照最有利于发挥侨务工作优势的原则,因地制宜地确定侨务部门单列、合署、隶属的行政方式,以及侨务机构内部各职能部门的结构与分工。侨务工作开展离不开侨务干部的执行,集美区党委政府应该在人员编制方面给予保障,不断充实一线侨务干部。而经费问题一直是制约侨务工作发展的重要"瓶颈",集美区政府应当加大对侨务工作的经费投入,并将其纳入集美区

---

① 中国新闻网,http://www.chinanews.com/zgqj/2012/08-06/4087092.shtml。

政府的财政预算，开展重大侨务工作，应给予专项经费资助。

进一步理顺侨办系统纵向关系。侨务方针、政策制定后，关键在于是否顺利贯彻执行。没有执行，再好的文件也只是空文，再好的方针政策也难以发挥应有的作用。而理顺上下级政府侨务部门的关系，对于侨务方针、政策能否落到基层具有决定性的意义。集美区侨务部门作为区级侨务部门要主动加强与上级省、市侨务部门的联系，认真学习和执行上级侨办制定的方针、政策，定期汇报侨务工作的进展情况；充分利用上级部门侨务资源、侨务信息，结合集美当地实际情况，创造性开展侨务工作，为地方的经济、社会发展服务，在举办重大侨务活动时，注重争取上级侨办的支持。

加强与其他政府部门的协调配合。随着华侨华人数量迅速增长及其与国内联系的日益增多，侨务工作的对象愈加多元化，涉及的领域和地域也更为广阔，越来越多政府职能部门开始关注并介入侨务工作中来，这是新时期侨务工作出现的新现象、新趋势。集美区政府侨务部门只有树立"协同推进"意识，充分发挥其他政府职能部门优势和力量，才能推动侨务工作深入发展，侨务工作的路子也才会越走越宽。

注重发挥社会力量做好侨务工作。侨务部门的力量虽然是有限的，但社会的力量却是无穷的。动员社会力量做侨务，是新时期实施"大侨务战略"的一项重要要求。多年来，社会力量投身侨务事业，开展侨务工作取得的成效是有目共睹的。华文教育基金会等各类组织，多渠道募集资金，为弘扬中华文化、发展华文教育事业做出重要贡献；大量华人社团、华文媒体，在海外大力推动和谐侨社构建，积极担当侨务公共外交中介；各类侨界联谊会、留学同学会在加强侨界团结、增进联系、扩大中外交流方面发挥积极作用；基层社会、居委会是社区侨务工作的重要力量，在开展侨法宣传和为侨服务工作方面扮演重要角色。有鉴于此，集美侨务部门要努力营造"知侨、爱侨、为侨"的良好氛围，积极宣传广大侨胞在不同时期对地区发展、对国家繁荣所做的贡献，推动全社会关注和支持侨务工作；要以开放的理念和创新的思路，深入挖掘社会潜力，鼓励和支持成立各类涉侨团体，引导包括社团组织、基层社区乃至个人等各种社会力量共同推动侨务工作健康全面发展。

加强政府侨务部门在侨务工作中的统筹职能。随着侨务工作的日趋社会化，加强政府侨务部门的统筹职责已经成为做好新时期侨务工作的迫切需要。要做好统筹工作，就必须从全局性、战略性、前瞻性的高度来对侨务工作进行统一思考和安排。而对于具体的侨务工作安排，集美政府侨务部门要对自身有一个清晰的定位，有所为，有所不为；有所先为，有所后为；有所己为，有所他为，有所合为。集美政府在组建侨务工作领导小组、侨务工作联席（协调）会议制度等侨务施政集中制度时，可以将办公室设在区侨办（台办），对于加强政府侨务部门的统筹协调职责具有重要的意义。

（二）集美新时期的统战工作

随着经济全球化的加速和中国主动融入全球化的进程，海内外之间的经济、文化、科技、劳动力高速流动和交融。同时，各类政治制度、意识形态和价值观的交流和碰撞也呈现加剧之势。以华侨华人为主的海外同胞数量急剧增长，其拥有的经济实力、国际营销网络、科技潜力，是中国现代化进程中最重要的海外资源，也是我党海外统战工作的巨大机遇。

由于华侨华人本身的实力及其对中国现代化进程的重要性，侨务工作应当作为集美区海外统战工作的重要部分，甚至是核心或核心之一。海外同胞不仅是外资的主要供应者，而且是引领集美区融入国际产业链和国家价值分工体系，通过"竞争效应"和"国际规则意识"促进地区市场经济改革、推动集美产业管理逐渐国际化的主力。因此，海外华商不仅可以构成集美的经济硬实力，而且引导集美经济软实力的提升。华侨华人是中华文化的海外载体，是集美对外宣传"嘉庚精神"、集美文化的主要源泉，也是外国人了解集美社会和文化的媒介。由于华侨华人在居住国社会普遍具有较高的影响力和声望，由华人所体现出的价值观获得当地社会相当程度的认同。遍布海外的华侨华人社区，是当地的对华友好力量，能牵制威胁中国地区安全、国土安全的势力，能成为潜在的中国安全战略屏障。

因此，如何有效开展海外统战工作，使得华侨华人的政治、经济、科技等硬实力和文化软实力为集美所用，对推动集美区乃至中国的现代化进程和提升政治外交的软实力，具有重要的意义。有鉴于此，集美区需要在以下几方面做好华侨华人的统战工作。

对华侨华人统战工作目标的调整。华侨和华人虽然法律身份不同，但均是中华民族的海外成员。随着华侨不断加入当地国籍，华侨华人日益共同构成当地国的族群之一，其社会、文化、民族身份在当地国难以区分，通常被视为一个整体。华侨和华人在与集美的经济、文化、科教的互动方面，也是日益趋同。因此，从20世纪80年代迄今所倡导的"以爱国主义和祖国统一为旗帜的海外统一战线"的提法，似乎存在调整的必要，以期统战对象的最大化。

以乡亲作为工作过出发点，以社团为工作渠道。地缘、族缘、神缘是数千年中国宗法社会的支柱和情感的纽带，已成为中国传统文化的重要组成部分，是中国本土和海外同胞价值观的重要构成因素。无论其政治认同和意识形态如何，都不同程度上保有凝聚地缘、族缘、神缘纽带的乡情。因此，强调乡情应成为集美海外统战工作的出发点，以激发海外同胞的家国情感，进而关注家乡所在的祖国。如今，华侨华人社会的社团数量已经超过万个，以地缘社团数量最多也最具影响力。以乡情为统战工作的出发点，以海外社团为渠道，最大程度联络和影响海外同胞。

在同文同族基础上强调共同利益。中国人民与海外同胞同享共同文化，有相似的价值观，更容易沟通和信任。如新加坡首任总理李光耀所言，沟通和信任是一切商业关系的基础，也更容易通过合作寻求共同利益。以往的统战工作更多的是强调海外同胞对中国的贡献，而经过数十年的发展，集美区经济迅速崛起，社会稳定发展，已经有能力成为海外同胞的合作发展伙伴。强化这种合作关系，不仅有利于集美区自身，更有利于海外同胞，从而达到中国整体和中华民族利益的统一。

海外统战工作主题多元化（侨务、民族、文化、教育、商务等）。全球化时代的海外统战对象的数量不断增多，其专业、职业、能力日益高端化以及认同、居留、活动范围日益多元化。他们与中国、与集美的关系日益呈全方位态势，仅有党务部门从事统战工作已经完全不适合现实和潜在的海外统战对象。因此，集美区政府各涉外部门，尤其是涉外工作较多的侨务、民族、文化、教育、商务等部门，都应当关心并参与统战工作。

现代化科技与统战工作的新手段。网络时代突破了人与人交往的时空限制，使得人际交往、信息传播和商务模式便捷无比，更在很大程度上改变了人类的生活和交往方式。网络时代也为集美区海外统战工作的广泛开展提供了便捷、廉价的新手段。海外统战工作主题信息和联络统战对象的网络化，应成为今后集美统战工作技术手段的突破。专题网站、网络论坛、微博、社交群落、社会娱乐等，均可借助网站成为平台，最大程度联络海外统战对象。

调动民间积极性，扶植国内以联络海外为宗旨的非政府组织。相比党务和政府部门，一些非政府组织与海外沟通具有情感相近、相互熟悉、联络方便、不易引起当地国反感等优势。集美统战部门如果能与区侨联、海联会等进行协调，扶植以联络海外为宗旨的非政府组织的成立和活动，调动民间统战工作的积极性，将取得事半功倍的效果。

侨务部门不仅要自觉树立服务意识，还应充分发挥信息引导作用，同时，顺应大数据时代变化，建立华侨华人信息服务体系，并设立"海外安全预报"网站，收集和发布海内外信息，有效引导华侨华人工作与生活。顺应信息化和大数据时代的要求，应从以下三个方面发挥信息对华侨华人工作生活的引导作用。一是建立大数据。加快建立以政府数据为主体、社会数据为补充、涵盖海内外信息的大数据平台。二是强化大分析。以大数据为基础，进一步加强海内外各类信息分析和预测预警，研究编制有关华侨华人生活投资旅游等方面的综合指数。三是构建大平台。加快整合华侨华人信息服务体系，建立以"海内外华侨华人信息预报"为依托的公共信息服务平台，进一步加大信息发布力度，指导华商经营、引导华侨华人工作与生活。加强与微博、微信等新兴媒体的合作，拓宽信息发布渠道，扩大信息覆盖面。

（三）充分利用高校资源，筹组特色嘉庚智库

智库也叫做"思想库"，以前一直被称为"智囊团"或"智囊机构"。一般而言，智库是由多学科专家和学者组成，他们主要从专业化的角度，客观、科学地对涉及政治、经济、社会、科技、军事、外交、文化等领域的战略性或具体性政策问题展开深入研究，向政府及有关部门提出政策建议，并影响社会舆论和公众观念。智库在现代社会对政府的决策和企业战略发展的影响十分巨大，智库是一个国家"软实力"的重要组成部分，在现代国家，智库的作用越来越大，以至于西方媒体的舆论认为，智库实际上是继新闻、立法、政府后的"第四部门"。

目前，中国约有2 000多家智库，大部分是官方和半官方的附属型智库，包括社科院、政策研究室、经济研究所、大学的研究中心等，且正处于大转型的时代背景之中。厦门大学南洋研究院是中侨委创办的中国最著名研究华侨华人的学术机构，是国侨办的共建单位；华侨大学是国侨办直属大学，其华侨华人研究院也初具国内外影响力；集美大学及其他学校也有一批研究华侨华人的研究队伍。集美文教区政府拥有组建高规格新型智库的资源储备，可利用此次智库转型的契机，筹组一支以"嘉庚精神"为依托、以"最美侨乡"为愿景、以"中国梦"为信念的新型专业型嘉庚智库。而借鉴欧美智库发展的成功经验的运作特点，可以给予嘉庚智库的建设和发展提供以下几个方面的启示：

第一，要大力推进新型智库的建设，逐步理顺智库与政府部门的正确关系。由于中国大部分智库属于官方、半官方性质，往往会失去一定的独立性和客观性，容易偏向于注重对政府政策的宣传和诠释，缺少公共性和民间性的色彩。因此，现代化的嘉庚智库需要大力推进新型智库建设，并能够在政策上和对智库的宏观管理上作出重大的革新，促进新型智库适应新时代而进行"蜕变"。在此方面，美国智库依托政府又独立于政府的特点是值得建设嘉庚智库所借鉴的。美国智库和政府保持着密切的联系，依靠政府的政策支持，得到政府的优惠资助，优先获得政府的咨询项目等。同时美国智库又不隶属于政府部门，它们不受政府的制约，具有相当的独立性，政府部门无权干预智库的研究咨询工作。而法国政府对咨询业给予很大的关照，不仅提供咨询资金，而且在投资、人才和情报方面给

予很大的支持，这也是应当借鉴学习的方面。

第二，要加强智库专业化建设，完善智库的管理体制。在推进嘉庚智库建设独立性的同时，必然要加强智库的专业化建设，智库的发展只有形成自己的专业性，才能真正地保持其独立性。智库的专业性包括专业人才队伍的建设，智库专业特色的形成，智库咨询工作的专业特点等。如英国智库注重发挥工程咨询方面的优势，德国智库注重于新技术的结合，法国智库注重其咨询的实用性和发挥其对非洲熟悉的优势，而美国大型智库利用其综合性优势和强大的人才优势大力拓展国际市场等，均值得学习与重视。嘉庚智库要以新时代的嘉庚精神为研究重点，衔接"中国梦"与最美侨乡，深化理论建构的同时提供实质性、适用性的公共产品，突出智库的优势与特色。智库的专业性建设和智库的管理体制的完善是分不开的，从行业上看，智库的发展需要科学有效的行业管理；从智库内部的管理体制来看，需要有适应于本智库的有特色的管理方式，才能使智库的专业性得到充分的发挥。

第三，要努力构建智库市场化运作体制，积极应对市场的变化。智库的改革创新发展其实也是构建市场化运作体制的过程，现代智库作为市场经济社会中的一种机构组织，必须尊重市场经济的规律，智库只有在不断应对市场化发展的过程中才能健康地生存和壮大。从英、德、法、美等国智库的经验而言，成功的智库，在咨询的课题上都具有充分的独立性，他们对课题的设置不是由凌驾于智库之上的政府部门指派的，而是面对实际、社会的需求而设置的。集美智库应积极应对世情、国情、侨情的变化，由市场的实际需求来决定智库的发展方向，智库只有在充分的市场运作中才能得到真正的健康发展。

第四，要努力创造智库的好产品，积极宣传推广智库的形象。集美智库有了独立性，有了专业化，有了好的管理体制，有了应对市场的能力后，便要出好的产品，并善于推广自身。智库是为了别人服务的，是输出咨询产品的，是服务于客户的，没有好产品是不会别接受的，没有好产品，智库就会失去其生存的可能性和必要性。而当智库具备了好的公共产品，也要善于宣传，通过经常和有效的宣传，智库的专业形象才能被广泛认可，智库的声誉才会不断提高，智库的客户才会慕名而来，智库的生存空间也将更为广阔。法国智库的一个特点便是善于推广宣传，在积极开展国外业务的同时，也很擅长推销自己，努力提高法国咨询企业的国际知名度，还因此专门成立了海外技术援助协会，帮助法国智库拓展和完善国外的咨询业务。美国的智库也很重视宣传，利用自己的期刊、丛书、媒体、网络等手段推广自己，还注重统计媒体对智库的采访次数，以及智库产品引起的政策反响等。集美智库在建立发展的同时应该善于展现自我，加强与各方面的交流，与媒体的交流，与网络的交流，与国内其他智库的交流，以及与国际上的同行和各种传播机构交流，以逐渐融入全球化的潮流中，与国际咨询业对话，并在相应问题上争夺话语权，努力树立自己的良好形象和公信力。

集美的发展在硬实力方面日益受到重视，也应该在软实力方面有所表现。在智库方面，既然拥有得天独厚的各项资源，理应得到公众的关注与认可，地区的崛起，也要输出软实力，需要拥有具有相当影响力的知名智库，助力打造中国"最美侨乡"。

（四）汇聚新侨资源，共筑民族复兴"中国梦"

当今，新生代华侨华人成为侨务资源可持续发展的重点之所在，也是希望之所在。近年来，以新移民、华裔新生代、社团新力量为主要标志的新侨大量涌现，尤其是新侨高层次人才，已成为参与国内外政治、经济、文化、社会等方面建设的不可替代的重要生力军。与华侨先辈们相比，他们更加认同住在国的社会文化，对祖（籍）国认识不深，对陈嘉庚及其事迹更是不能感同身受，成为新时代的嘉庚精神需要攻坚的重点对象。如何全面、合理地弘扬嘉庚精神、开发新侨资源，对于更好地团结广大海外侨胞投身中国特色社会主义伟大实践、融入全面深化改革的时代洪流、助推中华民族伟大复兴"中国梦"、将集美区打造成为中国"最美侨乡"具有重要的引领作用。

祖国好则大家好，国运兴则侨运兴。中华民族伟大复兴的"中国梦"，承载着海内外中华儿女的共同愿景、共同福祉和共同追求。集美各涉侨部门应以新时期的嘉庚精神为抓手，全面开发新侨资源，着重做好以下工作：

第一，注重顶层设计，引领新侨科学发展。在海内外中华儿女同心共筑"中国梦"的时代背景之下，侨务部分应从战略全局的高度结合嘉庚精神的内涵与实质，加强对新侨重大问题的研究，适时制定出台相应的《新侨工作实施规划》，明确新侨人才在《集美区中长期人才规划纲要》中的特殊作用，将新侨人才纳入党管人才工作的总体布局，探索建构与国际接轨的吸引人才的工作机制、操作模式，最终建立起目标明确、层次分明、支撑有力的新侨发展框架体系。

第二，紧贴时代发展，完善新侨政策法规。应立足于当前集美社会经济发展的具体实际和阶段性特点，针对新侨在创业创新过程中遇到政策上的脱节现象，集美政府应出台更多与之配套的规范性文件。在市场准入、融资融券、减免税负、产品采购、品牌建设、项目审批等方面提供多样化的政策扶持。让他们继承陈嘉庚爱国爱乡、兴资助乡的传统，进一步认识到集美之美。

第三，强化创新驱动，发布新侨发展指数。从环境力、策略度、服务值、满意率等方面入手，在全国率先构建起一整套动态平衡、科学系统的新侨发展评价指标，定期发布集美新侨指数，为全国提供范本、树立标杆。以新侨指数为工作基点，着力在项目申报、创业申请、资金筹措、科研环境以及子女教育、医疗保险等方面提供专业指导和帮助，积聚创新动能，切实打造更趋规范化、阳光化的新侨发展环境。

第四，搭建多元平台，拓宽新侨服务空间。积极构建集美区多部门间的人才信息共享机制，加强与驻外机构、海外留学人员组织、国际友好人士的联络联谊。以嘉庚精神为旗帜，以血缘、地缘、语缘为基础，以亲情、乡情、友情为纽带，健全完善新侨人才网、新侨数据信息库、新侨专利数据库等，大力推进"海归创业园"、"海归创业导师团"、"海归创新实践基地"平台建设，着力在海内外之间搭建起较为完备的产业链、资金链、信息链。加大自主知识产权保护力度，组建产权战略联盟，以更大的智慧助推发展。

第五，秉承发展理念，提升新侨内涵素质。大力开展各类面向新侨的夏（冬）令营与访问培训活动，着力提升新侨的内涵素质和业务能力。创新组织形式和活动方式，把更多的新侨团结起来、活跃起来，形成区内新侨主动开展海外联谊，海外新侨增进亲情乡谊的良性互动。以嘉庚精神为导向，落实各类文化主题活动，在新侨群体相对集中的国家和地区推进"文化留根"工程建设，更好地引导广大新侨弘扬嘉庚精神、中国精神，凝聚中国力量，从而汇聚成海内外中华儿女为实现中华民族伟大复兴的"中国梦"共同奋斗的强大合力。

（五）以嘉庚论坛为平台，全方位打造最美侨乡

集美的最美侨乡建设有两个层面的必要性：一是发挥地方创新，为"中国梦"的实现提供实践模板和理论基础；二是挖掘地方资源，落在集美具体来说就是主打侨务牌。不仅如此，集美的侨乡建设要进一步地塑造别具一格的风貌，着力打造的是"最美"二字。

什么样的侨乡才是"最美"侨乡？植物学家告诉我们，花的美是在上亿年的竞争中形成的，不美的都被淘汰了，这就是为什么白色的花香味特别浓的原因，因为没有色彩去招蜂引蝶，只能靠嗅觉。那么哪一种花最美？以香味为例，含笑有甜香，茉莉香淡远……美是什么？另一种物种无法取代才构成美的条件。如果含笑香味和百合一样会怎样？——会被淘汰！因为它东施效颦，没有找到自己存在的理由。所以对于美的定义来说，非常重要的一点就是：做自己，独一无二的自己。从精神层面讲，集美的最美侨乡有一个顶级王牌就是"嘉庚精神"，这是最为独特的集美特质。从物质层面讲，集美也必须倾力打造别具一格的"集美印象"。中国有很多美的实践，但最早让美成为一门学问的是西方，美学并不只是研究美和丑的学问，事实上美学的拉丁文原意是"感觉学"。嗅觉、视觉、听觉、味觉、触觉……一切能调动乡愁的感觉都是值得去开发、涵养和推广

的。因此，结合"中国梦"的时代要求，根据集美别具一格的侨乡风貌，以嘉庚精神为灵魂品牌，集美"最美侨乡"的内涵至少应包含如下三个层面的意义。

一是精神美。毋庸置疑，嘉庚作为"华侨旗帜、民族光辉"的标杆，嘉庚精神在实现"中国梦"的现阶段是否可以成为民族精神乃至社会主义核心价值的典型得到全方位的宣传、认同和内化，是建设"最美侨乡"精神层面的核心目标。

二是环境美。这就是上面提到的，调动一切体现集美地区侨乡风格的元素，从"感觉学"的角度去切入打造"立体环绕式全方位的侨乡感觉"。

三是生活美。"中国梦"的核心在于国家富强、民族振兴和人民幸福，国家的"十三五"规划也把民生问题放在了重中之重。最美侨乡，从字面上最简单的理解，至少海外华侨华人所思念的是美丽的故乡。在这个故乡，"老乡"的生活是否好直接决定了对"最美"这个概念的第一印象。因此，提高政府的保障和公共服务能力，加强社区建设是一个非常重要的层面。

集美侨务工作将拥有的侨务资源、平台资源、网络资源相结合，配合独具特色的品牌项目，推广侨务方针政策、打造地区特色品牌、传递侨务理念深入人心，获得了良好的社会影响与认同。作为集美侨务工作特色品牌的"中国最美侨乡"、"嘉庚精神"以及近年来重点推广的重点项目，如 2010 年"首届孙氏世界联谊大会筹备会暨第 21 届'世界舜联'国际大会"、2011 年"第七届海外乡亲夏（冬）令营"、2012 年"积极推动集美侨联大厦建设"、2013 年"集美学校百年校庆"以及 2014 年的"纪念陈嘉庚先生诞辰 140 周年活动"，集美侨务工作成效斐然。在陈嘉庚先生故乡举办嘉庚论坛，集美各方面的条件已经初步具备。争取中宣部、国侨办主办，厦门市和集美区承办两年一次的"嘉庚论坛"，为"一带一路"的国家战略拓展侨力资源，弘扬集中体现中华文化精髓的嘉庚精神，向东南亚地区及"一路一带"国家展示中国和平发展及乐意与各族人民和睦共存的中华理念；借力"嘉庚论坛"平台，进一步开拓侨务公共外交资源，通过海外华人当地的大众传媒、公众舆论、民间游说等途径，减少和消除部分东南亚国家一直难以释怀的"中国威胁论"；借助"嘉庚论坛"影响，全面诠释"忠公、诚毅、勤俭、创新"的嘉庚精神实质，使之成为弘扬社会主义价值体系的典范。

鉴于嘉庚精神的传统价值和现代意义，海外同胞一直不懈弘扬嘉庚精神。2013 年值陈嘉庚创办集美学校 100 周年，来自 13 个国家和地区的数百名归侨、侨眷、校友、侨企负责人前往集美参加纪念活动，并强烈表达续写"嘉庚精神"新百年辉煌的心声。陈嘉庚、陈六使后裔参访团以及新加坡怡和轩俱乐部、汪氏总会等海内外社团成员等还提出具体愿望，希望能在集美举办国家级嘉庚论坛，以便在全世界弘扬嘉庚精神和促进中国最美侨乡的建设。他们明确表示，愿意尽其力量协助和参与嘉庚论坛的各项活动。嘉庚论坛的设计可以从两个方面着手：首先，理念的形而上层次：凝侨心、聚侨力，共圆"中国梦"。当前中华民族的精神缺失问题成为实现民族伟大复兴"中国梦"的核心阻碍之一，"恢复爱国主义的中华民族精神"，论坛可以考虑用"爱国主义"的国家叙事来提升传统纠缠在乡梓情节中的陈嘉庚形象，使"陈嘉庚"不再仅停留于爱国华侨这个层面，而是特定时代背景下，中华民族的优秀精英以自己的实践和行动探求"中国梦"的形象典型，以打造集美成为全国精神文明样板区。在嘉庚故乡，使嘉庚精神与时俱进地进行重构，进一步体现其对发扬中华民族优秀传统文化，振奋民族精神，建设社会主义价值体系的时代作用，使"最美侨乡"集美区成为弘扬社会主义价值体系的典范地区，中华民族和平崛起的精神文明建设的排头兵。其次，理念的逻辑落脚点：别具一格的"集美印象"。论坛的精神品牌必然是"嘉庚精神"，这是形而上的层面，在落足在具体操作细节和实践层面之前，还需有一个逻辑层面的理念思路。论坛不能仅发挥一次"大型、热闹聚会"的作用，必须全方位利用论坛的契机，把论坛做成一个立体而非平面的感官盛宴。嘉庚精神首先而且最质朴的核心价值就是爱乡、奉献。从这一点考虑，嘉庚精神与集美建设"最美侨乡"的战略目标是融为一体的。什么是最美？从精神层面讲，集美的最美侨乡有一个顶级王牌就是"嘉庚精神"，这是最为独特的集美特质。从物质层面讲，集美也必须倾力打造别具一格的"集美印象"。

在论坛期间，如何调动和开发全方位的别具一格的"家乡印象"是重要的逻辑落脚点。因此，建议把嘉庚论坛设在集美，并在论坛举办期间，通过包括嘉庚风格建筑、特色侨房、民间宗教信仰场所、风俗活动、闽南小吃等全方位传递独特的家乡感觉，以具体的运作手段贯穿论坛举办期间。

总之，要充分发挥和利用华侨华人在提示中国软实力上的作用，地方政府在以普遍性措施为指导的前提下，需要深度挖掘地方特色，扬长避短，华侨华人在中国软实力中的作用才能得到有效的发挥，这样的软实力才是真正有生命力的，才能丰富和具象化"中国梦"的特质。

二、针对地区特色提出的操作性建议

（一）侨情方面

首先，建议进行侨情普查。正如前面所提到，我们在调研过程中造访了相关政府部门，但是由于政府没有相应日常登记资料，而2006年后也没有进行侨情普查和专门的调查，所以没有办法报告当前详细的侨情；由此建议有必要进行一次类似普查的调查，建议成立基本侨情调查工作办公室，全面负责侨情调查和统计工作。设计一系列专业的调查表，先进行摸底调查，然后派专业调查员上门调查，根据摸底调查的结果，有针对性地进行基本侨情调查、海外社团、重点人士、投资企业、华文学校和华文媒体等形式的调查。但是，从普查的角度来说，这是一项耗资、耗人力的工作，单凭集美区政府一己之力难以实现，通常普查以省为单位是比较科学、经济的。所以建议集美区政府推动福建省发起全省的侨情普查，这不仅对集美全面掌握侨情及其在福建省中的比例和网络关系有助益，对于侨乡大省的福建经济社会发展，乃至帮助福建省在海上丝绸之路建设中制定具体的发展战略也是有极高的指导意义。海外侨胞是中国改革开放现代化建设中独有的重要资源。福建省是仅次于广东的全国第二大侨乡，海外华侨华人达1 512万，归侨侨眷及港澳出国人员眷属653万人，世界华商500强中闽商约占1/10，并且改革开放至今，福建省留学人员已达100多万人。相比较而言，浙江籍海外华人华侨、港澳同胞共202.04万人，其中，居住在省内的归侨侨眷、港澳同胞眷属达112.42万人。改革开放以来，福建省实际利用外资941.09亿美元，其中侨资企业实际利用外资占72.27%。目前，浙江籍华侨回乡投资的企业有3万多家，投资金额达到1 700亿美元，企业数量和投资金额分别占外资企业总数的65%和60%。可见福建省侨力资源比浙江还要丰富。为了更好地服务海外侨胞，更深地挖掘侨务资源潜力，全面掌握侨情数据对福建省经济社会的发展具有重要的价值。

　　福建省自2005年开展全面侨情普查工作后，至今没有再开展类似调查，侨情数据资料更新滞后，且政府涉侨部门日常登记制度不健全、专项调查很少，各部门说不清自己详细的侨情，再加上涉侨各部门资源不共享，于是导致福建省各涉侨部门不仅难以全面、实时更新侨情数据，自己也难以深入展开侨务工作，也多以保密为由无法向学者提供数据，使华侨华人研究无法深入。然而侨力资源远不如福建省的浙江，为了全面掌握浙江籍归侨侨眷、海外华侨华人和在浙江工作的华侨华人的基本情况、区域分布以及从业特点，掌握海外重点社团、重点人士和专业人士情况，建立和完善以新华侨华人、专业人士和项目为重点的侨情数据库，于2013年年底已经开展了浙江史上最大规模的侨情调查，启用了5万多名专职调查员，3 600多名志愿者参与，根据不同调查对象精心设计12种不同的调查表格。广东省侨情的把握和宣传也有不少值得福建省学习。他们对华侨华人在全省各地及世界各地分布情况有较详细的数据，而福建省目前只有笼统数据。另外广东侨网建设比福建省侨网建设更具有实用性：首先，福建侨网的信息公开主要涉及政策解读、规划计划、统计信息、财政资金，对于华侨同胞没有多少实际意义；相对而言，广东侨网内容则比较翔实，还有联谊恳亲、华人社团、经贸合作、人才科技、华文教育、寻根报道、华侨文博等版块。其次，广东侨网比福建侨网还多出大量的链接：如中国侨网、国侨办、广东省政府、广东侨商投资企业协会、侨心慈善基金会、广东华侨博物馆，还有链接其他广东涉侨机构、省级侨办、驻外使领馆等。因此，相比浙江和广东两省，福建作为侨乡大省还有许多可以进步的空间，在此提出如下建议：一是借鉴浙江经验，开展福建省的侨情全面调查，以把握海外侨情的详细资料和最近的新变化，进一步研究分析由于新移民人数增多、实力增强、作用增大，对海外华社生态带来哪些重大影响；新华侨华人、社团新力量羽翼渐丰，各种商会组织、专业社团、校友会也日渐发展，如何逐渐成为华社主体和主导力量；华侨华人经济科技实力和政治影响力的提高，对中国全面建设小康社会和拓展对外友好关系的作用影响。二是建议新的侨情全面调查由政府牵头、专家设计指导、社会力量共同参与。政府牵头成立侨情调查机构，由侨办、侨联等涉侨部门组成侨情调查工作小组，由涉侨专家设计普查方案，全面发动社会力量如社区工作者、志愿者等参与普查，补充更新数据库。组织专家对普查数据进行长期的跟踪研究，为利用好侨情资源提供参谋服务。具体工作可以根据省内各地区的特点进行调整，以集美区为例，可以把专家设计的调查表打印成文件盒子，关于区外侨情的调研表可以借助集美校友大会或嘉庚论坛等大型侨界盛会时以会议资料的方式发给有关人士，如侨领、侨团主席等由他们散发至海外收集侨情资料。我们还初步设计了一套基本的侨情调查表格，供有关部门参考（详见附表 2-8，以供其他有关部门也可以参考、设计和使用）。

其次，借鉴广东经验，创新侨网建设。侨网是华人华侨了解国情的重要窗口，服务华人华侨的重要平台。侨网建设可以借助华侨大学华侨华人信息中心的力量，共建全球华侨华人门户网站。为了更有效地集聚海外侨胞，特别是新一代侨胞，网站可以办成华侨华人为主体的民间网站，以服务华人华侨为宗旨，使用现代互联网技术，开辟华人社交平台，增加搜索引擎、调研统计等功能，并开发手机 App 软件，加强华人华侨网上社区建设，使之成华人华侨的"网上家园"。可将侨网与国家安全中心联网，建立海外华侨生存与投资安全预警机制，搭建全球华侨华人信息服务平台，形成海外华侨华人生存与投资安全信息网络，为华侨华人研究和政府政策咨询提供大数据分析支持，同时为国家安全部门和海外侨胞提供动态及时的实用信息。

此外，侨务部门还需要制定侨情统计登记和调查制度。完善侨务部门日常登记和统计制度，是及时收集和汇总相关数据资料的基础工作。同时建议侨务部门以集美现有侨情为源头，不断开展"滚雪球"方式的海外集美侨情调查，逐渐累积和扩大集美海外的侨务资源信息。

(二) 侨务工作方面

创建集美区境外投资服务平台服务园区,搭建"厦门境外服务平台"。2014年9月2日,中国(上海)自由贸易试验区境外投资服务平台正式上线。平台涵盖了综合咨询、境外投资备案、投资项目推荐、投资地介绍、行业分析、境外投资专业服务等功能,形成了第三方搭平台、专业机构提供市场化服务、政府以购买服务方式提供公共服务的运作模式。其中,境外投资备案直通道、投资地介绍、境外投资指南、服务超市是平台各项功能中突出的四大亮点。目前,厦门市商务局和发改委正在构思和规划搭建厦门市"厦门境外投资服务平台",并联系华侨大学海外发展中心进行共建。集美区政府可以抓住这个发展现代服务业的极佳契机,吸引该平台入驻集美,极大地提升集美经济发展水平。首先,集美区距离厦门市区近,行程方便,同时又具有岛外土地资源丰富的特点。集美区政府可以利用特有的区位优势,以特批的方式,创建厦门境外投资服务平台服务园区,为该平台提供场所,让该平台方案落地集美。其次,集美区政府可以借助华侨大学海外发展中心的专家和智库,共建"厦门境外投资服务平台"。地处集美区的华侨华人信息中心建立是为推动为侨服务事业、应国家侨务外交的需要而建立的一个大的华侨华人信息的统一平台。华人华侨信息中心系统的主要工作包括建设全球华人华侨网和建设全球华侨华人数据库。借助全球华侨华人网,"厦门境外投资服务平台"可以顺利上线,对企业"走出去"进行分类规划指导与服务。最后,"厦门境外投资服务平台"的发展是可持续的,是促进集美区经济转型升级的抓手。一方面,平台的各项功能是因用户为实现境外投资目的而设置,除了使用户获得最佳体验之外,更重要的是帮助用户科学合理地规划投资方案和决策程序。这将有效带动本区金融、保险、投资、法律、人才等各服务行业的发展;另一方面,境外投资服务平台将以接轨国际高标准规则为目标,全面提高境外投资便利化服务水平,支持企业参与国际竞争与合作,形成可复制、可推广的成功经验,逐步复制推广至全省、全国。这是促进集美区经济转型升级,全面提升开放型经济发展水平的需要。

全方位宣传嘉庚精神。建设人文集美,创建最美侨乡,需要每一位集美人的热心参与。随着集美新城建设全面推进,对嘉庚精神进行立体宣传,塑造最美侨乡的环境美,人更美。集美区委宣传部和统战部应对嘉庚精神宣传工作高度重视,对嘉庚精神的宣传进行具体安排部署,抽调新闻科、区电台、电视记者站、政府网站科骨干记者组成"嘉庚精神"新闻报道小组,对陈嘉庚个人的发展历史、成长经历、生活风格、企业经营理念进行深入调查分析、全面报道,并在区属媒体和政府网站开设"弘扬嘉庚精神,建设最美侨乡"专栏。嘉庚精神并不是只有陈嘉庚一人孤独的代表,而是在他的带领下许多华侨也投入爱国爱乡的奉献中,这些后继传承者的故事和奉献是嘉庚精神丰满的体现,因此在宣传中也应多讲述他们的生活故事。努力做到报纸上有文、广播上有声、电视上有影,为全区"弘扬嘉庚精神,建设最美侨乡"活动营造浓厚的舆论氛围。同时,在城区主干道、街道社区做好墙体标语宣传、电子屏幕宣传等,让生活在集美的人以及远道而来的人,都能随时随处于嘉庚精神的熏陶中。

利用文艺传播的独特方式,策划举办以陈嘉庚精神为主题的系列原创歌曲活动,组建集美区演出团队,弘扬嘉庚精神,组织排练全部创作歌曲,定时"中国心·嘉庚梦"的公益演出音乐会,深入福建省各地侨乡乃至全国及东南亚地区进行巡演,使嘉庚精神深入人心。还可以公开出版和发行"中国心·嘉庚梦"原创歌曲集、"中国心·嘉庚梦"高水平的演唱专辑,以便更好地传播。建议在集美的中小学义务教育中增设特色的嘉庚精神(文化)和侨情风俗课程。并不只是单纯的开设课程和编教材,课程设计上面可以实践教学的创新方式开展,基本的有参观嘉庚纪念馆、侨乡采风等参观访问形式,也可以设立专门的讲座形式,请嘉庚研究学者、侨乡历史文化研究学者(包括区内或区外高校教师)等支援中小学的人文教育,成立"集美中小学人文素质教育专家讲座团",开展系列讲座,同时学生可以"小记者"身份采访来访专家,采访稿可以刊登在校报上,优秀作品可以刊登在《集美校友》等刊物。

充分利用嘉庚论坛的平台,"请进来带出去"。建议全区中小学和高校范围内每年开展"最美侨乡我的家"展览活动。以"游园会"的形式,请学生们组成小团队提供包括摄影作品、书画、文章、视频、手工艺品、自制家乡美食等各种形式,不拘一格提倡创新,并开通"最美侨乡我的家"公众微信或微博,以网络"点赞"的方式评比,获得最受欢迎的"擂主"团队可以作为当年的"最美侨乡我的家"形象代表,出席年度内相关的如"嘉庚论坛"开设的相关展览或其他中外交流活动,作为集美建设最美侨乡的一个具象体现。长期积累后可以把学生们的优秀作品集结成册作为集美旅游、宣介的成品。通过区内华文学校(华文教育基地)联络海外华文学校,邀请海外华文学校的师生参与每年的"最美侨乡我的家"活动,走出去请进来是基本的交流方式,而国内人员走出去成本较高,但是请进来并且让对方带出去却是成本低收益比较高的方式,再加上海外学子在当地的融合度较高,他们带出去比我们走出去所传达的信息接收度会更高。因此,请进来带出去可以作为新的交流工作的重点。另外,这种请进来带出去的活动最好不要采取花大钱请人来的方式,通常人的心理预期"便宜没好货",免费实际上吸引力更弱。可以"最美侨乡我的家"作为高端论坛"嘉庚论坛"的草根配套活动,每年对海外发布申请通知、限额,并且申请者需提交申请作品来参与"最美侨乡我的家"的展览,作为海外学子的特别版块参与展览,对获得资格的申请者提供往返旅费和落地食宿安排。其他组织或团体希望参与的可以发邀请函,但是旅费、食宿自理。

第九章

侨务公共外交助力中国软实力的提升

经过三十多年的改革开放和快速经济发展,中国日益受到世界的关注,而国家富强的标志不仅仅是经济实力的攀升,大国崛起的全面性和可持续性更要求中国的发展必须有坚实的道德性支撑——在经济性崛起之后,是道德性崛起的最佳时期,才能保证此后的军事性和制度性崛起不被视为国际体系的挑战者而导致的体系阻击最终导致既有经济性崛起成果的消失。任何国家只要选择融入全球化进程,只要无法回避来自全球媒体的舆论、跨国公司和非政府组织的影响,就必然要重视和加强公共外交。从根本上说,公共外交所承担的理论使命是沟通不同的文明和文化裂痕,架起不同国家民众超越文明和文化隔阂的桥梁。华侨华人作为重要的跨国行为体,其在中国公共外交中的独特优势与重要作用受到全社会的广泛关注,党中央和国务院对此也高度重视。2011年中共十七届六中全会明确提出"支持海外侨胞积极开展中外人文交流",同年国务院正式印发《国家侨务工作发展纲要(2011~2015年)》首次提出"侨务公共外交"的概念,并将"拓展侨务公共外交"列为"十二五"侨务工作的主要任务之一。2012年党的十八大报告更明确地提出要"扎实推进公共外交和人文交流"。这标志着公共外交作为总体外交的重要组成部分,被提升到国家发展的战略高度,意义重大。从根本上来说,公共外交的功能就在于沟通和交流,需要准确传达本国的意图、价值和理念,才有可能得到世界的了解和认同。在这里,需要对三个层面进行思考:一是在全球化时代背景下,公共外交实践所赖以发生的语言传播规则有什么样的特征?二是公共外交的诸多传播模式中是否有最为适合侨务公共外交所借鉴的呢?三是侨务公共外交的实际操作有什么样的切入途径呢?下面将从这三个逻辑递进的层次进行分析。

第一节　全球化时代的语言传播规则与公共外交

政治过程是一个创造意义、维持意义和改变意义的过程。① 而语言能够建构意义，语言和意义之间的这种关系决定了语言和政治之间的密切联系。由于语言形式多种多样，语言可以产生的意义也多种多样。人们如果想交流，就必须对意义达成一致。也就是说，如果有竞争力被界定为叙述者语言建构的意义能够得到接受者的认同成为共有知识，那么谁的或什么样的语言建构的意义能够得到认同那么这就是在国际关系中具有竞争力的语言。

有竞争力的语言建构的意义是能够最终占领人们思想阵地的胜利者。那么，语言的竞争力来源是什么呢？笔者把竞争力来源分别从语言叙述者、语言述受双方关系和语言接受者角度区分为：权威资源、密切互动和认知一致，即拥有权威资源、与接受者密切互动以及能够和接受者认知一致的叙述者的语言拥有竞争力，其建构的意义都能获得认同形成共识。此外，语言的叙述方式也能在一定程度上影响其建构意义的竞争力水平。一般来说，语言的竞争力来源主要是三个。

一是权威资源。权威资源的第一个基础就是实力。在这个程度上，国际关系理论中的现实主义所强调的实力分配确实影响了语言的竞争力。语言建构意义的过程是利用各种资源的过程，人们可根据自己的资源和需要来建构世界。② 具有强实力的国家在国际关系中有更多的资源支持来进行意义的建构，如实力威胁、经济控制和信息垄断等。行为体可以利用这些资源建构意义。这是实力权威。第二种权威资源是专家权威：因为叙述者所具有的专业知识使得他在该领域的语言具有可信度。还有一种权威资源是道义权威：因为叙述者捍卫了人们普遍认可的道义准则而获得的权威。这三种权威资源通常有一定的"硬"本质，人们通常需要承认和接受这些有权威资源的语言建构的意义才能融入主流，而不至于被孤立成为异类。

二是密切互动。在提到密切互动时，人们通常会想到朋友、亲人之间的亲密关系，但是，事实上密切互动不仅包括"好"的密切互动，也包括"坏"的密切互动。首先，"好"的密切互动通常指"我们"之间的互动。在个人的社会生

---

①② 孙吉胜：《国际关系理论中的语言研究：回顾与展望》，载于《外交评论》2009 年第 1 期，第 70～84 页。

活中，高先赋性①（亲缘关系近）和正面的高交往性②（互动中产生信任、好的情感）的他人的语言是最能影响个人的。在国际关系中，具有共同文化和价值观（高先赋性）和在国际交往中因为互动产生了相互信任、友谊等关系（正面的高交往性）的国家的语言更有影响力。其次，还有负面的高交往性产生的"坏"的密切互动，也即"敌我"之间的互动。在这种互动中，一方语言建构的意义的竞争力不在于使对方服从自己，而在于这种密切互动能够使双方对彼此产生十分敏锐的反应，十分敏感于对方任何语言表述的意义，从而处于易于被对方建构的状态之下。总之，密切互动之所以能够成为有竞争力的语言的一项来源，是由于处于密切互动中的各方既经常地暴露在彼此的语言建构范围之内，又对彼此的语言十分敏感，从而扩大了语言建构意义的可能性。

三是认知一致。语言建构的意义能否被接受还受到接受方自身共有意义体系的制约，在这里共有意义体系既包括文化传统也包括共有历史回忆。能否巧妙地利用这种共有意义体系是叙述者获得语言竞争力的一个重要方面。另外，叙述者的语言能否被接受还在于该语言建构的意义与接受方近期的实际关注是否一致有关系。心理学研究已经表明人们对近期事件的感受大大强于历史事件。语言建构的意义如果与接受方集中关注的实际问题正好相关，那么就更容易引起接受方的共鸣。

那么，在全球化时代，谁的或什么样的语言才是有竞争力的呢？这个语言深嵌其中的规则又是怎样的呢？从两个方面进行分析，首先分析全球化时代语言传播规则发生了怎样的改变，然后分析语言传播规则的改变如何影响了语言的竞争力来源。

一、全球化时代的语言传播规则

我们知道，语言的使用必须在一定的制度体系中才能进行的，而这，就决定了我们必须考虑语言传播深嵌其中的规则。语言并不是反映现实的镜子，而是某个游戏里的行动，每一个行动在这个游戏规则下有其特殊的意义，我们只有了解了该游戏的规则，才能明白行为主体在其中行动所代表和建构的意义。这里包含了两层含义：一是处于同一个游戏中的我们，必须对该游戏有一个共同的认识，

---

① 先赋性是指通过通婚、过继和拟血亲（如结拜）关系等方式使外人变为自己人的方式，具体内容参见杨宜音：《关系化还是类别化：中国人"我们"概念形成的社会心理机制探讨》，载于《中国社会科学》2008年第4期，第148~161页。

② 交往性是指通过交往而使外人被接纳为自己人的方式，参见杨宜音：《关系化还是类别化：中国人"我们"概念形成的社会心理机制探讨》，第148~161页。

即认可的游戏规则;二是我们可以选择进行另一个游戏,这就意味着游戏规则的改变,意味着谁是行为主体、如何行动和行动的意义都发生了改变。但是,只要某一个游戏规则得到了大多数人的认可,那么少数人很难更改或者不进行游戏,只能按照既定的规则行动。而规则的确立不仅仅限定了行为体的行动,更重要的是它能赋予行动意义。正如语法规则一样,能够告诉我们某一个客体代表着什么,代表着一系列构成这一客体的动作、口头表述等各种内容。①

如上所述,语言竞争力的三大来源分别是权威资源、密切互动和认知一致。但是,在不同的规则体系中,这三项来源分别包含的内容是不相同的。以全球化时代网络技术的发展为例,之上至少通过以下三个方面的改变使得三大来源的内容发生了改变:传播主体、传播流向和传播途径。这三个方面的改变实际上就是语言传播规则的改变,语言传播规则改变意味着语言竞争力来源的内涵发生了变化。全球化时代有其特有的语言传播规则,这个规则表现在形式上便是网络传播方式的大行其道。网络技术的发展并不仅仅代表语言传播工具的改变,还有更深层的内涵,以下根据上面的分类进行分析。

(一) 传播主体多元化

在网络传播中,从政府到主管机构到网络服务供应商再到各个具体的参与机构和个人,他们都按照自己的标准筛选和推出符合其价值观的内容以及表述、传播方式。② 和书报杂志、电视等最大的不同之处在于,网络的存在使得信息传播主体和语言行为主体不再单纯地属于政府和机构组织,也不再是单向的传播,各个方向、各种行为体充斥着整个网络。从这个角度上说,全球化背景下的网络技术发展已经改变了人们语言传播的规则,首先改变的便是上述所说的行为主体。吉登斯指出,"世界范围内的社会关系的强化,这种关系以这样一种方式将彼此相距遥远的地域连接起来,即此地所发生的事件可能是由许多英里以外的异地事件而引起,反之亦然。"③ 事实上更重要的是,每一个人都能够成为信息发布者和传播者,会被别人的语言所建构,也能建构别人的身份和行为。这就导致了在网络时代,叙述者在进行语言建构意义的同时也存在自身被他人建构的可能。这才是全球化的实质。

当然,出于技术等各方面资源的原因,个人还无法与国家等成为平等的传播主体。各国政府为了保障自身的安全和利益,利用所掌握的资源、知识和技术手

---

① K. M. Fierke. Links Across the Abyss: Language and Logic in International Relations. International Studies Quarterly (2002) 46: 331 – 351.
② 杨敏丽:《网络传播与文化全球化的关系》,载于《中国集体经济》2008 年第 3 期,第 119 页。
③ [英] 安东尼·吉登斯著,田禾译:《现代性的后果》,译林出版社 2000 年版,第 56、57 页。

段可以控制网络信息的传播,网络世界远不是一个对任何参与者都平等相待的天堂。但是,相比较从前的单向接受来说,个人能够主动施为还是有了很大的进步。

(二) 传播流向多向度

网络技术发展带来的行为主体多元化,不仅改变了具体的行为,也改变了传播的流向。正如人本主义心理学的创始人之一弗洛姆所指出的,19世纪上帝死了,20世纪人死了,那么21世纪随着网络技术的发展,人复活了。如果说在网络时代,每个人都可以成为语言的传播主体是一个事实,那么这个事实所带来的对人类思考的冲击是最值得称许的。它告诉人们世界上还有另外一些可能,还有另外一些选择:我们不仅仅是信息的接受者,也可以是制造者和传播者;我们不仅仅是规则的遵守者,也可以是制定者和改变者;我们不是被动地被塑造着自己的身份和行为,我们也可以建构自己、别人甚至集体的身份和行为。从这一点讲,这与后现代理论有异曲同工之妙,都强调了人本主义,都致力于解放人。

进一步说,民主、自由、人权、正义等存有争议的名词在这个世界上并不存在唯一解释,并不是因为人们还没有找到答案,而是答案有很多,每一个都是对的——在不同情况下。既然如此,就不能用某一国或某些国家的理解和认识来强制其他国家的行为,没有一个固定模式是最适合人类发展的,在不同地域不同时期,"正确"代表着不同的内容。这个延伸了的意义,对处理国家间关系和解决全球化时代的很多问题都有启示性。

(三) 传播途径的改变导致权力的转移

全球化时代网络技术的发展带来的传播途径的改变,影响了权力所依赖的资源基础,进而改变了人们争夺的权力的内容。

阿尔温·托夫勒在《权力的转移》中把权力的来源称为权力的三脚架:暴力、财富和知识。如果说在此之前,权力倚重于暴力和财富,那么,在全球化时代,"权力的两个来源——暴力和财富——对知识的依赖性与日俱增"。[①] 那么,知识的获得又需要通过什么途径呢?现在看来,最便捷不过的方式就是通过网络传播。网络传播在很大程度上脱离了传统边界和国际传播的科技障碍,给落后的国家带来了发展的契机,甚至可以不必经过工业化的阶段便直接进入信息时代。相应的,这个渠道掌握在谁的手里,谁便是权力的所有者。不难理解,权力倚重于知识,而知识的传播途径是网络,能够掌控网络世界信息出入的国家、组织或

---

① [美] 阿尔文·托夫勒著,吴迎春译:《权力的转移》,中信出版社2006年版,第444页。

个人就相当于全球时代的帝王。这就相当于能够让别人只获得你想让他获得的知识，从而遵循你想让他遵循的原则与规范，去做你想让他去做的事。这才是"霸权"的极致，也是最可怕的事情。

二、语言传播规则的改变意味着语言竞争力来源内涵的变化

网络技术的发展带来的传播主体、传播流向和传播途径的改变对语言的三个竞争力来源都产生了重大的影响。

从权威资源角度来看，全球化时代最强有力的实力资源就在于掌控网络资源。现实主义者强调的实力分配仍然具有市场就在于这个实力在不同历史阶段可以指代不同的内容，实力雄厚在全球化网络时代意味着掌握着高科技手段和资源。因此，权力的争夺围绕网络而展开就成为必然。在这个网络时代，语言的传播主要依赖网络，通过网络，语言所要影响的范围才能达到最大，产生作用的效率才能达到最高，所要建构的意义才能最好的内化到目标群的内心深处。掌握这个传播途径意味着可以随心所欲地创造、维持或改变意义，政治的终极目标也不过如此。与此同时，能够充分利用网络资源的大国往往易于建立起属于自己的专家权威和道义权威——越能充分享受网络资源，越轻易获得专业知识；越是频繁复述自身所代表的道义规范，越容易获得尊重和同情。可以想见，网络资源已经成为全球化时代的最大的权威资源。这是传播途径的改变对语言竞争力来源的重大影响。

从密切互动的角度来看，主要产生了如下影响：传播主体多元化和传播流向多向度使得全球比以往任何时候都密切得多，这种由于网络特点带来的高交往性使得各国、各地区之间的互动十分频繁，也比以往任何时候更容易受到其他国家和地区的影响，相互之间的敏感性达到了一个新的高度。这种敏感性在网络时代的特色就在于，任何一个个体都可能成为敏感源，任何一个个体都容易受到感染而发生变化。对于某一个特定个体来说，他所受到的影响可能来自任何个体或组织，而他也可能成为影响任何个体或组织的来源。这就使得全球化时代的复杂性与日俱增，不管对发达国家，还是发展中国家都是巨大的挑战。

认知一致的基础在于共有意义体系，这么看来似乎网络技术所带来的语言传播规则的改变对这个语言竞争力来源没有太大影响，但事实并非如此。不管政治制度、历史文化传统存在多大差异，民众的社会生活在很大程度上是有相似性的。在传播主体多元化的网络时代，个人经历与感受可以轻易跨过时空间隔到达彼方的接受方，可以引起广泛的共鸣，这种共鸣所产生的对该个体的同情必然会

上升到他所代表的国家与文化。从这个角度讲，在网络时代，每个人都可能成为"外交家"。当然，这种语言传播不是单向的，也就意味着每个人也可能成为被"外交"的对象，从而不自觉地成为推动本国政策变化的动因之一。

三、全球化时代发展中国家面临的挑战

全球化时代网络技术的发展带来的语言游戏规则的改变，对各国都产生了重大的挑战。几乎每个民族国家都面临着如何应对传播主体、传播流向和传播途径的改变带来的全面调整内政外交政策理念和机制结构的问题，而发展中国家在此种情势下面临的情况更为困难和危急。

（一）内政

全球化时代网络技术的发展对发展中国家内政带来的最大的挑战在于产生了"国退民未进"的尴尬局面。

随着网络技术的发展所带来的语言传播主体的多元化趋势，民族国家在政治、经济、社会、文化多个层面已经漏洞百出，无法像过去那样垄断和掌控一切[1]。在网络时代，介入整个社会政治、经济、文化各方面的门槛都降低了，任何人只要有一台电脑，能够接入互联网，就能进行语言传播，建构社会事实，而这些是国家无法也没有能力阻止的。可以说，网络技术推动了整个社会的政治化。也正是在这种便捷、廉价的网络手段的推动下，原来禁锢在国家之下的非国家行为体产生了极大的参与社会公共事务的热情，民族国家政府垄断公共事务管理权的格局日益被侵蚀。这种侵蚀导致了对国家权威的挑战以及"去中心化"和"非等级化"的趋势：前者指资本、权力、信息的集中过程，后者指地方、社区分享原中心区域资源的能力越来越强[2]。传播流向的多向度更是使得国家如何把握舆论主流的难度攀上了新高度。最为极端的情况下，国家可能甚至不能做出理性的决定而必须屈从于民众非理性的情绪化要求。而网络渠道的封锁和控制虽然并不是无法做到的，但相较于从前的报刊、广播和电视等的言论传播方式而言，要困难得多。在网络时代，任何一个人都可能成为新闻的现场转播、报道者，任何人都可以根据自己的解读给某个社会事实赋予意义，一旦被接受、引起共鸣乃至形成社会共识，政府也必须接受而无法推翻，或者更甚者，政府也被个人或组织解释的事实建构了。

---

[1] 赵可金：《全球公民社会与民族国家》，上海三联书店2008年版，第242页。
[2] Ulrich beck. *World Risk Society*. Cambridge：Polity Press，1999，P. 69.

面对这种对国家权威的质疑和挑战，国家只能顺应这一历史潮流运动的方向，在内政安排中实现政策理念和机制结构的转变。前文提到的发展中国家面临的"国退民未进"的尴尬，就在于理念和配套机制没有跟上全球化时代的步伐。

为什么说发展中国家比发达国家面临的问题更大呢？的确，发达国家也面临着同样的问题。但是，发达国家和发展中国家不一样之处在于它们有一个比较成熟的公民社会。作为与政治国家相分离的"持不同政见者"，公民社会发挥着弥补国家职能缺失的作用。"政府大可放下一切职能，只需保留国防，维护国内外交通体系和维护治安等职能就够了。"[1] 这种说法尽管有些夸张，现实情况也表明政府职能在现代社会的重要性，但它表明，在发达国家中，在国家由于网络技术的发展被迫退离的过程中，成熟的公民社会能够迅速填补国家退离产生的空白，不至于使社会失序。

在发展中国家，随着社会的进步，公民社会也在逐步觉醒。但是，公民社会觉醒的速度远远达不到因为网络所带来的国家职能效用退化的速度。原先由民族国家进行调控的领域由于语言传播规则打破了其效用的范围，失效了的国家工具再也无法起到其应有的作用。此时，尚不完善的公民社会却无法担负起这个重任。原有的制度失效，却没有可以倚重的新制度资源，因此，反而带来了公共事务管理上的混乱。

此外，正如前面提到的密切互动和认知一致在网络传播时代的特点是使得国内民众容易受到各种来源的影响，国家更难按照需要向国内公众推销政策，因为在传播主体多元化的时代，传播对象（或消费者）的注意力是稀缺资源。在这种情况下，国家、个人、团体都可能是传播主体，他们之间争夺消费者的竞争分散了国家原本占有的市场份额。也正因为如此，国家凝聚力所必需的共同经验的缺乏导致了国内管理的艰难。更甚者，国家可能被迫实施受到其他国家、组织或个人影响的国内民众而推动的政策，而这些政策有时候根据战略考虑是根本不应该实施的。这是全球化网络时代发展中国家面临的重大挑战。

由此看来，网络传播在解放人的同时，还释放了原先国家管理压制下的混乱。发展中国家亟须转变处理公共事物的政策理念，"在各种不同的制度关系中运用权力去引导、控制和规范公民的活动，以最大限度地增进公共利益"。[2] 除此之外，如何设置机制需要十分重视"细节"。如何进行制度设计以使其适应全球化时代网络凸显的特色，如何保证能够引导网络传播参与者的言行，如何推动公民社会真正能够为自己的言行负责，这些都是全球化时代发展中国家的重大任

---

[1] ［美］泰格、利维著，纪琨译：《法律和资本主义的兴起》，学林出版社1996年版，第256页。
[2] 俞可平主编：《治理与善治》，社会科学文献出版社2000年版，第5页。

务，在这些任务面前，国家不能"退"。

（二）外交

随着网络技术的发展和推进，发生了德国思想家乌尔里希·贝克提出的"距离的消失"，被卷入经常是非人所愿、未被理解的生活方式①。而被卷入这种非人所愿、未被理解的生活方式的恰恰是发展中国家。按理来说，随着网络技术的发展，传播主体多元化、传播流向多向度以及传播途径成为权力争夺的对象，发展中国家应该能够从中获利。如发展中国家可以迅速通过网络获得信息进入信息时代，可以通过网络传播自己的价值观、规范，可以通过参与网络传播建构其他国家。但是，事实却并非如此。发展中国家在国际体系中的地位只降不升，发展中国家面临的边缘化危机越来越迫近。听起来似乎匪夷所思，但是，进一步分析就会发现现实情况不容乐观。

截至 2008 年年底，中国网民数量达到 2.98 亿人，②不仅超过了美国，而且跃居世界第一位，成为上网用户数量最多的国家。但是，不容忽视的一个事实是，全球信息网络是没有"所有权"而只有控制权的。在全球信息网络这个虚拟空间中，所有制的概念已经没有意义，谁能有效地控制多少信息在网上的传播，谁就是多大的富有者；谁有多大的信息控制能力，谁就有多大的所有权。③网络的主心骨是网络的根服务器（根服务器主要用来管理互联网的主目录），全世界只有 13 台：1 个为主根服务器，放置在美国；其余 12 个均为辅根服务器，其中 9 个放置在美国，欧洲 2 个，位于英国和瑞典，亚洲 1 个，位于日本。所有的根服务器均由美国政府授权的互联网域名与号码分配机构 ICANN 统一管理，负责全球互联网域名根服务器、域名体系和 IP 地址等的管理。由于根服务器中有经美国政府批准的 260 个左右的互联网后缀（如.com、.net 等）和一些国家的指定符（如法国的.fr、挪威的.no 等），美国政府对其管理拥有很大发言权。④

由此看来，作为权威资源的网络资源，大部分都掌握在美国等发达国家手中。发展中国家在信息获取、占有和分配中仍然处于弱势，甚至可以说掌握网络资源的发达国家可以传播它们想要告诉发展中国家的信息，建构它们想要说明的

---

① Ulrich beck. *World Risk Society*. Cambridge：Polity Press，1999，P. 23.
② 《CNNIC 发布〈第 23 次中国互联网络发展状况统计报告〉》，中国互联网信息中心，http：//www.cnnic.net.cn/html/Dir/2009/01/12/5447.htm。
③ 汤啸天：《信息控制权初论》，载于《政治与法律》2000 年第 4 期，第 19 页。
④ 中国 B2B 研究中心：《美成立网络司令部 掌控核心技术信息能力傲首》，http：//b2b.toocle.com/detail—4775136.html。

社会事实。而发展中国家却只能越来越多地接受外来的信息，不仅难以发出自己的声音，反而在语言传播中受到压制，逐渐被发达国家的价值规范所同化。正如互联网协会主席唐·西斯所说："如果美国政府想要拿出一项在全球传播美国式资本主义和政治自由主义的计划的话，那么互联网就是它最好的传播方式。"①

虽然说在"密切互动"的网络时代，由于传播主体的多元化和传播流向的多向度，发展中国家中的个体也比以往容易成为传播主体、影响世界，但是，正如前述数据所显示，发展中国家在网络资源上的劣势往往导致这种"密切互动"的得益者是发达国家。也就是说，本来应该意味着解放人的网络技术的发展却由于这种发展在国别、地区的不平衡导致了另一种剥削。发展中国家甚至比以往更广泛地处于发达国家政治、军事、经济、社会、文化和价值观等的影响之下。本来应该是发展中国家的传播主体也能影响其他国家、地区，但是这种传播流向的多向度也是极不平等的。本应该进发多元文化互融共生、竞争进步的局面，却往往在强势的西方文化借助网络传播优势的情况下变成西方文化价值观一统天下的局面，进而变成西方文化价值观的"全球化"。举个例子，如果原本 A 国与发达国家平均实力比为 2∶3，在网络技术发展时期 A 国和发达国家由于得到网络发展的好处分别提升了 1 和 3 的实力，那么现在实力比是 3∶6，相对而言 A 国的实力地位反而下降了。在处于发达国家文化价值观的笼罩之下，所谓的"认知一致"也往往是发展中国家受到西方文化的影响，国内民众往往容易对发达国家产生共鸣，对本国政府的政策压力可想而知。

由此看来，传播主体多元化、传播流向多向度和传播途径的改变的确在一定程度上提高了社会政治化的程度，让普通民众能够更便捷地参与政治生活中，让发展中国家也能借助网络技术的发展迅速进入网络时代，增加在国际社会中的"发言"机会，给予原本处于实力中下层的国家更大地表达自身利益、参与建构世界的机会。但是，网络技术的发展并没有颠覆以往的国际实力分配，在很大程度上，网络资源的掌控仍然依赖于既有实力基础，这就意味着原本处于实力上层的国家能够掌握更多的网络资源，也能更好地利用这种新的传播手段。从某种程度上说，网络技术发展带来的机遇，如果发展中国家不能好好利用，不能从国家政策理念、相应制度改革等方面进行相应调整和改变，不仅无法真正得到网络技术带来的好处，反而可能使自己处于比以往更困难的境地：内政中无法处理好公共事物的管理，导致国内秩序的混乱；外交中被动地处于"被传播"者，无法发出自己的声音，国际上的地位迅速下降。

可以说，公共外交在近些年的大规模兴起在一定程度上是对全球化时代所带

---

① 俞可平主编：《治理与善治》，社会科学文献出版社 2000 年版，第 119 页。

来的内政外交压力的一个回应。全球化时代公共外交的兴起可以说是对所有国家的共同挑战和机遇，但是在国家在全球范围内的公共外交实践极为不同，不仅国家之间存在实践模式的差别，甚至在一国的公共外交实践中，针对不同地域和情况的公共外交实践也有明显或模糊的差别。马克·麦克道尔（Mark McDowell）[①]曾经从国家大小的角度对"大、中、小"三类国家的公共外交活动进行过一个大致的区分。他认为极为讽刺的是，尽管大国拥有更多资源去推行公共外交，但是由于小国能够更好地控制公共外交实践中传达的信息所以小国在公共外交实践中反而更具备优势。因为大国拥有太多关于文化、贸易等各方面的信息，有太多所谓"软实力"的内容，以至于无法使"国际观众"聚焦在某个特定信息上，信息繁杂反而不利于公共外交传达特定信息、塑造特定形象的实践目的。相对地，小国因为资源的"有限"反而可以准确传达关于本国的信息，塑造清晰的形象。不过，他也提到，小国也面临这样一种危险，因为小国的资源有限导致的形象单一使得某些情况下一旦形成了负面的形象之后，很难有其他资源汲取出来去塑造另一个正面的形象。但是总的来说，麦克道尔只是粗略地点出了国家规模大小程度可能对公共外交实践产生不同影响的可能性，并没有对所谓的大、中、小国进行明晰的界定和分析，也没有对由于大小程度不同而导致的公共外交实践模式有何具体的差异进行进一步的阐述。实际上，用所谓的"大小"（size）问题对国家的外交政策能力进行分析是国际关系研究中的一个传统视角，如沃马克就曾就中国、美国、越南的具体案例对国家大小规模与国际交往、互动模式进行过精彩的分析，将不对称的国家大小规模纳入了自变量的研究范畴；[②]当然还有一些诸如地缘、历史、文化等视角的研究分析也非常发人深思，都是公共外交理论与实践研究可供借鉴的视角。但是，从实用性的视角来看，这些较为宏观和体系层面的切入视角虽然有助于把握国际关系中国家行为的总体趋势，却在面对现实的个案（包括不同时间、空间背景下不同国家的公共外交实践）时却往往处于无能为力的状态。所以，即便可以从社会、文化、历史和地缘等视角对各国的公共外交实践模式进行总结归纳，但若是处于归纳的目的在于借鉴和将来对实践的改进，那么上述宏观的视角显然并不是最优的选择。

如果根据国家和公众两类行为主体进行维度划分，公共外交实践可以分为四个大类：一是公共外交以国家为基础、由国家主导；二是公共外交的中心由国家向公众转变；三是公共外交的基础则由国家转变为公众；四是国家面临着对抗性公共利益攸关者，公众仍是公共外交的控制者，实际上代表了"危机公共外交"

[①] 现为哈佛大学肯尼迪政府学院的咨询委员。

[②] Brantly Womack. How Size Matters: The United States, China and Asymmetry. *Journal of Strategic Studies*, 24 (4): 123 (2001).

(crisis public diplomacy) 的挑战。总的来看，世界各国的公共外交实践大体上仍然停留在第一类公共外交实践的层次上，因此才会使得很多学者和实践家诟病这种公共外交实践与传统的外宣有太多相似之处，因为这类公共外交实践的确更多地强调国家利益的实现，而且往往忽视了公众的作用，而这一点恰恰是全球化时代对公共外交带来的最大的挑战和机遇——公众参与国家外交进程特别是公共外交实践活动的能力和意愿都得到了空前的提升。从理论上讲，各国已经认识到了问题的所在，开始有意识地将公共外交实践向第二类模式发展，公共外交领域中广泛使用社交媒体的策略相当明显地体现了从以国家为中心向以公众为中心的转变。

第二节 侨务公共外交的情感内涵

一、侨务公共外交的缘起与发展概况

中国各级侨务机构及其所影响的海外华侨华人组织和个人，是实施侨务公共外交的最佳主体。2011年9月，为了进一步配合中国的总体外交布局，促使中国的侨务公共与时俱进，国务院正式印发了《国家侨务工作发展纲要（2011～2015年）》，对"十二五"期间的侨务工作作出全面的规划和部署。该纲要首次把"拓展侨务公共外交"列为我国侨务工作未来五年的重要任务之一。在接下来一个月召开的全国侨务工作会议上，国务委员戴秉国和时任国务院侨办主任李海峰又先后对此进行强调，侨务部门今后要重视"拓展侨务公共外交"，这也成为此次侨务工作会议的最大亮点[①]。

作为一个新兴的概念，"侨务公共外交"虽然尚未得到系统的理论阐释，但是相关学者对此也提出了一系列的局部解释，使其逐步清晰化。侨务公共外交是前任国侨办主任李海峰在2011年10月提出的新的侨务工作的方向与政策，引起了学界的广泛关注。

随着"侨务公共外交"的提出，各级侨联、侨办，学术机构以及团体对于侨务理论的建构也开始从侨务公共外交角度出发。国务院侨办副主任何亚非在不

---

① 《全国侨务工作会议首提"侨务公共外交"》，中国新闻网，http://www.chinanews.com/zgqj/2011/10-21/3406592.shtml。

同场合都对侨务公共外交提出了看法,他认为:"如何让世界顺利接受中国和平发展的理念和现实?侨务公共外交在这方面可以发挥十分重要和独特的作用。"对于侨务公共外交的优势,他觉得"侨务公共外交就是通过侨务渠道开展的公共外交。华侨华人既是侨务公共外交的受体,又是主体。侨务公共外交在影响华侨华人的同时,又通过华侨华人的媒介作用,向外国政府和民众传达和介绍中国基本国情、价值观念、发展道路、内外政策等信息,以消除误解、增进了解、促进合作,从而维护和实现国家的根本利益"。并且提出了开展侨务公共外交中应注意的九点意见。①

赵可金、刘思如的《中国侨务公共外交的兴起》② 一文分析了侨务公共外交兴起的背景、原因与意义,并就侨务公共外交的内涵进行了辨析,认为侨务公共外交的前景与潜力相当巨大。潮龙起的《侨务公共外交:内涵界定与特点辨析》③ 与隆德新、林逢春的《侨务公共外交:理论内核、本体特征与效用函数》④ 都系统阐述了侨务公共外交的内涵与特点,其中,隆德新与林逢春运用符号学的研究视角,将侨务公共外交的效用函数取决于海外华人参于公共外交的动力、能力与机会三个变量的组合可谓是学理上的创新;最早将公共外交理论引入中国的王义桅教授认为,侨务公共外交理论研究必须跟上侨务公共外交实践和大环境下的公共外交实践,工作的重点应放在对不同地区历史经验与生活实践的总结、提炼,突出中华民族血浓于水的民族情感,注重研究华侨华人与当地民俗、社会的融合历程,以点带面,以面带体,构成多元一体的理论体系;⑤ 吴前进教授则主张借鉴台湾侨务公共"外交"的方式方法,以"润物细无声"的形式实践侨务公共外交。⑥ 侨务公共外交的理论建构正在不断完善,最为侨务理论的一个重要分支,侨务公共外交的研究毋庸置疑地会对侨务理论的构建提供学术经验与学理基础。因此,从侨务公共外交角度进行侨务理论的构建与剖析也是一种创新方式,并且吸引越来越多的学者深入研究,形成新的研究趋势与学术方向。

此外,2013 年 2 月,德国华侨华人公共外交协会成立;8 月,第三届"中国

---

① 何亚非:《释放侨务公共外交巨能》,载于《人民日报海外版》2013 年 10 月 16 日,第 08 版。
② 赵可金、刘思如:《中国侨务公共外交的兴起》,载于《东北亚论坛》2013 年第 5 期,第 13 ~ 24 页。
③ 潮龙起:《侨务公共外交:内涵界定与特点辨析》,载于《东南亚研究》2013 年第 3 期,第 65 ~ 70 页。
④ 隆德新、林逢春:《侨务公共外交:理论内核、本体特征与效用函数》,载于《东南亚研究》2013 年第 5 期,第 84 ~ 91 页。
⑤ 翟江玲:《从实践中提炼侨务公共外交理论》,载于《中国社会科学报》2013 年 5 月 24 日,第 A02 版。
⑥ 吴前进:《台湾侨务公共"外交"与华侨华人关系互动》,载于《国际关系研究》2014 年第 1 期,第 132 ~ 145 页。

侨务论坛"在厦门召开；9月，召开侨务公共外交专题研讨会；12月，"海外华人与中国侨乡文化"国际研讨会在广西举办；2014年5月，华侨华人与中国周边公共外交研讨会在厦门华侨大学召开。与此同时，各高校也纷纷开始成立与侨务外交有关的机构、举办相应的学术活动。如中国人民大学于2014年2月26日成立公共外交研究院；华侨大学也于2013年5月成立公共外交研究所、华侨华人信息中心等。各研讨会的举办，相关学术机构的成立以及国务院侨办负责人的表态都表明侨务公共外交成为现阶段侨务工作的重点。2014年3月17日，国务院侨办主任裘援平在《求是》上发表了名为《华侨华人与"中国梦"》[1]的署名文章。文章认为华侨华人是实践"中国梦""三个必须"[2]的重要力量，并从华侨华人是走好中国道路的重要支撑、是弘扬中国精神的重要载体、是凝聚中国力量的重要源泉三个角度进行阐述，将华侨华人与"中国梦"紧密联系。"中国梦"是应对已经变化了的国情、世情、侨情而提出的新的工作思路，可以说是习近平主席的侨务思想的重要内容，丰富了侨务理论的思想渊源与理论内涵，开创了新的研究思路。

二、侨务公共外交的基本操作原则

与西方社会不同的是，中国人皆言"家、国、天下"[3]，在传统的中国语境中，家庭是一个具有自身绝对性、不可还原的最小生活形式，而且任一个体都必须通过他在家庭中的存在而获得作为这个特定个体的意义。从家庭到国家再到天下，是一种"映射性"（mapping-into）的推衍，家庭是人的情感中心，其他情感关系则围绕着这一中心按照其亲疏程度层层向外远去（按照费孝通的比喻，它是个波纹同心圆的结构[4]）。因此，对海外华侨、华人及华裔而言，或许对于家乡的情感会比对国家的情感更为强烈，这也成为地方政府实践"侨务公共外交"的感情支撑和独特优势之所在。

正如第八章所论述的集美区侨务工作经验所看到的，地方政府利用地方侨"情"所做的对外联络、沟通乃至侨务公共外交实践取得了很好的成效。[5] 在侨务公共外交层面，国家的指导是基础，但是真正有生命力的实践在于地方。总的

---

[1] 裘援平：《华侨华人与"中国梦"》，载于《求是》2014年第6期，第58~60页。
[2] "三个必须"是习近平主席在2013年3月17日的讲话中提出关于实现"中国梦"的三个原则，分别是必须走中国道路，必须弘扬中国精神，必须凝聚中国力量。
[3] 《孟子·离娄上》："人有恒言皆曰天下国家。"
[4] 费孝通：《乡土中国》，生活·读书·新知三联书店1985年版，第25页。
[5] 2014年集美校友会还得到了国家主席习近平的亲笔回信，鼓励发扬嘉庚精神。

来说，地方政府在践行侨务公共外交时需要保证以下几个操作原则。

一是侨务公共外交的目标和规划，以不能影响华侨华人在当地生存和发展为原则。华侨华人既是侨务公共外交的对象，更是行为主体，他们的利益损失，是公共外交效益的直接损耗，也是对构成地区核心利益的侨务资源的流失。

二是侨务公共外交规划重在长期性。侨务部门在规划公共外交项目时，应当尽可能避免短期行为，不应因上级的政策变动和长官意愿，随意调整侨务公共外交的具体目标。

三是充分信任华侨华人，尤其是其精英实施公共外交的意愿。侨务公共外交不仅是维护国家、地区的利益，而且直接惠及华侨华人。华侨华人自身的生存和发展，与侨务公共外交的目标高度一致。

四是承认华侨华人从事公共外交的能力以及作为侨务公共外交的主体地位。无论是对当地国的了解或影响当地国社会的能力，华侨华人都比中国任何一级侨务部门及其工作者具有无可比拟的优势。因此，侨务部门除了给予鼓励和原则性的具体目标引导外，切忌事事指手画脚乃至包办取代。

五是侨务部门要给予适当的精神鼓励和物质支持。从事公共外交，特别是重要的公共外交项目时，也需要一定的资金投入。华侨华人的利益获取主要来自当地社会，因此，他们有自身的利益考量。他们作为从事侨务公共外交的主体，不仅需要精神激励，而且需要资金支持，尽量让海外同胞不至于出力流汗又破财。

三、侨务公共外交的情感内涵

第一部分对全球化时代的公共外交四类基本实践模式做了简要的分析，可以看到，这些视角对公共外交实践的研究都是从理性层面切入，本书试图从另一个方面即情感与理性的关系角度进行思考。当今世界是一个理性的时代，人们一提到情感往往会想到它的负面作用。情感和理性被当作两个互不相容的概念放置在完全不同的地位上：理性是好的，情感是疯狂的。那么现实中，真的存在绝对分开的理性与情感吗？"纯粹理性"早就已经被学者们批判和当作了进行推理便利的理想假设了，很少有人会把它当作真的，"有限理性"取而代之成为人们经常使用的概念。然而，这个"有限"的意义在于理性只构成人们赖以行动的一部分，另一个部分是情感这个事实却被人们视而不见。在承认情感作用的学者中又存在两种观点：一是认为情感与理性是共同作用于行为的；二是认为情感是理性的根源。笔者认同第二种观点，即情感激起理性，成为理性的发端，并发展了理性；理性的力量，是从情感那里得到的。达玛西奥（Damasio）的一个实验表明，一群由于手术原因在失去了情感后仍然保持认知能力的人们无法再保持理性。① 同样的，实验证明失去情感的人们同样不会在乎社会规范的存在也不会遵守。因此可以说，情感是先于认知的，因而也是先于理性存在的；而社会规范的维持和遵守如果没有情感的作用也是无法做到的。很简单，没有情感的人根本不会在乎遵守规范与否带来的赞赏或谴责。对于他们来说，规范起作用的一个重要机制"通过点名而让其感到羞愧"（naming and shaming）根本不起作用。情感赋予事物于价值（values），而社会化则赋予事物于意义（meaning）。先在的情感必然为后生的理性设定好了可以从中起作用的框架。可以这么理解，情感需求赋予了世界上各种事物于价值，满足同一种需求的事物可能有很多种，那么社会化的职能就在于根据理性从中挑选某些来满足这些需求。因此，社会化的实现在于成功地把合适的事物与情感需要用意义连接（linking）起来。

基欧汉认为，国家出于对国家利益的理性计算和国际制度提供的三个促进合作的条件使得合作得以产生和维持。这里的一个前提是国家之间存在共同利益，而共同利益的发现过程就是一个无法回避情感因素的过程。以中国加入 WTO 为例，从结果来看，中国现在已经加入这个国际制度，说明中国与该制度下的各国是存在共同利益的。那么为什么以前不加入或者以前该国际制度不让中国加入呢？如果存在共同利益，那么最符合理性和国家利益（不管是中国还是制度内各国）的选择就是迅速加入。一个解释是之前没有发现共同利益；二是有共同利益，但是与更为重要的其他利益相冲突，于是无法合作；三则是以前没有共同利益，随着各自的发展产生了原本不存在共同利益。在 WTO 这个例子里，应该是第二种更好地解释了现实，中国需要开放的世界市场，WTO 也需要开放的中国市场，但是出于政治上的利益权衡导致了无法合作。这里就存在这么一个问题，人们为什么会认为 A 利益比 B 利益重要，为什么后来又会认为 B 利益更重要或者 A 利益不再与 B 利益冲突呢？实际上，凡是涉及选择即什么是好的这样的问题时都无法绕开情感因素。同样的，在已经形成合作后怎样维持也涉及情感问题。正如建构主义学者所探讨的如何内化规范的问题，在这里，不管是内化还是社会化，都需要情感的支持。前文所提到的实验就是一个很好的例子。人们之所以会认为规范是好的、应该遵守，是因为情感的作用而不是理性的衡量。在没有情感的基础上，理性也不会存在。

虽然学者对情感重要性有了一定程度的认识，但是如何研究它对行为特别是

---

① Janathan Mercer. Emotional Beliefs. International Organization, Winter 2010, Volume 64, Number 1, P. 3.

在国际关系领域中对国际行为体的行为的影响上，仍然没有达成共识。① 人们对情感的不信任在于它的难以操作化，于是试图用别的便于验证的概念替代它，正如华尔兹用"权力分配"替换了摩根索的"人性"那样。但是，正是情感影响了人们的理性会挑选怎样的事实进行解释，得出怎样的结果，形成怎样的认识，从而决定其行为。在当今全球化影响愈加深入的时期，侨务工作更应因时、因势进行调整，或可将"情感"因素植入当代侨务施政之中，培植全球情感共同体，创新侨务工作的情感转向。国务院侨务办公室主任裘援平在"第三期海外侨领高级研修班"结业仪式上表示，国务院侨办在与海外侨胞的沟通联络及促进中华民族统一方面，全靠情感来开展工作："我认为国侨办是一个很神奇的部门，我们开展工作只靠两个字——情感。"②

（一）侨务工作的心理过程

心理过程指的是心理活动发生、发展的过程，也就是人脑对现实的反映过程。是指在客观事物的作用下，在一定时间内，大脑反映客观现实的过程。而整个心理过程又包括认知过程、情感过程和意志过程。认知过程（知）指人在认识客观世界的活动中所表现的各种心理现象；情感过程（情）指人认识客观事物时产生的各种心理体验过程；意志过程（意）指人们为实现奋斗目标，努力克服困难，完成任务的过程。而在意志过程中产生的行为就是意志行为（行）。知、情、意、行之间的关系既相互联系又相互区别：认知是产生情、意的基础；行是在认知的基础上和情的推动之下产生的，它既能提高认识、增强情感、磨炼意志，又可以实现行为控制、调节情感以及提高认知。

因此，就当代侨务工作而言，应重视海外侨民对祖籍国的认知以及其所产生的各种心理情感体验，这样才能增强他们对祖籍国的认同并为之而做出正确的价值判断以及行为。而要使得侨民对祖籍国及侨务工作产生正确的认知，"情感"因素不失为一个恰当的切入点。虽然整体而言，中国的侨务工作服务于中国的外交战略和国家利益，本属于理性政治的范畴。但诚如前面所言，理性与情感是相互交织的、密不可分的，理性不能完全脱离于情感。马克思·韦伯（Marx Weber）曾言人类理性包括价值理性和工具理性两个方面。价值理性是指"有意识地对一个特定的行为——伦理的、美学的、宗教的或作任何其他阐释的——无条

---

① 在 2010 年第一期的"International Organization"期刊中，乔纳森·莫瑟尔（Janathan Mercer）在 *Emotional Beliefs* 一文中提出的一个解决方法是通过信念（Beliefs）来弄清情感对政治的影响。见 Janathan Mercer. Emotional Beliefs. International Organization, Winter 2010, Volume 64, Number 1, P. 3.

② 裘援平：《国务院侨办开展工作全靠情感》，中国新闻网，http://www.chinanews.com/zgqj/2013/12-09/5598508.shtml.

件的固有价值的纯粹信仰,不管是否取得我成就"①。也可以理解为,价值理性是人们涌来判断事物或行为好坏、应该不应该的价值体系。而工具理性是指"通过对外界事物的情况和其他人举止的期待,并利用这种期待作为条件,或者作为手段,以期实现自己合乎理性所争取和考虑的作为成果的目的"②。也就是说,工具理性是实现目标的手段体系,可以等同于经济学中的成本——收益原则,要求实施者所选的手段成本最小,达到的收益最大。因此,可以说价值理性的理念更多地体现出理性中的情感因素,也符合各项研究与实践中"情感转向"的趋势。清华大学徐进便运用价值理性与工具理性之间的博弈,分析作为高级政治领域的战争法规范演变的动力③。

将"情感"因素植入侨务工作之中,运用情感纽带增强侨民对祖籍国及其各项方针政策的认知与相互之间的理解,使得他们不自觉地对祖籍国产生亲近感,从而进一步催生出认同。而所谓认同(identity),是指某个群体或者个体达到自身的统一性过程。就集体认同而言,就是他们之间行为习惯、思维方式和价值信仰的相似性,即共同体在文化上的一致性;就个体认同而言,主要表现为个人意志的连贯性、行为方式和价值取向的一致性。目前,旅居世界各地的华人约为3 500万~4 000万人,他们散居在全球不同的地方,把他们联系起来的最佳纽带便是对祖籍国的情感,即归属感和认同感,即使出生在其他国家的华裔,生活习惯与国内的同胞有较大的差异,语言交流也会出现障碍,但他们仍然有族群认同的潜意识。例如,尊重家庭价值、崇敬祖先、重视子女教育、倡导和谐宽容等。此类潜意识均属于"情感"的范畴,也是他们历经了对中华文化的认知与情感过程后所产生的对祖籍国的一种意志行为,即文化认同。

与生活在国内的同胞相比,海外侨民身处文化差异和文化交融的环境之中,他们经历急剧的文化流变过程,直面文化的断层和交叠,因而对自己的生存身份和文化认同便更加敏感。此外,全球化的进程改变了华侨华人的生存状态,从而对他们的生存身份产生了新的影响,对他们的身份归属和文化认同带来了新的特点。正如德国学者约恩·吕森指出的那样,全球化进程推进和加深了人们的文化归属感的危机,强化了人们的文化认同意识④。

随着全球化进程的加深和中国综合国力的增强,中国在国际社会的影响力和在世界舞台上的作用越来越重要,参与的国际事务越来越多。这些也为华侨华人在海外的生存创造了良好的条件与机遇期。全球化为中国的和平发展提供了一种

---

①② [德]马克思·韦伯著,林荣远译:《经济与社会》(上卷),商务印书馆1997年版,第56页。
③ 徐进:《战争法规范演变的动力》,载于《国际政治科学》2008年第1期,第1~32页。
④ [德]约恩·吕森著,吕旭鹏译:《怎样克服种族中心主义——21世纪历史学对承认的文化探讨》,载于《山东社会科学》2007年第11期,第38~41页。

有效的背景和前提，中国可以借助于经济全球化和区域化来实现国家的崛起。一方面，中国等新兴经济体依靠参与世界贸易竞争可以获取经济利益，实现自身发展的目标；另一方面，由于经济的相互依赖，旧有的强权也很难组织起来围堵新崛起力量的同盟。经济博弈往往不是零和游戏，而是相对利益。在涉及全球性的问题时，西方国家不得不与中国进行对话。由此，华侨华人在祖国的崛起中也应获得相应的尊重。

全球化的进程正在强化华侨华人在居住国和祖籍国之间进行经济、政治和文化方面交流的桥梁的作用，因此文化认同和双重归属感变得越来越成为华侨华人集体认同的常态。在过去，侨民不是落地生根，就是盼望有一天可以落叶归根；现在，他们却在两种文化之间自由游弋，成为不同文化之间联系的天然纽带。因此，从过去的落地生根或落叶归根，到现在许多人自由地游走在两者之间，海外华侨华人将"侨"逐步变成了中华文化与其他文化、中国与世界之间的"桥"[1]。

（二）侨务工作的情感体验

情感体验是用情感带动心理的体验过程。侨务工作的情感体验指的是侨务政策的制定与实施过程中需要对侨民倾注感情，设身处地地为侨所想、为侨所思、为侨服务。反之，华侨华人也会对祖籍国怀有真情实感。

中国社会是一个关系型社会，社会成员之间通行"人情"法则，讲究"面子"。华侨华人虽然身处海外，但也受到此类思想的辐射。例如，作为海外华人社会"三宝"之一的各地华人社团便可视为一个微型的社会关系网络，体现着混合性人际关系的特点，"人情"与"面子"充斥其中。全球化进程使华侨华人成为向世界展示中华文化的重要窗口，中国综合国力的增强也提高了侨民的自信心，为他们争了"面子"。过去，侨民对祖籍国的情感更多的是基于祖国的积贫积弱而盼望中华民族的复兴；现在，对祖国的情感更多来自对祖国繁荣发展的自豪感。对祖国的强大不仅仅是侨民的一种期待，而且已经是他们的一种现实感受。侨务工作更是要利用此良好的机遇期与平台，使华侨华人感到祖籍国对他们的关心与爱护，感到侨务政策的优势所在，感到侨务工作给足了他们"面子"，感到与先辈的中国更亲近。侨务施政更是要以情感为纽带、以文化为桥梁，在全球化时代的背景之下，进一步打造全球侨民情感共同体。

数千年的积淀赋予了中华民族与中华文化以强大的生命力、感染力和影响力，即使是生活在海外的侨民也仍然或多或少保留和延续着中华传统文化中的某

---

[1] 韩震：《全球化时代的文化认同与国家认同》，北京师范大学出版社2013年版，第124~125页。

些元素，并且给自己的侨居国打上深深的中国印记。可以说，大多数华侨华人都情系桑梓、心怀故土、恋祖爱乡。正如杜甫的诗句："露从今夜白，月是故乡明"。华侨华人身在异国他乡，却心系中国，特别是重视中华传统文化的传承。"文化，只有文化，才是自己真正的精神和民族之根。即只有从自己民族的语言、文字、歌曲、舞蹈、服饰、衣物、食物、习俗等点点滴滴文化要素中，才能追寻到真正属于自己本民族的精神之根，才能燃起那一盏照亮自己人生之途的明灯"①。随着中国经济的发展和国力的崛起，华侨华人越来越对祖籍国感到自豪、感到特有"面子"。唐人街也不再只是侨民的侨居场所，而是成为展示当代新中国、中华文化的新窗口，他们以积极的姿态向其他民族敞开中国之门，许多还成为当地多元文化的中心。

第三节 以华商群体为目标案例的公共外交策略

一、华商作为侨务公共外交的主要目标行为体

本节试图进一步细化，对华侨华人中的"华商"② 群体进行分析。

首先，华商是公共外交的重要目标群体。自 19 世纪末期，华人纷纷离开中国大陆以来，目前华人几乎已遍布世界的各个角落，他们经过自己艰辛的努力，已经成为同行业的翘楚，并且创造了辉煌的财富业绩，甚至成为当地最富有的社会群体。他们的适应能力往往一流，并且熟悉市场、懂得管理、善于经商、理财。他们以自己的卓越成就，在世界上改变了"中国人贫穷"的传统形象，塑造了"财富中国"的形象。他们大多数在侨居地建立小规模商业，其中有些华商的业务已扩大或已多元化，有些更成为商业王国，拥有跨国的产业。从公共外交的对象来说，只有影响有影响力的人才能够达到最好的效果，而能够影响国家公共政策或外交政策的民众仍旧是一部分文化精英、商业精英、政治精英等，华商便是其中的翘楚。

其次，华商群体所特有的文化属性使得其在公共外交的观念传播中能够发挥

---

① 石川人：《文化是心中的一盏明灯》，载于《人民日报（海外版）》2008 年 2 月 15 日。
② 一般来说，华商是指海外华商，本书也采取这个传统说法而不讨论包括国内商人群体在内的广义的华商概念，下面的华商文化同样是指海外华商的文化。

重要作用。一般意义上，华商文化是指包括价值观、文艺、科技、教育、宗教信仰、生活方式等广义的文化。① 有学者认为华商文化的精粹是"儒学"，而儒学2000年来一直是中国传统文化的基础，对中华民族的形成、繁衍、统一以及自立于世界民族之林均起了巨大推动作用。②③ 也有学者从"缘"文化入手讨论华商企业的管理模式，认为血缘、地缘及业缘关系下的以家属经营为中心的经营形态，使华商在经济活动中增加了凝聚力、亲和力和竞争力。④ 当然，还有不少其他的解读，对华商文化的内涵进行了不同角度的分析和界定，仅仅从儒家文化角度来分析，内容就已经很丰富，如孔子的中庸、忠恕、仁、义、礼、智、信等思想，儒家文化的"以人为中心"、"协调人际关系"、"勤俭节约"、"注重教育"等，这使得华商文化的内涵过于丰富，边界也未免模糊。笔者觉得上述提及的不管是儒家文化还是"缘"文化，中国文化在华商群体中的独特烙印恐怕绕不开"关系主义"。⑤ 其他的如勤俭节约、注重教育等内涵与世界上很多民族的文化传统并没有太大的区别，而关系主义应该是中国文化中的独特而又鲜明的特点。

从根源上来说，华商文化必然植根于中华文化，关系主义这个烙印也是深刻的，并具有特定的独立性、稳定性和延续性，但是华商文化并不只是中华文化在海外的延续，作为一个群体，"他们在居住国从一开始即已脱离了华人文化的母体——中华文化的诞生地及中华文化赖以产生的经济基础——中国的经济基础。"⑥ 不可否认的是，华商文化的确有着深深的中国烙印，但是因其在世界各地生根发芽的现实又不可避免地汲取了所在地域的文化。所以，从很大程度上来说是无法给华商文化下一个精确可以度量的概念的，但是我们却可以从中看到华商文化是集中华和世界文化为一体的，天然地与公共外交理念中的信息沟通和交流相契合。华商文化既弘扬传统中华文化的精髓，也汲取全世界文化的优点，是一种创新、融合、发展中的文化集合体；它以中国文化为根基，但又超出国籍，它能统帅全世界人民的心灵与精神，它能引导世界文明潮流，它能最终被世界人民所认可与接受。⑦

---

① 林其锬：《五缘：文化与世界华商经济网络》，载于《福建学刊》1994年第6期，第62~28页。
② 刘宏：《海外华人社团的国际化：动力·作用·前景》，载于《华人华侨历史研究》1998年第1期，第102~108页。
③ Grief Avner. Reputation and Coalition in Medieval Trade: Evidence on the Maghribi traders, American economics, 2007, 83 (3): 168-182.
④⑥ 伍华佳：《华商文化的渊源与异化》，载于《当代财经》2002年第8期，第68页。
⑤ 对关系主义与儒家文化的论述可以参见黄光国：《儒家关系主义：文化反思与典范重建》，北京大学出版社2006年版。
⑦ 杜军、鄢波：《华商文化传播与中国品牌国际化发展研究》，载于《企业活力》2009年第10期，第58页。

最后，华商的经济行为与其文化底蕴是相结合的，这使得华商能够自然地参与到公共外交进程。自从马科斯·韦伯《新教伦理与资本主义》一书问世后，文化与经济的关系受到了密切的重视，这在近年来的华侨华人研究中尤为突出。在不少学者看来，东亚四小龙的崛起与儒家文化的关系类似于资本主义与新教伦理的关系，海外华人在经济上的成就也被一些人归纳为中华文化的因素。[①] 然而也有学者批驳，"许多有关华商的各种现象与论说，如果以文化论或特色论来解释，似乎表明华商与众不同，并且与生俱来，甚至是不可改变的。同时又存在与之相反的现象，使得这些解释难以自圆其说。"[②] 正如前所述，华商文化植根于中华文化，但是又成长在非中华的经济土壤中，必然与其他地区的文化有相同之处。但是，正因如此，华商文化才能更好地以住在国文化习惯的方式传递中华文化，产生更有效的公共外交效果。所以，华商文化是独特的，但却不是不可改变的，它所蕴含的中华文化和遇到的世界文化相互碰撞产生了美妙的结合体。与此同时，华商经济行为中蕴含着的华商文化使得这个群体天然具备了传播中华文化和参与公共外交的能力，并不需要抛开商业的"理性"目标（经济利益），从事"感性"的文化传播或公共外交活动。

总的来说，华商作为一个具有影响力的独特群体，既是公共外交的重要目标群，也是公共外交重要的行为主体。特别是在新公共外交时代，能够有意义地参与到公共外交活动，创造性地传播观念的华商群体，应该是公共外交政策制定考量中的重要因素，可以发挥更大的作用。

二、以华商为目标群体的公共外交策略

（一）理性选择与情感互动相结合的公共外交策略

作为从事商业活动的群体，华商的经济行为应该是该群体体现出来的最频繁和最重要的行为活动，也是塑造这一群体的重要驱动力，若是脱离了经济行为，也就不能称之为"华商"了。从另一个角度来说，华商文化的特色之一就是其所蕴含的经济意义。正是华商在经济行为中所体现出来的价值观才是华商文化的内核，否则只是"华人文化"。因此，若要真正地发挥华商在公共外交中的作

[①] 星空：《东西方的跨越、游离与超越——读龙登高教授新著〈跨越市场的障碍：海外华商在国家、制度与文化之间〉随感》，载于《华侨华人历史研究》2007年第4期，第74页。

[②] 龙登高、张洪云：《多元族群视野下的华人特性：美国亚裔六大族群的比较》，载于《华侨华人历史研究》2007年第1期，第10～24页。

用，让这一群体真正参与到公共外交进程中，成为有意义的参与者和创造者，必须将经济理性为首要出发点，将文化感性融入其中，不能够本末倒置地要求华商改变其行为的经济初衷。

公共外交活动的过程中，非常重要的是观念的传播，是一种文化的交流与互动。任何行为背后都是具备一定的观念和文化基础的，所以华商的经济行为也必然蕴含着华商文化。因此，虽然不能够强求华商放弃经济理性而变为"文化传播大使"，但是经济行为中的理性观念也同样不是与感性的文化相悖的。有实验表明，一群由于手术原因在失去了情感后仍然保持认知能力的人们无法再保持理性。① 从某种程度来说，情感是理性的基础，理性也是一种情感体验。因此，将经济理性为主要表征的华商行为与公共外交的观念、文化进程相结合，并不是难以跨越的鸿沟。在制定针对华商的公共外交策略时，必须考虑到华商的经济特性，充分给予经济行为得以运转的条件，适当地使用情感引导，相信会是比较符合华商群体特性的策略方向。

（二）关系性与过程中的集体情感构建

如果说西方自启蒙以来三百余年的一个核心理念是"理性"（rationality），那么中国传统思想中的一个核心理念就是"关系性"（relationality）。② 正如前面提到，中华文化中的关系主义深深地影响着在海外的华侨华人，从华商的企业管理、经营模式等上面都有着充分的体现。即便是在经济理性为首要出发点的商业行为中，中华文化中的"关系性"思考模式仍然占据着重要地位。可能会有不少人从字面上理解"关系性"，而将其视为贬义词，认为是中国传统中的弊端，也是现在中国社会陋习的根源。本书在这里提出的"关系性"并不是"找关系"的"关系"，这里的关系性的内涵是"过程"。重视关系的中国社会必然强调过程，因为关系在过程中发生、发展并得以体现。而过程有一个重要的作用，那就是培育集体情感。理性社会对情感的重视较低，在其理论构建过程中往往有意排斥了情感的作用；而在关系性社会中情感的意义是极其重要的。③

继承了关系主义传统的华商文化，重视建立、维系和强化情感性关系，即便是在经济理性至上的经济行为进程中，也强调这种情感关系的运作，在过程中通过不断交往和发展关系，这就有可能在情感趋近的情况下产生集体认同。对于公共外交来说，其目的在于提升本国的国家形象，提高影响力，如果能够建立稳固

---

① Janathan Mercer. *Emotional Beliefs. International Organization*，Winter 2010，Volume 64，Number 1，P. 3.

②③ 秦亚青：《关系本位与过程建构：将中国理念植入国际关系理论》，载于《中国社会科学》2009年第3期，第69页。

的集体认同感,那么公共外交所传播的观念和文化自然就得到了对方的接受,甚至成为一个享有共同观念的文化共同体。从这个角度来说,华商文化所蕴含的关系主义能够推动公共外交向情感趋近的方向发展,这种情感上的接近又能促进互动过程的进一步发展,进一步促进这种情感性关系的加深,建立更为长久和稳定的社会关系。

(三) 发掘华商文化中的普适性价值观

华商文化的根基是中国文化,但若仅仅是中华文化的翻版,那么也不需要去更深入地探讨华商文化,在公共外交中的作用与地位亦可以并入中华文化一类中去。但是,正是因为华商文化超越了国界,兼具了经济与文化的两面特质,是与其他地区和国家文化直接交流和碰撞的产物。华商移民负载着深厚中华文化传统来到异国他乡,身处全然不同于中华文化的另一种文化氛围,必然会感受到强烈的文化冲击,自觉不自觉地会感受到两种文化的冲突,体验到中华文化在异域文化环境中的失落。[①] 在这种失落的境况下,必然进行文化调适,在特定时空环境下会发生不同的变异。这种变化的发生也许会改变或固守原本文化的某些部分,融入了当地文化的特定组成,甚至可能创新了某些观念。这就使得华商文化既具备中华文化的特色,也蕴含了当地社会的文化种子,这就使得华商文化在普适性上可能超出传统的中华文化,更能够与世界文化进行深入的互动和交流。从这一点上来说,华商以及华商文化可能更适合承担公共外交的使命。虽然海外华侨华人都具备这种跨文化沟通的"天赋",但是华商作为一个精英群体,更集中、突出地体现出了这种"天赋",是非常能够胜任公共外交职责的行为体。

这种普适性价值的存在非常重要,公共外交是观念传播和沟通的一个过程,华商文化中与世界各地文化相通的观念基础能够更好地传播中华文化,在"自我"和"他者"之间自由流动,充分发挥文化交流与建构的作用。

华商作为海外华侨华人中的精英群体,既具有行为上的经济特性,又孕育了富有特色的华商文化。这一特殊的群体既是公共外交应该关注的重要目标群体,也是公共外交进程中有意义的参与者,可以发挥更重要的创造性作用。在制定针对华商的公共外交策略时,要重视华商及其华商文化的经济特色,充分给予经济行为得以运转的条件,适当地使用情感引导,发挥华商文化中的"关系性"内涵来进行集体情感构建,挖掘华商文化中的普适性价值,能够更有效地发挥华商

[①] 杜军、鄢波:《华商文化传播与中国品牌国际化发展研究》,载于《企业活力》2009年第10期,第58页。

在公共外交中的作用；另一方面，也要充分激发和引导华商参与公共外交的主体性作用。政府公共外交策略的实施基础在于公众，新公共外交时代的特色也是公众的有意义参与，不仅是文化和观念的传播者，更是创造者。因此，如何更好地引导华商群体有意义地参与到这个公共外交进程中是现阶段需要重点探索的问题。

附 录

附表 1　　世界各地华侨华人人口统计（截至 2013 年 9 月 16 日统计数据）

洲别	国家（地区）	华侨华人数量（万人）	年代	数据来源
亚洲	合计	3 699.04		
东南亚	文莱（Brunei）	6	2011	《华侨华人研究报告 2013》
	柬埔寨（Cambodia）	71	2011	《华侨华人研究报告 2013》
	印度尼西亚（Indonesia）	1 057	2011	《华侨华人研究报告 2013》
	老挝（Laos）	32	2011	《华侨华人研究报告 2013》
	马来西亚（Malaysia）	660	2011	《华侨华人研究报告 2013》
	缅甸（Myanmar）	263	2011	《华侨华人研究报告 2013》
	菲律宾（Philippines）	162	2011	《华侨华人研究报告 2013》
	新加坡（Singapore）	384.16	2011	《华侨华人研究报告 2013》
	泰国（Thailand）	718	2011	《华侨华人研究报告 2013》
	越南（Viet Nam）	155	2011	《华侨华人研究报告 2013》
东北亚	日本（Japan）	75.8	2012	《华侨华人研究报告 2013》
	韩国（R. O. Korea）	51.45	2012	《华侨华人研究报告 2013》
南亚	印度（India）	13	2011	台湾"侨务委员会"
	巴基斯坦（Pakistan）	0.8	2009	Asia Times. 2009 - 09 - 11
	斯里兰卡（Sri Lanka）	0.35		http://www.nationmaster.com/graph/peo_chi_pop-people-chinese-population
	尼泊尔（Nepal）	1	2011	台湾"侨务委员会"
	以色列（Israel）	2.3	2001	Front Page Mag. Retrieved September 19, 2012.

续表

洲别	国家（地区）	华侨华人数量（万人）	年代	数据来源
西亚	沙特阿拉伯（Saudi Arabia）	2	2011	台湾"侨务委员会"
	土耳其（Turkey）	4	2011	台湾"侨务委员会"
	阿拉伯联合酋长国（The United Arab Emirates）	11	2011	台湾"侨务委员会"
中亚	哈萨克斯坦（Kazakhstan）	30	2009	哈萨克斯坦华侨报
	吉尔吉斯斯坦（Kyrgyzstan）	0.18	2009	Bishkek：National Committee on Statistics，2010
美洲	合计	815.1		
北美	加拿大（Canada）	150	2011	台湾"侨务委员会"
	墨西哥（Mexico）	6	2011	台湾"侨务委员会"
	美国（United States）	416	2011	台湾"侨务委员会"
中美	伯利兹（Belize）	1	2011	台湾"侨务委员会"
	哥斯达黎加（Costa Rica）	6	2007	《2007年世界华商发展报告》
	古巴（Cuba）	11.4	2008	CIA World Factbook. Cuba. 2008. May 15，2008.
	多米尼加（Dominican Rep.）	2	2011	台湾"侨务委员会"
	危地马拉（Guatemala）	2	2011	台湾"侨务委员会"
	牙买加（Jamaica）	2	2011	台湾"侨务委员会"
	尼加拉瓜（Nicaragua）	1.2	2013	http：//www.joshuaproject.net/countries.php?rog3=NU
	巴拿马（Panama）	14	2011	台湾"侨务委员会"
南美	阿根廷（Argentina）	9	2011	台湾"侨务委员会"
	巴西（Brazil）	25	2011	台湾"侨务委员会"
	智利（Chile）	1	2011	台湾"侨务委员会"
	厄瓜多尔（Ecuador）	16.5	2007	《2007年世界华商发展报告》

续表

洲别	国家（地区）	华侨华人数量（万人）	年代	数据来源
南美	圭亚那（Guyana）	1	2011	台湾"侨务委员会"
	秘鲁（Peru）	130	2007	《2007年世界华商发展报告》
	苏里南（Suriname）	4	2007	《2007年世界华商发展报告》
	委内瑞拉（Venezuela）	16	2007	《2007年世界华商发展报告》
欧洲	合计	263.7		
西欧	比利时（Belgium）	4	2008	欧华联会秘书处
	法国（France）	50	2008	欧华联会秘书处
	爱尔兰（Ireland）	6	2008	欧华联会秘书处
	卢森堡（Luxemburg）	0.15	2008	欧华联会秘书处
	荷兰（Netherlands）	16	2008	欧华联会秘书处
	英国（United Kingdom）	60	2008	欧华联会秘书处
中欧	奥地利（Austria）	4	2008	欧华联会秘书处
	德国（Germany）	15	2008	欧华联会秘书处
	瑞士（Switzerland）	1	2008	欧华联会秘书处
南欧	希腊（Greece）	1.2	2008	欧华联会秘书处
	意大利（Italy）	30	2008	欧华联会秘书处
	葡萄牙（Portugal）	3	2008	欧华联会秘书处
	西班牙（Spain）	16.8	2008	欧华联会秘书处
北欧	丹麦（Denmark）	1.8	2008	欧华联会秘书处
	芬兰（Finland）	0.2	2008	欧华联会秘书处
	挪威（Norway）	1	2011	台湾"侨务委员会"
	瑞典（Sweden）	3	2011	台湾"侨务委员会"
东欧	保加利亚（Bulgaria）	0.3	2008	欧华联会秘书处
	捷克（Czech Rep.）	0.4	2008	欧华联会秘书处
	斯洛伐克（Slovakia）	0.5	2008	欧华联会秘书处
	波兰（Poland）	0.2	2008	欧华联会秘书处
	塞尔维亚（Serbia）	1	2008	欧华联会秘书处
	黑山（Montenegro）	0.02	2008	欧华联会秘书处
	马耳他（Malta）	0.1	2008	欧华联会秘书处

续表

洲别	国家（地区）	华侨华人数量（万人）	年代	数据来源
东欧	克罗地亚（Croatia）	0.08	2008	欧华联会秘书处
	匈牙利（Hungary）	1.6	2008	欧华联会秘书处
	罗马尼亚（Romania）	1	2008	欧华联会秘书处
	阿尔巴尼亚（Albania）	0.2	2008	欧华联会秘书处
	俄罗斯（Russian）	45	2011	台湾"侨务委员会"
	斯洛文尼亚（Slovenia）	0.08	2008	欧华联会秘书处
	马其顿（Macedonia）	0.005	2008	欧华联会秘书处
	立陶宛（Lithuania）	0.035	2008	欧华联会秘书处
	拉脱维亚（Latvia）	0.02	2008	欧华联会秘书处
	爱沙尼亚（Estonia）	0.012	2008	欧华联会秘书处
	合计	95.1		
大洋洲	澳大利亚（Australia）	75	2011	台湾"侨务委员会"
	斐济（Fiji）	1	2012	新华网 http://www.chinanews.com/hr/2012/02-06/3648106.shtml
	法属波立尼西亚（French Polynesia）	2	2011	台湾"侨务委员会"
	新西兰（New Zealand）	15	2011	台湾"侨务委员会"
	巴布亚新几内亚（Papua New Guinea）	2	2011	台湾"侨务委员会"
	帕劳（Palau）	0.1	2012	CIA World Factbook, rertieved March 23rd, 2012
	合计	79.07		
非洲	安哥拉（Angola）	25.9	2012	http://visao.sapo.pt/angola-cerca-de-259000-chineses-vivem-atualmente-no-pais=f660830
	博茨瓦纳（Botswana）	0.27	2009	《华侨华人研究报告2012》
	埃及（Egypt）	0.3	2009	《华侨华人研究报告2012》
	加纳（Ghana）	0.6	2013	注3

续表

洲别	国家（地区）	华侨华人数量（万人）	年代	数据来源
非洲	肯尼亚（Kenya）	0.4	2009	《华侨华人研究报告 2012》
	莱索托（Lesotho）	0.26	2009	《华侨华人研究报告 2012》
	马达加斯加（Madagascar）	6	2009	《华侨华人研究报告 2012》
	莫桑比克（Mozambique）	0.05	2009	《华侨华人研究报告 2012》
	毛里求斯（Mauritius）	4	2009	《华侨华人研究报告 2012》
	纳米比亚（Namibia）	0.12	2009	《华侨华人研究报告 2012》
	尼日利亚（Nigeria）	5	2009	《华侨华人研究报告 2012》
	留尼汪（Reunion）	3	2011	台湾"侨务委员会"
	塞舌尔（Seychelles）	0.2	2009	《华侨华人研究报告 2012》
	南非（South Africa）	30	2010	《华侨华人研究报告 2012》
	塞内加尔（Senegal）	0.2	2009	Radio Australia 2009－02－26
	坦桑尼亚（Tanzania）	3	2012	http：//dailynews. co. tz/index. php/local-news/13620-dar-beijing-for-improved-diplomatic-ties/
	喀麦隆（Cameroon）	0.2	2009	《华侨华人研究报告 2012》
	津巴布韦（Zimbabwe）	0.05	2009	《华侨华人研究报告 2012》
	贝宁（Benin）	0.013	2009	《华侨华人研究报告 2012》
	佛得角（Cape Verde）	0.013	2009	《华侨华人研究报告 2012》
	刚果（金）（Congo，Dem. Rep.）	0.025	2009	《华侨华人研究报告 2012》
	多哥（Togo）	0.013	2009	《华侨华人研究报告 2012》
	黎巴嫩（Lebanon）	0.01	2009	《华侨华人研究报告 2012》
全球	合计	4 953.06		

注：

1. 本表数据由骆克任教授等人统计汇总，由于各国统计口径的不同，表中数字仅供参考。

2. 数据来源中的《华侨华人研究报告 2011/2012》为社科文献出版社《华侨华人蓝皮书》的年度报告。

3. 按照南宁市调查的结果，该市上林镇 2013 年在加纳采金者曾有 6 000 多人。

4. 表中很多国家的数字没有统计非正规移民。如果按照世界移民组织（IOM）2010 年的报告估计，当年 2.14 亿国际移民人口中的 10%～15% 是非正规移民，来自发展中国家的 1/3 的移民是非法的。这样的话，目前海外华侨华人总数要多于 5 500 万人。

附表 2　　　　　　　　　调查地基本侨情调查摸底汇总

序号	家庭户地址	户主或常住户代表①	联系电话	调查对象类型	签名人

调查员：　　　　　　　　　　调查负责人　　　　　　　　日期

填表说明：调查对象类型主要将涉侨家庭（人员）分为如下几种对象：

华侨：指定居在国外的中国公民。包括：已取得住在国长期或永久居留权；或虽未取得住在国长期或永久居留权，但已取得住在国连续 5 年及以上合法居留资格。

归侨：指回国定居的华侨。

侨眷：指归侨、华侨、外籍华人的眷属。

港澳同胞：指中国香港或澳门居民中的中国公民，即在中国香港享有居留权的永久性居民中的中国公民和虽未取得居留权但系经内地主管部门批准、正式移居中国香港的中国公民，以及持有澳门正式居民身份证的中国公民。

外籍华人：指已加入外国国籍的原中国公民及其外国籍后裔，以及中国公民的外国籍后裔。

海外留学人员：指在国（境）外就读大专及以上学历的中国留学生，进修 1 学年及以上的中国访问学者，以及在国（境）外获得大专及以上学历后未回国定居的中国公民。

归国留学人员：指在国（境）外正规大学、科研机构获得大专及以上学历，或在国内获得中级以上职称或大专及以上学历并在国（境）外正规大学、科研机构学习或进修 1 学年及以上，现已回国的人员。

其他涉侨人员：是指以非正规渠道出境（国）或以正规渠道出境（国）签证到期后滞留未归者的人员。

侨眷（华侨、外籍华人、归侨的眷属）、港澳同胞眷属、海外留学人员和其他涉侨人员眷属：是指配偶、父母、子女及其配偶、兄弟姐妹、祖父母、外祖父母、孙子女、外孙子女及具有长期抚养关系的亲属。

---

① 家庭户请填写户主，集体户或合租户请填写常住户代表。

附表3　　　　　　　　　调查地基本侨情调查结果汇总

表（1）

村（居）委	户数	居住在调查地的涉侨人员调查对象人数										
		归侨	侨眷	香港同胞眷属	澳门同胞眷属	归国留学人员	海外留学人员眷属	其他相关人员眷属	华侨	香港同胞	澳门同胞	外籍华人
合计												

表（2）

户数	居住在海外涉侨人员调查对象人数					
	华侨	香港同胞	澳门同胞	外籍华人	海外留学人员	其他相关人员

填表说明：

表（1）填表对象范围：在本调查地居住的归侨、侨眷、港澳同胞眷属、归国留学人员、海外留学人员眷属、华侨、港澳同胞及外籍华人。

表（2）填表对象范围：表1填表对象的海外眷属，且其具有华侨、港澳同胞、外籍华人、海外留学人员或其他相关人员身份；以及在本调查地没有直系亲属但原籍在本调查地的海外华侨华人、港澳同胞、海外留学人员和其他相关人员。

附表 4　　　　　　　　　调查地海外侨（社）团调查

侨（社）团全称	（中文）：		会员人数	
	（英文）：			
侨（社）团地址	（中文）：			
	（英文）：			
成立时间		批准部门		
侨（社）团性质	宗亲□　地缘□　行业□　其他□		办公场所	长期固定□　临时租用□　无□
侨（社）团联系电话		传真		邮箱：
联系人姓名		侨（社）团职务		
现任会长姓　　名		本届届次		现任会长社会兼职
现任会长电　　话		传真		邮箱：

历任会长简况	届别	姓名	籍贯	起止时间	历任会长简况	届别	姓名	籍贯	起止时间
	一					三			
	二					四			

侨（社）团成立后开展的主要活动及其社会影响（填不下可另附页）	

填表说明：

1. 本表由基本侨情调查工作办公室统一向原籍是调查地的海外侨（社）团发放、汇总、填写。

2. 原籍是调查地的海外侨（社）团：指由原籍是调查地的侨胞担任负责人的侨（社）团或由原籍是调查地的侨胞为主要骨干的侨（社）团。

3. 请认真逐项填写本表，根据填表选项打"√"或在空白处直接填写文字。

4. 请随表格附上本侨（社）团中副会长、秘书长以上人员名单并请上述人员填写《重点人士登记表》。

5. 请将本表填妥后务必于　　年　月　日前传真至：　　　联系电话：
　　电子邮箱：

附表5　原籍是调查地的华侨华人（港澳同胞）重点人士调查

姓名	中文名			性别		居住国及城市	
	外文名						
出生地		出生年月				国籍	
祖籍地		出国（境）年月				文化程度	
联系电话	国内		传真	国内		邮箱	
	国外			国外			
通信地址							
国内联系人			电话			传真	

简历：

工作处所（公司）名称	职务	主要从事工作（经营项目）
参加各类社会团体名称		主要职务

对住在国（地区）的贡献情况：

捐办公益事业情况	时间	地点	公益事业项目	捐资额
	捐办公益事业项目总数		捐资总额（折合人民币，万元）	
在国内投资情况	时间	地点	投资方式	投资项目	投资额	经济效益
	在国内投资项目总数			投资总额（折合人民币，万元）		

主要家庭成员情况								人口总数	
姓名	性别	年龄	称谓	国籍	祖籍	文化程度	职业	与家乡来往情况	

填表说明：

1. 本表统一由基本侨情调查工作办公室向原籍是调查地的华侨华人（港澳同胞）重点人士发放、汇总、填写。

2. 原籍是调查地的重点人士：原籍是调查地的海外侨界中的参政人士、社会活动家、知名企业家、侨（社）团副会长及以上负责人、博士学历或具有高级技术职称的各类专业人士，在调查地捐赠5万元人民币及以上的华侨华人及港澳同胞。

3. 请根据填表选项打"√"或在空白字直接填写文字。

4. 本表请在填妥后务必于　　年　月　日前传真至：　　　　电话：
　　电子邮箱：

附表6

调查地的华侨华人（港澳同胞）投资企业调查

一、企业基本信息

企业名称	
登记代码	
经营地址	
联系人	联系电话

二、投资者中华侨、华人、港澳同胞：共　　　人，占全体股东人数的　　　%，其中原籍是调查地的　　　人。

股东姓名	年龄	职位	投资比例（%）	身份	（侨居）国家或地区	最高学历	专业	联系方式（电话、Email）
				☐		☐	☐	
				☐		☐	☐	

（注：本表可另附页）

三、华侨华人或港澳同胞投资者对政府及侨务部门的政策建议

填表说明：

1. 填报单位：各园区（开发区）、乡（镇、街道）及村（居）委。
2. 请根据填表选项在"☐"内填写序号或在空白处直接填写文字。
3. 侨（港、澳）资企业：指经国家有关部门批准，由华侨、外籍华人、港澳同胞在中国内地投资兴办且其资本占投资总额20%以上的企业。
4. 身份：(1) 华侨　(2) 外籍华人　(3) 香港同胞　(4) 澳门同胞。
5. （侨居）国家或地区：外籍华人填写国籍，华侨填写侨居的国家或地区。
6. 最高学历：(1) 大专　(2) 本科　(3) 硕士　(4) 博士　(5) 其他（请注明）_____。
7. 专业分类：(1) 文法类　(2) 经济类　(3) 理工类　(4) 艺术类　(5) 医学类　(6) 其他（请注明）_____。

附表7　　　　　　　　　　调查地海外华文学校调查

学校中文名称				所在使领（馆）区			
学　校 负责人		祖籍	省　　市	联系 电话		邮箱	

学校英文名址、网址	

基本 情况	是否向当地政府注册：□是 □否	学校性质：□政府公立 □社团创办 □私立
	建校时间	经费来源：□政府支持 □原籍是调查地侨团①支持 □学生学费
	学制状况：□全日制 □半日制 □课后制 □周末制 □家庭补习制 □夜校	
	学历状况：□小学 □初中 □高中 □专科 □非学历培训 □补习	

学生 情况	在校学生总人数_____名，其中：华裔_____名，非华裔_____名
	学生来源：□所在国出生 □中国大陆移民 □港澳台移民 □其他国家移民

教师 情况	教师总人数_____名，其中：中文教师_____名
	教师来源（可多选）：□大陆 □中国台湾 □中国香港 □澳门 □其他国家或地区

教学 情况	教学场地：□学校自有 □借用 □租用	
	教材情况（请填写名称、 编写出版单位）	现用华文教材
		其他文化类教材

对侨务部门的建议 （可另附纸张）	

填表说明：

1. 本表统一由基本侨情调查工作办公室向调查地华文学校发放、汇总、填写。

2. 调查地华文学校：由原籍是调查地的侨胞担任学校负责人或由原籍是调查地的侨（社）团创办的华文学校。

3. 请根据填表选项打"√"或在空白处直接填写文字。

4. 本表请在填妥后务必于　　年　　月　　日前传真至：　　　　电话：
　　电子邮箱：

---

① 原籍是调查地的侨（社）团指由原籍是调查地的侨胞担任负责人的侨（社）团或以原籍是调查地的侨胞为主要骨干的侨（社）团。

附表 8　　　　　　　　　**调查地海外华文媒体调查**

媒体中文名称				所在使领（馆）区			
媒体负责人		祖籍	省　　市	联系电话		邮箱	

媒体英文名址、网址		

基本情况	创办时间	
	是否向当地政府注册	□是 □否
	媒体性质	□政府公立 □侨团创办 □私立 □其他（请说明）
	经费来源	□政府支持 □原籍是调查地侨团①支持 □其他侨团支持 □经营所得
	媒体形式	□报纸 □电台 □电视台 □网站 □杂志
	媒体版数及栏目名称	
	从业人员人数	其中华侨华人数量

媒体经营中存在的主要问题	□同行竞争　□资金短缺　□专业编辑人员短缺　□其他（请说明）

与国内媒体合作情况	

对调查地侨务部门的建议（可另附纸张）	

填表说明：

1. 本表统一由基本侨情调查工作办公室向调查地华文媒体发放、汇总、填写。

2. 调查地华文媒体：由原籍是调查地的侨胞担任媒体负责人或由原籍是调查地的侨（社）团创办的华文媒体。

3. 请根据填表选项打"√"或在空白处直接填写文字。

4. 本表请在填妥后务必于　　　年　　月　　日前传真至：　　　　　电话：
　　电子邮箱：

---

①　原籍是调查地的侨（社）团指由原籍是调查地的侨胞担任负责人的侨（社）团或以原籍是调查地的侨胞为主要骨干的侨（社）团。

参考文献

中文文献

[1]［美］弗朗西斯·福山著,黄胜强、许铭原译:《国家构建:21世纪的国家治理和世界秩序》,中国社会科学出版社2007年版。

[2]［美］基辛格著,顾淑馨、林添贵译:《大外交》,海南出版社1998年版。

[3]［美］约瑟夫·奈著,门洪华译:《硬权力与软权力》,北京大学出版社2005年版。

[4]［美］欧文·拉兹洛:《多种文化的星球》,社会科学文献出版社2001年版。

[5]［美］乔舒亚·库珀·雷默:《中国形象——外国学者眼里的中国》,社会科学出版社2008年版。

[6]［美］阿尔文·托夫勒著,吴迎春译:《权力的转移》,中信出版社2006年版。

[7]［美］泰格、利维著,纪琨译:《法律和资本主义的兴起》,上海学林出版社1996年版。

[8]［英］安东尼·吉登斯著,田禾译:《现代性的后果》,译林出版社2000年版。

[9]［英］安东尼·D·史密斯:《全球化时代的民族与民族主义》,中央编译出版社2002年版。

[10]［英］哈耶克著,冯克利、胡晋华译:《致命的自负:社会主义的谬误》,中国社会科学出版社2000年版。

[11]［德］赫尔穆特·施密特:《全球化与道德重建》,社会科学文献出版社2001年版。

[12]［日］町村敬志著,周晋蓉译:《国际型城市东京的结构转换》,东京大学出版社1994年版。

[13]［日］广田康生著,马铭译:《移民和城市》,商务印书馆2005年版。

[14] 国务院侨务办公室、中共中央文献研究室编：《邓小平论侨务》，中央文献出版社 2000 年版。

[15] 李其荣：《移民与近代美国》，中国华侨出版公司 1991 年版。

[16] 房宁、王炳权：《论民族主义思潮》，高等教育出版社 2004 年版。

[17] 曹云华：《变异与保持——东南亚华人的文化适应》，中国华侨出版社 2001 年版。

[18] 陈碧笙：《华侨志》（总志），台清海外出版社 1956 年版。

[19] 李安山：《非洲华侨华人社会史资料选辑》，香港社会科学出版社有限公司 2006 年版。

[20] 赵可金：《全球公民社会与民族国家》，上海三联书店 2008 年版。

[21] 李春晖、杨生茂主编：《美洲华侨华人史》，东方出版社 1990 年版。

[22] 庄国土、清水纯、潘宏立：《近 30 年来东亚华人社团的新变化》，厦门大学出版社 2010 年版。

[23] 庄国土：《华侨华人与中国的关系》，广东高等教育出版社 2001 年版。

[24] 庄国土、刘文正：《东亚华人社会的形成和发展——华商网络、移民与一体化趋势》，厦门大学出版社 2009 年版。

[25] 俞可平主编：《治理与善治》，社会科学文献出版社 2000 年版。

[26] 贾海涛、石沧金：《海外印度人与海外华人国际影响力比较研究》，山东人民出版社 2007 年版。

[27] 黄光国：《儒家关系主义：文化反思与典范重建》，北京大学出版社 2006 年版。

[28] 石汉荣：《探解中国侨务》，中国评论学术出版社 2004 年版。

[29] 王士谷：《海外华文新闻史研究》，新华出版社 1998 年版。

[30] 李明欢：《欧洲华侨华人史》，中国华侨出版社 2002 年版。

[31] 李明欢：《福建侨乡调查：侨乡认同、侨乡网络与侨乡文化》，厦门大学出版社 2005 年版。

[32] 李明欢：《当代海外华人社团研究》，厦门大学出版社 1995 年版。

[33] 周敏：《美国华人社会的变迁》，上海三联书店 2006 年版。

[34] 彭伟步：《新马华文报文化、族群和国家认同比较研究》，暨南大学出版社 2009 年版。

[35] 李谷城：《香港中文报业发展史》，上海古籍出版社 2005 年版。

[36] 王志章：《硅谷华人软实力与国家软实力构建》，光明日报出版社 2010 年版。

[37] 王志章：《国家软实力与全球文化软实力战略基本范式》，光明日报出

版社 2010 年版。

　　[38] 王沪宁著：《当代中国村落家族文化对中国社会现代化的一项探索》，上海人民出版社 1991 年版。

　　[39] 陈永健：《集美区侨联志》，厦门市集美区归国华侨联合会 2008 年版。

　　[40] 张黎洲、谢水顺主编：《福建名祠》，台海出版社 1998 年版。

　　[41] 王辉耀：《当代中国海归》，中国发展出版社 2007 年版。

　　[42] 程曼丽：《海外华文传媒的历史与现状》，载于《世界华文传媒年鉴》（创刊卷）2003 年版。

　　[43] 程曼丽：《海外华文传媒研究》，新华出版社 2000 年版。

　　[44] 费孝通：《乡土中国》，生活·读书·新知三联书店 1985 年版。

　　[45] 韩震：《全球化时代的文化认同与国家认同》，北京师范大学出版社 2013 年版。

　　[46] 方汉奇：《中国新闻事业通史》（第一卷），中国人民大学出版社 1992 年版。

　　[47] 黄昆章：《印度尼西亚华文教育发展史》，外语教学与研究出版社 2007 年版。

　　[48] 刘伯骥：《美国华侨史》，行政院侨务委员会（台北），中华民国六十五年版。

　　[49] 陈里特：《意大利移民政策》，商务印书馆 1936 年版。

　　[50] 郝时远主编：《世界华商经济年鉴（1999~2000）》，世界华商经济年鉴编辑委员会 2001 年版。

　　[51] 高狄主编：《毛泽东、周恩来、刘少奇、朱德、邓小平、陈云著作大辞典》（下卷），辽宁人民出版社 1991 年版。

　　[52] 周南京主编：《华侨华人百科全书（总论卷）》，中国华侨出版社 2002 年版。

　　[53] 贾平安、郝树亮主编：《统战学辞典》，社会科学文献出版社 1993 年版。

　　[54] 夏春平主编：《第六届世界华文传媒论坛论文集》，香港中国新闻出版社 2011 年版。

　　[55] 吴前进：《国家关系中的华侨、华人和华族》，新华出版社 2003 年版。

　　[56] 夏春平主编：《世界华文传媒年鉴 2003》，世界华文传媒年鉴社 2003 年版。

　　[57] 夏春平主编：《世界华文传媒年鉴 2005》，世界华文传媒年鉴社 2005 年版。

[58] 夏春平主编：《世界华文传媒年鉴2007》，世界华文传媒年鉴社2007年版。

[59] 夏春平主编：《世界华文传媒年鉴2009》，世界华文传媒年鉴社2009年版。

[60] 夏春平主编：《世界华文传媒年鉴2011》，世界华文传媒年鉴社2011年版。

[61] 任贵祥主编：《海外华侨华人与中国改革开放》，中共党史出版社2009年版。

[62] 丘进等主编：《华侨华人蓝皮书（2011）》，社会科学文献出版社2011年版。

[63] 郑曦原、李方惠等编译：《帝国的回忆：〈纽约时报〉晚清观察记》，三联书店2001年版。

[64] 颜春龙：《海外华文传媒与华人文化认同研究》，四川大学博士论文，2006年。

[65] 易刚明：《东南亚华侨华人与中国关系》，暨南大学博士论文，2010年。

[66] 王军：《论华侨华人在中国对外开放和外交事务中发挥的独特作用》，外交学院硕士学位论文，2002年。

[67] 宋敏峰：《美国华侨华人与中国软实力》，暨南大学硕士学位论文，2010年。

[68] 黄丽嫦：《中国与印度尼西亚关系发展中软实力的提升及华侨华人的推动作用》，暨南大学硕士学位论文，2010年。

[69] 李天治：《西欧华侨华人与中国软实力的提升》，暨南大学硕士学位论文，2010年。

[70] 文军：《制度、资本与网络：上海城市劳动力新移民的系统分析》，教育部人文社会科学重点基地2004年、2005年重大项目（04JJDZH004）、教育部2005年度人文社会科学研究项目（05JA840007）研究成果。

[71] [美] 赫伯特·S·伊著，方微译：《中国的东南亚华侨研究趋势》，载于《南洋资料译丛》1993年第2、第3期。

[72] [美] 吉姆·洛贝：《金融危机威胁美国的影响力》，香港《亚洲时报在线》2008年9月26日。

[73] [德] 约恩·吕森著，吕旭鹏译：《怎样克服种族中心主义——21世纪历史学对承认的文化探讨》，载于《山东社会科学》2007年第11期，第38~41页。

[74] 邓显超：《发达国家文化软实力的提升及启示》，载于《理论探索》2009年第2期。

[75] 刘乃歌：《跨文化传播与国家软实力提升》，载于《社会科学辑刊》2011年第1期。

[76] 范玉刚：《文化"走出去"的价值祈向》，载于《中国特色社会主义研究》2012年第9期。

[77] 余贤毅：《析海外华文媒体与华人社团的依重关系》，载于《第五届世界华文传媒论坛论文集》，香港中国新闻出版社2009年版。

[78] 丘立本：《国际移民的历史、现状与我国对策研究》，载于《华侨华人历史研究》2005年第1期。

[79] 丘立本：《印度国际移民与侨务工作的历史与现状》，载于《华侨华人历史研究》2012年第1期。

[80] 丘立本：《外国侨务工作新动向及其原因与启示》，载于《侨务工作研究》2005年第2、第4期，http://qwgzyj.gqb.gov.cn/ygqw/123/197.shtml。

[81] 丘立本：《外国侨务工作与领事保护研究》，载国务院侨务政策法规司编：《国务院侨办课题研究成果集萃（2007～2008年度）》2009年。

[82] 时宏远：《软实力与印度的崛起》，载于《国际问题研究》2009年第3期。

[83] 吴光远：《传统文化与世界化的接轨》，载于《哲学动态》1997年第5期。

[84] 张禹东：《东南亚华人传统宗教的构成、特性与发展趋势》，载于《世界宗教研究》2005年第1期。

[85] 黄继东：《东南亚华文教育现状和出路》，载于《东南亚研究》2010年第1期。

[86] 王蒙：《关于文化间的对话》，载于《中外文化交流》2002年第1期。

[87] 黄向阳：《中华文化"走出去"的认同基础》，载于《传承》2008年第3期。

[88] 刘波、白志刚：《我国"文化走出去"的困境及其创新思路》，载于《理论学习》2012年第9期。

[89] 高华：《近代中国社会转型的历史教训》，载于《战略与管理》1995年第4期，第1～10页。

[90] 李安山、吴小安、程希：《华侨华人研究历史溯源》，载于《中国华侨华人学——学科定位与研究展望》北京大学出版社2006年版。

[91] 李安山：《中国华侨华人研究的历史与现状概述》，载于《华侨华人百科全书（总论卷）》，中国华侨出版社2002年版。

[92] 李安山：《华侨华人国籍问题刍议》，载于《国际政治研究》2005年

第 2 期。

［93］李朱醉：《加拿大的华文报刊论析》，载于《八桂侨刊》2009 年第 2 期。

［94］李明欢：《海外华人华侨分布概况》，载于《当代海外华人社团研究》，厦门大学出版社 1995 年版。

［95］梁志明：《世纪之交中国大陆学术界关于华侨华人的研究》，载于《华侨华人历史研究》2002 年第 1 期。

［96］林兆枢：《加强对华侨华人问题的研究——兼评蔡德奇、江永良新著〈华侨华人的新发展〉》，载于《发展研究》2002 年第 4 期。

［97］龙登高、张洪云：《多元族群视野下的华人特征——美国亚裔六大族群的比较》，载于《华侨华人历史研究》2007 年第 1 期。

［98］龙登高、赵亮、丁骞：《海外华商投资中国大陆——阶段性特征与发展趋势》，载于《华侨华人历史研究》2008 年第 2 期。

［99］徐云：《华侨华人文献信息资源保障体系与共享网络的建设》，载于《华侨华人历史研究》2002 年第 4 期。

［100］袁丁：《建国六十年来的华侨华人研究感言》，载于《华侨华人历史研究》2010 年第 4 期。

［101］张坚：《高校、研究机构、侨务部门合作共赢的新举措——桂林市华侨华人研究会 2010 年学术研讨会会议综述》，载于《八桂侨刊》2010 年第 3 期。

［102］周聿峨、龙向阳：《关于"华侨华人与国际关系"的思考》，载于《现代国际关系》2002 年第 6 期。

［103］门洪华：《软实力的内涵》，载于《中国：软实力方略》，浙江人民出版社 2007 年版。

［104］汪慕恒：《东南亚华人企业的类型》，载于《东南亚华人企业集团研究》，厦门大学出版社 1995 年版。

［105］吴洪芹：《从华侨企业看 FDI 在中国经济发展中的作用》，载于《中国外资》2007 年第 8 期。

［106］吴前进：《华侨在中国历史中的地位》，载于《国家关系中的华侨、华人和华族》，新华出版社 2003 年版。

［107］庄国土、刘文正：《东南亚华人社会的集聚效应》，载于《东亚华人社会的形成和发展：华商网络、移民与一体化趋势》，厦门大学出版社 2009 年版。

［108］庄国土：《20 世纪 80 年代以来国际华侨华人研究述评》，载于《侨务工作研究》2000 年第 2 期。

［109］庄国土：《回顾与展望：中国大陆华侨华人研究述评》，载于《世界

民族》2009年第1期。

[110] 庄国土：《世界华侨华人数量和分布的历史变化》，载于《世界历史》2011年第5期，第4~14页。

[111] 庄国土：《东南亚华侨华人数量的新估算》，载于《厦门大学学报（哲学社会科学版）》2009年第3期，第62~68页。

[112] 庄国土等：《华侨华人分布状况和发展趋势》，载于《研究与探讨》2010年第4期。

[113] 彭玉生：《"洋八股"与社会科学规范》，载于《社会学研究》2010年第2期，第180~211页。

[114] 尹晓煌：《浅析美国华人移民对中美关系之参与及影响》，载于《北美华侨华人新视角——华侨华人研究上海论坛文集》，中国华侨出版社2008年版。

[115] 余天心、贾康：《华侨、华人的经济状况与政策建议》，载于《经济纵横》1995年第3期，第15~19页。

[116] 国务院侨务办公室网站新闻：《许又声副主任：中国海外侨胞超4500万居世界第一》，http：//www.gqb.gov.cn/news/2010/0617/19693.shtml。

[117] 张学惠：《华侨华人经济实力问题探析》，载于《东南学术》2001年第4期，第155~166页。

[118] 马小宁：《全美华人人口调查：一些鲜为人知的数据》，载于《国际人才交流》2011年第3期，第6页。

[119] 金荣：《海外华人"参政热"透析》，载于《广西社会主义学院学报》2009年第4期，第32~35页。

[120] 张丽华：《海外华人参政屡创佳绩》，载于《侨园》2012年第3期，第17页。

[121] 李巍：《近年来香港移民与加拿大白人社会的矛盾浅析》，载于《华侨华人历史研究》1997年第3期，第49~56页。

[122] 陈正良、薛秀霞、何先光：《析海外华侨华人在推动中国软实力形成和发展过程中的作用》，载于《浙江学刊》2009年第6期，第126~129页。

[123] 许梅：《东南亚华人在中国软实力提升中的推动作用与制约因素》，载于《东南亚研究》2010年第6期，第58~65页。

[124] 唐家璇：《在全球越柬老华侨华人恳亲大会上的讲话》，载于《八桂侨刊》2004年第1期。

[125] 万晓宏：《试析当代美国华人参与选举政治的方式》，载于《华侨华人历史研究》2006年第1期。

[126] 汪鲸：《场域理论视角下的国际移民研究——以安徽内陆新桥乡为

例》，载于《华侨华人历史研究》2010年第2期。

[127] 王焕芝：《国内华侨高等教育的历史及其发展》，载于《八桂侨刊》2010年第1期。

[128] 王焕芝：《华侨华人文化形成与发展的文化学解析》，载于《八桂侨刊》2007年第3期，第30~35页。

[129] 向大有：《"华侨"、"华人"称谓是历史和现实的科学反映》，载于《八桂侨史》1996年第2期。

[130] 刘启强：《海外华侨对辛亥革命的贡献》，载于《广西社会主义学院学报》2003年第2期，第41~43页。

[131] 曹晋杰、王世谊：《试述海外华侨对抗日战争的贡献》，载于《江苏社会科学》1995年第5期，第95~99页。

[132] 孙吉胜：《国际关系理论中的语言研究：回顾与展望》，载于《外交评论》2009年第1期，第70~84页。

[133] 伍华佳：《华商文化的渊源与异化》，载于《当代财经》2002年第8期，第68页。

[134] 林其锬：《五缘：文化与世界华商经济网络》，载于《福建学刊》1994年第6期，第62~28页。

[135] 刘宏：《海外华人社团的国际化：动力·作用·前景》，载于《华人华侨历史研究》1998年第1期，第102~108页。

[136] 杜军、鄢波：《华商文化传播与中国品牌国际化发展研究》，载于《企业活力》2009年第10期，第58页。

[137] 星空：《东西方的跨越、游离与超越——读龙登高教授新著〈跨越市场的障碍：海外华商在国家、制度与文化之间〉随感》，载于《华侨华人历史研究》2007年第4期，第74页。

[138] 龙登高、张洪云：《多元族群视野下的华人特性：美国亚裔六大族群的比较》，载于《华侨华人历史研究》2007年第1期，第10~24页。

[139] 秦亚青：《关系本位与过程建构：将中国理念植入国际关系理论》，载于《中国社会科学》2009年第3期，第69页。

[140] 杨敏丽：《网络传播与文化全球化的关系》，载于《中国集体经济》2008年第3期，第119页。

[141] 李敬煊、潜斌：《新中国解决归侨和侨眷粮食安全问题探析》，载于《南洋问题研究》2010年第4期，第62~69页。

[142] 王文乐：《孔子学院站在世界面前》，载于《神州学人》2012年第1期，第3~5页。

[143] 张向前、朱琦环、吕少蓬：《世界华文教育发展趋势及影响研究》，载于《云南师范大学学报》2005 年第 4 期，第 1~8 页。

[144] 苏晓、彭云峰：《构建中国软实力的战略思考》，载于《战略纵横》2012 年第 1 期，第 7~20 页。

[145] 陈宇翔、薛光远：《我国政治转型与文化软实力之构建》，载于《湖南师范大学学报（社会科学版）》2010 年第 6 期，第 47~50 页。

[146] 张小欣、陈奕平：《和谐与共赢：国家软实力及华侨华人的作用国际学术研讨会召开》，载于《华侨华人历史研究》2012 年第 2 期，第 75~77 页。

[147] 陈奕平、范如松：《华侨华人与中国软实力：作用、机制与政策思路》，载于《华侨华人历史研究》2010 年第 2 期。

[148] 杨刚、王志章：《美国硅谷华人群体与中国软实力构建研究》，载于《中国软科学》2010 年第 2 期，第 14~25 页。

[149] 陈遥：《中国在东南亚的软实力与华侨华人的作用——国际关系学和华侨华人学整合的视角》，载于《华侨大学学报（哲学社会科学版）》2010 年第 2 期，第 82~88 页。

[150] 金正昆、臧红岩：《当代中国侨务公共外交探析》，载于《广西社会科学》2012 年第 5 期。

[151] 王忠：《海外华文媒体发展现状及存在问题探析》，载于《新闻知识》2010 年第 10 期。

[152] 朱琰：《文化交流与文化竞争软实力》，载于《艺术百家》2008 年第 8 期。

[153] 董慧：《加强对外文化交流的策略思考》，载于《世纪桥》2008 年第 9 期。

[154] 张应龙、柴圣洁：《互动与创新：多维视野下的华侨华人研究——第四届海外华人研究与文献收藏机构国际会议综述》，载于《华侨华人历史研究》2009 年第 3 期，第 73~75 页。

[155] 蔡苏龙、牛秋实：《"华侨"、"华人"的概念与定义：话语的变迁》，载于《汕头大学学报（人文社会科学版）》2002 年第 4 期。

[156] 陈永、游筱群：《20 世纪末期以来东盟国家华侨华人经济发展的新特点》，载于《重庆工商大学学报（社会科学版）》2004 年第 3 期。

[157] 程希：《华侨华人：作为研究对象的"特殊性"及其与中国的关系》，载于《东南亚研究》2005 年第 1 期。

[158] 丁丽兴：《从被动适应到主动融入：印度尼西亚华侨华人社团的历史演进》，载于《东南亚纵横》2009 年第 8 期。

[159] 耿红卫：《海外华文教育的演进历程简论》，载于《民族教育研究》2009 年第 1 期。

[160] 张向前、朱琦环、吕少蓬：《世界华文教育发展趋势及影响研究》，载于《云南师范大学学报》2005 年第 4 期。

[161] 吴宇：《约 5 000 万：华侨华人总数首次得出较明确统计数字》，载于《八桂侨刊》2011 年第 4 期。

[162] 赵可金、刘思如：《中国侨务公共外交的兴起》，载于《东北亚论坛》2013 年第 5 期，第 13~24 页。

[163] 汤啸天：《信息控制权初论》，载于《政治与法律》2000 年第 4 期，第 19 页。

[164] 潮龙起：《侨务公共外交：内涵界定与特点辨析》，载于《东南亚研究》2013 年第 3 期，第 65~70 页。

[165] 隆德新、林逢春：《侨务公共外交：理论内核、本体特征与效用函数》，载于《东南亚研究》2013 年第 5 期，第 84~91 页。

[166] 吴前进：《台湾侨务公共"外交"与华侨华人关系互动》，载于《国际关系研究》2014 年第 1 期，第 132~145 页。

[167] 裘援平：《华侨华人与"中国梦"》，载于《求是》2014 年第 6 期，第 58~60 页。

[168] 李敢、曹琳琳：《海外华人对华投资的一个经济社会学解读》，载于《思想战线》2012 年第 1 期，第 43~47 页。

[169] 衣俊卿：《提升文化软实力必须把握的两个着力点》，载于《中国社会科学报》2011 年第 169 期。

[170] 王志章、陈晓青：《北美地区华侨华人族群研究——以硅谷为例》，载于《华侨华人研究报告（2011）》，社会科学文献出版社 2011 年版。

[171] 程希：《华侨华人高层次人才与中国和平发展》，载于《华侨华人研究报告（2011）》，社会科学文献出版社 2011 年版。

[172] 李明欢：《国际移民大趋势与海外侨情新变化》，载于《华侨华人研究报告（2011）》，社会科学文献出版社 2011 年版。

[173] 徐进：《战争法规范演变的动力》，载于《国际政治科学》2008 年第 1 期，第 1~32 页。

[174] 李枫：《国外华侨、华人研究现状述评》，载于《世界民族》2010 年第 4 期，第 64~67 页。

[175] 任贵祥：《当代与近代两次移民潮比较研究》，载于《史学月刊》，2002 年。

[176] 暨南大学国际关系学院/华侨华人研究院:《国家软实力及华侨华人的作用国际学术研讨会召开》,载于《东南亚研究》2012年第1期。

[177] 中国科学技术信息研究所:《华人科技人才在海外的发展现状分析》,载于《科技参考》2008年第43期。

[178] 褚国飞:《中华文明与海外华人——访新加坡国立大学特级教授王赓武》,载于《中国社会科学报》2010年12月16日第5版。

[179] 刘锋杰:《为什么会有"文化赤字"》,载于《粤海风》2010年第2期,第74~76页。

[180] 杨澜:《海外华人的"中国认同"故事》,载于《21世纪经济报道》2009年9月28日第11版。

[181] 郭德宏:《我们该怎样看待社会转型》,载于《北京日报》2003年2月24日。

[182] 杨丽:《海外华侨华人影响力大幅提升》,载于《人民日报海外版》2009年9月17日第06版。

[183] 孙自法:《中国怎样推动华人专才创业?》,载于《人民日报海外版》2008年10月9日第11版。

[184] 钟和:《400万中国劳工海外打工,建筑工人为挣钱养家》,载于《人民日报海外版》2007年1月19日第06版。

[185] 王丕屹:《美华人靠"三师"改变未来》,载于《人民日报海外版》2012年4月25日第06版。

[186] 吴晶:《全球学习汉语人数超过4 000万人》,载于《人民日报海外版》2010年8月20日第04版。

[187] 余东晖:《移民研究中心报告,中国第一代移民为217万》,载于《侨报》2011年10月6日。

[188] 温家宝:《2010年国务院政府工作报告》,2010年3月5日。

[189] 温家宝:《2011年国务院政府工作报告》,2011年3月5日。

[190] 温家宝:《2012年国务院政府工作报告》,2012年3月5日。

[191] 温家宝:《2013年国务院政府工作报告》,2013年3月5日。

[192] 李克强:《2014年国务院政府工作报告》,2014年3月5日。

[193] 福建省人民政府侨务办公室:《福建省侨办2013年工作要点》,2013年2月4日。

[194] 厦门市人民政府侨务办公室:《厦门市侨办2013年总结2014年计划》,2013年12月9日。

[195] 徐又声:《"十二五"时期侨务工作有六项主要任务》,中国新闻网,

http: //www. chinanews. com/zgqj/2011/06 - 08/3098207. shtml。

[196]黎静、马碧雯、欧阳伏:《特殊的华人群体———华人宗教组织》,华夏经纬网, http: //www. huaxia. com/wc/hrsj/2007/00627499. html。

[197]《吴红波在侨务工作与改开放30周年座谈会上的讲话》,载于《侨务工作研究》2008年第5期, http: //qwgzyj. gqb. gov. cn/syinc. shtml。

[198]《巴黎市议员谴责市政府挂"藏独"旗》,中国西藏网,2010年3月12日, http: //www. tibet. cn/news/xzxw/szfl/201003/t20100312_553427. htm。

[199]《德国华人拆了"疆独"发布会的台》,载于《环球时报》2009年7月14日。

[200]《保钓,两岸三地应形成合力》,载于《环球时报》2010年9月27日。

[201]《海外"民运人士"被曝内斗丑闻》,载于《环球时报》2009年6月1日。

[202]《温家宝寄语侨商:预祝取得"两个成功"》,人民网, http: //politics. people. com. cn/GB/1024/6786145. html。

[203]《儒商·智业·仁心》,载于《中国侨商》第23期, http: //paper. people. com. cn/rmrbhwb/html/2010 - 11/09/content_667130. htm。

[204]《中医推广主要靠针灸》,载于《环球时报》2010年3月19日。

[205]《中国处于"文化孤立"之中吗》,载于《环球时报》2006年10月9日。

[206]《巨款捐耶鲁,试探国人雅量》,载于《环球时报》2010年1月11日。

[207]《英报:没有中国这个朋友,我们会变穷》,载于《环球时报》2010年2月25日。

[208]《首相秀汉语,市长耍狮头》,载于《潇湘晨报》2010年2月19日, http: //epaper. xxcb. cn/xxcba/html/2010 - 02/19/content_2258159. htm。

[209]《全球十大唐人街》,载于《参考消息》2011年2月4日。

[210]陈美寿、夏和顺等:《文化贸易:机遇与挑战》,载于《深圳特区报》2009年5月16日。

[211]《美报:中国政府吸引"明星海归"回流》,载于《参考消息》2010年1月8日。

[212]《上海世博璀璨背后的外交秘密》,载于《参考消息》2010年5月11日。

[213]《新中国的"温度"》,载于《南方周末》2009年7月23日。

[214]《纽约华人状告CNN案取得进展 律师收到道歉公函》,人民网,2008年5月8日, http: //media. people. com. cn/GB/40606/7215751. html。

[215]《全美促统会团体致信佩洛西：反华立场有损美国利益》，搜狐新闻，2008年4月19日，http://news.sohu.com/20080419/n256393097.shtml。

[216]《1939年旧金山大振华夏声威的中国村》，华语广播网，2009年8月7日。

[217]《万钢对话海外侨胞：祖国是施展才华最佳舞台》，新华网，2010年7月26日，http://news.xinhuanet.com/overseas/2010-07/26/c_12374208.htm。

[218]《146万留学生选择来中国》，载于《环球时报》2009年7月31日。

[219]《〈中国新闻周刊〉日文版创刊号销量突破4.2万册》，中国新闻出版报，2007年8月2日，http://www.chinaxwcb.com/xwcbpaper/html/2007-08/02/content_5389.htm。

[220]《"四海同春"展示中国文化影响力》，载于《中国新闻》2011年3月4日。

[221]《我对当前中国宏观经济形势的看法》，载于《北京日报》2008年7月7日。

[222]《"捧杀"中国，以"中国模式"的名义?》，新华网，2010年1月24日。

[223]《华人华侨：上海世博的生力军》，载于《华人时刊》第299期，第8页。

[224]《华侨华人热议两会》，载于《中国侨商》第22期，第25页。

[225]《希拉里如何聆听中国》，载于《中国新闻周刊》第409期，第52页。

[226]《布朗为何命其内阁学习中共十七大报告》，载于《北京日报》2008年5月12日。

[227]《视角》，载于《福建侨报》2009年9月25日。

[228]《世界喜欢可以被理解的中国》，载于《中国新闻周刊》总第490期。

[229]《应增强对国际舆论的容忍度》，载于《环球时报》2010年11月23日。

[230]《文化输出，感情诚实很重要》，载于《环球时报》2009年3月20日。

[231]《杨宪益辞世引发思考：翻译这座桥还牢?》，中国新闻网，2009年11月30日。

[232]《民意表达，我们还需要学习》，载于《环球时报》2009年3月6日。

[233]《排华标语惊现巴塞罗那》，载于《环球时报》2010年8月23日。

[234]《有时候，我们说的不是他想要听的》，载于《南方周末》2009年10月22日。

[235]《四学者谈中国文化输出》，载于《环球时报》2008年9月5日。

[236]《中华文化传播要重视民间渠道》，载于《北京日报》2008年7月21日。

[237]《社交网站冲上美国外交火线》,载于《环球时报》2011年2月25日。

[238]《软实力竞争,西方从未停下脚步》,载于《环球时报》2011年3月3日。

[239]《速读》,载于《中国新闻周刊》第407期,第14页。

[240]《中国连一个文化学术名词都没喊出来》,载于《羊城晚报》2010年12月13日。

[241]石川人:《文化是心中的一盏明灯》,载于《人民日报(海外版)》2008年2月15日。

[242]陈一鸣:《美国文化产业发展之道》,载于《人民日报》2012年7月26日。

[243]翟江玲:《从实践中提炼侨务公共外交理论》,载于《中国社会科学报》2013年5月24日,第A02版。

[244]何亚非:《释放侨务公共外交巨能》,载于《人民日报海外版》2013年10月16日,第08版。

[245]裘援平:《国务院侨办开展工作全靠情感》,中国新闻网,http://www.chinanews.com/zgqj/2013/12-09/5598508.shtml。

[246]周志强:《"30秒中国"背后的文化战略转型》,载于《东方早报》2009年12月2日。

[247]《中国正在经历社会结构的第二次战略转型》,载于《科学咨询》2003年第8期,第20页。

[248]《记跨世纪发展中一系列强国战略的提出》,新华网,http://news.xinhuanet.com/politics/2011-06/26/c_121584959.htm。

[249]《建设和谐世界:中国外交思想的新发展》,新华网,http://news.xinhuanet.com/world/2006-08/23/content_4993067.htm。

[250]《商务部在欧美投放"中国制造"广告》,载于《新京报》2011年11月16日第A05版。

[251]《国家形象处效果欠佳》,载于《新快报》2011年11月17日日第A06版,http://epaper.xkb.com.cn/view.php?id=741162。

[252]《CNNIC发布〈第23次中国互联网络发展状况统计报告〉》,中国互联网信息中心,http://www.cnnic.net.cn/html/Dir/2009/01/12/5447.htm。

[253]中国B2B研究中心:《美成立网络司令部 掌控核心技术信息能力傲首》,http://b2b.toocle.com/detail—4775136.html。

[254]《全国侨务工作会议首提"侨务公共外交"》,中国新闻网,http://www.chinanews.com/zgqj/2011/10-21/3406592.shtml。

英文文献

[1] Adam McKeown. *Conceptualizing Chinese Diasporas*, 1842 to 1949. The Journal of Asian Studies, Vol. 58, No. 2 (May, 1999), pp. 306 – 337.

[2] Alan Gamlen. *Diaspora Engagement Policies: What are they, and what kinds of states use them?* COMPAS Working Paper, No. 32, University of Oxford. 2006.

[3] Alan Hunter. *China: Soft Power and Culture Influence*. Available at: http://www. Coventry. ac. uk/peacestudy, 2008.

[4] Arguilla, J., and D. Ronfeldt. 1999. *The emergence of noopolitik: Toward an American information strategy*. CA: National Defense Research Institute, Rand. 1999, Vol. 24 (23).

[5] Barack Obama. *Address to the Nation on Libya*. National Defense University, Washington, DC, 2011, Vol. 3 (28).

[6] Brachman, J. 2006. *High-tech terror: Al – Qaeda's use of new technology*. Fletcher Forum of World Affairs. 2005, pp. 149 – 164.

[7] BBC News: *Brits Abroad*. http://news.bbc.co.uk/2/shared/spl/hi/in_depth/brits_abroad/html/.

[8] Brantly Womack, "How Size Matters: The United States, China and Asymmetry", *Journal of Strategic Studies*, 24 (4): 123 (2001).

[9] Campbell, K., and M. O'Hanlon. 2006. *Hard power: The new politics of national security*. New York: Basic Books. 2006, pp. 78 – 79.

[10] Chomsky, Noam. 2002. *American power and the new mandarins*. New York: New Press. 2002, pp. 123 – 128.

[11] Christina Klein. Crouching Tiger, *Hidden Dragon: A Diasporic Reading*. Ci-nema Journal, Summer 2004, Vol. 43 (4).

[12] Condoleezza Rice. *American Realism for a New World*. Foreign Affairs (July – August 2008), 3 – 5.

[13] Cheryl Lu – Lien Tan. *Helping Us All Understand*. Baltimore Sun, May 6, 2003.

[14] *Chinese in Southeast Asia – Orientation*, http://www.everyculture.com/East – Southeast – Asia/Chinese-in – Southeast – Asia – Orientation.html.

[15] Daniela Del Boca Alessandra Venturini. *Italian Migration*. Institute for the Study of Labor, IZA. http://ftp.iza.org/dp938.pdf.

[16] David C. Kang. *China Rising Peace Power and Order in East Asia*. New York: Columbia University Press, 2007, P. 6.

[17] Dhananjayan Sriskandarajah and Catherine Drew. *Brits Abroad, Mapping the Scale and Nature of British Emigration, Executive summary* IPPR. 2006.

[18] Dovelyn RannveigAgunias and Kathleen Newland. *Developing a Road Map for Engaging Diasporas in Development*, International Organization for Migration & Migration Policy Institute 2012.

[19] Dwight Garner. *Television Review – From China to the American Dream.* The New York Times, March 25, 2003.

[20] *Emigrant Support Programme.* http://www.dfa.ie/home/index.aspx?id=292.

[21] Grief Avner. *Reputation and Coalition in Medieval Trade: Evidence on the Maghribi traders,* American economics, 2007, 83 (3): pp. 168 – 182.

[22] Cooper, R. 2004. *Hard power, soft power and the goals of diplomacy.* In American power in the 21st century, D. Held and M. Koenig – Archibugi, ed. Cambridge, UK: Polity. 2009, pp. 167 – 180.

[23] Council on Foreign Relations. 2003. *Finding America's voice: A strategy for reinvigorating U.S. public diplomacy.* Washington, DC: Council on Foreign Relations. 2003. Vol. 21 (8).

[24] DanielW. L. Lai, Shirley B. Chau. *Effects of Service Barriers on Health Status of Older Chinese Immigrants in Canada. Social Work* 2007, Vol. 5 (7).

[25] Haas, R. 2005. *The opportunity: America's moment to alter history's course.* New York: Public Affairs. 2005, Vol. 3 (1).

[26] Halper, S., and J. Clarke. 2004. *American alone: The neo-conservatives and the global order.* Cambridge: Cambridge University Press. 2004, P. 54.

[27] Halperin, Morton H., and Arnold Kanter. 1973. *The bureaucratic perspective: A preliminary framework.* In Readings in American foreign policy: A bureaucratic perspective, ed. Morton H. Halperin and Arnold Kanter, Boston: Little, Brown. 2006, pp. 1 – 42.

[28] Hillary Rodham Clinton. *Foreign Policy Address at the Council on Foreign Relations.* Washington, DC, 2009, Vol. 3 (6).

[29] Hillary Rodham Clinton. *Remarks on United States Foreign Policy. Council on Foreign Relations,* Washington, DC, 2010, Vol. 9 (8).

[30] Huntington, Samuel P. *The Hispanic Challenge. Foreign Policy,* 2004, Vol. 1, (30).

[31] Institute of International Education. *Open Doors Fact Sheet: China.* http://

www. iie. org/Research-and – Publications/Open – Doors/Data/Fact – Sheets-by – Country/2010.

［32］Jere Longman. *Yao's Success Speeds NBA's Plans for China. The New York Times*, December 15, 2002.

［33］Jochen Kleining. *Dispersed Economic Power? Overseas Chinese between Discrimination and Success in Business.* www. kas. de/wf/doc/kas_13288 – 544 – 2 – 30. pdf. pp. 1 – 3.

［34］John R. Logan. *Racial and Ethnic Diversity Goes Local: Charting Change in American Communities Over Three Decades. US2010 Project*, Sept. 2012, http://www. s4. brown. edu/us2010/Data/Report/report08292012. pdf.

［35］Janathan Mercer. *Emotional Beliefs. International Organization*, Winter 2010, Volume 64, Number 1, P. 3.

［36］Julia Chaplin. *Early to Bed. The New York Times*, October 10, 2004.

［37］Joseph C. Dorsey. *Identity, Rebellion, and Social Justice among Chinese ContractWorkers in Nineteenth – Century Cuba. Latin American Perspectives*, 2004, Vol. 31 (3).

［38］Kohut, A., and B. Stokes. *America against the world. How we are different and why we are disliked.* New York: Henry Holt. 2006, P. 98.

［39］Korb, Lawrence J., Robert O. Boosrtin, and the National Security Staff of the Center for American Progress. *Integrated power: A national security strategy for the 21st century.* Washington, DC: Center for American Progress. 2005, pp. 111 – 116.

［40］Kurlantzick, J. *Charm offensive: How China's soft power is transforming the world.* New Haven. CT: Yale University Press. 2007, pp. 34 – 39.

［41］Lahneman, W. *Is a revolution in intelligence affairs occurring? Journal of Intelligence and Counterintelligence* 2007, pp. 1 – 17.

［42］Leo Douw & Dai Yifeng, eds. *West Fujian: Land and migration（1910s – 1940s）*, Xiamen: Xiamen University Press, 2000.

［43］Leo Douw, Cen Huang and Michael R. Godley, eds. *Qiaoxiang Ties: Interdisciplinary approaches to "cultural capitalism" in South China*, London: Kegan Paul International, 1999.

［44］Leo Douw, Cen Huang and David Ip, eds. *Rethingking Chinese Transnational Enterprises: Cultural affinity and business strategies*, London: Curzon, 2001, pp. 32 – 37.

［45］Kingsley Aikins, Dr Anita Sands, Nicola White. *The Global Irish Making a*

Difference Together. The Ireland Funds, 2009.

［46］Kleining, Jochen. *Dispersed Economic Power? Overseas Chinese between Discrimination and Success in Business*. www. kas. de/wf/doc/kas_13288 – 544 – 2 – 30. pdf.

［47］K. M. Fierke. *Links Across the Abyss: Language and Logic in International Relations. International Studies Quarterly* (2002) 46, 331 – 351.

［48］Kristen McCabe. *Chinese Immigrants in the United States*. January 18, 2012, http://http://migrationinformation.org/USFocus/display.cfm? ID = 876.

［49］Larsen, Kirk W. *Seizing the Opportunities: Chinese Merchants in Korea, 1876 – 1910. Chinese Business History*, 2000, Vol. 10.

［50］Larry Hajime Shinagawa and Dae Young Kim. *A Portrait of Chinese Americans, A National Demographic and Social Profile of Chinese Americans*, OCA and the Asian American Studies Program. University of Maryland, 2008, P. 28.

［51］Li, Peter S. *China To Canada: Issues of Supply and Demand of Human Capital*. Canadian International Council, www. opencanada. org/.../Immigrants-from – China-to – Canada... pdf.

［52］Michael Gerson. *In Search of the Obama Doctrine. The Washington Post*, 2011, Vol. 3 (31).

［53］Meghan O'Sullivan. *Will Libya Become Obama's Iraq? The Washington Post*, 2011, Vol. 4 (3).

［54］Marina Murat, BarbaraPistoresi and Alberto Rinadi. *Transnational social capital and FDI evidence from Italian associations worldwide Marina*, 2011. http:// www. jed. or. kr/full-text/36 – 4/1. pdf.

［55］Mirjam van het Loo, Susanna Bearne, Pernilla Lundin, Hans Pung Amanda Scoggins Miriam Shergold. *International Review of Consular Services*. Rand Europe, Vol. Ⅱ, 2005.

［56］Mary C. Waters & Reed Ueda, eds. *The New Americans, A Guide to Immigration since1965*, Harvard University Press. 2007, P. 341.

［57］Massey, Douglas S. *Patterns and Processes of International Migration in the 21st Century. Paper prepared for Conference on African Migration in Comparative Perspective*, Johannesburg, June 2003.

［58］Meg E. Rithmire. *China's 'New Regionalism': Subnational Analysis in Chinese Political Economy. World Politics*, Vol. 66, No. 1, 2014, pp. 165 – 194.

［59］Ministry of Overseas Indian Affairs. *Annual Report*: 2008 – 09. www. moia. gov. in.

［60］Mr. Brian Cowen, T. D. *Ireland and the Irish abroad*: Report of the Task Force on Policy regarding Emigrants to the Minister for Foreign Affairs to the Minister for Foreign Affairs, 2002. http: //www. dfa. ie/uploads/documents/task.

［61］Michael Mandelbaum. *In an Era of Tightening Budgets, Can America Remain a Superpower on the Cheap? The Washington Post*, 2011, Vol. 2 (17).

［62］Michael Williams. *Hong Kong and the Pearl RiverDelta Qiaoxiang. Modern Asian Studies*, 2004, Vol. 38 (2).

［63］Munyi Shea, Pei‐WenWinnieMa, and Christine J. Yeh. *Development of a Culturally Specific Career Exp loration Group for Urban Chinese Immigrant Youth. The Career Development Quarterly*, 2007, Vol. 56 (62).

［64］Nossel, S. *Smart power. Foreign Affairs.* 2004, Vol. 5. (13).

［65］National Science Foundation. *Science and Engineering Doctorates*: 2011. http: //www. nsf. gov/statistics/sed/digest/2011/theme1. cfm#3.

［66］Peter Hartlaub. *Series Explores Saga of Chinese Americans – PBS Sheds Light on Immigrants' Struggles. San Francisco Chronicle*, March 25, 2003.

［67］Peter S. Li. *China To Canada*: Issues of Supply and Demand of Human Capital, Canadian International Council. www. opencanada. org/.../Immigrants-from–China-to–Canada... pdf. pp. 1 – 3.

［68］Stephen Leong. *The Malayan Overseas Chinese and the Sino – Japanese War*, 1937 – 1941. *Journal of Southeast Asian Studies*, Vol. 10, No. 2 (Sep., 1979), pp. 293 – 320.

［69］Terry Hong. *The Struggle and Triumph of Chinese – American are an Integral Part of US History. The Christian Science Monitor*, May 8, 2003.

［70］Tim Finch, Holly Andrew, Maria Latorre. *Brits Abroad, Making The Most of British Diaspora. Executive Summary and Recommendation IPPR*, 2010.

［71］Thomas Menkhoff and Chalmer E. Labig. *Trading Networks of Chinese Entrepreneurs in Singapore. Journal of Social Issues in Southeast Asia*, Vol. 11, No. 1 (April 1996), pp. 128 – 151.

［72］U. S. Census Bureau. The Asian Population: 2010. *2010 Census Briefs*, March 2012, http: //www. census. gov/prod/cen2010/briefs/c2010br – 11. pdf.

［73］The Committee of 100. *American Attitude toward Chinese Americans and Asian Americans.* 2001, http: //www. committee100. org.

［74］*The Report of the Second Global Irish Economic Forum*, 2011. www. globalirishforum. ie.

[75] Walter, B. Gray, B. , Almeida Dowling, L. And Morgan, S. *A Study of Existing Sources of Information and Analysis about Irish Emigrants and Irish Communities Abroad*, 2002, P. 26.

[76] Xinhua. *Wealthy Chinese invest in immigration.* 2012 – 9 – 2. http：//www.chinadaily. com. cn/china/2010 – 12/09/content_11677163. htm.

[77] USA Immigration News. *Immigration to the U. S. is a Trend of Rich Chinese*, Monday, November 14, 2011, http：//www. migrationexpert. com/visa/us_immigration_news/2011/nov/0/443/immigration_to_the_u. s. _is_a_trend_of_rich_chinese.

[78] Ulrich beck. *World Risk Society*. Cambridge：Polity Press, 1999, P. 69.

[79] U. S. Census Bureau. The Asian Population：2010. 2010 *Census Briefs*, March 2012, http：//www. census. gov/prod/cen2010/briefs/c2010br – 11. pdf.

[80] U. S. Bureau of Labor Statistics. *Labor Force Characteristics by Race and Ethnicity, 2011.* August 2012, http：//www. bls. gov/cps/cpsrace2011. pdf.

[81] Vivek Wadhwa, AnnaLee Saxenian and F. Daniel Siciliano. *America's New Immigrant Entrepreneurs：Then and Now*. Oct. 2012, http：//www. kauffman. org/uploadedFiles/Then_and_now_americas_new_immigrant_entrepreneurs. pdf.

[82] Voss, Barbara L. *The Archaeology of Overseas Chinese Communities.* World Archaeology, 2005, Vol. 37.

[83] William Peterson. *Success Story of One Minority Group in the U.* S. U. S. News and World Report, Dec. 26, 1966.

[84] Franco Amatori. Geoffrey Jones. *Business History around the World.* Cambridge University Press, 2003.

[85] Elisabeth Koll. *Recent Debates in the Field of Business History：What They Mean for China Historians.* Chines Business History, 2000, Vol. 3（1）.

[86] Robert Gardella. *Maritime China and the Overseas Chinese in Transition, 1750 – 1850.* Chines Business History. 2000, Vol. 3（1）.

[87] Peter D. Schulz. Rebecca Allen. *Archaeology and Architecture of The Overaeas Chinese：A Bibiography.* Chines Overseas, 2004, Vol. 12（11）.

[88] Kerry Brown. *Chinese Overseas Direct Investment – What Kind of Opportunity？*. Asia Programme, 2008, Vol. 1（9）.

[89] Joshua Kurlantzick. *China's Charm：Implication of Chinese Soft Power.* Policy Brief, 2006, Vol. 1（147）.

[90] The Chicago Council on Global Affairs. East Asia Institute. *Soft Power in Asia：Results of a 2008 Multinational Survey of Public Opinion. Policy Brief*, 2008,

Vol. 12 (21).

[91] N. M. Sussman. *The Dynamic Nature of Cultural Identity Throughout Cultural Transitions: Why Home is not so Sweet? Personality and Social Psychology Review*. 2000, Vol. 4 (335).

[92] LuWang. Lucia Lo. *Global Connectivity, Local Consumption, and Chinese Immigrant Experience. GeoJournal*, 2007, Vol. 68 (183).

[93] Rafiq Dossani. *Chinese and Indian Engineers and their Networks in Silicon Valley*. 2002. Asia/Pacific Research Center, http://www.APARC.Stanford.edu.cn.

[94] Lucie Cheng Hirata. *Chinese Immigrant Women in Nineteenth – Century California*. Asian/ Pacific American Learning Resource Center and General College University of Minnesota. 1982, P. 42.

[95] B. Wu, I. Chi, B. Plassman, M. Guo. *Depression and Health Problems among Chinese Immigrant Elders in the U.S. and Chinese Elders in China. The Gerontologist*, 2008, Vol. 48 (673).

[96] B. Wu, H. Miltiades, C. Cheng. *CulturalVariables thatAffectDentist and Optometrist Visits in a Chinese and Chinese Immigrant Sample. The Gerontologist*, 2004, Vol. 44 (284).

[97] Daniel W. L. Lai. *Impact of Culture on Depressive Symptoms of Elderly Chinese Immigrants. Canadian Journal of Psychiatry*, 2004, Vol. 49 (820).

[98] Daniel W. L. Lai, Shirley B. Chau. *Effects of Service Barriers on Health Status of Older Chinese Immigrants in Canada. Social Work*, 2007, Vol. 52 (261).

[99] U. S. Department of Commerce Economics and Statistics Administration, U. S. Census Bureau. *Income, Poverty, and Health Insurance Coverage in the United States: 2009*. http://www.census.gov/prod/2010pubs/pp. 60 – 238. pdf.

[100] N. M. Sussman. *Psychological Preparedness, Cultural Identity, and Attributions among American Managers. IJIR*, 2001, Vol. 25 (109); K. F. Gaw. *Reverse Culture Shock in Students Returning from Overseas. IJIR*, 2000, Vol. 24 (83).

[101] Yuanyuan Han, Zhaohua Lu. *What's Chinese Overseas Students' choice: to Return or not? Chines Business History*, 2010, Vol. 5 (9).

[102] SKirk Larsen. *Seizing the Opportunities: Chinese Merchants in Korea, 1876~1910. Chines Business History*, 2000, Vol. 3 (1).

[103] Elena Barabantseva. *Trans-nationalising Chinese: Overseas Chinese Policies of the PRC's Central Governt. World Archaeology*, 2005, Vol. 7 (10).

[104] Arthur H. Harris. *Additions to the Archaeological Fauna of the Former Chi-*

natown Section of El Paso, Texas. *The Southwestern Naturalist*, 2004, Vol. 49 (4).

[105] Barbara L. Voss. *The Archaeology of Overseas Chinese Communitie. World Archaeology*, 2005, Vol. 37 (3).

[106] Sin Yih Teo. *Vancouver's Newest Chinese Diaspora: Settlers or "Immigrant Prisoner"? GeoJournal*, 2007, Vol. 68 (211).

[107] Peter L. Berger, Robert W. Hefner. *Spiritual Capital in Comparative Perspective.* 2003. http://www.spiritualcapitalresearchprogram.com.

[108] Douglas B Holt, John A Quelch, Earl L Taylor. *How Global Brands Compete. Havard Business Review*, September, 2004, P. 2. Available at http://www.hbr.org.

[109] Orge de Vincente. *State Branding in the 21st Century. Part I: The Rise of State Branding in the 21st century.* 2004, P. 1. Available at http://fletcher.turfs.edu.

[110] Kirk W. Larsen. *Seizing the Opportunities: Chinese Merchants in Korea, 1876 – 1910. Chinese Business History*, 2000, Vol. 10.

[111] Barbara L. Voss. *The Archaeology of Overseas Chinese Communities. World Archaeology*, 2005, Vol. 37 (3).

[112] Roger C. Altman and Richard N. Haass. *American Profligacy and American Power: The Consequences of Fiscal Irresponsibility. Foreign Affairs* (November – December 2010), 2009, pp. 25 – 34.

[113] Joby Warrick and Michael Birnbaum. *As Bahrain Stifles Protest Movement, U. S. 's Muted Objections Draw Criticism, The Washington Post*, 2011, Vol. 4 (15).

[114] Michael Mandelbaum. *Modest Expectations: Facing Up to Our Russia Options. The American Interest* (May – June 2009), 2009, P. 52.

[115] Sheau-yueh J. Chao. *Tracing Their Roots: Genealogical Sources for Chinese Immigrants to the United States. Collection Building.* 2008, Vol. 3 (27).

[116] Tien-lu Li. *Congressional Policy of Chinese Immigration or Legislation Relating to Chinese Immigration to the United States*, Tenn. publishing House of the Methodist Episcopal Church, 1916, P. 76.

[117] Xiao chun Jin. *Hostile Attributional Bias, Early Abuse, and Social Desirability in Reporting Hostile Attributions Among Chinese Immigrant Batterers and NonviolentMen. Violence and Victims*, 2008, Vol. 23 (2).

[118] Xiaochun Jin. *Early Exposure to Violence in the Family of Origin and Positive Attitudes towards Marital Violence: Chinese Immigrant Male Batterers vs. Controls. Journal of Fam ily Violence*, 2007, Vol. 22 (3).

后记：总结与展望

据《中国国际移民报告（2014）》的数据显示，改革开放以来，截至2013年，中国海外移民存量已达到934.3万人，自1990年以来23年就增长了128.6%；中国也从1990年的全球第七大移民输出国，上升为全球第四大移民输出国。① 各种数据表明，继20世纪70年代末、90年代初期的两拨移民潮之后，中国改革开放以来的第三拨移民高潮在进入21世纪的10年中已成愈发汹涌之势。值得欣慰的是，学术界对华侨华人的研究由来已久，研究内容、研究视野、研究方法也在不断演进。在经济全球化和世界多极化的发展趋势下，"软实力"不仅已经成为一个国家综合国力不可或缺的重要组成部分，也是一个国家屹立于民族之林的重要支撑。近年来，中国"软实力"建设问题已经上升到国家战略。2011年10月，中共中央十七届六中全会审议通过的《中共中央关于深化文化体制改革、推动社会主义文化大发展大繁荣若干重大问题的决定》要求推动中华文化走向世界，这对构建中国软实力，提升国际话语权提出了新的要求，充分发挥华侨华人在建设中国软实力中的作用恰逢其时。但客观上讲，中国的"软实力"建设仍处于起步阶段，对其研究仍存在一些不足或者纰漏之处，对于华侨华人与国家"软实力"二者关系的研究更是凤毛麟角，研究的层面视角较为狭窄，很多研究领域尚未涉及，已有的研究也有许多值得商榷的地方，需要进一步探究和完善。

一是对"软实力"形式的认识存在偏差。有关华侨华人与中国"软实力"的理论探索问题，首先要明确"软实力"的定义与形式。国内对"软实力"的研究普遍存在认识模糊，对"软实力"定义的机械套用，对形式的认识也存在偏差，普遍把文化产业、文化产品称作软实力，或者简单地理解为文化产业、文化产值、文化对经济的贡献或文化在GDP中的比重。对于软实力的研究基础之一是要正确区分文化资源、文化产品与文化软实力，清晰、准确界定定义，同时

---

① 王辉耀、刘国福编著：《中国国际移民报告（2014）》，社会科学文献出版社2014年版。

也要看到并非所有的文化及价值观都能转化成软实力,"软实力"是一种认同感、吸引力,特定的文化和价值观要转化成"软实力"需要一定的驱动力和机制以及本身应有的特质。

二是正确看待华侨华人与中国软实力之间的辩证关系。华侨与华人是两个不同概念,华侨的身份仍是中国公民,而华人则是外国公民,如果把两者混为一谈,统统论说其在中国"软实力"建设中的作用极为不妥,要考虑这种笼统的说法是否能得到华侨华人的认可,是否有利于中国与华侨华人住在国建立友好关系,是否有利于海外华侨在当地的生存和发展。所以华侨华人在中国和平发展过程中的定位与作用问题,是华侨华人与中国软实力建设研究中尤其需要注意的问题。有几种时常出现的提法值得商榷:第一,不宜把华侨华人说成是中国的软实力,这种说法无异宣布他们是中国的代理人,置他们于十分尴尬的地位,不利于他们生存与发展,也不利于中国与华侨华人住在国之间相互信任。第二,不宜把华人的成就都说成中国的软实力。如此一来,既不符合客观事实,也有贪天功为己有之嫌,不为华侨华人和住在国政府所认可。第三,不能把中外文化交流不加分析地简单等同于中国的软实力。中国周边许多国家接受中国文化不可谓少,日本尤为突出,但日本却曾经是侵华的元凶。他们吸收了中国文化,并不等于就成了我国的软实力,还要看为什么,怎么用。在此问题上,本书认为与其将华侨华人说成是中国在海外的"软实力",不如说他们是"东西文化交流的和平使者"、"中外沟通的重要桥梁"或"东西文化的黏合剂"更为确切,更能为世人所接受。第四,由于华侨华人对祖(籍)国和住在国具有双重影响,因此在中国软实力建设和发挥方面也有着独特作用,对此,我们应当积极、稳妥、讲究策略地加以利用,但同时也不宜过分夸大,如果不加分析地把几千万海外华侨华人都说成是中国的软实力,会给人一种印象,就好像他们是中国的"第五纵队",是中国向外扩张的工具,因而授人以柄,为国际反华势力所操控。

三是华侨华人与"软实力"研究逐渐成为新领域。进入21世纪,中国掀起了改革开放后的第三波移民浪潮,数量迅速增加,特点突出,多为知识移民、技术移民和投资移民,近几年许多中国富人也加入到新移民的队伍当中。由于移出时间不长,新移民与祖(籍)国的联系更为紧密,情感也更为深厚,对祖(籍)国发展状况更为关注,再加上新移民拥有更为广泛的国际视野和丰富的知识和技能,他们在建设中国软实力中的作用会更大。但有许多问题值得进一步深入研究,如身份认同、民族归属、文化融合、作用渠道等。

就目前的研究成果来看,华侨华人与中国软实力的研究成果还较为稀少,很多研究领域尚属空白,研究前景宽广。同时我们也可清楚地看到,关于二者关系的研究已然引起了部分高层国家领导与学者的重视与关注,且随着中国软实力研究的炙手可热,以及华侨华人在中国软实力建设中的作用越发突出,对此领域的研究必将更加深入系统。持之以恒,一门具有中国特色、中国风格、中国气派的新兴交叉学科"华侨华人学"也将挤进学科领域,为繁荣发展我国哲学社会科学做出新的贡献。

四是华侨华人与软实力研究更具宽泛性和多样化。国内外学者对于华侨华人的研究内容丰富,研究领域仍在不断扩展,对东南亚和北美地区以外的华侨华人的研究成果将不断呈现。但软实力研究仍处于起步阶段,未涉足的研究领域还尚多,近年来的研究也不仅仅只局限在文化软实力,还扩展到政治软实力以及国家软实力、城市软实力、企业软实力、职场软实力等领域。华侨华人、党政建设、教育与国家软实力建设的关系开始成为学界研究的焦点。但随着研究的不断深入,未来的成果不再局限于华侨华人与中国软实力建设的文献综述、现状分析、二者内在关系、重要作用等方面,研究领域的多样性和宽泛性、研究方法的创新性将会更加突出。

五是华侨华人在建设中国软实力中的路径构建将会成为研究重点。华侨华人在中国软实力构建中的重要作用已然得到国家高层领导和广大学术界的认可。国务院侨务办公室主任李海峰于 2012 年 4 月 14 日闭幕的"第六届世界华侨华人社团联谊大会"上指出,"5 000 万海外侨胞是中华文化的重要传承者和传播者,是增进中国人民与世界各国人民友好合作的重要桥梁和纽带。"习近平同志在 2012 年 2 月访美时特别向广大侨胞提出殷切期待,希望海外华侨华人"继续发挥了解中华文化的独特优势,努力成为弘扬中华优秀文化和促进中外文化交流的典范"。无疑,全球华侨华人已经成为中国民族复兴征途上的重要参与者、贡献者和见证者,是中国软实力建设中一支不可或缺的力量。因此,如何更好地发挥他们在这一伟大征途中的作用,就必须从理论框架、顶层设计、战略构建、路径设计、保障机制、评价体系、测度工具等各个方面开展深入系统研究,尤其是基于国别、地区差异性不同特点所提出的政策文本更是值得期待。

教育部哲学社會科学研究重大課題攻關項目成果出版列表

书　名	首席专家
《马克思主义基础理论若干重大问题研究》	陈先达
《马克思主义理论学科体系建构与建设研究》	张雷声
《马克思主义整体性研究》	逄锦聚
《改革开放以来马克思主义在中国的发展》	顾钰民
《新时期　新探索　新征程 ——当代资本主义国家共产党的理论与实践研究》	聂运麟
《坚持马克思主义在意识形态领域指导地位研究》	陈先达
《当代中国人精神生活研究》	童世骏
《弘扬与培育民族精神研究》	杨叔子
《当代科学哲学的发展趋势》	郭贵春
《服务型政府建设规律研究》	朱光磊
《地方政府改革与深化行政管理体制改革研究》	沈荣华
《面向知识表示与推理的自然语言逻辑》	鞠实儿
《当代宗教冲突与对话研究》	张志刚
《马克思主义文艺理论中国化研究》	朱立元
《历史题材文学创作重大问题研究》	童庆炳
《现代中西高校公共艺术教育比较研究》	曾繁仁
《西方文论中国化与中国文论建设》	王一川
《中华民族音乐文化的国际传播与推广》	王耀华
《楚地出土戰國簡册〔十四種〕》	陳　偉
《近代中国的知识与制度转型》	桑　兵
《中国抗战在世界反法西斯战争中的历史地位》	胡德坤
《近代以来日本对华认识及其行动选择研究》	杨栋梁
《京津冀都市圈的崛起与中国经济发展》	周立群
《金融市场全球化下的中国监管体系研究》	曹凤岐
《中国市场经济发展研究》	刘　伟
《全球经济调整中的中国经济增长与宏观调控体系研究》	黄　达
《中国特大都市圈与世界制造业中心研究》	李廉水
《中国产业竞争力研究》	赵彦云

书　名	首席专家
《东北老工业基地资源型城市发展可持续产业问题研究》	宋冬林
《转型时期消费需求升级与产业发展研究》	臧旭恒
《中国金融国际化中的风险防范与金融安全研究》	刘锡良
《全球新型金融危机与中国的外汇储备战略》	陈雨露
《中国民营经济制度创新与发展》	李维安
《中国现代服务经济理论与发展战略研究》	陈　宪
《中国转型期的社会风险及公共危机管理研究》	丁烈云
《人文社会科学研究成果评价体系研究》	刘大椿
《中国工业化、城镇化进程中的农村土地问题研究》	曲福田
《东北老工业基地改造与振兴研究》	程　伟
《全面建设小康社会进程中的我国就业发展战略研究》	曾湘泉
《自主创新战略与国际竞争力研究》	吴贵生
《转轨经济中的反行政性垄断与促进竞争政策研究》	于良春
《面向公共服务的电子政务管理体系研究》	孙宝文
《产权理论比较与中国产权制度变革》	黄少安
《中国企业集团成长与重组研究》	蓝海林
《我国资源、环境、人口与经济承载能力研究》	邱　东
《"病有所医"——目标、路径与战略选择》	高建民
《税收对国民收入分配调控作用研究》	郭庆旺
《多党合作与中国共产党执政能力建设研究》	周淑真
《规范收入分配秩序研究》	杨灿明
《中国社会转型中的政府治理模式研究》	娄成武
《中国加入区域经济一体化研究》	黄卫平
《金融体制改革和货币问题研究》	王广谦
《人民币均衡汇率问题研究》	姜波克
《我国土地制度与社会经济协调发展研究》	黄祖辉
《南水北调工程与中部地区经济社会可持续发展研究》	杨云彦
《产业集聚与区域经济协调发展研究》	王　珺
《我国货币政策体系与传导机制研究》	刘　伟
《我国民法典体系问题研究》	王利明
《中国司法制度的基础理论问题研究》	陈光中
《多元化纠纷解决机制与和谐社会的构建》	范　愉
《中国和平发展的重大前沿国际法律问题研究》	曾令良
《中国法制现代化的理论与实践》	徐显明
《农村土地问题立法研究》	陈小君

书　名	首席专家
《知识产权制度变革与发展研究》	吴汉东
《中国能源安全若干法律与政策问题研究》	黄　进
《城乡统筹视角下我国城乡双向商贸流通体系研究》	任保平
《产权强度、土地流转与农民权益保护》	罗必良
《矿产资源有偿使用制度与生态补偿机制》	李国平
《巨灾风险管理制度创新研究》	卓　志
《国有资产法律保护机制研究》	李曙光
《中国与全球油气资源重点区域合作研究》	王　震
《可持续发展的中国新型农村社会养老保险制度研究》	邓大松
《农民工权益保护理论与实践研究》	刘林平
《大学生就业创业教育研究》	杨晓慧
《新能源与可再生能源法律与政策研究》	李艳芳
《中国海外投资的风险防范与管控体系研究》	陈菲琼
《生活质量的指标构建与现状评价》	周长城
《中国公民人文素质研究》	石亚军
《城市化进程中的重大社会问题及其对策研究》	李　强
《中国农村与农民问题前沿研究》	徐　勇
《西部开发中的人口流动与族际交往研究》	马　戎
《现代农业发展战略研究》	周应恒
《综合交通运输体系研究——认知与建构》	荣朝和
《中国独生子女问题研究》	风笑天
《我国粮食安全保障体系研究》	胡小平
《城市新移民问题及其对策研究》	周大鸣
《新农村建设与城镇化推进中农村教育布局调整研究》	史宁中
《农村公共产品供给与农村和谐社会建设》	王国华
《中国大城市户籍制度改革研究》	彭希哲
《国家惠农政策的成效评价与完善研究》	邓大才
《华侨华人在中国软实力建设中的作用研究》	黄　平
《中国边疆治理研究》	周　平
《边疆多民族地区构建社会主义和谐社会研究》	张先亮
《新疆民族文化、民族心理与社会长治久安》	高静文
《中国大众媒介的传播效果与公信力研究》	喻国明
《媒介素养：理念、认知、参与》	陆　晔
《创新型国家的知识信息服务体系研究》	胡昌平
《数字信息资源规划、管理与利用研究》	马费成
《新闻传媒发展与建构和谐社会关系研究》	罗以澄

教育部哲学社会科学研究
重大课题攻关项目

书　名	首席专家
《数字传播技术与媒体产业发展研究》	黄升民
《互联网等新媒体对社会舆论影响与利用研究》	谢新洲
《网络舆论监测与安全研究》	黄永林
《中国文化产业发展战略论》	胡惠林
《教育投入、资源配置与人力资本收益》	闵维方
《创新人才与教育创新研究》	林崇德
《中国农村教育发展指标体系研究》	袁桂林
《高校思想政治理论课程建设研究》	顾海良
《网络思想政治教育研究》	张再兴
《高校招生考试制度改革研究》	刘海峰
《基础教育改革与中国教育学理论重建研究》	叶　澜
《公共财政框架下公共教育财政制度研究》	王善迈
《农民工子女问题研究》	袁振国
《当代大学生诚信制度建设及加强大学生思想政治工作研究》	黄蓉生
《从失衡走向平衡：素质教育课程评价体系研究》	钟启泉　崔允漷
《构建城乡一体化的教育体制机制研究》	李　玲
《高校思想政治理论课教育教学质量监测体系研究》	张耀灿
《处境不利儿童的心理发展现状与教育对策研究》	申继亮
《学习过程与机制研究》	莫　雷
《青少年心理健康素质调查研究》	沈德立
《灾后中小学生心理疏导研究》	林崇德
《民族地区教育优先发展研究》	张诗亚
《WTO主要成员贸易政策体系与对策研究》	张汉林
《中国和平发展的国际环境分析》	叶自成
《冷战时期美国重大外交政策案例研究》	沈志华
《我国的地缘政治及其战略研究》	倪世雄
*《中国政治文明与宪法建设》	谢庆奎
*《非传统安全合作与中俄关系》	冯绍雷
*《中国的中亚区域经济与能源合作战略研究》	安尼瓦尔·阿木提
……	

*为即将出版图书